国家公共文化服务体系示范区创新发展成果集成

乡村公共文化服务
高质量发展新实践

安康市国家公共文化服务体系示范区创新发展成果

安康市文化和旅游广电局 编

国家图书馆出版社

图书在版编目（CIP）数据

乡村公共文化服务高质量发展新实践 ： 安康市国家公共文化服务体系示范区创新发展成果 / 安康市文化和旅游广电局编 ． — 北京 ： 国家图书馆出版社,2023.12

ISBN 978-7-5013-7742-8

I.①乡… II.①安… III.①农村文化－公共管理－文化工作－研究－安康 IV.① G127.413

中国国家版本馆 CIP 数据核字（2023）第 007724 号

书　　名　**乡村公共文化服务高质量发展新实践——安康市国家公共文化服务体系示范区创新发展成果**

XIANGCUN GONGGONG WENHUA FUWU GAO ZHILIANG FAZHAN XIN SHIJIAN——ANKANGSHI GUOJIA GONGGONG WENHUA FUWU TIXI SHIFANQÜ CHUANGXIN FAZHAN CHENGGUO

编　　者　安康市文化和旅游广电局　编

责任编辑　张晴池

封面设计　沺瑞创意设计

出版发行　国家图书馆出版社（北京市西城区文津街 7 号　100034）

　　　　　（原书目文献出版社　北京图书馆出版社）

　　　　　010-66114536　63802249　nlcpress@nlc.cn（邮购）

网　　址　http://www.nlcpress.com

排　　版　北京旅教文化传播有限公司

印　　装　北京科信印刷有限公司

版次印次　2023 年 12 月第 1 版　2023 年 12 月第 1 次印刷

开　　本　787mm×1092mm　1/16

印　　张　28

字　　数　530 千字

书　　号　ISBN 978-7-5013-7742-8

定　　价　228.00 元

《乡村公共文化服务高质量发展新实践——安康市国家公共文化服务体系示范区创新发展成果》编委会

主　任：付　波

副主任：王　军　　王晓红

委　员（按姓氏笔画排序）：

丁　宇　丁　珂　万行明　王　飞　王孔均

王守明　井　水　乌胜鸿　尹　莉　白拴锁

冯　云　冯永财　刘亚玲　刘　洪　刘　勇

闫小斌　闫　毅　苏怀春　李东升　李　轶

李　清　李　静　杨九龙　陈启安　陈俊波

陈碧红　周　墙　段小虎　袁　臻　徐信波

郭国平　唐李鸿　程玉春　霍晓焰

主　编：段小虎

副主编：陈启安　白拴锁　陈俊波

序一

以理论研究回答乡村文化建设实践之问

安康，是一座北靠秦岭、南依巴山，面积 2.3 万平方公里，人口 300 万的城市。论经济社会条件，它是脱贫攻坚时期的秦巴集中连片特困区，又由于地处南水北调中线工程水源地而被列为限制开发的重点生态功能区；论文化事业基础，它的文化设施建设历史欠账多、公共文化服务供给总量不足与结构不均衡以及供给成本高等突出矛盾叠加。然而，就是这样一座并不具备先发优势的城市，通过第四批国家公共文化服务体系示范区创建一举打了翻身仗，验收成绩在西部地区名列前茅，创造了我国经济欠发达地区公共文化服务体系建设跨越式发展的"安康样板"。安康是怎么做到的？这离不开市委、市政府以高度的文化自觉统筹部署、保障和推动，也离不开全市文化系统干部职工迎难而上、真抓实干，更离不开全市人民的积极参与、共建共享，但还有一个重要的原因，那就是陕西省文化和旅游厅统筹组织的由全省高等院校、科研机构、公共文化机构一线的专家学者组成的强有力的智囊团队。这一团队全程参与了安康公共文化服务体系示范区创建与创新发展的制度设计、实践指导、总结提炼和宣传推广，以理论研究回答实践之问，以制度设计指导实践创新，以经验升华放大示范效应，为安康公共文化服务体系建设跨越式发展提供了有力支撑。这部《乡村公共文化服务高质量发展新实践——安康市国家公共文化服务体系示范区创新发展成果》，就是这个团队长期跟踪、参与、研究安康公共文化服务体系示范区创建以及创新发展的最新成果。

2020 年，我曾拜读过由王惠君先生主编的《贫困地区公共文化服务创新发展——"安康样板"研究》（广东人民出版社，2020）。该书对安康国家公共文化服务体系示范区创建的探索之路、创建机制、创新理念、主要亮点和实践经验进行了全面系统的总结提炼和分析研究，该书编者说，"安康样板"是他们以东部学者视角对安康市国家公共文化服务体系示范区创建工作的客观评价。如今这部《乡村公共文化服务高质量发展新实践——安康市国家公共文化服务体系示范区创新发展成果》，让我领略了陕西本土研究团队新的著述风格、叙述方式和理论功底，全书收录的各地典型案例，全方位展现了创新发展的做法与成效，体现出研究团队以制度设计对创新实践的引领与指导，将理论升华为普遍经验。与常见的创新案例集相比，本书有基于创新案例的理论阐释分析；与体现研究团队理解和认识的专门著述相比，本书的主体内容又是来自基层第一线的鲜活案例。创新案例＋理论阐释，形成了本书的独特风格与鲜明特色。

安康公共文化服务创新做法对全国最具引领示范价值的地方在农村。本书中从六个方面覆盖公共文化服务体系建设主要要素的创新案例，全部聚焦于乡村，体现了编者对安康创新做法示范价值的准确定位。综观全书遴选提炼的 83 个案例，不乏既能有效解决当地实际问题、又对全国乡村公共文化服务具有普遍启发借鉴意义的创新举措。旬阳市的"艺养天年"、白河县的"诵读达人秀"、平利县的社会阅读组织建设、"安康阅读吧"的建设、藏一角博物馆的乡村艺术教育等，是丰富乡村公共文化服务供给的有效办法。城乡公共文化服务一体建设并不是乡村文化城市化，挖掘活化乡村特色文化资源、重塑乡村文化生态，是繁荣乡村文化的重要途径。安康博物馆的"开笔礼"文化传承、镇坪县的"古盐道"创新性转化，让中华优秀传统文化焕发了时代光彩。旬阳市传统木刻版画通过政府主导完善"艺术链"、通过建立普及体系延伸"服务链"、通过成立合作社做强"产业链"，石泉县的"七十二传统技艺作坊"实现集群化发展，创造了丰富乡村文化生活和发展乡村文化产业相统一的范例。乡村公共文化的社会化发展，重点是激发全社会参与的热情。汉阴县创设的妇女文化干部选聘机制，是多部门联手解决乡村文化阵地"建管用"难题的多方受益办法。旬阳市的"千百万文艺人才培养工程"，为全社会参与乡村公共文化服务奠定了人才基础。这些立足乡村实际、依托乡村资源、发展乡村文化的案例，看起来没有多轰轰烈烈，但却是健全乡村公共文化服务体系的实招、硬招、管用招，从案例折射出来的思路、方法具有普遍意义。

吹拉弹唱、民俗歌舞、乡土节事等是乡村文化的重要载体，而依托这些载体传播教化、塑造文明乡风、推动乡村振兴才是乡村文化建设目的。本书以专门篇章展现了安康以乡村文化治理带动现代乡村治理体系建设的做法和经验，体现了编者对乡村文化建设本质的深刻理解与认识。乡村文化理事会是安康农村普遍建立的文化治理"自组织"形式，一系列案例显示，文化理事会由文化切入，在加强农村党组织建设、动员凝聚村民、移风易俗、和谐邻里、助力产业振兴等方面发挥了重要作用。汉阴县创造的"四链一体"模式体现出乡村文化建设迈向了"体系化"发展之路。结合当地文化资源实际，传播家训文化成为文化"价值链"的核心内容；整合本土资源成为形成文化"内容链"的主要方式；建立乡村文化理事会、充分发挥文化能人贤士的作用，成为激活乡村文化"动力链"的突破口；对接需求、丰富供给、充分满足农民多样化文化需求，完善了乡村文化的"供给链"。对于如何完善乡村公共文化服务体系这一问题，汉阴县做出了有益探索。白河县卡子镇立足当地乡贤文化绵长、家训资源丰富的实际，以打造场所、建设队伍、开展活动为突破口，以"一约四会"（村规民约和红白理事会、村民议事会、道德评议会、禁毒禁赌会）为抓手，通过弘扬乡贤文化凝聚村民思想，为乡村振兴奠定了坚实的精神文化基础。乡村振兴，乡风文明是保障。加强农村思想道德建设，巩固农村思想文化阵地，弘扬乡村优秀传统文化，丰富乡村文化生活，是繁荣发展乡村文化的重要任务，所有这一切都离不开乡村文化治理的现代化，而乡村文化治理的现代化又是现代乡村治理中最深层、最具力量的基础。

在案例展示基础上的理论阐释分析，是本书的一大特色和亮点。安康乡村文化建设是按照什么历史逻辑和发展思路推进的？"三改革"制度设计做出了回答：变革观念，把乡村公共文化服务的"最后一公里"作为创新发展新起点的"第一公里"；改革治理结构，建立乡村文化理事会，完善乡村"自组织"形式，以"一约四会"为抓手奠定乡村治理的文化基础；改革供给侧结构，整合上面"千条线"，实现多元供给的有机统一，同时最大限度地调动农民文化建设的内生动力。这一总体设计思路发挥了对各地因地制宜的创新实践的统领、定向作用。安康在国家公共文化服务体系示范区创建中形成了新民风引领乡村公共文化服务体系建设的特色，在创新发展阶段又不断推进、持续深化，研究团队的理论思考、顶层设计、实践指导发挥了重要作用。党的二十大报告指出，问题是时代的声音，回答并指导解决问题是理论的根本任务。本书留给我的一个突出印象，就是研究团队在扎扎实实地践行以理论研究回答安康乡村文化建设的实践之问。

李国新*
2023 年 4 月于北京

---

* 北京大学教授、国家文化和旅游公共服务专家委员会首席专家。

序二

涓涓细流汇聚乡村文化创新发展的强大势能

安康市在获评第四批创建国家公共文化服务体系示范区以后，再接再厉，把创建的成果转化为日常工作，推动了当地的公共文化服务持续发展。一是优化了乡村文化治理结构，形成了政府主导、社会参与、村民自治三位一体的乡村文化治理新模式，推动乡村"法治、德治、自治"融合发展，走出一条富有特色的乡村文化振兴之路。二是推动了乡村文化供给改革，使一大批基层文化骨干由文化"参与者、消费者"变为文化"组织者、创造者"，有效拓展了公共文化服务的广度、深度，激活了基层公共文化建设的内生动力，激发了基层文化发展新活力。三是丰富了基层群众的文化生活，将中华优秀传统文化传承与新民风建设相结合，发挥社会主义核心价值观引领作用，推进乡风文明建设，凝聚起乡村振兴的精神力量。本书从七个方面全方位展示了安康市在创建国家公共文化服务体系示范区以及创新发展阶段的翻天覆地的变化，既有推动山区公共文化服务高质量发展的创新实践，也有围绕乡村文化治理现代化系统的理论研究，这些内容都是值得推广且可复制的创建国家公共文化服务体系的成果经验。

安康市地处秦巴山区腹地，在创建国家示范区之初，地方财政自足率仅为 10% 左右，是集中连片的贫困地区，面临着公共文化基础设施建设历史欠账多、服务供给不足、供给不均衡、供给成本高、地方财政自足率低的公共文化建设五大结构性矛盾。而安康的乡村公共文化服务资源更加匮乏，文化服务几乎处于空心化、空置化和空转化的情况，与脱贫攻坚和新农村建设的奋斗目标格格不入。为改变基层贫穷落后的局面，破解公共文化服务"均衡之困""财政之困""效能之困"，安康市委、市政府把文化建设放在脱贫攻坚、乡村振兴、文旅融合社会整体发展的大背景之下思考，跳出了从文化到文化、就文化建设文化的狭隘视野，将文化强基作为增强区域发展软实力、激发乡村文化活力、提升群众幸福感的重要支点，统筹推进，精准发力。从本书中，我们可以清晰地看到安康公共文化建设取得成效的发展脉络：安康市利用创建国家公共文化服务体系示范区的契机，通过陕西省文旅主管部门建立的"政学研用"机制，组织专家团队深入分析安康经济社会发展特别是基层公共文化发展的短板问题所在，进行因地制宜、系统化的制度设计和项目设计，从制度创新、机制创新、路径创新进行突破，在基层文化治理、供给侧结构性改革等方面进行全方位、多维度的探索和实践，有效提升了乡村文化治理能力，扩大了公共文化供给面，培育了乡村文化发展新动能。由此，我们可喜地看到，在示范区创建和创新发展阶段，安康的公共文化建设有了飞跃式的发展、大踏步的前进，具体表现在以下几点：

注重顶层设计，把握公共文化建设的方向，为乡村公共文化服务体系的构建提供制度保障。在省文化和旅游厅的统筹指导下，制度设计课题组提出了以新民风建设为引领，以乡村文化"三改革""三培育""三结合"为核心，以公共文化服务"六新实践"为主要内容的乡村公共文化服务创新发展制度设计框架，推动示范区创建取得了良好的成效，也为构建新时代乡村文化治理理论体系提供了思路，为探索欠发达地区乡村文化治理新模式提供了经验借鉴。同时，安康市创建国家公共文化服务体系示范区的制度设计研究取得了丰硕成果，这些成果先后转化为五大类15项政策文件和制度，初步形成了新民风建设引领乡村公共文化服务创新发展的长效机制。2020年9月安康市出台了《关于进一步加强新民风建设引领乡村公共文化服务创新发展的实施意见》，明确了乡村文化建设与服务发展思路，并将"六新实践"升级为"八大工程"，对示范区创新发展阶段的重点任务、工作规划和保障措施做出制度安排，确保了安康市各级公共文化建设和服务可持续发展。

以核心价值为引领，凝心聚力，树立社会新风尚。为解决乡村社会道德约束弱化、文化价值观念分裂、治理矛盾突出等问题，安康市委决定在全市大力推进"诚、孝、俭、勤、和"新民风建设，并于2017年3月印发了《关于大力推进新民风建设的实施意见》，大力实施"思想引领、家风建设、移风易俗、文明创建、乡村善治"五大行动，使新民风在全市农村深耕厚植，筑牢广大农民群众的精神家园，为助推脱贫攻坚和乡村振兴提供强大精神动力。汉阴县探索了文明新风"价值链"、做实文化服务"内容链"、激活乡村文化"动力链"、优化文化服务"供给链"等经验做法，创新构建"四链一体"公共文化服务发展新模式。安康市图书馆以市县公共图书馆系统为平台，团结社会力量，开办流动讲习所，让新民风走向城乡各地，服务乡村振兴。汉滨区奠安村打造"党建引领、民风护航、统筹发展"的基层治理样板，实现了由落后村到"先进村""示范村"的完美蝶变。汉阴县漩涡镇茨沟村探索并创建了村级"道德银行"积分管理制度，使茨沟村走上了一条乡风文明、治理有效之路。新民风建设是安康市把社会主义核心价值观与本地优秀的传统文化有机结合起来的具体行动，是乡村弘扬社会主义核心价值观生动的创新实践。它提升了全市人民群众道德素养和文明程度，优化了社会风气，起到了聚民心、育新人、兴文化的文化引领和教化作用。

以乡村文化治理推动乡村公共文化服务供给侧结构性改革，增强文化的内生力，释放出基层公共文化的活力。为改善乡村有资源无人挖掘、有阵地无人员管理、有需求无供给的空心化、空置化的局面，安康市充分聚焦乡村文化"三个建设"——乡村新民风建设、乡村文化服务能力建设、乡村文化治理体系和治理能力现代化建设。2019 年 8 月，安康市决定在各县（区）符合条件的行政村开展建立乡村文化理事会试点工作，其主要目标是健全行政村党组织领导下的乡村文化自治组织建设，着力解决乡村公共文化服务短板问题，为乡村文化创新发展注入新活力。通过乡村文化理事会，各村有计划地开展群众文化活动、培育群众文艺骨干和文艺社团，调动了社会力量、基层群众参与文化建设的积极性。安康市群众艺术馆积极联合各县区文化馆，将扶持民间文艺社团发展、提高社团服务水平和服务能力作为推动群众文化工作创新发展的重要方向。旬阳市创新实施了"选拔百名文艺领军人才、发展千名文艺骨干、带动万名文艺爱好者"的"百千万"文艺人才培养工程，走出了一条以文艺人才引领推动乡村文化振兴之路。同时，在基层通过政府搭台、文化机构培训、社会团体参与，安康市的许多县（区）探索出了"政府投入小、社会影响大、百姓广参与、群众得实惠"的文化惠民新路子。如白河县文化馆搭建"群星有约"平台，通过一张"免费服务联系卡"，培育出一批群众文艺社团，用一张"群星相约邀请函"，建成白河县文艺节目库，通过一张"演出征求意见表"，实现了供需有效对接，取得了良好的社会成效。

党的二十大提出，要实施国家文化数字化战略，健全现代公共文化服务体系，创新实施文化惠民工程。在构建面向未来的现代公共文化服务体系过程中，我们主要任务之一是实现区域间公共文化服务均等化。如何解决基层公共文化发展中的不平衡、不充分困境，振兴基层公共文化，特别是在地广人稀、交通不便的山区？这本书里安康市给出了让我们信服的答案。用价值去引导行为，用制度去指导实践，用机制去提高效能，用文化去教化群众，实现政府搭台、群众唱戏、社会参与，才能最大程度释放出乡村文化活力，使基层群众得到更多的获得感和幸福感。"安康样本"值得推广，我们相信，安康能做到，其他地方一定能做到！

王惠君[*]

2023 年 5 月于广州

---

[*] 广东省立中山图书馆馆长、研究馆员，广东省图书馆学会理事长。

序三

续写乡村文化建设"春天的故事"

这个春意盎然的三月,我走进秦巴腹地、汉江之滨的安康市,心里有着别样的亲切。

三年前,我很荣幸参与撰写《贫困地区公共文化服务创新发展——"安康样板"研究》。在那本书里,我深有感触地写道:"安康市委、市政府高度重视国家公共文化服务体系示范区创建工作,立足于西部贫困地区经济社会发展实际,以迎难而上、奋发作为的精神姿态,脚踏实地、追赶超越的使命担当,积极探索西部贫困地区公共文化服务创新路径,不断提高人民群众的文化获得感和满意度,取得了令人瞩目的成效。"安康市公共文化服务体系示范区创建的探索实践,进一步丰富了我国公共文化服务体系示范区创建经验,为西部贫困地区公共文化服务在新时代的跨越式发展,提供了十分宝贵的理论探索和创新路径。

清风吹过秦岭,春水流淌汉江。站在秦岭之上,俯瞰苍茫群山间的凤堰古梯田蜿蜒如春螺,金黄色的油菜花在春风里摇曳,山坳里古民居群落、古寨堡错落有致;站在江水奔腾不息的汉江边,体现安康传统翘角建筑风格与楚文化的汉江大剧院,与沿江的西城阁交相辉映,我仿佛听到汉调二黄的唱腔与紫阳民歌的音韵,感受到这座古老而现代城市的书香氤氲。

安康市成功创建国家公共文化服务体系示范区,为全国贫困地区公共文化服务体系建设做出示范。记得我参与撰写《贫困地区公共文化服务创新发展——"安康样板"研究》的书稿之时,正是我国脱贫攻坚的关键之年。作为秦巴山区集中连片特困地区的核心区,安康市坚持以脱贫攻坚统揽经济社会发展全局,2020年如期实现贫困人口全部脱贫,三百多万秦巴儿女昂首迈入小康社会。

这个春天,当我踏上汉江边的这座城市,走进秦巴山区的乡村,我亲身感受到这个城市经济社会发展的活力,感受到公共文化服务体系示范区创建成功后,各级政府和文化干部苦干实干、克难奋进,推动公共文化服务高质量发展的动人姿态与奋斗精神,感受到乡村文化建设可喜可贺、令人鼓舞的创新实践。

阅读着《乡村公共文化服务高质量发展新实践——安康市国家公共文化服务体系示范区创新发展成果》的书稿，安康市乡村文化建设中的精彩案例，让我由衷敬佩，令我心生欢喜。这些乡村文化建设创新实践，与我在这个春天现场走过的文化场景相互印证，给我留下深刻的印象。

创意改造的安康市图书馆，成为老城区烟火市井的文化地标，在 2022 年被评为"三秦最美公共阅读空间"，俨然是年轻人喜爱的精神家园。当我走进安康市图书馆时，首届春季图书漂流暨"我为留守儿童捐图书"春风行活动正在进行。安康市群众艺术馆正面的红色大鼓造型，透露出艺术气息。这里是陕南少儿美术培训基地、安康儿童版画实践基地，我看到留守儿童的版画展，稚气、朴拙的版画，展示了孩子们眼里的诗意世界。在群众艺术馆院子一侧的汉调二黄小舞台上，有民间剧团正在演出，曲调简朴里存幽雅，表演一招一式生动传神。

汉阴县涧池镇是陕西省公共文化服务高质量发展示范镇。在镇文化旅游服务中心，我惊喜地看到用心编制的涧池镇公共文化服务年报，这就算在沿海发达地区的乡镇也不多见。涧池镇图书馆"阅读积分制"服务实践、"艺养天年"乡村老年人服务项目等，开展得有声有色、富有成效。"乡村文化理事会"是安康市乡村文化治理转型的创新探索。我在汉阴县城关镇的三元村看到了"乡村文化理事会"的机制创新与实践成效，常态化的群众文化活动，成为易地搬迁群众融入现代生活、点亮精神家园的有效载体。在文化活动大楼里，我看到 2020 年 11 月三元村荣获第八届全国服务农民、服务基层文化建设先进集体的金色牌匾。

无论是新民风引领乡村文化创新发展、塑造乡村治理新秩序的金寨实践，弘扬乡贤文化、推动乡村治理的卡子镇乡村公共文化治理体系新探索，还是陕南"村晚"第一村界牌村文化"自组织"创新发展，都充分展示了在中国式现代化进程中，安康市乡村公共文化治理的内在动力与创新活力。秦巴山区汉江两岸的"流动新民风讲习所"、汉滨区志愿者"文化小康再行动"、藏一角博物馆志愿者乡村艺术教育拓荒之路、"爱在童年、益在未来"紫阳县文化馆留守儿童暑期公益活动实践……这些安康市城乡一体公共文化服务供给改革创新的典型案例，具有创新引领和示范推广意义。

《乡村公共文化服务高质量发展新实践——安康市国家公共文化服务体系示范区创新发展成果》一书，在分享安康市乡村公共文化服务创新案例的同时，呈现了专家学者对安康乡村文化治理能力现代化理论研究的最新成果。回归乡村文化发展的历史逻辑——安康市乡村文化建设"三改革"制度设计概述、新民风引领乡村公共文化治理能力现代化制度设计、乡村传统文化治理体系的现代性构建、欠发达地区的乡村文化治理创新——安康市国家示范区创建中的探索……这些基于安康市乡村文化现代治理的研究，既有理论的高度、思考的深度，又有实践指导意义。这些理论研究成果，与创新实践案例相映呈辉、相得益彰，丰富了本书的阅读视角，展示了创新实践的理性思考。

"接续推进全面脱贫与乡村振兴有效衔接。脱贫摘帽不是终点，而是新生活、新奋斗的起点。"2020年3月6日召开的决战决胜脱贫攻坚座谈会上，习近平总书记就为打赢脱贫攻坚战后的乡村发展擘画了方向。在这个春天，我走进秦岭南麓、汉江之滨的安康乡村，在满眼的春光里，看到这片有着悠久历史和丰富文化底蕴的土地上，人们正在成功创建国家公共文化服务体系示范区的基础上，乘势而上，接续奋斗，以陕西特有的豪迈气概与汉江温润的文化情怀，奋力谱写西部地区乡村现代公共文化服务高质量发展的新篇章，抒写新时代乡村文化建设的春天故事。

王全吉[*]
2023年5月于杭州

---

* 中国文化馆协会副理事长、中国群众文化学会基础理论与创新实践研究委员会副主任委员、浙江省文化馆首席专家。

目　录

第二编　乡村优秀传统文化创造性转化新实践

第三编　社会力量激发乡村公共文化服务活力新实践

第四编　乡村文化和旅游融合发展创新实践

第五编　乡村文化治理改革创新实践

第六编　乡村公共文化服务供给创新实践

第七编　安康乡村文化治理能力现代化理论研究

第一编

城乡一体公共文化服务供给改革新实践

白河县"群星有约"项目"三个一"服务实践

卫　璐　张　舒（白河县文化馆）

一、案例背景

白河县位于安康市东部，北临汉江，因隔江与湖北省郧西县相望，且境内有大小河沟765条，故有"秦楚边城，水色白河"之称。为推动全县群众文化事业繁荣发展，白河县文化馆以"群星有约"项目为平台，以"免费服务联系卡""群星相约邀请函""演出征求意见表"为服务特色，积极组织群众文化艺术活动，注册成立了"漂亮妈妈""蓝月亮""夕阳红""阳光九月""红潮民俗""金龙喜庆"等40余个民间艺术团体，在122个村和社区建立了村民自乐班，创造性地开展基层公共文化服务工作，形成了秦巴山区群众文化活动的"白河模式"。

二、主要做法

1. 一张"免费服务联系卡"，搭建服务群众桥梁

"免费服务联系卡"是白河县文化馆为实现公共文化服务网格化管理，加强群众文艺团队建设，及时掌握群众文化需求而设计的一种便民服务方式。白河县文化馆把全县县直单位及乡镇、村（社区）划分成若干个服务区，由文化馆业务干部一对一负责指导服务区域内文艺团队建设、艺术作品创编和文艺表演排练。为了方便联系群众，文化馆特别制作了"免费服务联系卡"发放到服务对象手中。联系卡上除公布白河县文化馆基本服务信息之外，还特别载明了各服务区的联系人、联系电话等，确保服务对象有求必应、有需必办。为了强化供需对接、提高服务质量和效能，文化馆还在夯实内部管理机制的基础上，建立了"业务调配制"和"首问负责制"。如果服务对象有其他业务需求，而包联人员没有这方面的业务专长，文化馆将协调选派相关人员去完成任务，但包联人员依然是"第一责任人"。通过文化馆专业人员在团队建设、节目策划、创作创编、表演排练等方面的全流程指导，群众业余文艺团队的节目质量和表演水平不断提高。

2. 一张"群星相约邀请函"，吸纳文化惠民力量

如果说，一张"免费服务联系卡"提高了群众文艺表演节目的质量、激发了群众演员的表演热情，那么，一张"群星相约邀请函"就满足了广大群众通过"群星有约"平台展示其艺术才华的愿望。"群星有约"面向全县城乡文化馆办文艺团队和自乐班进行公开征集，不论男女老幼，不论节目形式，只要表演了群众喜闻乐见的优秀节目，就可以收到一张"群星相约邀请函"，受邀到县文化馆进行预演。文化馆专业干部或志愿者会对预演节目进行指导、修改、提升，待节目达到登台演出的标准后，即可安排登上"群星有约"舞台。"群星有约"舞台由文化馆负责搭建并提供场地、道具、灯光音响设备，自建成以来，已有300多个节目在此精彩亮相，给地方群众带来了丰富的文化大餐。

3. 一张"演出征求意见表"，实现精准文化服务

通过"免费服务联系卡""群星相约邀请函"，文化馆业务干部对群众文艺团队、乡村自乐班长期指导、扶持，培育出一大批较高质量的文艺节目，并建成白河县文艺节目库。文化馆以"购买服务"的方式，组织这些文艺社团利用节假日和农闲时节，每年开展100余场次"戏曲进乡村"活动或文化惠民演出活动。每次演出结束以后，文化馆会邀请现场观众填写一张"演出征求意见表"，以便今后更好地改善节目质量，提升表演水平，提高服务效能，实现精准文化服务。而"购买服务"举措，便于业余文艺团队创作新的文艺节目，为业余文艺团队的发展提供了经济保障和可持续发展力量。

三、主要成效

白河县文化馆通过搭建"群星有约"平台，实施"三个一"服务措施，取得了良好的社会成效。一是建立起群众文化活动新机制、新模式，让群众由文化消费者变为文化创造者、文化供给者，既丰富了群众业余文化生活，又解决了政府和公共文化服务机构供给不足问题。二是文化馆通过搭建"群星有约"平台，让文艺爱好者有了展示自己文艺才华的机会，收获了一大批优秀的文艺人才和民间文艺团队。三是文化馆业务干部通过对民间文艺团队的指导，也有效地提升了自身专业素养和业务能力。截至2022年，全县11个镇122个村和社区建有文化自乐班118个，业余文艺团体（队）46个，兼职从业人员过千人，每年培训上万人次。

在"群星有约"服务品牌引领下，白河县创编了重大文艺精品项目——风情歌舞剧

《水色白河》。该作品以汉江山水风貌为背景，以白河人文历史为基调，生动演绎了白河人民敢为人先、艰苦创业的"三苦"精神，自 2022 年 8 月 4 日上演后，引起了很大的社会反响，已成为宣传白河、推介白河的一张文化新名片。"群星有约"服务品牌 2017 年被陕西省文化厅命名为省级免费开放示范服务项目，2018 年获评"2015—2017 年度陕西省公共文化优秀群众文化品牌"，2019 年 7 月《中国文化报》对"群星有约"项目进行了报道，2020 年白河县文化馆被陕西省文化馆、陕西省非物质文化遗产保护中心、陕西省群众文化学会联合授予优秀团队荣誉称号。

四、创新启示

白河县文化馆搭建"群星有约"平台，创新群众文化活动组织方式，在转变全民艺术普及理念、探索文化惠民新模式、培育民间文艺社团和文艺爱好者参与公共文化活动等方面做出了富有成效的探索。白河县文化馆有工作人员 13 人，要满足每年 100 余场次"戏曲进乡村"活动或文化惠民演出活动，在人力和服务供给能力上有很大困难。文化馆通过一张"免费服务联系卡"，培育出一批群众文艺社团；用一张"群星相约邀请函"，建成白河县文艺节目库；通过一张"演出征求意见表"，实现了供需对接。这样一来，文化馆不仅锻炼了自身的干部队伍，而且实现了群众由单纯的文化消费者向文化参与者、创造者、供给者的转变，实现了政府购买公共文化服务由体制内向民间文艺社团的拓展。

旬阳市"艺养天年"老年群体公共文化服务实践

陈俊波（安康市群众艺术馆）

一、案例背景

"艺养天年"老年群体公共文化服务项目，是安康市创建国家公共文化服务体系示范区期间，由陕西省安康市文化和旅游广电局、民政局联合实施的一项银发关爱工程。它依托敬老院、社区日间照料中心、农村互助幸福院等社会养老机构，提供艺术普及活动、文艺展演，组织老年人开展技能表演、非遗传承、读书看报等文化活动以及日常健身锻炼等，是安康市推动实现基本公共文化服务均等化、全覆盖的重要举措。旬阳市"艺养天年"文化养老服务就是在该工程背景下实施的。经过多年的实践发展，该项目形成了具有旬阳特色的"艺术普及＋志愿服务"文化养老服务模式，在实践中取得了良好成效，受到了各方赞誉。

旬阳市文化馆"粽叶飘香 艺养天年"文化志愿者活动中的演出

二、主要做法

1. 深入调研，开展项目试点，联点包抓

开展"艺养天年"老年群体公共文化服务，是旬阳市积极应对人口老龄化，发展养老服务业，打造"文化养老"服务品牌的具体举措。旬阳市文化和旅游广电局、旬阳市民政局在深入调研的基础上，按照安康市创建工作领导小组的统一部署，将旬阳市中心敬老院、城关镇老城社区日间照料中心、小河镇小河社区作为试点单位，为每个试点单位配备了便携式音响设备，还配备了电子琴、二胡、笛子、锣鼓等乐器，毛笔、书画毡、国画颜料、墨汁、书画练习用纸等书画用品，象棋、跳棋、羽毛球等运动道具，以及常用演出服装等，并指定旬阳市文化馆为该项目的业务主抓单位。为确保试点工作出成果、出经验，旬阳市文化馆成立专项工作推进小组，制订了项目工作方案，抽调业务能力过硬的精兵强将联点包抓，实现了场地、设备、人员与服务的一体化建设。

2. 供需对接，根据老年人爱好组建兴趣小组

分类实施、精准对接需求，是做好"艺养天年"服务项目的基础性工作。旬阳市中心敬老院供养五保老人 150 余人，组建了健身舞蹈、器乐表演、腰鼓、棋牌、民歌演唱和阅读故事汇 6 个兴趣小组；小河镇小河社区老年人口 500 余人，其中互助幸福院托养五保人口 7 人，托管退休干部 21 人，组建了老年舞蹈、书画、鼓乐、腰鼓、棋牌、读书会 6 个兴趣小组；城关镇老城社区老年人口 1560 人，组建了舞蹈队、民乐队、红歌演唱队、锣鼓队、秧歌队、手工坊、民歌演唱队、老年读书会 8 个兴趣小组。每个小组都根据老年人的特长和兴趣将他们集合在一起，由旬阳市文化馆专业干部负责指导，并开展多元化的文化活动。一是于春节、中秋节、重阳节等传统节日，由文艺社团、志愿服务队和艺术培训机构等社会力量，将符合老年人需求的文艺展演和娱乐活动送到养老机构。二是市文化馆根据老年人口知识背景和兴趣爱好灵活设置音乐、舞蹈、书画、语言艺术 4 个门类的活动项目，定期开设器乐、鼓乐、合唱、戏曲、健身舞、太极拳、书画、剪纸、非遗讲堂等 12 项艺术普及课程。三是在专业干部的指导下，由老年人自行组织开展书画、棋牌、读书、健身等活动，丰富老年人的日常生活。

3. 突出特色，强化地域文化色彩

旬阳市有着悠久的历史和深厚的传统文化底蕴，旬阳民歌、道情皮影、旬阳花鼓、民

间打击乐、传统刺绣等都是老年人熟知和喜爱的地方非物质文化遗产或地方特色文化项目。在"艺养天年"项目实施的过程中，文化馆专业干部会根据兴趣小组人员构成情况，确定活动主题、内容和形式。例如城关镇老城社区的"汉调二黄""巧手坊""红歌会"，中心敬老院的旬阳花鼓、民间打击乐演奏活动，小河镇小河社区的腰鼓队、民乐演奏等，都充分体现出地域文化色彩，也吸引了更多老年人积极参与。

4. 弘扬中华孝道，推动城乡新民风建设

"诚、孝、俭、勤、和"是安康市新民风建设引领乡村公共文化服务创新发展的重要抓手。旬阳市是安康市新民风建设的发源地，"诚、孝、俭、勤、和"新民风建设在旬阳城乡深入人心、老少皆知。文化馆以"艺养天年"公共文化服务项目为依托，以新民风建设为主题，以传承中华孝道文化、弘扬社会主义核心价值观、提升老年人文化获得感和幸福感为目的，组织策划了新民风建设"故事会""读书会""道德评议会"等活动，不但极大地丰富了针对老年群体的文化服务供给，还在全社会掀起了"尊老爱老"新民风热潮。

5. 搭建平台，为老年人提供文艺表演、交流机会

文化馆于重要节庆与纪念日策划组织文艺展演活动，为老年人文艺表演提供平台。如建党节前夕，由长安银行旬阳支行主办，市文化馆、太极城民间艺术团承办的"舞动长安 艺养天年——庆七一迎国庆中老年人才艺大赛"，在旬阳市丽都广场隆重举行，有来自旬阳市市区和乡镇的24个老年人节目报名参加，经过预赛选拔13个优秀节目参加了决赛展演活动；在小河镇举办的"庆七一新民风先进典型表彰大会暨第七届农民文化节文艺演出活动"上，小河社区日间照料中心编排演出的锣鼓表演《大丰收》、小戏《共产党好，共产党亲》和表演唱节目《新龙船调》受到观众好评；由市中心敬老院主办，市文化馆协办的"情暖夕阳 艺养天年——迎七一建党节文艺演出"在市中心敬老院举办，文化馆辅导中心和敬老院的工作人员与老年人同台表演的《欢乐腰鼓》《中华大舞台》《夸夸敬老院》《爱在天地间》《党旗更鲜艳》等节目赢得了现场观众的阵阵掌声；在老城社区举办的"不忘初心 牢记使命"庆祝建党98周年共驻共建文艺联欢晚会上，老城社区日间照料中心编排演出的旬阳道情节目《感恩脱贫攻坚人》、大合唱《解放区太阳升起来》、舞蹈《祝福祖国》，让老年人收获了满满的幸福感。

三、主要成效

旬阳市老年人口约8.21万，"艺养天年"项目的实施覆盖了70%以上约5.7万老年人口，实现了"老有所养、老有所乐、老有所为"公共服务目标。例如2022年，在全国第59个学雷锋纪念日即将来临之际，旬阳市组织开展"巾帼心向党　喜迎二十大　艺养天年"志愿服务活动，为市中心敬老院的老人们带来了《红漆板凳》《抬花轿》等精彩的文艺表演。市中心养老院副院长何家峰说："文旅广电局来养老院慰问演出，不仅为老人带来了丰富多彩的文艺节目，还捐赠了一些生活用品，让老人充分感受到了社会的关爱和温暖，也丰富了老人的精神文化生活。"近年来，旬阳市将文化惠民演出、"艺养天年"项目、"戏曲进乡村"活动常态化，年均开展志愿服务170场次，惠及群众20万人次。陕西文明网等多家媒体和平台对旬阳"艺养天年"项目及其成效进行了专题报道。2020年7月，在旬阳市试点探索的基础上，"艺养天年"文化养老服务实践在安康市全面实施，陕西省文化和旅游厅也在全省推广了"艺养天年"项目的经验做法。

旬阳市文化馆送培训进市中心敬老院

四、创新启示

为积极应对人口老龄化，2019年，中共中央、国务院印发了《国家积极应对人口老龄化中长期规划》。2021年，《中共中央、国务院关于加强新时代老龄工作的意见》发布。在国家政策的大力支持下，各地持续推进养老服务与科技、医疗、文化等产业融合发展，催生了智慧养老、医养结合等一批养老新业态、新模式。然而针对老年人口的公共文化服务却暴露出一些结构性矛盾，如供给不足、需求不足和供需不能有效对接等实际问题。旬阳市"艺养天年"服务项目通过部门联合、资源整合、精准施策等措施，将艺术普及、文艺展演送到敬老院、社区日间照料中心、农村互助幸福院等社会养老机构，并组织老年群体文化活动，如技能表演、非遗传承、读书看报、健身锻炼等，有效弥补了养老服务中的文化短板，促进了基本公共文化服务的均等化和全覆盖，提升了区域公共养老服务品质。其弘扬中华孝道文化的经验做法在全省起到了示范引领作用，成为安康市国家公共文化服务体系示范区创建和创新发展的重要成果。

请进来　走出去　上云端
——安康市藏一角博物馆三维服务空间

毛维维　周　欣　朱沛悦（安康市藏一角博物馆）

一、案例背景

安康市藏一角博物馆建于 2005 年，2016 年经全面改造升级后向社会免费开放，是一所"私人捐赠、国家所有、政府管理、社会使用"的特色博物馆。其占地面积 7218 平方米，建筑面积 2018 平方米，为"四合院"建筑形式。现有藏品 12000 余件，共设"邮海大观"（邮票）、"古今通宝"（钱币）、"翰墨丹青"（字画）、"书卷芸香"（图书）、"撷券天地"（票证）、"碑版精拓"（碑拓）、"文房汇宝"（文具）、"精华长卷"（手轴）、"大千拾趣"（民间工艺品）、"诗情书韵"（由书法家书写的徐山林诗词作品）等 10 个展室。藏一角博物馆开馆后，积极发挥社会教育职能，通过"请进来""走出去""上云端"，积极拓展三维服务空间，成为安康市"汉水人文生态"博物馆群建设的重要组成部分，在加强爱国主义教育、丰富群众文化生活、提升城市文化品位等方面发挥出独特的作用。

二、主要做法

1."请进来"：建设党史学习教育主阵地

（1）建立党史学习活动室。为了发挥博物馆弘扬优秀文化、服务社会的主阵地作用，藏一角博物馆把"我为群众办实事"实践作为党史学习教育的重要内容和落脚点，利用馆内报告厅建起了党史学习教育活动室，制作了党史文化墙，设立了红色图书角，完善了便民服务设施，将企事业单位、社会团体"请进来"，为他们提供免费学习教育场地，并定期开展红色文化公益讲座。

（2）组织青少年研学活动。针对每年寒暑假丰富青少年课余文化活动的需要，藏一角博物馆融入优质课程，盘活内外资源，在每年寒暑假到来之时，精心策划组织，推出红色电影展播、古钱币拓印、植物拓染体验、书画研学、小小摄影家培训和藏书阅读等活动，真正"用活"馆内资源。

（3）举办党史宣传主题学习活动。藏一角博物馆利用国家传统节日、纪念日等节庆假期，围绕党史宣传教育，先后组织开展了"鲜花绘党旗·感恩母亲节""童心向党·共绘六一""红色经典润童心·研学实践""'七个一'主题党日"等90余场活动，通过灵活多样的学习形式把党史变得易懂易学、趣味可读，充分调动了广大党员干部及青少年的主观能动性，让党史学习教育冒热气、有声势、见实效。

（4）举办丰富多彩的主题展览。藏一角博物馆围绕党和国家的中心工作、重大历史事件纪念日和经济社会发展重要问题，在馆内推出了"安康市第四届'山水人文家园'摄影展""永远跟党走 筑梦新时代——安康市青少年邮票设计展""永远跟党走——我身边的优秀共产党员风采摄影展""红色美育·幸福安康——首届乡村儿童美术优秀作品展"等具有纪念性且影响力大的临时展览，充分发挥博物馆的社会教育功能。

2. "走出去"：办好社会教育流动课堂

（1）进校园服务青少年。博物馆是青少年在课堂之外获取知识的最佳选择之一。藏一角博物馆转变理念、打破边界、强化合作，通过让红色课堂"走出去"的方式，将其服务范围延伸到街道、乡镇、村社和学校，探索出了一条"馆校合作"的新路子，拉近了博物馆与青少年的距离。例如，藏一角博物馆充分利用安康地区红色资源，开展了"安康党史我知道——红色地标巡回展"活动，将课堂里学不到的红色知识带进红旗小学、果园小学、江南小学等10余所中心城区中小学，用14组图文并茂的展板，展现安康境内20处红色地标，介绍安康革命遗址，讲好安康红色故事，传承安康红色文化，受到了家长和青少年的欢迎。

（2）开展优秀传统文化教育。藏一角博物馆利用建党节、"5·18"国际博物馆日、"文化和自然遗产日"、端午节、重阳节等纪念日和传统节日，在江南小学、汉滨小学等市区中小学内开展优秀传统文化进校园活动；走进岚皋县铁佛小学等9所偏远农村学校，举办"走进新农村——安康市儿童版画优秀作品巡回展"。此外，博物馆特聘版画专家宋安平为农村留守儿童开展美术培训，在全市建立了9个"博物·博人"传统文化教育活动基地，教授留守儿童版画、剪纸、国画等技艺。

（3）举办夏令营。藏一角博物馆联手宋安平工作室举办了"红色乡村儿童国画夏令营"实践活动，力求通过水墨文化和红色经典文化的互相融合，助力农村儿童追求更有高度、更有境界、更有品位的人生与未来。该活动一经发起，就得到了社会各界的积极响应和大力支持，自2020年起已成功举办3届，成为广受赞誉的青少年校外文化素质教育品牌。

3."上云端"：让文明之光照亮千家万户

（1）云端展览活动。2020年以来，针对新冠疫情防控工作对公共文化服务提出的新要求，藏一角博物馆依托馆藏资源、线上平台和新媒体技术，先后推出了VR全景博物馆、"缅怀英雄先烈　重温安康党史""童心向党——讲述邮票里的党史人物故事""红领巾留声机"等线上系列活动，搭建博物馆与群众互动交流的平台，仅2021年，藏一角博物馆就开展了57场云端展览活动。

（2）线上邮票设计。2021年底，西安新冠疫情暴发，为助力西安打赢疫情防控阻击战，引导青少年弘扬社会正能量，藏一角博物馆结合馆内"邮海大观"陈展资源，主办了"长安！常安！抗疫必胜！"安康市青少年抗疫专题邮票设计线上大赛，得到了全市中小学、培训机构和绘画爱好者群体的大力支持。此次大赛共征集到256幅优秀作品，在安康市藏一角博物馆公众号上对全部作品分8期进行展播，极大地丰富了群众居家防疫期间的文化生活。

（3）中秋诗会活动。自开馆以来，藏一角博物馆在每年中秋佳节来临之际都会举办安康市中秋诗会，该活动已成为藏一角博物馆的特色品牌活动。然而反复来袭的新冠疫情使很多线下大型活动无法顺利开展，面对困境，藏一角博物馆精心谋划、周密部署，打破传统举办模式，化被动为主动，以线上直播的方式，在安康融媒App、安康综合广播微信视频号、安广897抖音号等平台进行直播，使群众足不出户就能观赏中秋诗会，极大地扩大了惠民范围，持续强化线上公共文化服务能力。线下到线上的变革不仅向网友们展现了安康人民昂扬向上的精神风貌，也以更加直观易懂的方式让大家享受公共文化服务，使优质文化资源飞入寻常百姓家。

三、主要成效

（1）"请进来"系列活动获得了社会各界的积极评价。党史学习教育活动室建成之后，先后已有3000余名党员、干部、学生来馆参观学习。特别是每年寒暑假期间开展的特色文化教育活动，充实了学生及家长的精神世界，受到了学校、家长的一致好评，报名参加活动的学生逐年递增，"爆满""站着听""挤一挤"等情况时有发生。

（2）"走出去"系列活动有效传播了安康红色故事。"安康党史我知道——红色地标巡回展"活动为千余名师生讲述了发生在身边的红色故事，为他们带去了一堂又一堂生动有意义的党史课。"博物·博人"传统文化教育活动基地为乡村里的留守儿童打开了艺术的大门，让国画、版画、剪纸等艺术形式丰富孩子们的人生，点亮他们的未来。该活动先后走进 20 余所学校，服务万余名师生。

（3）"上云端"系列活动将红色文化传播到千家万户。在疫情防控期间，藏一角博物馆通过 VR 全景博物馆、"童心向党——讲述邮票里的党史人物故事"等一系列线上活动，源源不断地为群众提供战胜疫情的精神力量，发布的推文在各平台点击量达数十万次，真正做到疫情防控期间服务不打烊、展览不落幕、精彩不打折。而一年一度的中秋诗会同样精彩，以 2022 年第 7 届中秋诗会为例，各平台观看量达到了 20 余万人次，其通过线上直播的方式，让群众足不出户就能感受中国传统文化的魅力。

安康市藏一角博物馆红色故事宣讲走进校园

四、创新启示

1. 依托丰富馆藏资源做好活动策划

藏一角博物馆共有藏品 12000 余件，每年都有热心捐赠者向藏一角博物馆捐赠藏品，使馆内藏品数量不断增长。藏一角博物馆依托丰富馆藏，结合节假日等特殊节点，推陈出新，积极策划出内容丰富、形式多样、老少咸宜的趣味活动，以参观、体验相结合的方式，吸引了群众参与，提升了社会教育效果，扩大了文化传播效能。

2. 构建"请进来""走出去""上云端"的三维服务空间

博物馆因其历史积淀深厚、知识容量巨大而成为人们向往的地方，但有时也会让部分群众觉得难以亲近。"请进来""走出去""上云端"的三维服务空间，打破了以往群众单向参观博物馆的模式，让传统文化、红色故事走进企业、学校，上网络、上屏幕，实现博物馆社会教育、文化传播的功能。

让文物活起来

——"中华天然太极城"的文化传承

陈世斌（旬阳市博物馆）

一、案例背景

旬阳市是地处安康市东部的一个县级市，北依秦岭，南踞巴山，汉江横贯其中，与旬河交汇处，曲水环流，状若太极，被誉为"中华天然太极城"。其总面积3541平方公里，辖21个镇309个村（居、社区），户籍人口44.7万人，是革命老区县、全国文明村镇建设示范县、全国文化文物工作先进县、全国法制宣传教育工作先进县。旬阳市博物馆就位于汉江、旬河交汇处的旬阳老城中心，以修建于明成化八年（1472）的旬阳文庙为馆址，占地面积2370余平方米，建筑面积1458平方米，馆藏文物1万余件，其中珍贵文物500余件，有"开拓的足迹——汉代以前的旬阳""馆藏选粹""匾联神韵"3个基本展厅，是集收藏研究、陈列展览、宣传教育、旅游观光为一体的公共文化服务场所，1996年4月被中共陕西省委命名为"爱国主义教育基地"，同时还是"陕西省青少年教育基地"。近年来，为切实发挥省级爱国主义教育基地和青少年爱国主义教育基地作用，探索新形势下文物传播利用的新路径，推动安康市国家公共文化服务体系示范区创新发展，旬阳市博物馆精心策划了"基地教育＋流动展览"创新服务模式，深入各镇、村（社区）、学校等，将流动博物馆展览送入千家万户，取得了良好的社会效益。

二、主要做法

1. 严格规范管理，精心打造爱国主义教育基地

为了向每一位参观者提供良好的服务，更好地开展爱国主义教育，旬阳市博物馆采取了4项举措：第一，完善了爱国主义教育基地管理制度，优化了参观流程并引入公共文化服务礼仪规定，要求做到馆舍环境整洁美观、服务态度和蔼热情、言谈举止文明礼貌；第二，邀请有关专家对旬阳市不可移动文物进行核验，提请市政府公布了81处县级文物保单

位保护范围和建设控制地带，将相关文物保护单位、革命文物纳入爱国主义教育基地服务范畴；第三，组建成立旬阳博物馆理事会，聘请社会知名人士、专家、志愿者代表等参与并担任爱国主义教育基地宣讲教育辅导员，通过现身说法开展爱国主义教育；第四，加强爱国主义教育基地讲解员培训与管理，编写适合不同游客群体的爱国主义教育解说词，有效提高了服务效能。

2. 整合资源优势，强化优秀文化传播

在原有基本陈列基础上，旬阳市博物馆积极挖掘馆藏文物资源，以"弘扬优秀传统，彰显地域特色文明"为宗旨，将爱国主义教育基地建设与未成年人思想道德建设相结合，积极探索基地建设新模式，先后与市域 10 余所学校签订基地教育协议，策划举办"佛教遗韵""庆祝中华人民共和国成立 70 周年红色文物暨省市征调文物图片展""猪年话猪""文物珍藏记忆——见证抗疫历程主题书画作品精粹""喜迎二十大　奋进新征程——旬阳可移动革命文物展"等流动博物馆展览，精心组织开展了 50 余次主题鲜明、生动直观的宣传教育活动，使基地成为中小学弘扬优秀传统文化、为学生树立远大理想和"探索人生意义"的活动基地和学习知识的第二课堂。

旬阳市博物馆馆校联动开展文物故事宣讲活动

3. 重视主旋律教育，强化基地教育功能

旬阳市博物馆重视传统文化教育，通过"请进来，走出去"的方式，组织开展了"文化传承手拉手""弘扬国学，传承礼仪""党员志愿者牵手'特殊'客人寻根传统文化""不忘初心、牢记使命""民俗中国风——优秀传统文化进校园""开笔礼""作揖礼""在线云观展，旬博新样态"等活动，激发了群众保护历史文化、传承历史文脉的热情。

同时，重视爱国情感教育，依托丰富的馆藏文物和红色文化资源，有计划地向青少年进行爱国主义教育，普及历史文化知识、文物保护知识。如旬阳市博物馆联合旬阳县红军纪念馆举办了"学雷锋""祭先烈""党在我心中"等各类主题活动，用生动的文字、图片、实物重温革命历史，缅怀革命先烈，弘扬革命精神。

此外，还重视理想信念教育。为解决边远山区中小学生和广大群众参观博物馆难的问题，旬阳市博物馆将新石器时期、战国、秦汉、明清等历史时期珍贵文物照片，以及地域历史文化知识、文物保护法律法规等，以图文并茂的"流动博物馆展览"形式送进边远山区中小学和村庄、机关、军营等，讲述旬阳故事，传承历史文化，培育群众的爱国情怀。

4. 加大财政投入，提升基地服务水平

旬阳市博物馆积极争取项目资金，不断加大对基地硬件与软件建设的投入。先后对基地古建筑群屋面保护维修，更换基地月台护栏、地砖，更新安防消防设施等，绿化、美化基地环境，按照星级标准重修基地厕所，并完善服务配套和安全保护设施，不断提升爱国主义教育基地服务效能。

旬阳市博物馆馆藏文物图片展进景区

三、主要成效

旬阳市博物馆以"让文物说话、把历史智慧告诉人们"为遵循，努力盘活馆藏文物资

源，积极拓展博物馆社会服务功能，取得了良好的社会效益。在面向中小学生服务方面，博物馆先后与全市各中小学校合作开展活动 100 余场次，为市域 50 余所中小学送去流动展览 80 余场次，累计组织 20 万余人次的中小学生到基地参观学习。在面向大众服务方面，先后与良友汉调二黄研习班、市音乐协会联合策划举行非物质文化遗产"汉调二黄""旬阳民歌"大型文艺演出 10 余次，举办流动博物馆巡回展 50 余场次，举办文博知识讲座及文物保护法律法规咨询 100 余场次，开展各类主题文化活动 60 余项，累计服务群众近 40 万人次。在出版宣传方面，出版了《旬阳文物》《旬阳文博论丛》《旬阳瑰宝》等文化书籍，组织开展文物法规"六进"宣传，年均在县级以上新闻媒体、网站、报纸、杂志发表宣传信息报道 100 余篇。旬阳市博物馆"基地教育 + 流动展览"的创新实践，在探索爱国主义教育新理念新方法、传承中华优秀传统文化、丰富群众文化生活、推动旬阳全域旅游发展等方面，取得了积极成效。

四、创新启示

博物馆作为人类文明发展的产物，主要职能包括收藏、研究和教育等。随着社会的发展，尤其是随着现代博物馆理念的不断更新，教育已经成为博物馆的一项重要职能。围绕着教育做"活"基地教育和流动博物馆教育，特别是举办流动博物馆展览，能够打破博物馆物理空间限制，产生更多社会效益。旬阳市博物馆树立"以人为本"的服务理念，坚持"保护第一、加强管理、挖掘价值、有效利用、让文物活起来"的新时代文物工作方针，将服务中小学生与服务社会大众相结合，将基地教育与流动展览相结合，将弘扬优秀传统文化、红色革命文化与现代公共文化服务相结合，有效推动爱教基地管理与服务的科学化、制度化、规范化。

安康博物馆特色文化展馆建设与服务创新实践

周明丽（安康博物馆）

一、案例背景

安康博物馆位于安康市汉滨区江北黄沟路，建筑面积 14825 平方米，由西北建筑设计研究院张锦秋院士领衔设计，具有"高台临江、四面通透、秦地楚风"的风格特点，是中心城市一江两岸风景线上重要景观建筑、安康市公共文化地标性建筑。博物馆有"天赋安康""脉源安康""筑梦安康"3 个基本展馆，馆藏文物 3438 件，其中珍贵文物 931 件，包括春秋战国时期巴、蜀、楚文化遗物，汉魏南北朝时期青瓷器、画像砖和陶俑，明清时期名人书画等。为了贯彻落实国家文化强国战略部署，推动安康国家公共文化服务体系示范区创建工作和创新发展，安康博物馆按照安康人的"文化祠堂"和"城市会客厅"的功能定位，通过展陈空间优化布局和展陈内容优化设计，策划实施了"安康家风馆""安康非遗馆""安康三线建设展馆""老安康印象馆""汉江文字石馆"等专题展馆，在传承优秀传统文化、展现安康地域特色文化、弘扬红色文化、构建现代公共文化服务体系、发展社会主义先进文化等方面，取得了积极成效。

二、主要做法

1. 建设红色专题展览馆，传承红色文化基因

安康有着光荣的革命斗争史和丰富的红色资源，是鄂豫陕革命根据地、川陕革命根据地的重要组成部分，汉水之滨、秦巴山间留下了许多珍贵的革命遗址和红色故事。为传承红色基因，安康博物馆建设了红色印记展览馆、三线建设专题展馆，进一步强化博物馆的社会教育功能。

红色印记展览馆由"伟业胜迹"和"浩气长存"两部分组成，依托安康市 51 处不可移动革命文物点和红色文献资源、红色故事、革命先烈事迹等，以图文并茂的形式展示革命旧址、革命纪念设施，缅怀从安康走出来的革命先驱廖乾五、开国将军何振亚、沈启

贤和革命战争年代英勇牺牲的 1300 位革命烈士，弘扬安康红色革命精神，深化爱国主义教育。

三线建设专题展馆是陕西省首家三线建设主题展馆，安康博物馆搜集、征集国家三线建设政策文件和参加三线建设的铁道兵、学兵、民兵等建设者口述历史、影像资料和生产生活物品等 500 余件，通过展示建设者们艰苦奋战的建设历程，宣扬无私奉献、艰苦奋斗的"安康精神"，教育人们不忘历史、不忘初心、不忘时代英雄，积极投身于社会主义现代化建设。

2. 建设地域特色文化馆，传承优秀传统

为有效传承地域特色文化、丰富现代公共文化服务供给、推动文旅融合发展，安康博物馆整合各类文化资源，精心策划并实施了一系列特色文化展馆的建设。

安康市家风馆以习近平总书记关于"注重家庭、注重家教、注重家风"指示精神为指导，以系统推进安康市"诚、孝、俭、勤、和"新民风建设为目标，采用市纪委、市监委、市妇联、市文化和旅游广电局联合建设的方式，宣传古今优良家风、传播安康优秀家训、讲述家风故事、警示反面案例、展现新时代安康新民风建设成效，引领广大干部群众培育好家风，推动社会文明新风建设。

安康非遗馆利用场景再现、风景呈现、雕塑模型、现代多媒体交互等方式，着力打造契合非遗传承特点的"沉浸式体验"空间。开展丰富多彩的非遗体验活动和观众互动参与活动，如传统手工剪纸、脸谱 DIY、安康采莲船展演、传统年画拓印、"扎花灯、滚汤圆"传统手工体验等。围绕安康非遗特色，结合社教活动开发制作传统年画、剪纸、脸谱、陶艺作品等非遗文创产品，增强了展览的知识性、趣味性和参与性，丰富了市民精神文化生活。

老安康影像馆展示了挪威友人尤约翰先生捐赠的民国时期生活用品、老照片和珍贵的彩色纪录片等物品，真实再现了民国时期安康民风、民俗和社会生活状况，成为安康人了解过去安康自然景观、城市风貌、市井生活的一个重要窗口，也见证了中挪传统友好关系，推进了国际之间的文化交流。

汉江文字石馆是安康博物馆积极引进社会力量参与公共文化服务供给的有益尝试。安康博物馆提供展示场地并策划、设计布展方案，奇石收藏家提供展品和辅展设施，展示汉江奇石天然图案的独特魅力，通过奇石天然文字图案的组合，极大地提升了展览的吸引力和趣味性。

三、主要成效

1. 成为展示安康地域特色文化的重要窗口

安康博物馆将安康优良传统家风、民间非遗项目、地方特色文化等资源通过专题展馆形式综合展示，凸显出博物馆保存文化遗产、传承优秀传统文化、开展社会教育的积极作用。自新馆建成以后，博物馆已接待团体参观 500 余批次，观众 10 万余人次，被省妇联授予"陕西省家风教育示范基地"称号，被安康市纪委授予"安康市廉政教育基地"称号，被陕西文明网、安康党风廉政网等多家政府媒体和网站报道。其中，安康非遗馆项目真实地呈现出汉调二黄、平利弦子腔、紫阳民歌、旬阳民歌、安康小场子、翻天印、龙舟风俗等国家和省级非遗演艺场景，增强了展示效果和展览观赏性，成为安康文化旅游网红打卡地，荣获首届陕西省博物馆优秀展览"最受观众欢迎奖"。

2. 成为全市红色文化旅游打卡地

红色印记展览馆建成以后，成为开展党史学习教育活动、爱国主义教育活动的重要场所，目前已接待 300 多个行政、企事业单位和社会团体开展主题党日活动、重温入党誓词，5 万余名中小学生接受红色文化教育、传承红色基因，先后荣获"陕西省中小学生实践教育基地""陕西省青少年教育基地""汉滨区青少年爱国主义教育基地""安康市爱国主义教育基地"等荣誉称号。安康三线建设展馆建成开放后，吸引大批三线建设者前来参观，安康博物馆也成为"重走襄渝线、三线学兵安康行"等系列活动的重要一站，安康新闻网、安康电视台等媒体对相关活动进行了多次现场报道。

3. 成为开展社会教育的重要阵地

安康博物馆从 2015 年 11 月开馆以来，举办了一系列特展，如"契丹文明——辽代绘画展"、安康抗战专题展、安康民间收藏佛像展、中国货币反假史展、丝绸之路的璀璨文明展、安康市"清风杯"廉政书画展、李红霞烙画艺术展、安康市首届好家风书法展、纪念红军长征胜利 80 周年书画展、唐代壁画名作摹本特展、"理想之路——铭记抗战中从七贤庄走出去的热血青年"展、"憨陋简率——刘孟洲藏猪"工艺品展、唐明东中国画作品巡展、"铁血忠魂——抗战时期的安康机场展"、"珍馐玉馔——古代饮食文化器具展"等，充分发挥出博物馆传承优秀传统文化、弘扬红色革命文化、丰富公共文化服务供给、开展社会教育的积极作用。

四、创新启示

专题展览具有主题鲜明、内容新颖、布展灵活等特点。安康博物馆依托形式多样、内容丰富、时代性强、品质优良的专题展馆，坚持不懈地开展青少年爱国主义教育活动和非遗体验活动，赓续中华优秀传统文化、弘扬爱国主义精神，形成充满活力的公共文化服务供给体系，提升了博物馆的形象与品位，彰显出安康的文化积淀与魅力，极大地丰富了百姓的精神文化生活，有效提高了博物馆场馆空间利用效率和服务效能。

"艺安康"全民艺术普及创新实践

陈俊波（安康市群众艺术馆）

一、案例背景

2021 年，文化和旅游部、发展和改革委员会、财政部联合印发《关于推动公共文化服务高质量发展的意见》，提出："进一步加强群众文化艺术培训，使各级文化馆成为城乡居民的终身美育学校。"安康市人民政府也随之出台了《安康市国家公共文化服务体系示范区创新发展规划》，要求"立足地方艺术资源、特色优势，创新实施艺术普及工程，打造一批艺术普及服务品牌"。安康市群众艺术馆（以下简称"安康市群艺馆"）将落实三部委和安康示范区文件精神作为一项重要工作任务，从新时期文化馆核心工作、安康示范区创新发展和满足人民群众日益增长的多元化文化需求出发，制定了《安康市"十四五"全民艺术普及工作规划》和《安康市全民艺术普及师资库建设方案》，在全市范围启动实施了"艺安康"全民艺术普及工程，在制度保障、服务创新、破解难题、强化职能等方面，探索出一些经验做法。

二、主要做法

1. 制定"艺安康·全民艺术普及"实施规划

《安康市"十四五"全民艺术普及工作规划》以全力打造"艺安康·全民艺术普及"服务品牌，推动实现市县资源共享、城乡服务一体化为目标，提出了四项工作原则、三大普及路径和"五位一体"普及模式，即：正确导向、向上向善，整合资源、共建共享，普惠全民、梯度提升，创新服务、持续发展的四项工作原则；文艺展演活动寓教于乐抓普及、培训辅导线下线上抓普及、非遗传承言传身教抓普及等三大普及路径；市县培训相结合、公益性培训与经营性培训相结合、线下培训与线上普及相结合、普及性培训与提高培训相结合、预约培训与点单培训相结合的"五位一体"普及模式。通过这些举措，力图构建一个以文化馆（文化艺术中心）为主体，以社会力量参与为重要补充，以满足城乡居民多元

化文化需求为基本方向，以艺术知识普及、艺术作品鉴赏、艺术技能展示和艺术活动组织
为主要内容的全民艺术普及制度。

2. 建立"艺安康·全民艺术普及"师资库

为了解决全民艺术普及中的师资短板，安康市群艺馆印发了《关于推荐全民艺术普及
优秀师资的通知》，面向全市文化馆（站）、公共文化服务机构、各类学校、社会团体、文
化志愿者等，公开招募选拔一批技艺精湛、素质精良的专业人才，涉及文学、音乐、戏剧、
曲艺、舞蹈、书法、美术、剪纸、摄影、民俗文化、传统手工技艺等，建成门类齐全的
"艺安康·全民艺术普及"师资库。2021年11月，"安康市全民艺术普及师资库第一批入库
师资名单"公布，本市具有社会影响力的73位文化名人获得了聘书，这部分特聘人员将作
为全市艺术普及工作的指导老师，安康市群艺馆参照志愿服务嘉许制度，根据其工作业绩
进行表彰奖励。

3. 构建社会力量参与艺术普及培训的联盟机制

为了最大限度地推动"艺安康·全民艺术普及"工作，安康市群艺馆主动与社会艺培
机构开展业务合作，构建艺术普及联盟机制，为全民艺术普及工作注入新的活力。经过自
主申报、展示汇报、实地考察等工作流程，安康市群艺馆将二十家中心城区和县区有代表
性的社会艺培机构命名为"安康市群众艺术馆第一批全民艺术普及培训基地"，各基地在

安康市群众艺术馆全民艺术普及培训基地授牌仪式

文化市场部门的监管和市群艺馆指导下，制定了"艺培基地"的管理办法，明确提出"公益性与经营性"相结合的运营模式。公益性部分主要以志愿服务的形式完成群艺馆统筹安排的免费艺术培训课时，经营性部分根据市场监管和物价部门核准的收费标准实行有偿服务。安康市群艺馆安排业务骨干与艺培基地开展业务交流，定期组织艺培成果展演、社会考级，引导艺培基地更好地服务社会，参与"艺安康·全民艺术普及"工作。

4. 与中小学校"结对"开展艺术普及活动

根据文化和旅游部、教育部、国家文物局印发的《关于利用文化和旅游资源、文物资源提升青少年精神素养的通知》，安康市群艺馆积极拓展面向中小学生的服务形式和服务内容。"艺安康·全民艺术普及"项目充分利用学校"减负延时"政策，通过文艺志愿者与中小学校"结对"服务的方式，开展"送艺培进校园"和"接孩子进场馆"，实现"精彩延时、减负增艺"的目标。2021年以来，市群艺馆干部和志愿服务者累计完成"艺安康·全民艺术普及"服务在校学生15万人次，涉及书画、舞蹈、剪纸、民歌、传统戏剧、非遗文化等13个艺术门类，起到了弘扬中华优秀传统文化、传承地域特色文化和增强文化自信的积极作用。

5. 实施艺术普及数字化、网络化服务

《安康市国家公共文化服务体系示范区创新发展规划》明确要求：建成"安康公共数字文化资源库"，使特色数字文化资源项目达到25个，推出一批微视频、艺术慕课等数字资源；开展全民阅读活动、艺术普及活动、展览展示、讲座培训等线上公共文化服务，打造一批具有高黏性"粉丝"的线上服务项目。为此，安康市群艺馆结合实际，积极抓住机遇，争取中央、省级文化数字化建设项目，策划完成陕西公共文化云建设项目"艺安康·全民艺术普及微课堂"6大类50个微课堂视频录制，其中37个微课堂视频先后在学习强国App安康平台推出。安康市群艺馆面向全市征集地方特色资源优质课和文化讲堂视频，在数字平台开设"艺安康·微课堂"。截至2022年10月，累计推出230个原创艺术培训短视频，通过"一站式""淘宝式"服务，满足广大城乡居民群众"学才艺提素养"的文化需求。

6. 开展艺术培训成果展示交流活动

为营造浓厚的"全民艺术普及"文化氛围，安康市群艺馆利用重要时间节点，策划举办全市青少年艺术培训成果汇报展演活动，对青少年艺术培训成效进行检验。2022年春节，安康市群艺馆组织开展了"艺起抗疫 云上贺岁"全市社会艺术培训成果展示活动，推出

县（市、区）56个艺术培训机构100个（件、幅）音乐、舞蹈、器乐、书画作品。2022年国庆前夕，安康市群艺馆策划举办"学才艺提素养　做文明青少年——2022年安康市青少年艺术培训成果展演"活动，分综艺专场、舞蹈专场、钢琴专场三场进行，集中展示本年度社会艺术培训成果。

2022年安康市青少年艺术培训成果展演综艺专场演出

三、主要成效

"艺安康·全民艺术普及"项目以《安康市"十四五"全民艺术普及工作规划》为基础，明确了全市文化馆系统未来五年全民艺术普及创新发展方向、重点任务和主要目标，构建了全民艺术三大普及路径和"五位一体"的普及模式。2021年至2022年10月，项目累计推出230个原创艺术培训短视频，聘请73位当地文化名人参与"安康市全民艺术普及师资库"，新增20家社会艺术培训机构成为"艺安康·全民艺术普及培训基地"，服务在校学生15万人次，建成"安康公共数字文化资源库"，参与特色数字文化资源项目25个，有37个微课堂视频在学习强国App安康平台推出，形成了浓厚的"学才艺提素养"社会氛围。

四、创新启示

安康市是第四批国家公共文化服务体系示范区，正在创建全国文明城市。在示范区创新发展和文明城市创建过程中，安康市群艺馆突出"以人民为中心"的服务宗旨，通过"艺安康·全民艺术普及"工程、建立"艺安康·全民艺术普及"师资库、构建社会力量参与艺术普及培训的联盟机制、实施艺术普及数字化、网络化服务等举措，以及丰富多彩的文艺展演和体系化的艺术培训、文化传承教育，有效解决了公共文化服务人才队伍不足、覆盖面不全、均等化不到位等突出问题，推动了全民艺术普及工作高效运行，提高了城镇居民的文化获得感和满意度，推动了公共文化服务高质量发展，公共文化服务效能和社会文明程度显著提高。

"群众文化园"

——旬阳市公共文化空间新拓展

樊　静（旬阳市文化馆）

一、案例背景

随着时代发展和社会进步，人民群众对精神文化生活的需求日益增加。为了保障人民群众基本公共文化权益，巩固提高旬阳市全国文化先进县和安康市国家公共文化服务体系示范区创新发展成果，旬阳市文化和旅游广电局依托旬阳市委、市政府制定的"兴文强旅"发展战略，决定在市区环境条件最好的滨河大道上实施群众文化园建设工程。工程按照"周周有活动，月月有主题，季季有高潮，常年不间断"等具体要求，设立了八个位置相对固定的群众文化活动示范点，每天实地开展内容丰富、形式多样的群众自娱自乐文艺演出活动，为群众打造出了一个有温度的城市公共文化空间。

二、主要做法

1. 以点带面，营造浓厚文化氛围

滨河公园自建成以来就是旬阳市民休闲、散步、健身、娱乐的主要活动场所。尤其到了夜幕降临、华灯初上之时，前来休闲娱乐的群众络绎不绝，偶见自发演唱花鼓、民歌，吹奏萨克斯的文艺爱好者，引得行人驻足观看。为了有效整合城市公共文化空间和演艺资源，形成有规律、常态化、可复制的群众文化活动模式和相对固定的室外文化活动场所，旬阳市文化和旅游广电局通过前期论证和调研，于2022年启动实施了滨河大道群众文化园示范点建设项目。该项目在滨河大道二层人行步道选取六个点位，在滨河大道一层健康步道和滨河广场选取两个点位，共建立八个示范点，每天晚上七点至八点半同时开展以群众文艺社团为主体的展演活动，极大丰富了群众文化生活，为公共空间营造出浓厚的文化氛围。

2. 百花齐放，培养群众文艺团队

2021年，旬阳市启动了"百千万"文艺人才培养工程，首先对全市文艺人才进行摸底、建档立卡。根据调研，旬阳市共有33个群众自发成立的文艺社团，遍布各行各业，主要演出的节目有汉调二黄、旬阳民歌、旬阳曲子、国标舞、广场舞等，但专业能力良莠不齐，活动组织策划经验也不足。滨河大道群众文化园示范点项目启动实施以后，旬阳市文化馆按照文化特色、专业能力、人员结构等要求，在33个文艺社团中遴选优秀群众演员，组建了太极城民间艺术团、良友汉调二黄研习社、旬阳民歌演唱团等8个群众文艺社团，每天定时、定点在滨河大道群众文化园演出节目，使在滨河大道散步的群众每走一处都可以感受到当地传统文化的魅力。为了满足年轻人的文化需求，文化馆业务干部苦练基本功，组建了一支电声乐队，每周定期在滨河大道进行演出，充实了滨河大道群众文化园活动内容，成为深受观众喜爱的乐队。

3. 健全机制，确保项目长效开展

为了确保项目长效开展，旬阳市文化和旅游广电局划拨了专项资金，用于群众文化园示范点的设备购置，并建立激励机制，按照每个社团每周2场演出的原则，根据演出场次、群众反馈等目标任务，对完成较好的优秀社团和个人进行奖励。旬阳市文化馆采取业务干部点对点包抓的方式，做好服务和资料整理工作，建立活动台账，要求每场活动有图片、有签到、有群众反馈意见。截至2022年10月，滨河大道群众文化园示范点共计开展活动300余场，社团能力得到不断提升，有效发挥了社会文艺团体在群众文化建设中的重要作用，有效确保了活动长效开展。

三、主要成效

1. 实现文化服务供需对接

以前群众参与文化活动或者观看演出，需要在特定的时间，到特定的地点。如今，群众在滨河大道上休闲散步的同时，就可以随时驻足观看或参与其中。在众多艺术形式里，花鼓演唱和道情皮影最受旬阳群众喜爱，尤其是花鼓演唱，很多爱好者还会上台与演员打擂台，即兴演唱的唱词风趣幽默，引来阵阵掌声和欢乐笑声。各文艺社团以新民风建设、乡村振兴为主题创作了许多具有时代气息的文艺作品，发挥了良好的文化育人作用。有的市民甚至天天都来观看演出，还有不少群众前来咨询，是不是每天都有演出，演出时间和

地点会不会变等。

太极城民间艺术有限公司演出示范点活动

2. 助力非遗活态传承

旬阳有旬阳民歌、汉调二黄、旬阳曲子、道情皮影、花鼓演唱等众多非遗项目和地方优秀传统文化，随着生活方式的改变，很多非遗项目已经淡出人们生活，尤其青少年对非遗了解更是匮乏。滨河大道群众文化园的文化活动大多以传承旬阳非遗为主要内容。如每年春节期间从正月初三开始，每天都会在河源酒店对面准时上演道情皮影，有些老爷爷、老奶奶带着自己的孙子孙女早早就在座位等候开演。小朋友一会儿好奇地跑到幕后去看个究竟，一会儿跑回来问爷爷奶奶演唱的内容，爷爷奶奶则会耐心地为孩子讲解。这样的传承相比走进博物馆和剧场更直观、更有效，也进一步推进了非物质文化遗产活态传承和创新发展。

3. 保障活动常态开展

滨河大道群众文化园建设开始前，项目组做了认真的调研，在选址上考虑了间隔距离、人流量、群众的便利程度等因素，进而制定详细的实施方案和各类量化考核制度。在旬阳市文化和旅游广电局的总体安排下，活动经费得到了有效保障，每个社团都配备了LED灯、横幅、音响等设备。每个点由文化馆业务干部和社团业务骨干共同负责，在每天的活动内容、活动形式、设备搬运、照片拍摄、资料建档等方面都做了周密安排，并适时组织召开群众文化园座谈会，听取各社团意见，进一步优化方案，有效保证活动常态化进行。

旬阳市滨河大道群众文化园的文化馆演出

四、创新启示

（1）群众文化服务不仅需要"高大上"的文化饕餮盛宴，而且也需要贴近生活的"文化特色小吃"。文化园里的文艺表演没有豪华的舞台、炫酷的灯光，但就算只有一个横幅、一个 LED 灯、一个便携音箱，一首旬阳民歌、一段汉调二黄也可以让群众听得有滋有味。为了引导群众建立正确的价值观、审美观，旬阳市文化馆以弘扬时代主旋律、传承地方优秀传统文化为导向，对示范点演出的节目或表演的内容严格把关，让更多人在潜移默化中了解地方特色文化，提升文化审美趣味，弘扬社会正能量。

（2）自滨河大道群众文化园示范点开展活动以来，很多群众文艺社团都提出申请要求参与，在活动开展当中，不少文艺爱好者也有了上台亮一嗓子的冲动，这充分说明了群众对文化园项目的肯定。虽说不是正式的舞台演出，但群众演员却从不懈怠，每个社团都会利用休息时间提前编排、练习将要演出的节目。文化馆为了满足更多年轻人的文化需求，组建电声乐队，他们甚至是从零开始学吉他、贝斯，每天苦练基本功，为的是能够激发和带动更多爱好者参与进来，汇聚力量，增添动力。

（3）在滨河大道群众文化园建设项目策划初期，我们所遵循的原则就是要立足群众，打造有温度、接地气、可复制、常态化的群众文化园。项目运行时，我们不断总结经验教训，优化活动方案，完善管理机制。今后还可根据社区不同特点、不同文化需求，在老城社区等其他镇街、村社打造不同主题的群众文化园，不断推进社区文化建设，提升群众幸福感，让旬阳群众文化事业呈现生机勃勃的景象。

平利县"五建设三统一"打造"百姓大舞台"

范兴隆（平利县文化馆）

一、案例背景

平利县位于陕西东南部陕鄂渝三省市交界处，面积 2647 平方公里。境内山清水秀，森林覆盖率达到 76%，拥有万顷高山草甸、天书大峡谷、长安硒茶小镇、桃花溪、芍药谷、龙头村、蒋家坪村等独具魅力的自然人文景区、景观，同时还是女娲故里。为促进安康市国家公共文化服务体系示范区创新发展，推进平利县省级全域旅游示范区创建，实现平利公共文化服务高质量发展，平利县以"百花齐放祖国兴"为主题，按照"五建设三统一"标准，即思想建设、组织建设、作风建设、反腐倡廉建设、制度建设和统一政策、统一思想、统一标准，在女娲文化广场等地搭建"百姓大舞台"，在丰富人民群众精神文化生活、传承中华优秀传统文化、弘扬社会主义核心价值观、助力乡村振兴等方面做出了积极贡献。

平利县文化馆"百姓大舞台　百花谢党恩"群众文艺演出活动

二、主要做法

1. 搭建群众文化活动平台

"百姓大舞台"平台由平利县委宣传部、平利县文化广电和旅游局主办，平利县文化馆具体承办，秉承"文化为民、文化靠民、文化惠民"的理念，按照"整合资源、标准建设、统一管理、服务群众"的原则，不断完善场馆设施设备，定期开展特色文化活动和常态化开展文化下乡、送戏下乡等活动，在建党节、国庆节、端午节等重要节日、纪念日期间，积极谋划组织开展"文艺＋为民办实事""文艺＋节会活动""文艺＋理论宣讲"等多内容多形式的特色活动。同时，借助安康市与平利县的文化旅游宣传交流活动，积极建立市际"友城"关系，邀请安康市文旅部门、安康市群艺馆和文化志愿者走进平利，在"百姓大舞台"交流演出，还依托县区文艺骨干、才艺突出的民间艺人、文化传承人，邀请各级先进人物、农村致富能手等上台演出或者进行专题讲座交流，拓宽"百姓大舞台"服务的广度和深度。除了在女娲文化广场搭建"百姓大舞台"之外，平利县还为"百姓大舞台"开辟了专业演出小剧场，依托平利县文化馆小剧场和华夏剧院，将"百姓大舞台"逐步推向专业化，带动群众文化活动从"广场文化"向"剧场文化"转型升级，整体提升平利县百姓大舞台建设管理水平。

2. 强化群众文化工作指导和培训

为满足县域广大文艺爱好者、文艺团体的精神文化生活需求，切实提高文化工作效能和服务水平，平利县文化馆以强化群众艺术普及培训为抓手，在自主编排、展演节目的同时，由县文化馆艺术骨干面向群众开展舞蹈、朗诵、中西乐器、声乐、茶艺、戏曲等与现代群众文化需求高度匹配的辅导培训班。同时聘请专业教师授课，采用集中学习与个别辅导相结合的方式，在全县举办"百姓大舞台"免费培训活动，着力培养来自社区、企业、乡村等的基层文艺爱好者、创作表演人才和群众文艺团队，先后组织了 15 个民间文艺团队，并定期组织开展歌手大赛、广场舞大赛、少儿舞蹈大赛、诗歌朗诵大赛等特色鲜明、群众喜闻乐见的文艺活动赛事。为提高民间文艺团队的表演水平和节目质量，广泛开展文化交流活动，每逢重要节庆日，平利县文化馆还会邀请省级歌唱家、陕南十大歌手等文化名人以及艺术名团与"百姓演员"同台演出。每场演出节目都由县委宣传部、平利县文广旅游局、平利县文化馆等单位与专业文艺工作者共同策划、指导，采用专业人员打分与群众口碑相结合的方式，评选出优秀参演节目，对优秀节目及文艺协会团队给予奖励。通过多措并举，平利县初步培养了一批特色鲜明、优势明显、成效突出、带动效应强的示范性群众艺术团队，在创新群众性文化活动、推动公共文化服务供给改革方面形成了有特色的"平利模式"。

3. 繁荣群众文艺精品创作

平利县文化馆在强化群众艺术普及培训、不断提升"百姓大舞台"展演水平的同时，还重视深入挖掘本县优秀传统文化资源，如推动平利弦子腔的传承和创造性转化、创新性发展，鼓励在各区"百姓大舞台"展播大型弦子腔现代戏《弦子传情颂安康》，受到了广大观众的热烈欢迎和一致好评，并受邀参加了央视春晚的节目录制。此外，依托群众的身边事原创的音乐作品《茶香平利》《党旗映红中国梦》《相逢知己一家亲》，以及表演唱节目《新风颂党恩》、音乐快板《笑看平利展新颜》等，在百姓大舞台一经演出就受到广泛好评。由乡镇群众原创的一大批内涵丰富、形式多样的文艺节目，如红色文艺作品《乾五颂》，展现了平利人民昂扬向上的精神风貌。

开展"感恩跟党走 拥抱新生活——新时代'理论＋曲艺'巡回演出活动"

三、主要成效

平利县文化馆"百姓大舞台"品牌活动自开展以来，让老百姓演、老百姓看、老百姓评、老百姓乐，为发展本地群众文化事业提供了展示平台，提升了本地群众文化水平，对本地旅游业高速发展起到了重要的推动作用。平利县以高水平建设"百姓大舞台"为抓手，不断提升城乡公共文化服务硬件设施，常态化开展群众文化团队惠民演出，探索出一条"政府投入小、社会影响大、百姓广参与、群众得实惠"的文化惠民新路子。截至 2022 年末，全县 11 个镇已形成了"一镇一文化品牌"的新格局，建成精神文明实践中心、群众读书吧等新型文化场馆并投入运营，打造出正阳高山草原艺术节、长安石牛水街艺术节、八仙天书峡旅游节、大贵丰收节等旅游节庆品牌，举办的各类文化活动被文旅中国、《安康日报》、安康电视台等主流媒体平台和今日头条、抖音等新媒体平台系统报道。2020 年以来，平利县开展公益性文艺演出近 400 场次，演出舞蹈、声乐、器乐、戏曲、朗诵、表演唱等精彩节目 200 余个，受益群众 20 多万人次。平利县先后获得"中国最美乡村""全国美丽乡村建设示范县""中国优秀生态旅游县""全国脱贫攻坚先进集体"等荣誉称号。

四、创新启示

平利县积极探索文化惠民助推乡村振兴新路径，按照"五建设三统一"标准，在平利县的文化地标——女娲文化广场搭建"百姓大舞台"，构建了覆盖全县的公共文化公益舞台网络组织，形成了"政府搭台、社会支持、百姓参与、媒体互动"的运行管理模式，为全县各界群众提供了展示自我风采的平台，为县内外群众文艺爱好者搭建了学习交流的桥梁，全面引领了平利各界人民群众的精神风貌和以人为本、改革创新的文化惠民工程，在公共文化供给改革、乡土文化的发展壮大、助力乡村振兴等方面发挥出积极的示范作用，凸显出安康国家公共文化服务体系示范区创新发展的特色与亮点。

宁陕县图书馆"阅见美好——打卡 21 天"阅读习惯养成活动

廖德梅（宁陕县图书馆）

一、案例背景

随着互联网技术的飞速发展和智能手机的普及，"碎片化阅读"使人们不断接受大量信息的"轰炸"，这种阅读方式摒弃了传统阅读的仪式感，淡化了阅读给人带来的思考。宁陕县图书馆不忘自身使命，勇担时代重任，把培养读者阅读习惯作为履行职责的切入点，自2021 年开始，着力推进"阅读习惯养成"工作，不断探索阅读新模式，面向公众有计划、有层次地开展"阅见美好——打卡 21 天"活动，吸引更多人学会阅读、爱上阅读，养成良好的阅读习惯。

二、主要做法

1. 因势利导，培养读者阅读习惯

2017 年，宁陕县图书馆开展了"百日诵读"活动，目的是吸引更多的人爱上阅读。2021 年初，宁陕县图书馆回顾总结"百日诵读"活动经验，在充分调研后，认为培养读者阅读习惯，让阅读活动紧跟时代潮流，贴近现实生活，增强知识性、趣味性，是阅读推广工作的重点，于是策划实施了"阅见美好——打卡 21 天"活动。"阅见美好——打卡 21 天"活动分为初步养成习惯、稳固阅读习惯、巩固阅读成果三个阶段，分别为 21 天、60 天、180 天，并针对不同人群，制定循序渐进的阅读计划，分组开展活动。对未能坚持、中途间断的读者，鼓励其重新回到第一阶段，继续参加新一轮活动。活动在全县范围内的重点人群中（学前幼儿、小学生、爱好阅读的成年人）尝试实践，受到广大读者的欢迎，收到良好的社会反响。

2. 精心设计，让读者爱上阅读

"阅见美好——打卡 21 天"阅读活动主要有以下三方面内容。一是面向 3 至 5 岁学龄

前儿童开展阅读打卡活动。21天活动任务是由爸爸或妈妈每天晚上睡前为宝宝讲一个绘本故事；60天活动任务是在爸爸或妈妈讲绘本故事基础上，鼓励孩子也为父母或其他家人讲一个故事；120天活动任务为在60天活动任务基础上，邀请孩子参加图书馆的线上故事征集活动。二是面向小学生有组织地开展阅读打卡活动。21天活动任务是学生在图书馆借阅并精读3本及以上自己喜爱的图书，坚持每天填写《超阅21天》读书笔记，摘抄精美词句，分享读书心得，推荐阅读书目1本及以上；60天、120天阅读任务是在21天活动任务基础上，在阅读推广老师的指导下，有计划有组织地开展阅读活动，增加阅读数量、增强阅读的自觉性和计划性。三是面向爱好阅读的成年人开展阅读打卡活动。21天活动任务是每天完成一小时阅读，并写下一段读后感，21天后分享读书心得；60天活动是在21天活动基础上，向周围的人推荐经典图书；120天活动在60天活动任务基础上写书评文章并交流分享。通过对不同群体阅读活动内容的设计，分阶段地推动阅读打卡活动，可以让读书的内容逐渐内化于心，外化于行，让读者养成喜欢阅读、善于阅读和进行阅读分享的好习惯。

3. 搭建平台，阅见美好

"阅见美好——打卡21天"阅读活动，除了引导读者在循序渐进中培养阅读习惯之外，还通过交流活动提升读者的阅读能力。一是分别建立"阅见美好——打卡21天"活动交流微信群，大家可以随时在群里分享阅读趣事、阅读相关音视频，或交流阅读心得、任务完成情况，有问题还能得到专业老师的指导帮助。二是图书馆按照划分的阶段，分阶段印制"阅读打卡记录卡"和"记录手册"，做好阅读打卡过程的资料收集。以在校学生为例，学生根据记录卡内容提示，就近选择图书馆办理借阅证后，借阅图书开展阅读打卡活动，每天自觉做好阅读记录或笔记。为了激发读者阅读兴趣，宁陕县图书馆还制定了"阅见美好——打卡21天"活动奖励激励办法，设置阅读打卡活动奖品，对在每一阶段读书打卡活动结束当天完成过程资料的读者给予奖励。对以学校为单位统计上报完成读书打卡，同时上报由自己填写的阅读记录卡和记录手册的学生，在本阶段活动结束次日，图书馆会给予一定的实物奖励并分阶段依次给予"读书达人""阅读小奇才"等荣誉称号。为精准了解活动成效，宁陕县图书馆工作人员分阶段到学校进行回访，走访参与活动的成年阅读爱好者和学龄前儿童家长，了解近期阅读打卡开展情况和阅读效果、存在问题等，听取读者合理化建议，不断改进工作，确保阅读打卡活动健康持续推进。

三、主要成效

宁陕县图书馆"阅见美好——打卡 21 天"活动，通过一系列的阅读推广活动，有效地培养了广大读者阅读习惯和阅读热情，活动开展两年多以来，已有 551 名在校学生、39 名成年读者和 84 名学龄前儿童及其家长完成了全部三个阶段阅读任务。截至 2022 年 10 月，累计参与活动的读者发展到 1066 人，在安康市开展的书香家庭评选活动中，宁陕县报送的 5 个家庭均获得"书香家庭"荣誉称号，各类阅读推广活动均得到省市县领导的一致好评，宁陕县图书馆 2021 年荣获"阅读推广先进单位"荣誉称号。

四、创新启示

宁陕县图书馆"阅见美好——打卡 21 天"活动以循序渐进的方式，为每一位读者敞开阅读之门，多层次、多角度地引导更多的人感受阅读魅力、培养良好的阅读习惯、实现自我提升，同时也盘活了图书馆、阅读吧以及乡镇分馆、阅读服务点的经典图书，打造出了富有宁陕特色的阅读新模式。

石泉县图书馆"阅读夏令营"活动

李相华（石泉县图书馆）

一、案例背景

学校放暑假期间，中小学生闲暇时间较多，如何监管学生成为很多家长面对的难题。为切实解决家长面临的问题，丰富学生假期生活，培养学生良好阅读习惯，提升广大青少年综合素质，发挥图书馆在公共文化服务中的职能作用，自 2015 年起，石泉县图书馆作为文化阵地，强化资源调配，通过周密安排，采取户外运动与室内阅读相结合、专业老师辅导与学生自学相结合、演讲表演与社会体验相结合的方式，以"户外锻炼""快乐阅读""趣味故事会""地方文化研学"四种方式，面向中小学生推出暑期"阅读夏令营"活动，取得了良好的实践成果。

二、主要做法

1. 深调研，细策划

在日常工作中，我们发现绝大多数家长对假期特别是每年暑假有着特别的担忧，没有时间监管、辅导孩子是家长们最头疼的问题，对此，石泉县图书馆组织开展了专项问卷调查。通过调查我们发现，学生在漫长的暑假最需要丰富多彩的活动，而将孩子交由公益机构集中教育、辅导、管理就是大多数家长的期盼。于是，石泉县图书馆从社会需求出发，组织召开讨论会，会上全员一致认为通过组织中小学生"阅读夏令营"暑期阅读团队，既可以解决家长和学生的苦恼问题，又能树立图书馆公益性、均等化、勇于创新的服务形象。通过认真研究和讨论，我们把活动内容分为户外锻炼、快乐阅读、趣味故事会、地方文化研学四个板块。为保证活动效果，图书馆根据拟定的活动计划，对外公开聘请了一批专业教练员、辅导老师和文化志愿者。为了让家长及时了解参加"阅读夏令营"的学生的动态以及活动成效，每班都建有微信群，方便管理人员、外聘教师与家长及学生及时沟通工作，达到深度调研、细致策划、精准服务的效果。

2. 抓活动，重实效

在"户外锻炼"项目中，为了培养学生坚忍不拔精神和良好的团队合作意识，"阅读夏令营"招募体育教育专业的高校大学生志愿者，带领营员开展户外体育锻炼、做体育游戏，教授应急和自救技巧等，引导他们树立直面困难、战胜困难的自信心，为接下来的阅读学习打下良好基础。

"快乐阅读"项目通过老师指导阅读技巧、优秀营员示范朗读、好书分享、亲子同读、分享读后感悟、写读书笔记等活动形式，引导营员掌握正确的阅读技巧与方法，锻炼营员的语言表达能力、逻辑思维能力，提高他们的阅读兴趣，使营员们在轻松愉快的氛围中增知识、长见识、明道理。

"趣味故事会"项目通过成语故事会、寓言故事会、名人故事会等寓教于乐的方式，培养营员听故事、讲故事、演故事的能力和技巧。在老师的精心指导下，很多营员都能结合阅读所得挖掘故事内涵，通过角色扮演、情景再现等方式，即兴自编自演小故事，极大地增强了阅读活动的体验感和趣味性，也让营员收获知识、增长见识、提高能力。

"地方文化研学"项目通过带领营员走进石泉县沧海桑田景区、鎏金铜蚕博物馆、秦巴风情园、中坝作坊小镇等，让他们了解当地特色文化资源，感受家乡厚重的历史，增强营员传承和发扬地方文化的使命感和责任感。

石泉县图书馆、新华书店联合开展阅读夏令营研学活动

3. 善总结，重改善

2015 年，石泉县图书馆在推出中小学生暑期"阅读夏令营"活动后，连续 3 次向部分学生家长和学生代表征询意见，商讨活动需要改进的地方。通过讨论，大家一致认为活动板块设计和教学内容都能紧扣当前素质教育改革方向和学生的现实需求，但仍需做如下改进：一是加强暑期"阅读夏令营"活动的宣传，运用线上和线下两种方式进行报名，提高中小学生参与率；二是每个班级要适当控制人数，原则上一班控制在 20 人左右，确保参加暑期"阅读夏令营"营员都能获得较好的学习效果。通过不断总结提升，石泉县图书馆举办的暑期"阅读夏令营"活动期期爆满，成为备受家长和中小学生喜爱的阅读品牌项目。

三、主要成效

1. 解决了家长的暑期之忧

公益性、服务性是图书馆的立馆宗旨。图书馆通过精心安排、精细组织、精准服务，举办寓教于乐的暑期"阅读夏令营"活动，既丰富了学生暑期生活，又解决了家长没有时间监管、辅导孩子的难题，满足了人民群众所需、所想、所盼。截至 2022 年，该活动共连续开展 8 届 15 期，服务全县青少年读者 6000 余人次，受到家长的肯定、学生的好评和社会的赞誉，成为石泉县图书馆一大品牌活动。

2. 提高了学生的综合素质

中小学生正处于生长发育的黄金时期，这一时期也是世界观、人生观和价值观形成的关键时期。图书馆作为开展社会教育的重要场所，把中小学生作为服务的重点人群，通过暑期"阅读夏令营"活动丰富了孩子的假期生活，培养了其良好的阅读习惯，同时也有效提高了学生的综合素质，增强了其团队合作意识和奉献精神。

3. 提升了图书馆的服务效能

图书馆坚持把中小学生作为公共服务"小手拉大手"的重要突破口，通过开展暑期"阅读夏令营"活动，扩大图书馆服务效能和对外影响力，夏令营的营员们就像一粒粒阅读的种子，带动和影响着他们的家长、同学、朋友。据统计，在每届暑期夏令营 20 天的活动期间，图书借阅量较平时增加了 1500 余册次，新增办证 200 余张，月增加到馆 2500 余人次。

四、创新启示

图书馆通过"阅读夏令营"活动，主动强化社会教育职能，营造出符合青少年身心特点，能够亲近阅读、培养阅读兴趣的环境。其活动内容设计有较强的新鲜感和吸引力，体现出现代公共图书馆主动服务群众的特点，成为群众接受科学人文知识、接受继续教育、课外教育的重要基地。

在"听"中阅读
——宁陕县图书馆"绘本之声"服务实践

刘晓慧　尤前春（宁陕县图书馆）

一、案例背景

宁陕，地处秦岭中段南麓，东连商洛，西接汉中，南依安康，北邻西安，是秦岭心脏所在，素有西安"后花园"之称，有"安宁陕西"之意。全县总面积 3678 平方公里，总人口 7.03 万，是安康市版图面积最大、人口密度最小、距离西安最近、生态环境最好的县。近几年，因受新冠疫情的影响，宁陕县图书馆传统的线下服务活动受到一定限制。为了打破服务僵局，图书馆经过认真讨论和精心策划，于 2022 年 5 月，通过微信公众平台，推出了面向幼儿群体的"绘本之声"服务项目，用纯美的声音和一个个暖心的绘本小故事，启迪心智、陪伴成长，让幼儿爱上阅读。

二、主要做法

1. 精选绘本，重视"阅读"导入

"绘本之声"活动的第一项工作，就是精心遴选符合幼儿成长规律、心理特征，对他们身心有益的优秀绘本，绘本故事内容要富有启发性，具有良好的情绪体验感，能满足幼儿的好奇心和求知欲。为了迅速将幼儿带入美好的故事情节之中，让他们深切感受绘本故事的魅力，每次活动都设计了如经验导入、故事导入、猜想导入、游戏导入、情境导入等导入方法，让幼儿在身心愉悦中阅读，在潜移默化中受益。

2. 引导猜想，提高"阅读"成效

从心理学的角度看，"猜想"是一项思维活动，是有方向的猜测与判断，包含了理性的思考和直觉的推断，是产生再发现和再创造的良好开端，用在幼儿阅读活动中也会产生积极效果。如"绘本之声"阅读活动栏目在组织"阅读"《小不点和大怪兽》时，老师先通过

语言描述和肢体动作，向小读者介绍绘本里的"小不点"的外貌特征和生活习性，让幼儿猜想它长大后会是什么样子等，在阅读录制中用不同的声音对话和语言风格，让故事变得生动有趣，更有韵味，从而引导幼儿产生强烈的好奇心，去猜测、去想象故事里的"小不点"到底是谁，然后再由老师揭晓答案，揭示绘本故事里"小不点和大怪兽"之间的联系，让孩子了解它（蝌蚪）并不是大怪兽，而是长大后就变成了吃掉害虫的、可爱的小青蛙。

3. 模仿体验，拓宽"阅读"视野

绘本中的语言，都重视"关照"幼儿的认知规律和接受能力，是幼儿易懂、易记、易模仿，容易产生共鸣的。为了使"绘本之声"讲解更为丰富多彩、绘本阅读更有实效，"绘本之声"还特别注意将绘本故事延伸到实际生活当中，让孩子从绘本中体验丰富的生活乐趣。例如，根据绘本阅读的主题，通过绘画、游戏、手工制作等多种形式，进一步开阔孩子的视野，激发孩子的动脑和动手能力。为了不断提高栏目的服务质量、提升品牌效应，"绘本之声"还会在活动过程中穿插线上"阅读打卡"评比、作品展示、有奖"点评"和线下仿写、仿说、仿绘等拓展项目，形成了"亲子阅读"的创新模式。

三、主要成效

"绘本之声"利用绘本这一图文并茂的幼儿文学样式，通过声情并茂的讲读，突破了幼儿书面文字阅读能力不足的限制。截至 2022 年 10 月底，宁陕县图书馆通过微信公众平台共开展"绘本之声"28 期，浏览量达到 5000 余人次。宁陕县这个山大人稀、居住分散的小县城中的幼儿及其家长，通过这个活动开阔了视野，增长了知识，丰富了生活体验。

四、创新启示

宁陕县图书馆"绘本之声"幼儿阅读服务项目，依托互联网技术手段，精心挑选有文学性、艺术性、教育性和趣味性的绘本作品，通过激情导入、猜想引导和模仿体验三个环节，帮助幼儿建立与文本之间的互动关系，倾听美妙的语言对话，让幼儿在"图声"并茂中感知世界，去发现，去思考，去表达，进而激发其想象力，培育其思维能力，对培养孩子的阅读能力和语言运用能力产生积极影响。

诵读经典　传承文明

——白河县图书馆"诵读达人秀"

吕尚昉（白河县图书馆）

一、案例背景

为进一步贯彻落实中共中央、国务院关于倡导和开展全民阅读的战略部署，帮助更多的中小学生培养阅读习惯、提高阅读能力，推动白河县全民阅读和文化建设，白河县图书馆于 2016 年启动了以"书香领航　快乐成长"为主题的"诵读达人秀"比赛活动。该活动通过组织学生参与经典诵读比赛的方式，让学生受到中华经典美文的熏陶，激发学生阅读兴趣，提升学生的文化和道德素质。

二、主要做法

1. 精心设计活动方案

好的活动方案是活动得以成功举办的重要前提。经过反复论证设计，白河县图书馆确定了以"书香领航　快乐成长"为主题的"诵读达人秀"活动方案。该活动主要面向中小学生，以中小学生喜欢的比赛形式呈现，整个赛程分为月赛、季赛和年度总决赛三个阶段。月赛每月举行一次，前五名选手将在季末参加季赛，季赛中的前三名选手直接参加年度总决赛，最后评出诵读小达人年度冠、亚、季军。年度总决赛时，还增加了选手才艺展示环节，才艺展示得分计入诵读总分。按照参赛规则，活动要求选手脱稿朗诵，语音清晰、情感饱满、表情达意、仪表得体。诵读内容涵盖古今经典。鼓励参赛选手在朗诵形式上有所创新，以增加朗诵的感染力。

2. 扎实推进活动开展

诵读达人秀比赛每场活动前，白河县图书馆都会通过海报、微信公众平台和图书馆网站等渠道，发布通知，广泛宣传，联合学校招募参赛选手。完成参赛选手报名登记及赛前各项准备工作后，活动按照预定的方案有序进行。月赛每期参赛选手不超过 20 名，诵读内容为自选的古今经典，经过评委打分评选出前 5 名选手，他们获得直接进入季赛的资格。季赛参赛选手是由月赛产生的 15 名选手组成，在季赛中，县图书馆会邀请专业老师担任评委，在诵读结束后对每位选手的诵读技能、效果、特点、问题进行点评，并在诵读技巧上对选手进行针对性的指导。季赛中各组产生的前三名选手进入年度总决赛。

3. 年度总决赛融入才艺表演

经过月赛和季赛的层层选拔，12 名选手入围年度总决赛。年度总决赛包括诵读和才艺展示两部分，对选手的综合能力提出了更高要求。年度总决赛的评委由县内资深语文老师和艺术教师、电视台节目主持人和播音员组成。年度总决赛评选出一等奖 1 名、二等奖 2 名、三等奖 3 名、优秀奖若干名。获奖选手除获颁获奖证书外，还能得到一定的现金奖励。年度总决赛在白河县图书馆微信公众平台、县电视台、县广播电台现场直播。

三、主要成效

截至 2022 年，白河县图书馆已经连续七年成功举办"诵读达人秀"活动。诵读活动不仅激发了青少年阅读中华经典美文、学习中华优秀传统文化的兴趣，营造爱读书、读好书、善读书的文化氛围，而且也让诵读成为白河县的一个文化新亮点，为书香白河注入新的活力。随着活动不断改版升级和活动影响力不断提升，"诵读达人秀"活动已经由白河县图书馆走向全县各中小学校园，由白河县图书馆一家独办变为与教育体育局联手合办，由单纯的线下活动变为线下线上同时举办，极大地推动了白河县阅读文化建设，取得了一系列积极成效。在 2018 年和 2019 年的 4 月 23 日世界读书日，全县中学生诗词大赛优秀选手，分别获得安康全市比赛的集体二等奖和三等奖；在 2018 年 9 月 28 日，全县小学生"诵读达人秀"年度总决赛，首次采用了移动直播方式，现场观看的观众近 2000 人，在手机端上观看的群众达 2.85 万人。这一活动推动了书香白河建设，活跃了群众文化生活，赢得了社会各界的一致好评。

四、经验启示

中国是诵读艺术源远流长的国度。诵读经典不仅是阅读推广和传承中华优秀传统文化的有效方式，也是群众喜闻乐见的集体文化活动。白河县图书馆的"诵读达人秀"比赛活动，通过月赛、季赛和年赛层层推进，将才艺融入决赛，起到了传承中华优秀传统文化、推动中小学生阅读推广、培养地方优秀文化人才的积极作用。

"小鹭姐姐讲故事"

——汉滨区少儿图书馆城乡一体化阅读推广实践

程　强（安康市汉滨区少儿图书馆）

一、实施背景

汉滨区位于陕西省东南部、汉江上游，北依秦岭，南接巴山，是安康市政治、经济和文化中心。全区总面积 3645.91 平方公里，下辖 27 个镇街 387 个村社，历史上大部分人口为明末清初湖广移民，除汉族外，还有回族、满族等 18 个少数民族。近几年，汉滨区少儿图书馆紧紧抓住安康市国家公共文化服务体系示范区创建的创新发展机遇，作为汉滨区开展全民阅读活动的主阵地，始终坚持"内容为王，服务至上"的理念，立足群众需求，不断创新服务方式，拓展服务内容，提升服务质量。汉滨区少儿图书馆在完成新馆设施提升改造、完善图书馆总分馆制建设、打造新型阅读空间的同时，依托健全的公共文化服务体系和日渐成熟的阅读推广机制，着力构建汉滨区少儿阅读推广体系，积极探索城乡一体化少儿阅读推广新路径。从 2015 年开始，汉滨区少儿图书馆打造出"小鹭姐姐讲故事"系列少儿经典阅读、诗词朗诵大赛、小小图书管理员等形式多样的阅读推广活动和志愿服务活动，为安康市少儿阅读推广活动可持续发展提供了范例。

二、主要做法

1. "讲""诵""绘""演""做"并举，打造少儿阅读服务品牌

"小鹭姐姐讲故事"是以讲为主，"讲""诵""绘""演""做"相结合的少儿阅读推广项目，它以图书馆为主阵地，肩负为少年儿童"播一粒籽，点一盏灯"为文化使命，通过亲子共读、经典诵读、讲故事、演故事和"读绘本＋手工制作"等阅读推广活动，系统培养少儿阅读兴趣，提升其语言表达及动手实践能力。活动主要流程是：首先由馆员精选故事，根据故事内容设计活动方案和互动环节，然后公布活动方案和时间、地点，启动线上线下报名程序，最后根据阅读推广活动目标穿插相应绘画和手工制作环节。"小鹭姐姐讲故

事"活动每月常态化举办两次,在"4·23"世界读书日、儿童节、建党节、国庆节等节庆日,活动范围还会有所扩大,活动内容也更加丰富多彩。

"小鹭姐姐讲故事"走进流水镇黄泥村

2. 线上线下互补配合,提升少儿阅读服务效能

图书馆依托"小鹭姐姐讲故事"服务品牌,不断优化和拓展服务方式,提升服务效能。图书馆通过开展"你选书 我买单""读者荐书"等活动,新购少儿绘本图书3000余种10000余册,进一步丰富了少儿图书资源。"小鹭姐姐"除了为分馆、服务点讲故事外,还负责馆际图书资源交换配置工作,最大限度满足少年儿童的阅读需求,提高少儿图书的流通率和利用率。疫情防控期间,"小鹭姐姐讲故事"线下活动一度被迫取消,图书馆及时调整服务方式,把办公室变为录播室,把录制好的视频通过图书馆抖音、微信公众号等平台进行推送,同时还策划举办线上朗诵会、故事会以及绘画、手工制作培训等活动共50余场,开展"'疫'起阅读、我有'画'说"抗疫作品征集、21天亲子阅读挑战赛、疫情防控知识竞赛等贴合生活实际、群众参与热情高、互动性强的活动,进一步丰富"小鹭姐姐讲故事"形式和内容,大幅提升少儿阅读服务效能。

3. 城乡一体化推进,构建少儿阅读服务联盟

为了扩大少儿阅读服务覆盖面,推进少儿阅读服务城乡一体化发展,图书馆积极探索社会化合作新模式,吸引了一批培训机构、阅读团队等加入"小鹭姐姐讲故事"活动联盟。例如,汉滨区少儿图书馆先后与"樊登小读者"安康运营中心、"奥普口才"培训学校、"苗苗心理工作室"等20多家社会机构建立起密切合作关系,通过设立少儿图书馆分馆(流通服

务点）、配送精品少儿图书、提供业务指导等一系列措施，把"小鹭姐姐讲故事"活动扩展到各联盟单位。每逢儿童节、元旦，图书馆还与联盟单位共同举办朗诵会、跨年晚会等活动，不断提高合作质效，增强联盟成员黏性，使"小鹭姐姐讲故事"服务链不断延伸，朋友圈不断扩大。为了推动农村地区少儿阅读活动的发展，图书馆还利用结对帮扶流水镇黄泥村的机会，举办"关爱留守儿童，分享阅读快乐"系列活动，组织留守儿童开展"故事妈妈""红色电影展播""数字连环画展读""心理健康讲座"等系列少儿阅读活动，深受村民和孩子们的喜爱。深圳爱阅基金会为该村捐赠了价值4000余元的100余册绘本。

4. 加强志愿者队伍建设，实现少儿阅读服务可持续发展

为了让"小鹭姐姐讲故事"阅读推广活动影响力更大、服务范围更广、持续性更强，汉滨区少儿图书馆按照"广纳贤才"的目标和统一管理调度的原则，常态化地从中小学、幼儿园、培训机构等招募综合素质高、业务能力强的老师，成立"小鹭姐姐讲故事"志愿服务队，灵活选派志愿者开展精准的少儿阅读推广活动。为了提高志愿者业务素质，图书馆还邀请"小读者"学堂创始人肖宏文博士，以及"樊登小读者"安康运营中心、区妇联妇儿工作部等单位工作人员，到馆内开展志愿者专业素养提升专题讲座。到2022年，已有20多名"小鹭姐姐讲故事"阅读推广活动志愿者活跃在各分馆、基层服务点和校园里，他们热情服务、无私奉献，把一场场阅读文化大餐奉献给城乡孩子们。而"小白鹭"作为图书馆的吉祥物，更是通过"小鹭姐姐讲故事"阅读推广活动，成为汉滨区少年儿童读者群体认可度非常高的品牌标识之一，对图书馆自身形象的打造与推广也起到了积极作用。

"小鹭姐姐讲故事"第106期活动现场

三、主要成效

"小鹭姐姐讲故事"通过建立活动联盟，为各有关社会机构、阅读团队、阅读爱好者与图书馆之间搭建了一座有效沟通的桥梁，实现了资源共建共享、活动共策共办，形成共同联动、覆盖广泛、全民参与的阅读推广模式，为全区的少儿读者提供优美的阅读环境和专业的阅读指导服务。该活动开展七年来，通过"讲""诵""绘""演""做"五措并举，科学规范地引领家庭阅读，使亲子阅读走进了更多家庭，帮助更多幼儿培养良好的阅读习惯，保护和支持了社会阅读推广力量的发展。

2020年，汉滨区少儿图书馆荣获全国妇联家庭和儿童工作部第二批"全国家庭亲子阅读体验基地"和陕西省首批"家庭亲子阅读体验基地"殊荣；2021年，在安康全市范围开展的寻找"书香乡镇""书香之村""书香家庭"活动中，多个长期与汉滨区少儿图书馆合作的机构、团队、个人从众多参评对象中脱颖而出，成为安康示范区创新发展的有力支撑。截至2022年11月，"小鹭姐姐讲故事"阅读推广服务已经开展了140余场，参与者近2万人次。该项目入选安康市中心城区"文化大本营"品牌服务项目。

四、创新启示

（1）以少儿阅读活动为载体，盘活了馆内资源。"小鹭姐姐讲故事"阅读推广活动以图书为载体，以阅读为核心，以服务为纽带，通过丰富多彩的阅读活动，促进了馆藏文献资源的有效利用，实现人尽其能、书尽其用。

（2）打造"小而精"少儿阅读品牌。基层图书馆往往受到场地、资金、人员的限制，而举办类似于"小鹭姐姐讲故事"这样的小型阅读活动，涉及面小、参与人数少，投入的人力、财力少，有利于把小活动做精、做出品牌，赢得口碑。

（3）注重长远规划，促进阅读推广可持续发展。阅读推广是一项长期、系统性的工程，需要紧跟时代发展步伐，做到近期有目标、远期有规划、活动有规律、服务有延伸，给读者创造更多渠道接触图书馆、利用图书馆，达到阅读推广的目的。

（4）积极与社会力量合作，推动少儿阅读活动向纵深发展。汉滨区是一个人口大区，仅凭图书馆有限的工作人员很难满足众多少年儿童阅读需求，更需要与热心于公益事业的机构和个人等社会力量合作，培养少儿阅读推广志愿服务团队，以此凝聚社会力量，推动少儿阅读活动向纵深发展。

打造党史学习教育主阵地
——安康市图书馆红色阅读推广新实践

周启立（安康市图书馆）

一、案例背景

　　安康市图书馆始建于1979年，现有馆舍面积3500平方米，阅览座席500个，设有图书借阅、报纸阅览、期刊借阅、少儿阅览等区域，除日常借阅服务外，还常态化举办讲座培训、专题展览、学术交流、读书征文和阅读推广活动，实行全年无休、免费开放。2021年是中国共产党成立一百周年，为响应党中央关于开展党史学习教育和群众性主题宣传教育活动的号召，图书馆积极履行思想政治宣传和社会教育职能，围绕"学史明理、学史增信、学史崇德、学史力行"和红色基因传承，因地制宜构建党史学习教育阵地，建立党史学习教育线上平台和数字资源库，开展红色阅读推广活动，形成"党史学习教育主题活动"全市联动模式，使图书馆成为全市党史学习教育主阵地。

安康市图书馆设立的党史主题图书展示区

二、主要做法

1. 因地制宜构建党史学习教育阵地

为隆重庆祝中国共产党成立一百周年，2021 年，安康市图书馆精心设计规划，建成党建专题阅览室，配置了投影仪、电视机、阅览座椅等设施设备和红色影视资料、党史学习教育主题图书等，为全市机关、企事业单位党支部开展主题党日或党史学习教育活动提供了重要阵地。为了使党史学习教育资源更好地体现地域特色、服务基层群众，图书馆联合安康市委党史研究室、各县（市、区）图书馆，开展安康党史、安康红色革命史主题图书以及音视频资料征集活动，构建地方红色文化资源体系。同时，在主馆和安康阅读吧兴安西路分馆、永安门分馆、龙舟文化园分馆、东大街分馆、兴安门分馆、府学巷分馆、西城坊分馆等处，均建立了"党史读物"专柜，并且根据未成年人的认知能力和阅读特点配置的红色经典故事、历史英雄人物传记等图书、绘本专柜，形成了覆盖县（市、区）和各类群体的党史学习教育设施体系、资源体系、服务体系。通过党史学习教育，越来越多的党员干部群众和广大学生了解了安康红色遗迹、红色革命史和红色故事，为传承红色文化基因、组织开展红色阅读推广工作奠定了重要基础。

2. 建立党史学习教育线上平台和数字资源库

数字文献资源具有方便快捷、低成本、广覆盖等特点。为了顺应现代社会数字阅读发展趋势，安康市图书馆在不断丰富纸质红色文献的基础上，建成"安康市图书馆党建云"专题数字资源库，党员干部群众可以通过关注"书香安康"微信平台，以在线或下载形式阅读（观看）党建、党史类的电子图书、音视频等相关红色资源。为增强党史学习教育活动的实效性，安康市图书馆还发动各县（市、区）图书馆、各阅读团队，利用"安康市图书馆党建云"相关资源和党史学习教育主题图书，在全市范围内组织开展红色文献集中研读活动。此外，安康市图书馆在"书香安康"微信平台设置"馆员领读""馆员荐书"栏目，以"馆员自我介绍＋推荐书目＋书目主要内容介绍＋部分章节朗读"的音频模式，每周三次开展线上红色资源荐读活动。

3. 紧扣党史学习教育，开展全民阅读推广活动

为了将党史学习教育与全民阅读推广活动相结合，安康市图书馆先后策划开展了"读红色经典，庆建党百年"有奖征文大赛、"全市同读一小时党史学习教育主题图书"、"党史

学习教育主题图书阅读分享会"等活动。其中,"全市同读一小时党史学习教育主题图书"
活动由安康市图书馆学会牵头,联合各县(区)公共图书馆、高校图书馆、机关和企事业
单位、各阅读团队,在建党节、建军节、国庆节、春节等重大节日当天,以个人或集体为
单位开展一小时红色文献阅读活动,阅读后举办党史学习教育主题图书阅读分享会,交流
分享心得感悟。为了方便青少年接受红色文化教育,图书馆利用少儿阅览楼及各阅读吧少
儿阅览区以及相关红色文献资源,开展"阅读红色经典"征文、经典红色影视展播、红色
故事会、庆祝建党一百年绘画大赛、"我们的节日"主题故事会、红色主题展览等活动,厚
植青少年爱党爱国爱社会主义的情感,培养他们正确的历史观、民族观、国家观、文化观。

安康市水利水电勘测设计院党支部在市图书馆开展党史学习教育活动

三、主要成效

自 2021 年党史学习教育和系列阅读活动开展以来,安康市图书馆已接待安康银保监
局、民盟安康市委、安康市博元实业有限公司等 40 多个机关、企事业单位党组织 1000 多
名党员到馆开展主题党日活动,举办党史学习教育主题阅读推广活动 150 场次,线上线下
推荐党史主题图书 145 期,参与读者 14367 人次。面向全市举办的"读红色经典,庆建党
百年"有奖征文大赛收稿 1099 件,各县(区)图书馆及阅读团队集中阅读了《廖乾五》
《紫阳县革命老区发展史》等安康党史类图书,深入了解中国共产党党史、安康党史,共开
展 195 场阅读分享活动。安康市图书馆在寒暑假、周末、春节等时间举办红色影视展播 82
场,接待安康红色教育基地研学活动 263 人次,举办"童心向党 红色故事润童心"亲子

故事会 25 期，"安图姐姐讲故事"线上红色故事会 10 期。《中国文化报》以"让党史读物成为全民阅读的内容"为题对安康市图书馆组织的"党史学习教育"主题活动进行专题报道，《国际出版周报》、《安康日报》、安康新闻网等媒体也对相关活动进行报道。安康市图书馆的红色阅读推广活动为安康国家公共文化服务体系示范区创新发展贡献了力量，增添了亮色。

四、创新启示

2021 年以来，安康市图书馆以中国共产党成立一百周年为契机，引导全市党员干部通过实地参观、阅读党史读物、交流心得等方式，形成了一系列坚定理想信念、传承红色基因、推动红色阅读的特色活动，使图书馆党建品牌有了稳固的根基，焕发鲜活的生命力。安康市图书馆结合全民阅读推广，深入基层所举办的这一系列党史学习教育和红色主题阅读推广活动，形式多样、主题突出、群众参与度高，已经成为全民阅读推广特色服务项目，陪伴未成年人健康成长的第二课堂，传承红色文化基因、丰富人民群众文化生活的重要举措，谱写出安康文化服务高质量发展新篇章。

用"三张名片"打造"书香镇坪"

一、案例背景

　　镇坪县位于陕西的最南端、大巴山北麓，东与湖北竹溪县接壤，南与重庆巫溪县、城口县毗邻，西北与平利县连接。镇坪鸡心岭为陕、渝、鄂交界点，也是中国版图的"自然国心"，故享有"国心之县"的美誉。镇坪文化底蕴深厚，有崇文重教、诗书传家的优良传统。近年来，在经济稳步增长、社会全面发展的同时，为实现公共文化服务高质量发展，镇坪县委县政府将"书香镇坪"建设列入民生工程、安康创建国家公共文化服务体系示范区建设的重要内容，其中镇坪图书馆着力打造"'六进'活动涵养文化生态""公益培训行动提升文化素养""'悦'读'悦'美志愿服务培育阅读品牌"三张名片，使全县阅读阵地不断拓展，阅读文化建设不断深入，汇聚起同心建设"书香社会"的强大正能量。

2022 年世界读书日当日，举办"中华诗词之乡·诗满校园经典诵读大赛"

二、主要做法

1. 阅读文化"六进",涵养文化生态

(1)以"感恩、励志、修德"为主题,开展阅读文化进学校活动。活动采取经典诵读、诗文配画等方式,常态化组织学生开展经典诵读,学习经典诗文。其中,图书馆专为幼儿打造"绘本故事会",综合利用读、看、讲、演等阅读推广形式,培养幼儿的阅读兴趣,促进幼儿身心健康发展。

(2)以"学经典、品人生、提修养"为主题,开展阅读文化进机关活动。图书馆在广大机关干部中开展"读一本好书""参加一次社会公益""组织一次演讲比赛"活动,弘扬中华民族讲文明、知礼仪、热情好客、团结友善的传统美德,使广大党员干部通过参与活动,成为中华优秀传统文化的宣传者、实践者、推动者。

(3)以"和睦邻里关系,建设和谐社区"为主题,开展阅读文化进社区活动。图书馆依托社区服务中心、综合文化服务中心,开展"百部经典进社区""百场读书会进社区""百个荐书人进社区"活动,活跃社区居民文化生活,促进邻里之间互知、互敬、互帮、互信、互促、互爱。

(4)以"乡风文明进基层、传统美德进农户"为主题,开展阅读文化进基层活动。图书馆依托行政村道德讲堂、文化讲堂、新时代文明实践中心(站)等文化阵地,开设文明礼仪和传统文化系列讲座,普及文明礼仪常识、弘扬中华传统美德,营造"诚、孝、俭、勤、和"乡村文明新风尚。

(5)以"讲美德、重诚信、树形象"为主题,开展阅读文化进企业活动。图书馆组织本地企业开展"诚信知识大讲堂""诚信建设年阅读提升"活动,大力弘扬中华民族童叟无欺、诚实守信的传统美德,营造诚信光荣、失信可耻的社会氛围。

(6)以"弘扬好家风、践行好家训"为主题,开展阅读文化进家庭活动。图书馆通过组织开展"与经典文化同行,与圣贤为友"、"亲子读书共成长,经典文化进家庭"、"书香家庭"读书竞赛、优秀读后感评选等活动,引导群众通过阅读经典,自觉接受传统美德教育,传承优良家风家训,提高家庭教育的能力和水平。

2. 公益培训行动,提升文化素养

为更好地发挥图书馆公益文化培训的积极作用,提升市民文化素养,镇坪县图书馆不断优化资源配置,加大公益文化培训力度。除常态化开设阅读、作文、书法、国画等艺术

门类免费培训之外，图书馆还针对不同群体的文化需求，组织策划了"安康新民风训言内涵阐释"、"童心向党　薪火永传承"、"重阳敬老　情暖金秋"中老年智能设备使用、"学党史跟党走　我为群众办实事"等公益培训，形成了系统化、常态化、专业化公益培训体系，辐射带动数万名群众。艺术培训使县内文化爱好者艺术水平不断提升，其作品多次获省、市、县各级各类奖项。

3. "悦"读"悦"美志愿服务活动，打造阅读品牌

为进一步在全社会倡导多读书、读好书、善读书的文明风尚，镇坪县图书馆立足社区、面向家庭，以"凝聚群众、引导群众，以文化人、成风化俗"为目标，依托县图书馆志愿服务平台，开展"悦"读"悦"美志愿服务活动。活动一是针对留守儿童、老年人、残障人士等开展阅读服务推广活动21场次，服务群众1万余人次；二是充分利用农家书屋、农村阅报栏、文化长廊、文化墙等阵地，宣传国家乡村振兴战略；三是组建宣讲团队，用通俗易懂的语言、接地气的事例讲解国家富农政策和实现乡村振兴的重大意义，并针对性地解答群众提出的问题；四是组织"书香镇坪"全民阅读公益广告、海报和摄影作品征集活动，共征集作品213件，其中45件作品获优秀作品奖；五是制作全民阅读公益广告《书香镇坪·全民阅读》并在县融媒体中心播出。

开展"悦"读"悦"美志愿服务活动

三、主要成效

镇坪县图书馆通过"六进"全民阅读推广活动，在各行各业中广泛开展阅读经典、传

承优秀传统文化、普及科学知识活动，优化了地方文化生态；通过体系化的公益培训，大力弘扬社会主义核心价值观，提升市民文化素养，培养出一批文化志愿者和文艺爱好者，提高了群众文化艺术素养；通过"悦"读"悦"美志愿服务活动，打造阅读品牌。每年开展各类线下文化惠民活动 200 余场次，文化讲座活动 100 余场次，惠及群众近 2 万人。

四、创新启示

阅读是人类获取知识、启智增慧、培养道德的重要途径。镇坪县图书馆依托"'六进'活动涵养文化生态""公益培训行动提升文化素养""'悦'读'悦'美志愿服务活动培育阅读品牌"三张名片，以阅读文化建设为抓手，多维度全方位推动"书香镇坪"建设，积极向公众传播优秀传统文化，弘扬时代新风行动，倡导现代文明理念和生活方式，培育文明乡风、良好家风、淳朴民风，让人民群众在享受高质量文化产品过程中涵养与时代契合的精神，为推进乡村文化振兴和公共文化服务高质量发展做出积极探索。

平利县图书馆红色主题空间建设与服务实践

余雅泓（平利县图书馆）

一、案例背景

平利县位于陕西东南部、陕鄂渝三省市交界处，有女娲故里、绿色茶乡和中国最美丽乡村的称号，也是革命先驱廖乾五的故乡。近年来，平利县图书馆利用馆藏资源优势，以党史学习教育阅读活动为抓手，着力开展红色主题空间建设和红色主题阅读服务，先后打造出"初心书屋""党史阅览室""老报刊室"等主题鲜明、内容丰富的红色阅览空间，开展丰富多彩的线上线下党史学习阅读活动，有效推动了全民阅读活动，实现了党史学习教育和全民阅读活动的相互促进、共同发展的阅读推广新格局。

二、主要做法

1. 开展党史学习教育，庆祝中国共产党成立 100 周年

走进平利县图书馆，庆祝中国共产党成立 100 周年的主题标识在鲜艳的党旗国旗下熠熠生辉，图书阅览区、办公区和走廊里，火红的中国结、主题窗花，以及一幅幅中国共产党 100 年来波澜壮阔的历史画卷展现在读者面前。2021 年，为庆祝中国共产党成立 100 周年，展示党的光辉历程，讴歌党的丰功伟绩，平利县图书馆利用馆藏资源优势，以党史学习教育阅读活动为抓手，着力开展红色主题空间建设和红色主题阅读服务，先后打造"初心书屋""党史阅览室""老报刊室"等党史学习教育专题展厅，购买订阅了一批党史学习教育读本和电子阅读书籍，举办了系列画报展览，开展了丰富多彩的线上线下党史学习阅读活动，使平利县图书馆发挥全民阅读推广和红色文化宣传教育主阵地的积极作用。

2. 打造红色阅览空间，彰显特色服务

2020 年 4 月，正值平利县脱贫攻坚工作取得决定性胜利之时，习近平总书记来到陕西省安康市平利县考察调研并发表了重要讲话。平利县图书馆在习近平总书记重要指示精神

指导下，精心打造了"初心书屋""党史阅览室""老报刊室"三个专题阅览区。"初心书屋"以习近平总书记亲临平利考察脱贫攻坚成果为主题，收集了总书记在平利考察期间的音视频和新闻报刊资料，真实记录了总书记真挚深厚的为民情怀和亲力亲为的务实作风，体现出中国共产党"为中国人民谋幸福，为中华民族谋复兴"的初心使命。"党史阅览室"以党史、新中国史、改革开放史、社会主义发展史为主题，甄选了300余册中国近代历史、伟人传记和反映新中国成就的经典图书，让广大读者深刻感受中国的历史性变革和取得的伟大成就，增强读者"四个自信"和爱国主义精神。"老报刊室"收集整理了1959年至2021年半个多世纪的各类报纸，时间跨度长达62年，总藏量16万余份，是藏量大、种类齐全、内容丰富的老报纸专题藏室，也是全县人民了解历史、学习历史、感悟历史、触摸历史的生动教材。

3. 策划主题活动，丰富红色文化阅读之旅

为促进全县读者学史明理、学史增信、学史崇德、学史力行，平利县图书馆采购了《中国共产党简史》《习近平新时代中国特色社会主义思想学习问答》等一批党史学习读物，在微信公众号开通了"博看党建云""红色故事绘"等专题学习平台，推出平利县移动图书馆App，打造"建党100年"电子书籍专栏，方便读者快捷地学习和了解党史信息。为了丰富广大党员干部群众党史学习阅读活动，图书馆还创新开展了"红色文化阅读之旅"活动，带领读者浏览革命战争时期的画报展览，参观党史文化长廊，在"初心书屋"收看习近平总书记来平利考察时的视频资料，在"党史阅览室"阅览平利本土红色党史文献资料，在"老报刊室"了解新中国成立以来的重大历史，感受中国共产党艰难困苦的奋斗历程和不屈不挠的革命精神。为加强青少年群体的党史学习教育，平利县图书馆与学校联合开展"学党史、知党情"主题阅读活动、"清明祭英烈"同读活动，通过传承红色基因，使广大学生系统接受爱党爱国教育。

三、主要成效

1. 党史学习教育的基础设施得到有效改善

平利县图书馆开展党史学习教育，不仅得到了广大群众的积极响应，而且也得到了上级相关部门的高度重视和大力支持，在平利县文旅局的协调下，平利县政府先后投资110余万元，在图书馆一楼新建了300余平方米的"乾五书房"24小时自助阅读吧，改建、扩建了二楼综合阅览区和三楼红色主题展馆，更新了读者阅览桌椅，安装了数字化设施设备，

优化了图书馆空间格局，图书馆建筑面积由 2400 平方米拓展到 3600 余平方米，受到广大读者的高度认可，进一步推动了党史学习教育和全民阅读活动共同发展。

2. 党史学习教育主题服务产生了显著的社会影响力

陕西省、安康市党史学习教育巡回指导组先后到平利县图书馆调研指导，商洛市柞水县文旅局、安康市白河县宣传部相继前来考察，县委、县政府主要领导两次到平利县图书馆调研，县内 40 余家单位和社会组织到馆开展主题阅读活动，周边近 3 万群众到馆参观学习，党史教育和全民阅读活动取得了积极的成效。《中国文化报》《文旅中国》、新华网、陕西时代网、荣耀陕西网等媒体也相继报道，平利县图书馆成为全县党史学习教育和全民阅读的示范引领基地。

四、创新启示

平利县图书馆牢牢把握"守初心、担使命、找差距、抓落实"的总要求，结合工作实际开展党史学习和全民阅读主题教育活动，使馆员素质得到进一步提升，读者到馆热情明显提高。平利县图书馆红色主题空间建设与服务实践表明，充分结合地域文化，同步推进党史学习教育和全民阅读活动，打造全方位、多维度、立体化的全民阅读阵地，有利于更加全面地发挥图书馆社会教育服务功能，更好地满足群众多元化的阅读需求。

平利县图书馆红色主题空间建设与服务成果展示活动中，读者参观老报刊室

全域、全民、全维
——平利县图书馆社会阅读组织建设

蔡　宁（平利县图书馆）

一、案例背景

平利县位于陕西东南部、陕鄂渝三省市交界处，面积 2647 平方公里，辖 11 镇 137 个村、6 个城市社区，总人口 23 万，拥有六张亮丽"名片"：文化名片——女娲文化的重要发源地、历史名片——中国最古老长城的留存地、红色名片——革命先驱廖乾五的故乡、绿色名片——中国名茶之乡、特色名片——中国绞股蓝的原产地、彩色名片——中国最美乡村。平利县图书馆内设图书室、阅览室、期刊室、少儿室、读者书吧、古籍室、多功能室、文化信息共享工程支中心、教培室、过刊室等 10 个功能区，现有藏书 8 万余册，其中古籍文献 500 余册、报刊资料 300 余种。为贯彻落实党的十八大以来党和政府"深入推进全民阅读，建设'书香中国'"战略，构建平利县全民阅读设施体系与活动体系，平利县图书馆以建设阅读文化为抓手，通过优化资源配置、加强全民阅读队伍建设、扩大全民阅读服务半径、线上线下同步推进等举措，不断创新全民阅读活动内容与形式，传递阅读温暖，凝聚阅读力量，取得了良好的社会效益。

平利县援少会在阅读驿站开展"欢度国庆喜迎二十大朗诵会"

二、主要做法

1. 强化阅读团队建设，壮大全民阅读推广力量

按照全民阅读"抓小众、带大众"的工作思路，平利县图书馆将社会阅读组织建设放到了工作首位，相继组织成立了平利援少会阅读驿站、平利青创书友会、樊登读书会平利书友驿站、平利县文联创作基地、城关二小课外阅读基地、平利县职教中心校外图书借阅基地等公益阅读组织，这些阅读组织与图书馆相互协作，围绕"送书下乡"、"4·23"世界读书日、公共图书馆服务宣传周等主题，定期或不定期地开展阅读推广、新书推荐、读书交流、诗文朗诵、亲子阅读故事分享会、主题读书、线上阅读打卡、知识竞赛等活动。以阅读文化建设为主线，以阅读组织建设为重点，以丰富的活动载体为依托，图书馆培养出一支颇具规模的全民阅读"先锋队"，形成了全域、全民、全维推动"书香平利"建设新格局。

2. 与社会力量合作，拓展阅读推广服务半径

平利县图书馆先后与县级机关单位、教育部门、基层社区开展合作，采用双方共建"悦读书吧"模式，让阅读文化的"种子"遍布平利城乡大地。"悦读书吧"由相关单位、部门提供自有场地并负责运行管理和借阅服务，图书馆提供自动化管理平台、业务指导，并负责提供纸质图书、电子图书馆和图书配送更新。有了阅读文化设施，就能更好地开展阅读推广活动，从而起到培养群众阅读兴趣、提升图书馆服务效能、进一步推动阅读文化建设的积极作用。

阅读活动进乡村、进景区，是平利县图书馆又一创新。依托346国道平利段以及平镇、岚镇公路沿线丰富的旅游资源，在平利县文旅广电局统筹安排下，图书馆相继建成了11个镇32个行政村"文化旅游驿站"。每个"文化旅游驿站"均设置了公益电影放映墙，配备了图书、文化活动器材、旅游导览图、手机加油站、健身器材等服务设施。为拓展图书馆服务范围，平利县图书馆还在桃花溪、马盘山、天书峡等景区设了图书阅读驿站，有效满足了游客和当地群众休闲阅读需求。

3. 注重线上推广，发挥数字服务功能

平利县图书馆搭建"两微一站"数字服务平台，利用图书馆微信公众号、微博、抖音、喜马拉雅等新媒体平台，为读者提供数字资源，共享国家图书馆、陕西省图书馆数字资源。

开展"网络书香过大年""中华传统文化图片展"等读者活动，开展公开课线上展播、线上同读、科普书虫"吃书"打卡、线上诗词竞赛、"让阅读滋养心灵"挑战赛等系列阅读活动。新冠疫情防控期间，图书馆组织文学爱好者开展抗疫文学作品创作、诵读等活动，推出抗疫图书、抗疫文学作品、抗疫英雄、抗疫主题连环画宣传展览。为了完善服务公告制度，建立读者需求反馈机制，图书馆每周两次发布电子图书更新信息，每年平均推送各类服务信息、活动公告 280 余条，还利用数字平台发放读者意见征求表，及时了解读者在文化活动开展、书籍期刊征订等方面的诉求，网站点击率已达到 25 万人次。

平利县城关二小每周到平利县图书馆开展课外阅读活动

三、主要成效

平利县图书馆以提高公共阅读服务覆盖面为抓手，通过广泛的社会合作和形式多样、丰富多彩的阅读推广活动，营造出全民参与读书、人人热爱读书、共享和谐文化的社会氛围。近几年，平利县图书馆相继在县消防大队、看守所、交警大队、公安局、公安局法制大队、武警中队、城关镇药妇沟社区工厂、城关镇新城社区、城关镇白果社区、老县镇锦屏社区、长安镇长安社区等建设十余个基层"悦读书吧"，在城关小学、城关二小、城关三小原图书馆室的基础上建成具有自动化管理水平和资源共享能力的平利县图书馆学校分馆，在旅游公路沿线村落建设主客共享"文化旅游驿站"二十余个；年平均推送各类服务信息、活动公告 280 余条，网站点击率达到 25 万人次。全县全民阅读组织规模不断扩大、活动内容和活动方式不断创新、覆盖面和影响力不断提升，受到当地政府和广大群众的一致好评。

四、创新启示

平利县图书馆积极整合各方力量参与阅读文化建设，与学校、社区、单位、景区联手，共同打造阅读阵地，培育阅读组织，开展阅读活动，先后组织开展读书沙龙、志愿宣讲、家庭讲座、亲子教育等活动，将服务主动融入旅游、体育、科技、农业、交通等领域，把触角伸向基层社区、景区景点、美丽乡村、高速路枢纽，整合辐射范围内的各类文化资源，在为读者提供沉浸式阅读体验的同时，也为游客打开了解平利文化的窗口。在数字化服务方面，图书馆积极顺应数字化、网络化和新媒体发展趋势，不断加大对数字资源、网络技术等方面的投入，助力阅读文化建设，在全社会形成崇尚阅读、热爱阅读、推广阅读新风尚，让更多的老百姓在家门口享受到便捷、高效、普惠的公共阅读服务。

"岚河书苑"
——巴山小城里的自助图书馆

李　刚（岚皋县文化馆）

吴柏均（岚皋县图书馆）

一、案例背景

岚皋原名砖坪，位于陕西南部、巴山北麓、汉江之滨，历史上因山深林密、人烟稀少，直到乾隆四十八年（1783）才设有行政官员。现岚皋县辖 12 个镇 136 个行政村（社区），面积 1956 平方公里，人口 17.2 万人，是国家首批全域旅游示范县、国家生态文明建设示范县、国家卫生县城、国家电子商务进农村综合示范县、国家南水北调中线工程水源涵养地和秦巴生物多样性生态功能区。为满足岚皋县群众文化需求，构建城乡一体公共阅读服务体系，在安康市国家公共文化服务体系示范区创建工作的推动下，从 2018 年开始，岚皋县不断加大财政投入力度，在新建县图书馆、完善 148 个镇村综合性文化服务中心的基础上，积极抢抓数字化发展新机遇，在县城和乡镇建成 9 个具有 24 小时自助服务功能的"岚河书苑"、1 个智慧图书馆、12 个镇级图书馆分馆，打造出具有岚皋特色、自助服务功能的现代公共图书馆服务体系，极大地促进了公共文化服务均等化，在实践中取得了良好成效。

二、主要做法

1. 充分论证，孵化样板

为了提高服务能力，岚皋县图书馆在借鉴"安康阅读吧"成功经验的基础上，通过外出考察与论证，于 2018 年在县城建成了陕南第一家集人脸识别、自助办证、自助借还、实时监控、大数据统计功能于一体的县级 24 小时自助图书馆——"岚河书苑"。"岚河书苑"作为岚皋县图书馆直属分馆，刚一开馆就受到了群众的欢迎，每日到馆读者 160 余人次。

县城群众阅读环境与条件有了极大改善，但文化服务最薄弱的镇村怎么办？为了进一步探索 24 小时自助图书馆是否适合于乡镇，图书馆深入乡镇开展调研，并主动联系乡镇的相关负责人，介绍 24 小时自助图书馆的功能以及在方便群众、实现公共文化服务均等化方面的积极作用。在图书馆的不懈努力和与乡镇反复沟通协调下，终于在城关镇、佐龙镇、民主镇、石门镇、四季镇、南宫山镇、蔺河镇建成 7 个与县城"岚河书苑"功能相同、面积相近的镇级自助图书馆，并统一纳入岚皋县图书馆智慧化管理系统之中。

岚皋县图书馆蔺河镇分馆建成开放

2. 整合资源，构建体系

手中无米，唤鸡不理。在镇级 24 小时自助图书馆的建设中，资金匮乏是首要难题，如何解决镇级自助图书馆建设所需要的设备、图书？图书馆在认真学习领会中省市有关文化建设政策文件、会议精神的基础上，积极向县文旅、财政主管部门说明情况、提交建设方案，终于申请到 300 万元自助图书馆建设专项资金，启动了以社会合作为主要特征的岚皋县自助图书馆体系建设。县城"岚河书苑"选址于图书馆自有用房，由图书馆出资装修、购置设备、配置图书；7 个镇级自助图书馆在图书馆的指导下由各镇负责选址、装修，购置阅览设备，进行运营管理与服务，图书馆负责配备图书、自助借还系统，并进行业务指导、系统与设备维护工作。为了最大限度节省经费开支，图书馆结合各镇人口布局、交通、水电各项指标的综合情况，指导各镇自助图书馆的选址及建设方案，协调资源配置和装修事宜，提升了自助图书馆的建设效率，增强了镇政府发展文化事业的责任感，为自助图书馆的长期良性运转奠定了基础。

为了及时解决设备运行中的问题，图书馆还建立了集合了镇自助图书馆负责人、设备供应商和县图书馆总馆技术人员的微信工作群，只要任何一个自助图书馆出现问题，相关人员即可通过远程指导或现场处理等方式及时解决，基本实现了小问题一小时内解决，大问题 12 小时内解决。镇级 24 小时自助图书馆的建成与服务，不仅实现了节假日全年无休自助开放及全县境内通借通还，还能在大数据分析的基础上，为读者提供更加全面、高效、准确的阅读推荐服务。

3. 优化服务，培育阅读文化

岚皋县 7 个镇级 24 小时自助图书馆建设及其稳定运行，是推动基层公共文化服务高质量发展的重要举措。为了进一步培育全民阅读文化，图书馆还采取了一系列创新工作方法：一是利用世界读书日、图书馆宣传服务周、全民阅读月等时间节点，在抖音、直播、快剪小视频等新媒体平台开展"全民阅读·文化岚皋"快闪朗读活动，提高群众的参与度；二是将阅读文化建设与文艺活动相结合，通过与文化馆联合开展舞蹈、绘画、演讲、写作、手工、声乐、乐器等公益培训活动，吸引群众走进图书馆；三是开展线上线下"你看书我买单"活动，实现按需采购，满足读者的阅读需求；四是不定期举办各类读书征文活动，吸引了各年龄阶段的读者踊跃参加，让原来门可罗雀的图书馆变得门庭若市。以前，岚皋县乡镇群众文化生活相对贫乏，许多人在农闲的时候只能打麻将、打牌、说是道非。随着 24 小时自助图书馆建成开放以及各类文化活动的开展，现如今，看书、跳舞、运动的人越来越多，一些不爱读书的孩子也被浓郁的阅读学习氛围所感染，渐渐喜欢上阅读。如城关镇五年级读者喻同学介绍："在参加写作公益培训班的过程中，我发现了阅读的乐趣，写作的思路及用词也会因之前读过的书产生潜移默化的影响。现在每逢周末、节假日，我就会去'岚河书苑'阅读自己感兴趣的书籍。"西坡社区张阿姨说："我平时都不怎么爱看书的，在看到你们图书馆抖音发的视频里有好多跟我年龄相仿的人也坐在图书馆看书，我就很好奇这个岁数了怎么坐得住啊，于是我也走进图书馆选了一本做菜的书，回家后我按照书上的流程做了一道'鸡蛋蒸苦瓜'，没想到引得全家人连连称赞，可把我乐坏了。这里离家近，看书的环境好，想借什么书自己操作就可以了，不用再特别注意图书馆什么时候上下班，非常方便。"

三、主要成效

2018 年 12 月，岚皋县首家自助图书馆——"岚河书苑"作为陕南首家县级 24 小时自助图书馆正式建成开放，开馆一年读者累计到馆 5.1 万人次，累计借还书籍 2.61 万册，日均接待读者 160 人次。

2020 年，在上级有关部门的支持下，岚皋县图书馆积极争取项目资金，先后完成了 7 个镇级 24 小时自助图书馆建设。该年，岚皋县图书馆先后完成城关镇、佐龙镇、民主镇 24 小时自助图书馆建设，完成岚皋县图书馆智慧化改造，购置电子阅读机 3 台（内置电子图书 5 万余册），增设 VR 体验区，添置了自助借还机、防盗系统等电子设备，建成智能门禁系统、人脸识别系统。馆藏 98689 册图书全部完成编目进入管理系统。

2021 年，以"全民阅读，共建共享"为主题的陕南第一家社会化合作性质的 24 小时自助图书馆——"创客书吧"建成开馆。

2022 年 9 月，岚皋县石门镇、四季镇、南宫山镇、蔺河镇相继建成 24 小时自助图书馆并实现对外开放。

截至 2022 年 9 月，岚皋县图书馆已经建成并开放 9 个自助图书馆，1 个智慧图书馆，读者可凭身份证、读者证、微信、支付宝、刷脸等方式进入馆内自助阅读和借还图书，日均服务读者 300 多人次。

岚皋县 24 小时自助图书馆相继建成开放以来，不仅极大地改善了群众阅读条件，弥补了图书馆人力资源不足问题，而且还有效推动了县域图书馆总分馆建设，其运营模式和运营效果多次被陕西省图书馆学会、安康市文旅广电局通报表扬。2021 年 3 月，岚皋县图书馆被陕西公共图书馆服务联盟工作委员会评为 2020 年度联盟工作先进集体。新华社以《巴山小城里的 24 小时自助图书馆》为题，陕西广播电视台、今日头条、安康电视台、文化艺术网、搜狐网等媒体以《陕南首家镇级 24 小时图书馆在岚皋开馆》为题，《经济日报》头版以《巴山小城飘书香》为题，均对岚皋县 24 小时自助图书馆建设成就和经验做法做了专题报道。

图书馆市民阅读氛围浓厚

四、创新启示

当前，实现基本公共文化服务均等化的重点、难点仍然在农村基层。岚皋县图书馆力促 7 个镇级 24 小时自助图书馆建成开放，实现了全县图书的通借通还，群众可用芝麻信用自助办理读者证，通过识别身份证、读者证，扫微信、支付宝二维码，刷脸（人脸绑定了读者证）等方式进入馆内自助阅读和借还图书，享受全年无休的 24 小时智能化自助服务，有力地促进了基本公共文化服务均等化，极大地满足了群众对精神文化生活的需求，有效提高了图书馆服务效能和图书利用效率，更为远离县城中心的群众提供了便捷的文化服务空间，解决了基层群众买书难、看书难、借书难的问题，让群众在精神文化生活上逐步实现共同富裕。

山城"最美风景"
——示范区创新发展中的"安康阅读吧"

曾凡朋（安康市图书馆）

一、案例背景

"安康阅读吧"24 小时自助图书馆建设是落实安康市国家公共文化服务体系示范区规划设计、打造"安康特色"的全民阅读体系的重要举措。2018 年以来，安康市采用政府主导、图书馆主办、社会力量参与和市区县分步实施的原则，通过科学规划布局、搭建数字管理平台、编制建设标准、完善服务规范、优化图书配置、设计标识体系等 6 项举措，先后建成 46 个具有实时数据统计分析、人脸身份认证系统、图书自助借还系统、实时监控系统等功能的 24 小时无人值守自助图书馆——"安康阅读吧"，有效推动了安康书香社会建设，为西部欠发达地区图书馆服务体系建设提供了经验与借鉴，"安康阅读吧"成为安康市国家公共文化服务体系示范区创新发展的标志性成果之一。

"安康阅读吧"天一城市广场分馆

二、主要做法

1. 试点先行、总结经验、明确目标

2017 年，安康市图书馆在学习东部地区城市书房建设经验的基础上，结合安康市图书馆事业发展需要，经过认真论证和资金筹措，利用安康市图书馆临街用房，建成陕南首家 24 小时无人值守自助图书馆，并命名为"安康阅读吧"。"安康阅读吧"建成后立即引起社会各界的广泛关注，读者到馆率和图书利用率大幅攀升。安康市委、市政府领导多次到"安康阅读吧"调研，了解其建设和运行情况，对安康市图书馆这一创新举措给予充分肯定。为了推广安康图书馆建设"安康阅读吧"经验做法，让更多市民共享公共文化服务体系建设成果，2018 年，安康市委、市政府在充分调研与论证的基础上，将 24 小时无人值守自助图书馆建设写进了政府工作报告，计划用 3 年时间构建覆盖市、县中心城区的 24 小时无人值守自助图书馆服务网络，以更好地满足城乡群众就近、方便、快捷的阅读服务需求。

2. 整体规划、统一标准、全面推进

为贯彻落实市委、市政府关于在全市范围建设"安康阅读吧"工作任务，安康市创建国家公共文化服务体系示范区工作领导小组下发了《安康中心城区 24 小时无人值守自助图书馆建设方案》和《关于拨付 24 小时自助图书馆建设补助资金的通知》，明确了在安康中心城区 160 平方公里范围内（含高新区、恒口示范区）建设 20 个自助图书馆，同时为 9 个县（区）各拨付资金 20 万元"安康阅读吧"建设专项经费，确保每个县（区）都有一所 24 小时自助图书馆。在陕西省文化和旅游厅、安康市财政局、安康市住建局等主管部门的经费支持下，安康市创建办参照温州市《城市书屋服务规范与标准》，出台了《安康市 24 小时自助图书馆建设标准及规范》，包括五个部分内容：第一部分建筑要求，主要规定图书馆选址、建筑面积、外观与室内设计、功能布局等；第二部分设施设备，主要规定自助办证机、安全监控系统等；第三部分服务资源，主要规定人力资源与文献资源建设等；第四部分服务内容，主要规定服务内容、借阅规则、阅读推广活动等；第五部分管理运行，主要规定标识体系、服务运行、文献组织、服务告示、服务监督以及考核机制等。具体要求还包括：自助图书馆选址按照服务半径不大于 1.5km 或服务人口不少于 5000 人的标准进行统筹规划、合理布局；市中心自助图书馆总建筑面积不少于 100 ㎡，阅览座席不少于 20 个，县（区）自助图书馆建筑面积宜为 80 ㎡以上，阅览座席不少于 15 个；自助图书馆基本馆藏应不少于 8000 册（含图书、期刊、报纸等），并提供数字资源服务，文献年度更新数量

不得低于总藏量的 50%，读者满意率不得低于 85%；等等。所有"安康阅读吧"实现一卡通用，通借通还。

3. 因地制宜、合作共建、提升效能

在安康市创建国家公共文化服务体系示范区工作领导小组办公室的支持下，安康图书馆引入了公共图书馆管理系统，为"安康阅读吧"设计了统一标识，规范了各区县命名规则，细化了"安康阅读吧"运行管理办法和服务规范。为了最大限度加快"安康阅读吧"体系化建设，安康采取了三种灵活模式：一是馆内自建模式，利用安康市图书馆现有馆舍，经过空间改造、设备升级、资源优化所建设的"安康阅读吧"，由图书馆直接投入、自行管理；二是社会化合作模式，以行政事业单位国有资产房屋或相关企业自有用房为基础，双方共同投入资金合作共建，图书馆负责业务指导、资源配置、运行管理，提供图书资源、自助服务设备与日常维护；三是县（区）"以奖代补"模式，各县（区）每建成一个"安康阅读吧"，经安康示范区创建办验收合格后，市财政将给予奖补资金的支持，极大地调动了各县（区）建设"安康阅读吧"的积极性。"安康阅读吧"24 小时自助图书馆投入运营以来，采用身份证、市民卡（含电子证）、微信、支付宝免押金借还图书制度，延长服务时间、延伸服务半径、实现全市通借通还和开展各类阅读推广活动，极大地提高了图书馆服务效能和图书利用率，为打造书香安康、提升城市文化品质、增强市民幸福感做出了积极贡献。

"安康阅读吧"西城坊分馆

三、主要成效

"散步 10 分钟，就可以走到'安康阅读吧'，开启读书时间。"方便的阅读体验使家住安康金州路的李先生感慨万千。随着"安康阅读吧"逐步建成开放，全市公共图书馆服务数据大幅增长，以安康市图书馆 2020 年服务数据为例（在新冠疫情影响下）：2020 年到馆读者 323064 人次，相比 2018 年的 176236 人次，同比增长 83.31%；图书外借量 162494 册次，相比 2018 年的 100477 册次，同比增长 61.72%；持证读者 28072 人，相比 2018 年 14598 人，同比增长 92.3%；年新增持证读者 4445 人，相比 2018 年 2845 人，同比增长 56.23%，其中仅"安康阅读吧"当年接待读者就达到了 190427 万人次，单日最高接待读者量达 4792 人次。

安康市区"安康阅读吧"建设与服务成效，也在全省起到了示范引领作用。汉中市南郑区，渭南市临渭区、华州区、华阴市、大荔县、蒲城县、澄城县、富平县、合阳县、白水县、商洛市的图书馆等单位先后组团来安康参观考察"安康阅读吧"建设与运行情况。新华社记者以《陕西安康：城市处处有书香》为题，对"安康阅读吧"建设与服务做了专题报道。

四、创新启示

以满足群众日益增长的阅读需求为核心，坚持量力而行、尽力而为的发展原则，坚持政府主导、图书馆主办、社会力量参与和统筹规划、分步实施，是"安康阅读吧"及其服务体系建设的基本经验。在此基础上，科学的一体化规划设计、务实的建设标准、细致的服务规范、便捷灵活的服务方式，以及积极采用先进技术实现实时数据统计与分析、人脸身份认证系统、自助借还系统、安全监控系统等功能，也是"安康阅读吧"体系化建设成功的关键。

小创新带来大变化
——宁陕县图书馆"馆员荐读真人秀"

李　霞　冯　娟（宁陕县图书馆）

一、案例背景

有"秦岭之心"之称的宁陕县，版图大、人口少、交通不便，给新时期图书馆开展阅读推广活动、拓展服务内容提出了系统性挑战。为高质量完成安康创建国家公共文化服务体系示范区规划中的重点工作任务，解决网络技术和新媒体环境下传统图书馆服务所面临的系统性挑战，宁陕县图书馆转变服务观念，积极利用新媒体技术破解工作力量有限、开展活动覆盖面受限等难题，启动了"馆员荐读真人秀"服务项目，通过开展书目荐读活动，盘活了图书馆文献资源，让更多人了解图书馆、走进图书馆、利用图书馆。

二、主要做法

1."新媒体"培养阅读服务基本功

宁陕县图书馆"馆员荐读真人秀"服务项目是在广泛征集专家意见、经馆员集中讨论交流后形成的，基本内容是依托图书馆现有馆藏书籍，通过"馆员荐读真人秀"活动向广大读者推荐与国家战略部署、地方文化建设、传统文化传承、社会阅读热点等高度相关的馆藏图书，使群众更全面地了解图书馆馆藏资源，营造积极向上的阅读氛围。为了使这项活动能够长期持续举办，图书馆还制定了层层落实工作方案，安排专人负责组织活动，定期组织学习交流、定期考核工作成效并及时总结经验。2019年以来，图书馆共召开"馆员荐读真人秀"专题研究和学习培训会20余次，馆员干部累计参与200余人次。广大馆员以宁陕县图书馆微信视频号为载体，坚持每天一人向群众推荐1本书籍，365天不间断。

书是人类进步的阶梯。为了让读书成为馆员成长进步、工作创新发展的重要动能，图书馆要求全体馆员每天上午开展半小时的晨读，并将晨读音频上传至图书馆工作群，由馆领导班子成员对馆员上传的音频进行点评、指导，帮助馆员不断提高朗读水平。经过长期学习积累，馆员朗读水平、语言表达能力和自信心不断提升，也为"馆员荐读真人秀"服务项目奠定了良好的基础。

2. "新媒体"创新引领阅读新风尚

随着抖音、快手等短视频平台的崛起，图书馆也特别注意通过"新媒体"手段引领了阅读新风尚。为了做到能熟练剪辑制作荐读视频，不断提高馆员对社交软件的运用能力，馆员们潜心学习，相互交流，大部分都能熟练完成短视频的剪辑制作与发布。比如利用剪映 App 可对各类视频进行各种编辑，包括卡点、去水印、特效制作、倒放、变速以及专业风格滤镜、精选贴纸等，再添加合适的字幕对视频内容进行补充，使得整个视频的表达更为完整。为了将馆藏资源在新媒体平台上进行展示，馆员们精心选择馆藏图书，撰写荐读材料，利用剪映的提词器功能录制并剪辑制作荐读视频，再将制作好的荐读视频通过图书馆新媒体账号公开发布。广大阅读爱好者可以通过馆员荐读视频，及时了解图书馆的馆藏资源，选择自己喜欢的图书来馆借阅。图书馆也可以根据读者留言，收集读者需要的书籍进行推广，形成良好的合作与互动。

3. "新媒体"提高图书利用效率

宁陕县图书馆的馆员们从最初的"小白"，到现在都能独立制作小视频，这是大家坚持不懈努力学习的结果。馆员们对推荐的图书进行短视频编辑，添加合适的字幕，对图书、视频内容进行补充说明，让读者可以随时随地"在线阅读"。视频以画面加文字的形式，使读者可以快捷地获取自己需要的信息。同时，短视频让图书有了声音，读者不仅可以读，也可以听，提升读者阅读效果。馆员制作完成的视频有声有色、画面优美，有效地提高了馆藏图书利用效率。自 2019 年"馆员荐读真人秀"活动开展以来，以年度常住人口为基准，读者进馆率和年借阅量明显增加，越来越多的读者开始走进图书馆，爱上阅读。

三、主要成效

宁陕县图书馆推出的"馆员荐读真人秀"活动，不仅向读者宣传、推荐文献资源，引导读者利用图书馆文献资源，还通过荐读活动提升馆员业务素质、服务能力、服务质量。该活动的开展吸引了更多人走进图书馆、利用图书馆、爱上图书馆，年文献的借阅流通量从原来的不足 3 万册次，提高到现在的 5 万余册次，书架上过去很少引起读者注意的图书也成了到馆读者的"抢手货"。2018 年宁陕县常住人口为 7.2 万人，图书借阅总量为 3.51

万册次，人均年借阅 0.49 册。2019 年图书馆启动"馆员荐读真人秀"活动以来，读者进馆率和年借阅量明显增加，2021 年宁陕县常住人口为 5.91 万人，到 2021 年底借阅总量为 4.41 万册，人均年借阅为 0.75 册次。截至 2022 年，该活动已持续开展 3 年，向广大读者推荐了 792 期 800 余册图书，活动视频总浏览量达 3326400 次。"馆员荐读真人秀"活动受到了广大读者和上级单位的好评和肯定。

四、创新启示

面对新媒体给图书馆传统服务带来的新挑战，宁陕县图书馆主动求变，化困境为机遇，通过探索"图书馆＋新媒体"形式，创新开展了"馆员荐读真人秀"活动，不仅丰富了线上阅读文化活动，营造全民阅读良好氛围，为建设书香社会做出了有益探索，还通过荐读活动转变了馆员服务意识，提升了馆员业务素质、服务能力、服务质量，让馆员从图书管理员转变为图书阅读推广员。其小创新带来大变化，体现出宁陕县图书馆在创新中发展，力求将阅读推广服务做出新意、做出影响，为建设书香宁陕、推动公共文化服务高质量发展做出了自己的贡献。

石泉县图书馆总分馆服务体系建设实践

李相华（石泉县图书馆）

一、案例背景

加强公共文化服务体系建设，对于丰富基层人民群众精神文化生活、弘扬社会主义核心价值观、增强文化自信、促进中国特色社会主义文化繁荣发展具有重要意义。近年来，石泉县立足国家秦巴连片扶贫开发重点县实际，紧扣脱贫攻坚、乡村振兴和文旅融合，坚持扶贫扶智相统一和公共文化服务均等化原则，围绕构建现代公共文化服务体系，以机制创新、资源共享、促进均等、提升效能为原则，加快构建以县图书馆为总馆，各镇图书馆为分馆，村（社区）为图书借阅服务点的总分馆制建设，打造出覆盖城乡、资源共享、普遍均等的三级图书馆总分馆服务网络。

二、主要做法

1. 加强领导搭"架子"

石泉县委、县政府高度重视图书馆在公共文化服务中的职能作用，将图书馆总分馆制建设列入公共文化服务体系示范区创建和创新发展的重要目标任务，多次召开专题会议部署工作，定期对总分馆建设进行规划指导、监督和管理。县文化和旅游局切实将图书馆总分馆制建设列为"局长工程"，成立由局长任组长、分管副局长任副组长的工作领导小组，成员为县图书馆馆长和各乡镇（街道）综合文化站站长，将领导小组办公室设在县图书馆，具体负责全县图书馆总分馆制建设，确保了建设工作有人管、有人抓、有人具体负责。

2. 注重统筹铺"面子"

推进图书馆总分馆制，首先要解决资金、场地、场所和人员的问题。在资金方面，县委县政府将图书馆总分馆制建设列入规划，按照安康市创建公共文化服务体系示范区和县级图书馆总分馆制建设实施意见要求，先后投入资金400余万元完成县图书馆新馆装修搬迁工作，购置了书架、阅读桌椅、打印机、复印机、空调等设备，不断提升图书馆的舒适度。为了解决图书馆总分馆向基层延伸问题，领导小组办公室加强与各镇属地党委政府协商和沟通，采取"整合资源、优化投资、效益最大"的方式，利用整合现有的镇级文化站、村级综合性文化服务中心等场所、人员，统一规划、统一风格，按建设标准和要求积极实施镇级图书馆分馆和村级图书服务点建设，确保了图书馆总分馆制基础设施建设有序推进。

3. 优化服务打"里子"

为了增强图书馆的吸引力，更好地发挥图书馆育人的作用，石泉县图书馆在总分馆建设的基础上，着力提升服务质量和服务效能。一是发挥新华书店主渠道作用，在落实书目清单的基础上，采取问卷调查、一村一策、学校推荐、借阅研判等多种方式，注重在图书配送上做精、流通上做优、服务上做好，同时推出"你选书我买单"的线上、线下选书活动，实现配送书籍由图书馆"配餐"变为读者自主"点餐"，提高了图书利用率、借阅率；二是坚持图书馆总分馆建设一体化推进，开通图书管理系统，实行统一编目、统一配送、免押金办证和"一卡通借、全县通还"等措施，推动县、镇、村（社区）图书总分馆互联互通；三是结合"4·23"世界读书日、图书馆服务宣传周、陕西省阅读文化节、传统节假日等时间节点，积极组织分馆、服务点同步开展读书分享会、"同读一小时"、两法一条例宣传、征文活动、展览、讲座、朗诵比赛及图书流动服务进农村、进社区、进学校、进机关、进企业、进军营、进景区等活动，打造出阅读夏（冬）令营、图书馆研学、"我们的节日"读书分享会等阅读活动品牌，并在全县、镇、村（社区）开展"书香家庭""书香镇、村（社区）"评选活动。丰富多彩的全民阅读推广活动，激发了读者的阅读兴趣，带动了更多群众走进图书馆，共享公共文化发展新成果。

4. 严格管理抓"底子"

规范化管理是镇级分馆和村级服务点发挥效能的关键因素，也是县域总分馆建设主要目的之一。石泉县图书馆在总分馆管理上，围绕建、管、用三个主要环节，先后制定了石泉县图书馆总分馆图书流通管理办法、借阅管理办法和镇村分馆服务点工作考核细则，建立统一的管理制度、统一的标识，明确规定镇文化站站长为分馆馆长、村（社区）文书为图书服务点管理员，根据配备的专职（兼职）人员工作情况，总馆通过定期业务培训，下沉分馆"一对一"指导，分馆、服务点派人跟班学习等多种方式培养基层一线业务人员。与此同时，还积极发动镇村热心公益人士组建了文化志愿者服务队伍，不断提升业务人员的专业素养，壮大服务队伍，为分馆、服务点的业务正常开展提供了人员保障。

石泉县图书馆为饶峰镇分馆配送图书

三、主要成效

石泉县图书馆通过总分馆建设，使图书馆服务的辐射面积扩大，服务功能得以充分发挥，扭转了以往图书馆只设置在城市、只服务小众的局面，让广大基层群众在家门口就可以享受到与总馆水平相当的基本服务。截至 2022 年底，全县共建成县级图书馆总馆 1 个、24 小时"安康阅读吧"2 个、镇级分馆 11 个、村（社区）服务点 12 个。全县纳入图书馆管理系统的纸质图书总藏量达 15.3 万册，电子图书 1.5 万册，线上专题讲座、展览等电子资源 4TB。总分馆建成后，公众满意度、服务效能均得到显著提升。据统计，在第七次图书馆评估定级周期内，全县年均图书借阅量达 9.4 万册次，年均到馆达 12 万人次以上，图书的借阅率、利用率均名列同市县区兄弟单位前列，有 2 个乡镇、3 个村（社区）、10 个家庭分别荣获市级"书香乡镇""书香村（社区）""书香家庭"荣誉称号。

四、创新启示

总分馆制建设是实现公共图书馆基本公共文化服务全覆盖、均等化、高效能的重要途径。石泉县总分馆制建设，不仅重视加强政府统筹领导，完善制度规范、理顺各方关系，积极发挥中枢和纽带作用，同时还通过统一的活动设计、统一的培训辅导和资源整合，为读者提供互联互通、数字化智能化服务，举办丰富的全民阅读推广活动，不断提升总分馆体系服务效能，有力推动了县域公共文化服务建设步伐，为石泉县创建省级公共文化服务高质量发展示范县打下良好基础。

第二编

乡村优秀传统文化创造性转化新实践

低段塑形、高段演绎

——汉调二黄进校园传承创新实践

张　浩（安康汉调二黄研究院）

一、案例背景

汉调二黄是陕西第二大剧种，它源自陕南汉江流域的山歌、牧歌、民歌，受秦腔影响，并吸收昆曲、吹腔、高拨子等曲调，糅合当地方言，形成了独立的声腔，表演讲究细腻精到，唱腔真假嗓并用，悠扬婉转。对于其名称的来源，有种说法是，因原来这一剧种用双笛伴奏，笛以竹作"簧"，故又称"二簧"。汉调二黄主要流行于陕西的安康、汉中、商洛、西安及四川、甘肃、湖北的部分地区，是安康市国家级非物质文化遗产之一。为更好地传承中华优秀戏曲文化，从 2022 年起，安康汉调二黄研究院启动了"汉调二黄进校园"工作，致力于在义务教育阶段培养孩子们对汉调二黄的认知和爱好，不断增强中华优秀传统文化对青少年的影响力和吸引力，为汉调二黄的传承发展培育广袤沃土。经过活动方式和教学方法的反复研讨、论证，安康汉调二黄研究院形成了"低段塑形、高段演绎"的教学模式，并在教学实践中不断改进提升，探索出一条分级实施、教育与实践并举、传承与发展融合的传统戏曲进校园模式。

二、主要做法

1. 建立施教团队

为了高质量推进"汉调二黄进校园"工作，安康汉调二黄研究院建立了一支由院领导总负责，由汉调二黄老艺术家、传承人任艺术指导，6 名专业演职人员组成的工作专班，研究工作方案、制定工作计划、开展业务对接，研究编撰寓教于乐、适合小学生学习实践的汉调二黄教学教材，教材内容涵盖汉调二黄的发展历程、唱段声腔及基本动作训练、基础理论讲解及音乐赏析、经典剧目赏析、音乐理论、器乐训练等多个方面，形成了"低段塑形、高段演绎"的教学理念与方法。

2. 组建戏曲社团

自 2022 年 3 月"汉调二黄进校园"工作开展以来，研究院先后在汉滨区滨江小学、汉滨小学、恒大小学等学校开展试点。首先根据学生戏曲知识基础和爱好专长，组建若干个不同行当的戏曲社团和兴趣小组，针对性地开展基础学习和训练，在具体教学实践环节中发现有潜力的戏曲苗子，为后期小戏排演打好基础。其次利用下午延时课，为戏曲社团和兴趣小组教授汉调二黄唱段、训练各种器乐和戏曲基本功。最后定期举办课后汉调二黄表演专场，开展"娃娃唱戏大家看"等课后戏曲品牌活动。

在专业的、丰富的日常戏曲课程基础上，部分学生已经可以在老师的指导下完成戏曲活动的策划、演出、展示，形成了以学生为主体具有传统文化内涵和民族文化精神的校园戏曲生态。试点学校通过积极拓展第二课堂，使学生在锻炼能力、增长自信的同时，更多地认识汉剧、了解汉剧、喜爱汉剧，实现了"特色建团"到"特色立校"的积极转化，形成了汉剧特色与传统文化相结合的独特校园文化。

"汉调二黄进校园"教学场景

3. 分段精准施教

"低段塑形"主要针对小学 1—3 年级学生，遵循循序渐进的原则，内容主要是：首先通过讲故事的方式向学生介绍汉调二黄发展历史、经典剧目故事情节，再让学生带着对故事情节的了解，观看一段汉剧传统剧目视频，了解戏曲舞台艺术的魅力；然后教授传统剧目里经典唱段，教学生慢慢学习一些简单的唱段、简单的戏曲动作；最后编排成类似舞蹈的形式，带上简单的戏曲音乐，让学生随着音乐节奏，学习戏曲动作。经过系统培训后，很多学生都能有模有样地唱几段唱词、一板一眼地表演几个戏曲动作，教室里不时传出高亢激越、清脆又不失童真的梨园雅韵，极富感染力的唱腔常常赢得师生的阵阵掌声。

"高段演绎"主要针对小学4—6年级学生。低段塑形阶段培养了学生汉调二黄基础知识和基本技能，对于戏曲艺术悟性较高的学生，培训按照"概念理论""剧目欣赏""领悟研究""分科实践"等课程设置，进行"高段演绎"阶段的辅导。具体教学内容包括戏剧、戏曲概念和汉调二黄历史渊源，戏曲角色行当、汉调二黄主要乐器及乐器在戏曲表演当中的重要作用等。学生观看经典传统戏曲视频，专业老师从旁讲解，加强学生的理解，再让学生从观摩的剧目中挑选自己喜爱的唱段，专业老师结合学生的兴趣和特点，将学生分为演唱、器乐、舞美等小组，最后选拔出表现突出的学生组成"娃娃班社"，编排完整的折子戏、小唱段，面向学校及社会组织"娃娃唱戏大家看"活动。传统艺术在浸润童心的同时，也不断为戏曲传承的人才队伍注入新鲜血液。

正在练习汉调二黄基本功的孩子们

三、主要成效

安康汉调二黄研究院开展"汉调二黄进校园"工作，以戏曲唱段、戏曲身段、戏曲歌曲、戏曲舞蹈、汉调二黄折子戏片段为主要教学内容，以课后服务的方式将戏曲文化输送校园，既丰富了"双减"政策下的校园文化生活，又促进了汉调二黄的保护传承与发展。特别是"娃娃唱戏大家看"活动的举办，教授了学生汉调二黄《闹娇》《牧虎关》《铡美案》《顶灯》等本戏、折子戏中经典唱段，创编汉调二黄歌舞剧2部，为各试点学校培育出一批高质量热爱戏曲艺术的学生，从教学中充分挖掘培养汉调二黄十大行当人才，为安康公共文化服务活动、安康汉江龙舟节、百姓大舞台、校园文化节等各类公共文化活动储备文艺人才。"汉调二黄进校园"提高了广大学生艺术素养，增强了学生对传统文化的认同感。

"汉调二黄进校园"教学创新模式自 2022 年初开展以来，在安康汉滨区各试点小学共培训学员 144 名，建立三所汉调二黄校园学社，带动约 2500 名师生认识了解传统文化、学习地方戏曲剧种，坚定了他们的文化自信。此项活动受到了广大师生及家长的高度评价，给校园文化增添了全新的艺术内容、对传统文化的传承带来了深远意义。

四、创新启示

"三五步走遍天下，六七人百万雄兵。"中国戏曲因其独特的美学思想和表现方式，在中国历史，特别是中国文化史上具有重要的地位。自 2006 年汉调二黄被列入国家非物质文化遗产名录后，安康市积极响应国家号召，不遗余力从财政上和宣传组织上支持汉调二黄的传承发展，而戏曲进校园正是一块完美的试验田。安康汉调二黄研究院凭借汉调二黄历史文化底蕴和独特的艺术魅力，通过跨区域合作和优势领域互补，将戏曲知识和课堂知识有机结合、戏曲教学与戏曲实践有机结合，以寓教于乐的方式弘扬优秀传统戏曲艺术，培育学生汉调二黄人才，让"弘扬传统文化，做小小传承人"的种子在学生中落地生根，极大丰富了公共文化活动的形式和内容，对戏曲的宣传普及、保护传承发展起到了积极的示范作用。

开笔启智

——安康博物馆"开笔礼"的文化传承

刘万春（安康博物馆）

一、案例背景

文庙即孔子庙，具有官方礼拜、祭祀孔子及与官办府学相结合的传统职能，在历代王朝更迭中又被称作夫子庙、至圣庙、先师庙、先圣庙、文宣王庙，其中最普遍的叫法还是文庙。安康文庙位于安康市教育圈的中心位置，始建于元朝至正元年（1341），是全省同时期、同类型中现存规模最大的单体古建筑，属陕西省重点文物保护单位，2012 年 6 月经两期维修后正式免费对外开放。为贯彻国家文化发展战略，传承和发扬我国优秀传统文化，发挥博物馆教育职能，安康博物馆结合文庙阵地优势，重点聚焦启蒙教育仪式，推出"开笔启智 智慧人生"开笔礼教育活动，至 2022 年已连续开展 8 年，逐步扩大"开笔礼"优秀传统文化教育活动的影响力，得到了社会各界的一致好评。

二、主要做法

1. 精心设计"开笔礼"仪式

"开笔礼"是中国古代人生"四大礼"之首，也是中国传统文化中对少儿开始识字习礼的一种启蒙教育形式，更是蒙童入学阶段极为重要的德育仪式。为了让莘莘学子、家长及教师们了解文庙、了解中华传统礼仪文化，自 2015 年起，安康博物馆开始在文庙传统职能的基础上，购置汉服、笔墨纸砚、音响设备、课桌凳子等物品，组织人员确定活动方案、设计活动流程及礼仪范式、撰写主持文稿等，启动了面向小学生的"开笔礼"仪式教育活动。

安康博物馆的"开笔礼"仪式从戟门入场到礼成，时长为一小时，包括七项内容。

第一项是入场式，在古乐声中，老师带领学子们由戟门缓缓入场，进行庄严肃穆的入场式，将学子们带入传统仪典的仪式感中。

第二项是正衣冠，学子跟随老师先自正衣冠，再由师长为其正衣冠，告诫学子要养成端正整洁、有条不紊的生活习惯。

第三项是感恩鞠躬，学子向师长行揖礼，谢师恩、谢亲恩，并为师长奉茶，让学子们从小懂得孝亲尊师的道理。

第四项是净手净心，希望学子们从此静心读书，心无旁骛。

第五项是朱砂启智，由师长笔蘸朱砂依次在每个启蒙学子额头正中点下一颗"朱砂痣"，表达师长对学子们的美好祝愿，希望他们心明眼亮，聪慧过人。

第六项是击鼓明志，击鼓三声，让学子们树立远大的理想与目标，并努力为之奋斗。

第七项是开笔启蒙，在老师的指导下，学子们书写"人"字，老师向学生讲授做人的道理，希望他们以后成为有德有才之人。

礼成后，学子们诵读《弟子规》《三字经》片段，师长为学子祈福。

在安康文庙开展的"开笔启智"教育活动

"开笔礼"活动的参与对象是学前班和一年级刚入学的蒙童，他们在刚入学时就能亲身经历这七个环节的洗礼，通过这种庄严古朴仪式的感染，使他们在熏陶中潜移默化地发生蜕变，从而达到从蒙童到学子的心理过渡，在他们的心灵上留下深刻的烙印。

2. 提升"开笔礼"活动的专业化水平

随着"开笔礼"活动的深入开展，安康博物馆在总结活动经验的基础上，不断对活动仪式和内容进行打磨完善，同时扩大活动范围，积极进行宣传，提升活动效果。为了让"开笔礼"活动的内容与形式"古为今用，古今结合"，安康文庙的工作人员不断查阅典籍资料，反复比对论证，去其糟粕，传其精华，在定式中根据实际情况适当取舍，最终形成包含七个仪式环节、贴合安康本地文化特点的"开笔礼"活动体系。为了提高活动的标准化水平，充分展现古礼的仪式感，安康博物馆组织专班编写了《"开笔礼"活动指南》，对活动的内容与形式均做出了具体规范。为精准把握"开笔礼"仪式的每个环节，安康文庙加强了对全体工作人员传统礼仪文化知识的培训和各个环节的反复演练，选择优秀的工作人员担任"开笔礼"仪式的主礼官，保证了"开笔礼"活动的仪式感和专业性。

3. 打造"开笔礼"活动品牌

在该项活动开展初期，学校、社会对此项活动的价值和意义并不完全了解。为了宣传"开笔礼"对于传承中华优秀传统文化的价值、对儿童和家长进行教育启蒙的意义，文庙工作人员分片走进学校，宣传推介，洽谈合作，同时还利用各种媒体报道，扩大"开笔礼"的受众面和影响力。在活动开展的第二年，就出现学校纷纷主动预约的良好局面，使"开笔礼"活动逐渐形成品牌化发展趋势。在"开笔礼"活动的服务方式上，安康博物馆采取"请进来"与"走出去"相结合的形式：对于文庙周边的学校，通过"请进来"的服务方式，现场可免费提供一切活动用品；面对边远学校，安康博物馆工作人员采取"走出去"的活动形式，由工作人员带上活动用品，到学校开展活动。为了让"开笔礼"活动常办常新，安康博物馆每年都会补充添加新的内容。比如在2018年的"开笔礼"中增加了亲子互动的环节，孩子在家长面前立下志愿，家长为孩子加油鼓劲，在亲子拥抱的那一刻，许多家长和孩子都感动得热泪盈眶。

三、主要成效

通过八年的不懈努力，安康博物馆的"开笔礼"活动从探索到成熟，从文庙周边三五个学校增加到全市二十余所学校，从市区的安康市第一小学、汉滨区多所小学、高新区多所小学、长岭九年制学校、河西九年制学校、江南一品幼儿园、青华潜能幼儿园等，到县区的镇坪县小学、白河县城关小学、岚皋县麦溪小学、平利县城关二小等，已有十万余名学子和家长参与这项活动。如今，"开笔礼"已成为各学校在开学季的必备活动，文庙"开笔礼"更是需要提前数月排队预约，特别是在孔子诞辰日前后更是出现各校相互竞争的局面。

为了让更多的人了解"开笔礼"活动在幼童入学教育中的重要作用，安康博物馆邀请了安康电视台、安康广播电台、《安康日报》、《华商报》等媒体对活动进行广泛宣传，并在省局汉唐网、安康市文广局网站、安康市教育局网站、文化安康、安康博物馆等网站和微信平台上进行宣传。"开笔礼"活动受到文化界和教育界的肯定和赞誉，受到社会各界以及上级领导、校方、家长一致好评和欢迎。2018 年被陕西省博物馆协会评选为"陕西省首届博物馆教育项目优秀案例"二等奖；2021 年被中共安康市委宣传部评为"2020 年度全市宣传思想文化工作创新竞赛"三等奖。

四、创新启示

安康博物馆依托安康文庙独特的场所和历史文化积淀，精心打造"开笔礼"礼仪教育活动，以其古朴的仪式感、广泛的覆盖面、深远的影响力、极强的可操作性、独特的感染力，让中华优秀传统文化植根到学子心里，实现了对儿童和家长的传统文化教育启蒙，是中华优秀传统文化的创造性转化、创新性发展在安康文化建设中的一个具体实践。

镇坪古盐道文化的传承与创新

邹卫鹏（镇坪县文化馆）

一、案例背景

盐被誉为"百味之王"，影响着人类文明的发展。秦巴大地随着早期盐业、盐道的兴起，留下了"利通秦楚，泽沛汉唐"的史话。镇坪古盐道是秦巴盐道的起始段，从虞夏一直使用到 1972 年，沉淀了丰富而宝贵的文化遗产，所形成的"仁义立身、坚韧不拔"的盐道精神，影响着一代又一代镇坪人，成为古代商业文化的重要组成部分。2008 年，镇坪古盐道被公布为第三次全国文物普查古遗址类 27 个重大新发现之一；2014 年，镇坪古盐道被陕西省人民政府公布为省级文物保护单位。镇坪县为传承盐道精神，深入挖掘盐道文化，经十余年的探索尝试，将镇坪县非物质文化遗产盐道文化的保护传承与县域社会发展有机结合起来，取得了丰硕成果，积累了新时代文化建设发展可资借鉴的经验。

二、主要做法

1. 摸清盐道文化家底，谋划盐道文化建设项目

在乡村振兴战略的深入推进中，基层文化要满足多元化的社会需求，就必须有自己的特色灵魂。镇坪县立足地域特色文化、深挖盐道文化，成立了由县人大、县政协、县文旅广电局等共同组成的"镇坪县盐道文化推进工作领导小组"，落实了工作人员和固定办公场所，将相关经费纳入了县级财政预算。

为遴选有助于经济社会发展而又易于操作的盐道文化建设项目，镇坪县专门组织了盐道文化普查。普查组沿着 2400 多公里的秦巴盐道，走访了健在的老盐工和老盐夫，完成问卷调查 2000 份，收集盐道文化信息 5 大类 87 个子项和大量盐运票证、实物，其中饮食、手工艺、民俗礼仪、民间文化类内容最为丰富，建筑类次之。通过普查，领导小组了解到相邻各县民众对创新利用盐道文化、发展社会经济有强烈愿望，这为筛选优秀的盐道文化遗产进行创新推广提供了重要参考。

在全面普查和资料研究的基础上，镇坪县精选部分项目并召开了论证研讨会，随后又组织召开了餐饮业、手工业、服务业、个体工商户参加的宣传动员会，普及盐道文化知识，宣传盐道文化所包含的巨大潜在商机，宣讲政府创新利用盐道文化的构想，坚定了大家弘扬盐道文化的信心和决心。

2. 开展盐道文化学术研究，构建盐道文化知识体系

认知盐道文化，进而形成广泛的文化自觉并转化为生产力，是创新利用盐道文化的基础。在县政府和省文物局的支持下，作家李春平出版了《盐道》《盐味》《盐色》三部长篇小说，与邹卫鹏合作出版了《图说镇坪古盐道》；镇坪县人大常委会出版了《盐道论丛》；秦巴古盐道研究专家邹卫鹏出版了《秦巴古盐道》《镇坪古盐道——穿越历史的生命线》《镇坪古盐道调查报告》三部专著，创作了《镇坪人不说蜀道难》歌曲一首；王生军创作六幕舞台剧《盐道风情》，相关内容由《汉江文艺》专刊刊登。2017 年，镇坪县与今古传奇传媒集团和《中华文学》杂志社在全国作家代表大会上做了"给文学加点盐"的专题研讨，之后《中华文学》连续五期以专栏形式刊载了来自全国各地研究镇坪古盐道文化的文章。

镇坪古盐道

数千年的盐运将异彩纷呈的异域文化沉淀在镇坪的热土上，积淀了大量与盐运相关的民间故事、神话传说、民歌山歌、民俗礼仪，以及生产生活经验、家规家训等。"说一千来道一万，苦情不过背盐汉"，流行于镇坪一带的省级非遗项目"五句子歌"就是其中的典型代表之一。2017 年重庆市文联组织该市 21 县和西南大学音乐学院的专家学者专程来镇坪召开了五句子歌研讨会，盐道专家搜集整理出镇坪五句子歌歌词 600 余首。镇坪县辑录了与古盐道有关的民间故事、神话传说、民歌民谣，收录于《镇坪民间文学》，还拍摄了

《镇坪古盐道》专题片一部。

3. 传承盐道文化精神，推动盐道文化实践创新

盐道文化产生于盐的生产和运输过程，渗透着盐夫的艰辛与渴望，包含着"仁义立身、坚韧不拔"的盐道精神。为更好地传承盐道文化、传唱盐道精神，镇坪县钟宝镇建成了盐道文化广场，以浮雕壁画的形式再现了盐道和盐工盐运生活。镇坪县在新民风建设中运用了大量的盐道文化内容，钟宝小学组织学生通过走盐道、走访老盐夫让学生接受爱国主义教育，培育其坚韧不拔的拼搏精神。盐道精神作为德育教育的一种延伸也被引入到城关初中教学体系。钟宝小学把盐道文化引入了课堂，自编了教材，设置了体验实践课。2022 年以来，县图书馆每周四下午都会举办一场面向公众的"盐道大讲堂"公益活动，听讲群众每场均超过百人。在一系列演绎、研究盐道文化作品的影响下，创新利用盐道文化成了当地全民性的一种文化自觉，群众对盐道文化的创新利用远超预期。

三、主要成效

1. 盐道文化影响力有效提升

随着盐道文化的做大做强，陕西电视台、陕西人民广播电台、安康电视台、《陕西日报》、《陕西交通报》、《安康日报》都做了相关报道和专题节目。《安康日报》专版报道了镇坪五句子歌；空军报社以《山行》为题，拍摄了集盐道、民俗、五句子歌、民歌民谣于一体的上下两集电视片；县文化馆组织创编了传播盐道精神、弘扬盐道文化的文艺节目，在全县巡回演出 17 场次；华坪镇成立了五句子歌农民协会，举办了两场五句子歌大赛。镇坪五句子歌两次参加陕西省农民文化艺术节，分获二等、三等奖。盐道文化已经成为镇坪响亮的地域文化品牌。

2. 围绕盐道文化的综合产业化发展

通过指导、创新、改良和推广，以盐道文化为主题的关联产业蓬勃发展，实现了社会效益和经济效益双丰收。在餐饮业领域，由盐道文化研究专家指导改良的镇坪盐道菜系两次参加安康市美食大赛，均获银奖，在各大酒店一经推出便受到食客欢迎；传统技艺腌制的咸菜有 9 个品种经改良后进入了市场；以盐道、盐运命名的酒店、农家乐已达 14 家，安康市汉滨区的"盐背子商务酒店""镇坪盐道菜系"酒楼就是受镇坪盐道文化的启示诞生的。在手工业领域，以盐道上盐店住宿为启示的棕床编制技艺悄然兴起，现已形成了作坊

式规模化订单生产模式。盐夫们必穿的草鞋、凉草鞋经过创新改进已成为商品。民营企业主王平一次注册了 13 个盐道文化商标，用于从事挂件、摆件、饰品等文创品制作。在服务行业，镇坪县盐道文化传媒有限公司正式挂牌营业，现开设有"盐道文化打印部""盐道照相馆"各一个，全县建成盐浴和卤水足浴店 3 家。民营企业主张登洋自己出资出房兴办 700余平方米的"盐道文化陈列馆"，成为盐道文化的展示宣传专用场所。

四、创新启示

有根基的文化需要生长发育的社会沃土，有强大的群众基础才有强大的生命力。做好文化工作必先洞察和熟知本地文化的特色与根基，结合社会发展和相关政策，去找到既有精神价值又有物质需求的文化工作方向，从而使本土文化得到传承保护与发展。镇坪县聚焦盐道文化，通过顶层设计，借助项目和社会力量，深挖盐道文化精神内涵，结合具体项目整体推进，科学运营，塑造出独特的盐道文化服务品牌，走出了一条"超越味道"、以品牌推动镇坪文化建设和社会发展的新路子，为其他地方依托地域文化推动经济社会发展提供了可资借鉴的实践经验。

镇坪盐道遗址

艺术链，服务链，产业链

——旬阳传统木刻版画"三链融合"振兴之路

石晓红（旬阳市文化和旅游广电局）

一、案例背景

旬阳市地处秦巴山间、汉水之滨，丰富的地方优秀传统文化为乡村文化振兴提供了得天独厚的资源基础。其中，旬阳传统木刻版画就是一种具有广泛群众基础的古老民间美术工艺，作品内容有自然灵动的高山流水、花草树木，也有寄托着当地群众美好记忆的劳动场景、建筑景观，都具有很高的艺术性、观赏性。近年来，旬阳市委、市政府按照兴文强旅、乡村振兴战略目标，按照完善"艺术链"、强化"服务链"、发展"产业链"的基本思路，坚持艺术普及和活态化保护、创新性发展相结合，通过多途径多形式探索传承人的培养，对全社会进行普及宣传，使省级非遗项目旬阳木刻版画成为丰富群众文化生活的重要服务产品、推动文化产业发展和乡村振兴的重要载体。

旬阳市"乡村振兴 文化赋能"农民版画职业技能免费培训活动

二、主要做法

1. 政府统筹高位规划，完善"艺术链"

旬阳市委、市政府将版画的传承和发展作为全市"兴文强旅"工作重点和促进乡村振兴、建设美丽乡村的重要抓手，形成了市委宣传部牵头抓，市文联、市文旅广电局具体抓，各镇各部门配合抓的工作机制。首先，市政府出台了《旬阳传统木刻版画普及行动工作实施方案》等一系列文件，随后在全市开展版画传承人摸底调研，成立了以六个版画世家为代表的传承人专业团队，不断加大版画后备人才培育，先后建成 1 个旬阳市版画院、21 个版画基地和多个农民版画合作社，为推动旬阳传统木刻版画普及、传承发展奠定了坚实基础，有效促进了地域文化品牌建设和社会综合发展。

2. 建立艺术普及体系，延伸"服务链"

农村文化建设最根本的落脚点就是不断满足农民群众精神文化需求。旬阳市将旬阳木刻版画艺术嵌入到群众日常文化生活中，建立木刻版画社会公益培训体系，充实广大群众的文化活动内容，满足人们在文化生活中的获得感和幸福感。2019 年，旬阳市成立版画院，将之作为旬阳传统木刻版画项目保护主体单位，又以版画院为原点，建立镇村木刻版画体验馆、中小学木刻版画教育基地、农民木刻版画职业培训学校、旅游景区版画体验中心等，形成了较为完善的木刻版画公益培训体系。为了常态化开展木刻版画艺术"五进"活动，版画院组建志愿者团队，定点开展上门培训服务，将版画培训送到田间地头、社区大院、千家万户，建成了以构元镇中心学校、蜀河初中等为代表的版画教育基地，覆盖全市 75% 以上的中小学校，3 万多名美术教师及中小学生成为版画爱好者，创作了大批优秀版画作品。广泛开展版画主题展、版画艺术交流和版画保护等公益类活动，也是延伸"服务链"的重要举措，为此，版画院多次组织优秀作品参加各类展览比赛，如旬阳传统木刻版画传承人蔚世生版画作品《中华太极城（旬阳）》入选"第九届陕西省艺术节美术书法摄影作品展"、入编第九届陕西省艺术节美术书法摄影作品集，一批少儿版画作品分别入选第三届东南西北中——中国少儿版画教育联会作品展、第七届东海·全国少儿版画双年展、陕西省群众文化节暨全省少儿美术作品展。多名全国人大代表、全国政协委员以及中书协、中美协会员等先后到构元版画基地采风交流。

3. 成立"木刻版画"合作社，做强"产业链"

旬阳版画合作社版画作品实行产、展、销一体化模式。旬阳市探索建立培训学校 + 合作社 + 体验馆 + 农户的经营模式，成立"乡村振兴 + 木刻版画"合作社，培训和组织农村富余劳动力从事版画艺术创作和生产，版画合作社对农户创作的作品以质论价，100% 进行收购；在各个旅游景区建立版画体验馆，将版画作为旅游纪念品推广并开发游客可参与的体验项目，让游客在充分了解旬阳传统木刻版画的同时，也能感受到手工的乐趣，推动版画特色项目与旅游的深度融合；建立蜀河景区版画产品销售中心，开发系列版画文旅小产品，在电商中心建立了网上版画销售平台，让版画的艺术价值转换成经济价值，延长产业链条。

旬阳传统木刻版画合作社外景

三、主要成效

1. 围绕版画，丰富公共文化服务供给

旬阳市版画院为全市文化服务体系提供了重要的平台，成为旬阳公共文化的新型服务空间。蜀河镇、构元镇学校版画教育基地和各镇版画体验馆成为服务基层社区文化的重要阵地。旬阳市每年举办版画艺术文化展示活动，将不同年龄、不同阶层人群创作的版画作品送到群众身边，让优秀传统文化融入现代公共文化服务体系建设。截至 2022 年，旬阳市开展公益类农民及留守儿童版画传承活动 26 项，全市青少年、留守儿童及农户参与人数达

3550 人，体验培训人数达 3 万人次，近千名儿童版画作品在全国、省、市、县级大赛展览中获奖。2021 年，旬阳市荣获"陕西省民间文化艺术之乡"称号。

2.聚焦版画，探索文化产业赋能乡村振兴新路径

旬阳市采取市场化、产业化发展模式，将非遗元素融入生产生活，开发各种私人定制产品、限量产品等，通过创意产业产品转化，将木刻版画艺术作品转化为新的经济增长点，优化了地方经济结构，直接带动就业 170 人，实现人均年增收 3000 元。该模式已在全市普及推广，预计到 2028 年就业人数突破 2100 人，可实现年收入 2520 万元，实现上缴税款 94.7 万元。用旬阳木刻版画元素将蜀河古镇历史文化与景区有效结合，赋予活力和生命，实现文旅融合的新路径。通过农民合作社实现版画回收和销售，帮助农民实现增收，减少贫困人口，促进了农民自身综合素质提高，推动了国家美丽乡村的建设发展。

3.依托版画，搭建乡村文化振兴平台

旬阳市将旬阳历史文化、地域风情、汉江码头景色、汉调二黄文化等以版画的形式直观明了地展示出来，留住了历史，推进了旬阳木刻版画和美丽乡村的融合。当地农民积极参与版画制作，用版画装饰家园，扮靓乡村，体现了文化和艺术之美，同时通过农民版画合作社进行销售，增加了家庭收入。在旬阳市的蜀河镇、仁河口镇、金寨镇、红军镇等地旅游景点建立的版画体验和销售网点，预估年收益可达 200 万元，推进了旬阳木刻版画和乡村旅游的融合。

四、创新启示

文化是一个地区发展的重要底蕴和原动力，文化呈现需要具有代表性和聚焦性的载体，因此一个地区基于文化资源的发展，顶层设计和统筹实施非常重要。旬阳市按照农旅文一体发展的思路，聚焦版画，打造旬阳版画"艺术链""服务链""产业链"，注重木刻版画与文化事业、文化产业和乡村旅游相结合，打造以绿水青山、民俗风情为主题的版画文化园，开辟了乡村文化振兴的新路子。

藏一角博物馆中秋诗会让诗词走入公共文化服务

毛维维　周　欣　朱沛悦（安康市藏一角博物馆）

一、案例背景

诗词是中华民族灿烂文化的瑰宝。安康市藏一角博物馆原是安康历史博物馆的一部分，与诗词有着不解之缘。2001年徐山林先生（陕西省原副省长）把个人收藏的1万多件藏品捐给家乡安康，其中，徐山林先生工作之余创作的大量诗作，由当代书法家书写后，在藏一角博物馆"诗情书韵"展厅展出。为了传承弘扬中华诗词，2016年起，藏一角博物馆征集群众创作的诗词作品，依托场馆门前的桂园广场，举办以"祥和、团圆、思乡、弘扬正能量"为主题的中秋诗会，7年来惠及群众50余万人次，在提升公共文化服务水平、丰富人民群众精神文化生活、展现城市积极向上美好形象等方面，做出了积极探索。

二、主要做法

1. 精心筹备，广泛宣传

每年一度的中秋诗会由藏一角博物馆主办，安康市诗词学会具体组织实施。每期活动开始前一个月，藏一角博物馆通过微信公众号发布诗歌征文通知，鼓励群众围绕文明城市创建、中秋、桂园和身边故事创作诗词曲赋，通过活动充分展示他们的艺术才能和文化素养。中秋诗会的作品以古代经典诗歌和加入本土文化元素的群众自创诗歌为主，结合朗诵、音乐、舞蹈等形式对其进行二次创作，形成具有地域文化特色和舞台表现力的精彩文艺节目。为了让更多的市民了解中秋诗会活动信息，博物馆通过安康广播电视台旗下的广播、电视节目、微信公众号、安康融媒App、抖音号、今日头条号、腾讯号、微博账号等融媒体平台，对活动背景、内容形式、精彩花絮、创意思路等进行广泛宣传。除了藏一角博物馆桂园广场的主会场之外，活动组委还在紫阳县、白河县、宁陕县分别设置了三个分会场直播点，让群众在诗情画意中享受中秋文化盛宴。

2. 线下演绎，线上直播

为保证中秋诗会活动质量，活动组委会不仅要对节目进行审核、串联、彩排，而且还通过现场演绎、线上直播录播、活动回顾等形式，将整台诗会完美呈现在广大市民眼前。特别是在新冠疫情期间，线下大型活动无法开展，活动组委会精心策划、周密部署，采取以线上直播方式为主的方式，通过安康融媒 App、安康综合广播微信视频号、安广 897 抖音号进行联合直播，有效扩大了惠民服务范围，使群众足不出户就能观赏中秋诗会，形成了台上台下氛围浓厚、线上线下互动热烈的场景。为了满足群众对精品文艺节目的欣赏需求，中秋诗会结束之后，活动组委还会将优秀的朗诵作品在 FM89.7 安康综合广播《城市文化范》节目中滚动播放，形成中秋诗会活动热度不减的"长尾效应"。经过 7 年的精心打造，安康市中秋诗会已成为安康市国家公共文化服务体系示范区创新发展和创建全国文明城市中一抹亮丽色彩。

3. 团队运作，专业标准

为了给群众带去更优质的公共文化服务，每届中秋诗会活动组委都会邀请安康本地知名文化学者、艺术家等组成评审组，从征集的诗歌作品中遴选出一批有实力、有内涵、有代表性的优秀作品。为了保证作品演出效果，为群众打造一场"视听盛宴"，活动组委将整台诗会的编排和舞美、灯光、节目串联等环节的实施交由实战经验丰富的安康市广播电视台负责，并邀请安康市广播电视台的知名主持人和安康市诗词学会的朗诵爱好者参与活动，活动组委与评审组、媒体人、朗读爱好者组成的团队凝聚智慧、相互配合，大幅提升了中秋诗会的整体质量与水平，使其成为群众文艺创作的孵化器、朗诵爱好者的"巅峰对决"。

三、主要成效

经历了数届的创新与变革，如今的中秋诗会有 90% 的节目都是由本土诗人、群众原创的，如《建设美好明天》《凤堰古梯田中秋夜》《唐多令·安康创建全国文明城市》等众多原创作品，记录了安康飞速发展的步伐。新鲜血液的加入，使中秋诗会的文化内涵更加丰富。以 2022 年第 7 届中秋诗会为例，诗会通过安康融媒 App、安康综合广播微信视频号、安广 897 抖音号开展线上直播，各平台在线观看人数超过 20 万，7 年来累计惠及群众 50 余万人次。在专业团队的保驾护航下，中秋诗会的知名度逐年提高，参与人数成倍增加。2022 年，征集作品的信息发出不到 3 天，就收到了数以千计的原创诗文作品，海内外游子也纷纷通过视频连线等形式用诗歌表达对家乡的思念和祝福，安康主流媒体对活动均予以重点报道。

四、创新启示

藏一角博物馆一改传统同类型文化活动的"大包大揽""自导自演""自说自唱"模式，转化为制定规则、提供专业团队、吸引社会力量参与，通过群众参与、专业指导、媒体宣传等手段，为广大诗歌创作、朗诵爱好者提供展示才艺的平台，群众看到的是身边人、听见的是身边事，实现全民共创、全民共享。特别是随着社会的发展和科技的进步，当诗词创作似乎已从人们的生活中淡出之时，藏一角博物馆中秋诗会活动和原创诗词征集，再次唤醒了根植于人们内心深处的"诗歌情怀"，从而让诗词创作、中秋诗会走入社会，走入生活，走入公共文化服务。

中秋诗会活动现场

做好新时代"守艺人"
——国家级非遗项目平利弦子腔保护实践

邹　骞（平利县文化馆）

一、案例背景

平利县地处陕鄂渝三省交界处，历史上外来移民较多，因而当地文化具有"民风融楚蜀、乡俗通南北"的多元化特点。国家级非物质文化遗产项目平利弦子腔，就是在这种文化生态环境中孕育并发展起来的。弦子腔，又名平利弦子戏，据说清代曾盛极一时，辛亥革命后日趋衰落。其唱腔以平利方言为基础，融入本地山歌调子和劳动号子，唱词以七字句和十字句为主，有民间说唱特点，分为皮影戏、舞台戏、坐唱（俗称"打玩子"）三种表演形式。近年来，平利县不断加强本地非遗项目的保护传承和代表性传承人建档立卡工作，使平利弦子腔成为丰富群众文化生活、推动文化发展和乡村文化振兴的重要载体。

二、主要做法

1. 实施抢救性保护，收集整理传统剧目

平利县文化馆、平利县红旗剧团是弦子腔项目保护单位。平利弦子腔在民间主要是通过口传心授的方式流传下来的，目前平利县有牛王班社、城关班社两大弦子腔民间班社，随着班社艺人年龄逐渐增大，加上传承活动出现严重"断档"，平利弦子腔面临严峻的失传风险。为了系统保护平利弦子腔，将这一优秀文化更好地传承下去并发扬光大，在县政府和文化旅游部门的支持下，县文化馆启动了弦子腔抢救性保护计划，收集整理了弦子腔民间传统剧目《取长沙》《马踏五营》《真假美猴王》《父子会》等，并利用现代化影音像技术，实现弦子腔数字化保护。县文化馆暨非物质文化遗产保护中心组织编辑出版《平利弦子腔》，为平利弦子腔建立了系统完整的艺术档案，为后续保护传承工作打下了坚实的基础。

2. 改善传习场所，优化传承模式

为了给弦子腔的保护与传承工作创造一个良好的环境，文化馆通过多方筹措资金，对弦子腔两大班社传习场所进行维护和装修，补充了相关乐器及设备，极大地改善了班社艺人潜心钻研、开展传习活动的物质条件。针对两大班社的传习特点和传承方式的不同，平利县还针对性地制定了两套传承活动方案：牛王班社以传统皮影表演为主，每次演出时都需要"装台"，因此就将每月10、20、30号定为弦子腔牛王班社传习活动日；城关班社以编排舞台戏为主，长期坚持在班社活动室开展传习工作，因此没有设定固定的传习活动日。尽管两个班社表演形式有所不同，但在文化馆和红旗剧团的统筹安排下，他们不仅承担面向社会的艺术传播、宣传展演、技艺传授工作，参加国家、省、市组织的各项演出、比赛和对外交流活动，而且还协助文化馆创作编排了多个弦子腔剧目，为平利县培养了一批优秀的青年弦子腔表演人才，从而构建了一个优秀剧目数字化、传习场所环境优化、两大班社个性化发展，共同参与文化传承、文化活动、培养青年人才的良性保护传承格局，形成了优秀传统戏曲艺术保护与创造性发展的"平利经验"。

3. 开展"五进"传习，助力乡村振兴

除了常态化开展演出、交流、传习活动之外，文化馆还积极与学校合作，在学校搭建适合中小学生的皮影戏舞台，开展展演和传习教学实践活动。为了更好地践行"乡村振兴，文化先行"，文化馆还积极组织弦子腔班社参加"非遗助力精准脱贫"活动，科技、文化、卫生"三下乡"活动，以及深入全县11个乡镇开展"'新时代、新气象、新作为'文化助力脱贫攻坚暨新时代宣传队百姓宣讲巡演活动"等。这些演出活动不仅激发了群众巩固脱

国家级非遗项目平利弦子腔进乡村活动

贫攻坚成果的内生动力，实现用优秀传统文化丰富现代公共文化服务供给，而且也对弦子腔的保护、传承与发展起到了宣传普及作用。

三、主要成效

作为已走过二百余年辉煌历程的优秀地方戏曲，平利弦子腔历经六代人传承。通过近几年不断强化的保护意识和保护举措，平利弦子腔的传承发展呈现出可喜的变化，两大民间班社中有国家级传承人 1 名、省级传承人 2 名、市级传承人 6 名、县级传承人 13 名，保护单位记录整理平利弦子腔演出剧目 900 余个，其中传统剧目 850 多个、现代剧目 50 余个。在已得到保护的传统剧目当中，有 400 多个属于弦子腔的独有剧目。

颇富成效的保护工作让"平利弦子腔"精品迭出，从简易舞台频繁走上艺术殿堂。弦子腔现代大戏《吴祥义》、大型电视纪录片《走汉江》、大型民俗歌舞《国宝弦子腔》、风情喜剧《闹喜酒》均获得了良好的社会反响。2016 年，平利弦子腔应邀参加第十一届中国艺术节，传统剧目《下河东》受到中外嘉宾的赞赏；2017 年，牛王传习所皮影戏班社在长安洪家大院为巴基斯坦文化商贸考察团演出传统剧目《三打汉阳》，城关班社表演现代歌舞《平利弦子腔》，引起国际友人的浓厚兴趣；2018 年，大型民间风情歌舞《弦子传情颂安康》首登第十八届中国·安康龙舟节开幕式舞台，2019 年该节目参与了央视 15 套《百年歌声》栏目录制，登上央视舞台；同年，平利弦子腔班社应邀参加文化和旅游部在昆曲故乡昆山举办的中国"戏曲百戏（昆山）盛典"活动，传统剧目《柜中缘》获得观众一致好评，2020 年 5 月该节目被湖北卫视《艺无止境》栏目连续播出。

国家级非遗项目平利弦子腔皮影戏进校园活动

四、创新启示

在全面实施乡村振兴战略和文旅大融合的时代背景下，传承中华优秀传统文化是顺应时代新需求、彰显文化力量的新机遇的必然之举，是以文育人、以文促旅、以旅彰文的有效之举。特别是本土传统文化经历了数百年的风雨历程，数代老一辈艺术家薪火相传，在"断档"危机迫在眉睫之际，只有探索更多途径、更多形式的传承模式和普及宣传手段，才能提高非物质文化遗产的保护和开发利用。优秀传统文化不应只出现在艺术殿堂，更应该走进基层、走向群众，让广大百姓所熟知，让群众广泛参与。这样才能在真正意义上让人民群众更有文化获得感、幸福感，满足人民群众不断增长的精神文化需求。正是在国家保护非遗政策的指导下，在地方相关部门和民间艺人的共同努力下，平利弦子腔才能一路高歌，演绎中华优秀传统文化生生不息的灿烂辉煌。

"非遗"承载乡愁

——白河县宋家镇"渔鼓传声"志愿服务项目

吴先梅（白河县宋家镇人民政府）

一、案例背景

在白河县宋家镇，打渔鼓筒有一百五十多年历史。过去，人们下河打鱼，就把竹筒做成容器将打到的鱼装进去，满载之后很开心，回家途中往往会不由自主地一边敲打竹筒，一边说唱几句，经年累月，逐渐演变为一种渔鼓说唱表演。渔鼓表演者斜挎鼓筒，左手击打索口牙子，发出清脆明亮、自然浑厚的响声，其为"一响"；右手击打鼓前侧，并根据唱词情感的变化，改变击打方式，一般为左两下、右一下，左三下、右两下等，其为"二响"；唱词多源于生活场景、民间故事等，以小品、情景剧等形式展现，并辅以二胡等乐器，其为"三响"。这种源自劳动生活、表演内容丰富的艺术形式，很受当地百姓喜爱。

随着时代的变迁，艺术现代化、文化多样化、审美差异化严重冲击了渔鼓生存与发展空间，其技艺传承也面临"断档失传"风险。为有效化解渔鼓艺术发展困境，宋家镇党委、镇政府坚持保护与传承两手一起抓，通过挖掘和保护非物质文化遗产，以渔鼓爱好者为主体成立"渔鼓传声"志愿服务队，鼓励和支持渔鼓艺人积极创作符合时代发展需要的新作品，宣传党的惠农政策、乡风文明、身边人和身边事，使"非遗"融入生活、承载乡愁，让文明实践的新风吹拂茶乡大地，浸润百姓心田。

二、主要做法

1. 保护渔鼓艺术，留住乡愁

过去，渔鼓表演传承主要靠老艺人对新人的口传身授，几乎没有留下多少文字或音视频资料，加上很少有年轻人愿意学习，渔鼓艺术一度濒临消亡。为了挽救渔鼓这种传统说唱艺术，宋家镇以实施乡村文化振兴为契机，成立了渔鼓保护传承工作领导小组，开展渔鼓艺术的资料收集整理、研究和非遗项目申报工作。2020年10月，"打渔鼓筒"被列入白河县第三批非物质文化遗产名录；2021 年 8 月，被列入安康市第六批非物质文化遗产项目名录。

为了进一步提升渔鼓艺术的保护水平和利用能力，渔鼓保护传承工作领导小组在制定渔鼓艺术保护规划，收集整理相关文献、曲谱、词谱，不断提升渔鼓作品创作和表演水平的基础上，组建了"渔鼓传声"志愿服务队，通过"戏曲进乡村"文艺演出和非遗进乡村、进社区、进单位等活动，不断扩大渔鼓艺术影响力和传播范围，使渔鼓艺术成为留住乡愁、服务群众、政策宣导、新民风建设的重要载体，对促进宋家镇乃至白河县文化艺术繁荣发展起到了积极作用。

2. 创新推出"渔鼓传声"志愿服务项目

为了促进渔鼓艺术的创造性转化和创新性发展，宋家镇还将渔鼓表演和新时代文明实践活动相结合，创新推出"渔鼓传声"志愿服务项目，将地方文化活动与国家政策宣传宣讲相结合，把党的声音通过说唱形式传进千家万户。为了使更多的青少年了解渔鼓艺术的魅力，增强传承意识，在宋家镇党委、政府的领导下，"渔鼓传声"志愿服务队联合辖区中小学校，结合重要节日和主题活动，开展"渔鼓进校园"活动，培养广大青少年学习传统文化的兴趣，增强青少年保护和传承民间艺术的意识。截至 2022 年 10 月，"渔鼓进校园"活动已开展 20 余场次，有 3000 多名师生参与了保护传承活动，欣赏到源自劳动、根植于乡土的传统民间表演艺术。活动同时也弘扬了志愿服务精神，推动了志愿服务项目化运作、社会化服务和规范化发展，为其他地区传统文化或"非遗"保护传承贡献了经验做法。

宋家镇渔鼓表演

3.结合时代发展，推动作品创作

为了让渔鼓更好地表达出传统艺术魅力及其所蕴含的丰富情感，宋家镇依托渔鼓传承人和"渔鼓传声"项目团队，选聘优秀民间艺人和文化工作者，他们在充分理解传统作品创作背景、体裁风格和思想感情的基础上，结合群众文化活动需要进行二次创作，提升作品的思想性、艺术性和时代性。渔鼓第四代传承人孙颂庭，17岁就开始学习渔鼓演奏方法和表演技巧，曾先后从师于当地著名民间艺人李文支、汪光来，又在陕南、湖北等地寻找渔鼓民间艺人，苦心钻研演奏技法。经过数十年如一日努力，孙颂庭形成了自己独具一格的演奏技法，他创作的《闹元宵》《十杯酒》以优美动听、脍炙人口的唱词和形象生动的表演赢得了观众的喜爱。"宋家茶园真普遍，茶香宋家好美满。百姓脱贫真高兴，家家户户都有钱。"孙颂庭创作的《歌风茶》，以朗朗上口的唱词宣传党的富民政策，将宋家镇百姓"勤劳种茶，因茶而富"的生活情景生动地描绘了出来。在新冠疫情期间，孙颂庭又当起了义务宣传员，利用渔鼓普及防疫知识："各位乡亲听我言，红白喜事要从简。进出一定把手洗，讲究卫生才康健。"

宋家镇举办"渔鼓传声"志愿服务项目培训会

三、主要成效

2021年8月，宋家镇渔鼓被列入安康市第六批非物质文化遗产项目名录，"渔鼓传声"志愿服务活动也深受当地群众喜爱。截至2022年底，"渔鼓传声"志愿服务队成员由3人增加到 11 人，编排节目 8 个，集中演出 20 余场次，服务群众 4000 多人次，"渔鼓传声"被评为白河县优秀志愿服务项目。2022 年 9 月，安康市委宣传部推出"安康市优秀志愿服务项目线上展示交流活动"，宋家镇"渔鼓传声"志愿服务项目荣获理论政策宣传类"优秀志愿服务项目"奖，并进行了线上展示。"渔鼓传声"依托项目团队和渔鼓民间艺人，创作出大量新的作品，极大地丰富了当地群众精神文化生活。

四、创新启示

"非遗"承载着中国人的文化乡愁，是中国人精神生活、思想观念的重要载体。宋家镇以实施乡村文化振兴为契机，注重将地方文化保护传承与国家惠农政策宣传、群众文化活动相结合，形成了独具特色的"渔鼓传声"服务模式。而"渔鼓传声"志愿服务队以独具地方特色的曲调、唱腔，丰富优美、通俗易懂的词曲和生动活泼的"三句半"走唱形式进行演出，受到了群众普遍欢迎，在推动地方传统文化创造性转化、创新性发展方面，提供了具有鲜明特色的创新经验。

传承文脉　打造品牌

——地方戏曲汉调二黄振兴发展的"安康实践"

刘汉滨（安康市群众艺术馆）

一、案例背景

汉调二黄是历史悠久、流传广泛的地方剧种，至今已有 300 余年历史，是陕西省第二大剧种，2006 年被列入首批国家级非物质文化遗产保护名录。汉调二黄在长期的流传和积淀过程中，产生过很多著名班社、经典剧目和名角演员，当地群众对他们有着深厚的感情。自 20 世纪 80 年代以后，随着生产方式、生活方式和民众娱乐方式、审美趣味的深刻变化，汉调二黄的发展遇到严峻挑战：财政保障严重不足、人才青黄不接、精品创作几乎停滞，群众观看意愿也大幅下降。为了重新振兴汉调二黄，保护安康传统文化的瑰宝，留住安康人民情感表达的重要承载，2011 年 5 月 20 日，安康市召开振兴汉调二黄座谈会，明确了"培养一流人才，创作一流剧目，建设一流设施，创造一流管理，实现群众基础全面恢复，基础设施配套完善，专业团队发展壮大，演出市场活跃繁荣，品牌剧目全国打响"的总目标，将振兴汉调二黄列为继承和弘扬中华优秀传统文化，丰富群众精神文化生活，打造安康文化品牌、传承安康文脉、构建和谐安康的重要举措。

二、主要做法

1. 强化领导、科学规划、有序推进

继 2011 年 5 月 20 日安康市振兴汉调二黄座谈会之后，2011 年 6 月，安康市又成立了由四大班子领导、市直部门主要负责人组成的振兴汉调二黄工作领导小组，领导小组下设办公室和专家委员会，办公室具体负责各项工作的组织实施、督促检查和监督考核。专家委员会负责振兴汉调保护传承发展的专题研究、业务指导，并颁布《安康市振兴汉调二黄规划纲要》，具体部署了保护与传承、宣传与普及、理论研究、人才培养、汉剧精品、汉剧兴旅、基础建设七大工程项目，并按照规划要求，分解任务，落实责任，渐进实施。为

确保七大工程的稳步推进，建立了稳定的专项财政投入保障机制，安康市设立了政府投入为主、市（县、区）财政共担的振兴汉剧保障基金，并纳入市、县财政预算，根据工作开展和项目实施情况，及时安排拨付。为了使七大工程取得实效，市委、市政府将振兴工作纳入年度目标责任考核，以严格督查、督办、考核为手段，围绕七大工程，按照"加大力度、有序推进、突出重点、务求实效"的总体要求，强化责任落实，充分调动各方面的积极性，确保实现各项目标任务。

2. 拔高标准、细化责任、汉剧兴市

为进一步推进汉调二黄振兴工作，2014年，安康市以创建全国第二批国家公共文化服务体系示范项目为契机，编制了《保护利用优秀传统文化遗产，推动公共文化服务体系建设——"汉剧兴市"创新公共文化服务体系建设》创建规划。市政府召开常务会议，专题研究示范项目创建工作，成立了以市政府主管市长任组长的创建工作领导小组，并将创建工作列入年度目标责任考核。创建工作从做好制度设计研究工作、深入实施振兴汉调二黄七大工程、有效保护利用地方优秀文化遗产、着力建立群众文化活动工作长效机制、全面提升公共文化服务水平、加强创建工作过程管理等六大方面，对46项创建工作内容逐项落实了责任单位和完成时限。市财政每年预算50万元振兴汉剧经费、50万元文艺创作奖励经费、40万元公共文化服务经费，并增加了公共文化服务体系建设经费，使"汉剧兴市"——创新公共文化服务体系建设的目标任务得到有效落实。2016年，"'汉剧兴市'创新公共文化服务体系建设"项目获得文化和旅游部、财政部组织的专家团验收，被列入"国家公共文化服务体系示范项目"。

3. 守正创新、深化改革、示范引领

2021年8月31日，安康市委、市政府领导带领有关市直部门负责人在汉调二黄研究院就汉调二黄事业发展开展调研并召开座谈会，对守正创新推动汉调二黄可持续发展工作做出全面部署，在出台的《汉调二黄守正创新发展工作实施方案》中，具体安排了21项重点工作任务，其中，"加强保护传承"包括戏曲进校园、户外惠民演出、室内惠民演出、精品剧目演出、专业培训、安康文化大讲堂、创作文艺精品、建立数字资源库、编纂戏曲志书九项内容，"加大媒体宣传"包括电视媒体宣传、广播媒体宣传、新媒体矩阵宣传三项内容，"扶持院团发展"包括理顺管理机制、解决学员安置、剧场排危建设三项内容，"促进文旅融合"包括开发文创产品、戏曲进景区两项内容，"扩大对外交流"包括成立汉剧区域发展联盟、举办优秀戏曲剧目汇演周、组织汉剧区域发展联盟调研交流、组织重大活动对

外展示交流四项内容，并要求从组织领导、职责任务、资金扶持、宣传报道等方面予以全面保障。

4. 培养新人、创作精品、服务社会

自振兴汉调二黄工作启动以来，原安康汉剧团改制为安康汉调二黄研究院。新的院团管理体制和运行机制适应了文化市场和群众文化需求。两届"童子班"65名、57名学员先后进入研究院，汉调二黄传承人与青年演员结对授艺，人才青黄不接的现象得到根本改善。研究院坚持每年排练演出一台大戏和多部折子戏，使青年演员、演奏员得到了很好的锻炼，舞台实践能力大幅度提升。在全省艺术节、全市重大文化活动、文化惠民演出、戏曲进乡村等演出活动中，汉调二黄研究院的年轻人已经挑起了振兴汉调二黄的重任。原先以群众自娱自乐为主的自乐班，在文化单位的结对帮扶下，也逐步走向了组织与演出的正轨，成为汉调二黄发展和繁荣的重要力量。为了让广大干部群众和中小学生系统认识汉调二黄的艺术魅力，丰富群众文化生活，汉调二黄研究院还有计划地开展汉调二黄"五进"活动、汉调二黄惠民演出，为广大市民提供了免费观赏精品佳作的平台。汉调二黄进校园示范学校的命名，推动了汉调二黄在小朋友中的普及传承；"中国汉调二黄"网站的搭建，提供了汉调二黄对外宣传、展示振兴成果的窗口；汉调二黄电视大赛、歌唱大赛的举办，让群众了解、学唱汉调二黄的热情异常高涨。

安康市群艺馆举办的汉调二黄骨干人才培训班结业汇报演出

三、主要成效

经过 10 年的发展，汉调二黄振兴在继承和弘扬中华优秀传统文化、丰富群众精神文化生活、打造安康文化品牌、传承安康文脉、构建和谐安康等方面取得了一系列标志性成果。2011、2014、2017 和 2020 年，在陕西省第六、七、八、九届艺术节上，安康汉调二黄研究院改编或新编的历史剧《大破天门阵》、现代戏《莲花碑》、传统戏《五女拜寿》、现代戏《半云榜》等，均荣获多个奖项。2015 年，现代戏《莲花碑》获第十四届中国戏剧节"优秀展演剧目"奖。2021 年，传统戏《铡美案》在全国汉剧艺术研讨会展演。2021 年在央视新年戏曲晚会上，安康汉调二黄研究院及湖北武汉等五地专业院团联袂演绎了汉剧选段《龙凤呈祥》。安康汉调二黄研究院复排的《杨门女将》《清风亭》《铡美案》《宇宙锋》《墙头记》等传统大戏和多部折子戏、新编创作的《汉水游女》《三千里汉江》《小朋友们学二黄》等汉剧歌舞节目，在演出中受到群众广泛好评。仅 2022 年"文化润民心　演出惠民生"全市文化演出中，在汉江大剧院、一江两岸户外演出场所、"戏曲进乡村"相关村镇，就有上千场演出，惠及广大群众。

另外，安康市还非常重视汉调二黄艺术的理论研究，先后收集整理近 200 本古典大戏保护剧目，编辑出版了近 200 万字"汉调二黄"系列丛书，对汉调二黄的历史沿革、文化价值、音乐、剧本创作等进行了全面系统的挖掘、整理和研究，出版发行了《汉江上传唱着汉调二黄》经典歌曲集，大戏《莲花台》、《汉调二黄进校园歌曲精选》和 20 个折子戏等系列音像光碟，《中国戏曲剧种全集·汉调二黄》等。

国庆长假期间在西城坊文化园开展的汉调二黄户外惠民演出活动

四、创新启示

从 2011 年安康市召开振兴汉调二黄座谈会到 2014 年第二批国家公共文化服务体系示范项目的"汉剧兴市"，从第四批国家公共文化服务体系示范区创建到国家公共文化服务体系示范区创新发展，汉调二黄的振兴无疑为安康国家公共文化服务体系示范区创建、创新发展做出了积极贡献。汉调二黄振兴实践表明，地方传统戏曲的守正创新是一项系统工程，是一个地方优秀文化传承、文化持续发展的重要根基，其成功离不开地方党委政府的高度重视、各部门积极协同、社会力量积极参与，也离不开文化遗产保护与公共文化服务体系建设的有机结合。

播撒非遗文化的种子

——汉阴县文化艺术中心"皮影戏进校园"实践

康　玥（汉阴县文化艺术中心）

一、案例背景

为做好非物质文化遗产的系统性保护，推动中华优秀传统文化创造性转化、创新性发展，汉阴县文化艺术中心活用地方皮影戏非遗文化资源，不断推进"皮影戏进校园"活动实践，积极探索非遗进校园"1+1+X"新模式，即抓住1个切入点——上好皮影戏艺术普及课，找到1个着力点——开展皮影戏文化活动，与学校课程相融合，开展沉浸式体验活动。"皮影戏进校园"活动培育了一批皮影戏小小爱好者和宣传者，打造了馆校合作、文教共育的特色文化实践项目，形成文教深度互动的良好局面，为汉阴皮影戏创新发展奠定了良好的基础。

二、主要做法

1. 活用地域非遗资源，皮影戏传承进校园

2009年，"汉阴皮影戏演技"被列入陕西省第二批非物质文化遗产代表性项目名录。作为汉阴非遗项目保护和业务指导单位，汉阴县文化艺术中心积极履行职责，一方面利用"文化和自然遗产日"、传统节日等重要节点开展皮影戏展示展演活动，推动汉阴皮影戏的发展和传播，另一方面积极开展非遗进校园活动。如2018年"皮影戏进校园"项目走进汉阴县草桥小学，围绕"皮影戏"探索"1+1+X"特色课程，通过非遗传承人讲故事和传授技艺等方式，让皮影文化的种子在校园生根发芽、苗壮成长。栩栩如生的皮影、铿锵婉转的唱腔赢得了老师和学生的喜爱和关注，草桥小学自此开始在保护和传承皮影戏的道路上摸索前进。

2. 搭建文教共育平台，共享优质文化资源

文教资源相互融合是推动非遗传承发展的重要举措。汉阴县将皮影戏融入全民素质教育体系、全民艺术普及培训体系，多策并举推动非遗特色亮点项目。汉阴县文化艺术中心与草桥小学搭建友好共育平台，建立"汉阴皮影戏演技草桥小学传承保护基地"，设立文化服务点，共享优质文化资源，联合开设皮影戏课程，坚持按"三个一"方法开展特色亮点活动，即送一场皮影戏进校园、教一次皮影雕刻、演一场皮影戏，形成完整的皮影戏普及培训体系，覆盖全校师生95%以上，吸引3000余名师生成为皮影戏爱好者，着力打造"校园皮影戏"。

汉阴县非遗保护中心开展青少年皮影戏实践活动

草桥小学根据课程设置情况，以校本课程为载体，教师自主开发，结合学生和皮影戏实际情况，制定完善的教学目标和教学形式，编写地域文化校本教材。课程以社团课形式开展，成立特色皮影戏社团，针对不同年级的学生设立不同的教学方式和目标，做到"三个保证"，即保证每周五开设两节皮影戏课程、保证每学期每位学生必修一节皮影戏课程、保证每学期开展一次皮影戏社团汇报成果展。每学期课程学习时长22课时，近五年累计学习110课时。通过"文教融合"，以开展非遗活动、设立服务点、建立传承保护基地、开设皮影戏课程为载体，整合共享优质文化资源，搭建良好的非遗文化共享平台，形成非遗传承良性循环效应。

3. 看、演、做并举，实现"非遗"活态化传承

"汉阴皮影戏演技"现有的代表性传承人整体年龄偏大，皮影戏走进校园能够吸引新

生力量，从戏台到校园，为皮影戏的活态传承提供良好的环境条件。近五年，草桥小学根据实际情况和课程设置，看、演、做并举：一是"看皮影"，通过影视教育主题活动，让学生观看具有爱国、励志等教育主题的皮影剧目，达到以文化人、潜移默化的效果；二是"演皮影"，依托阅读课，发挥学生自身创新优势，引导学生结合汉阴文化特色、汉阴美景、名人故事等，创编皮影剧本，设计人物，并通过校内"皮影艺术节"演绎自创作品；三是"做皮影"，通过讲皮影、赏皮影，了解皮影制作过程，每周五社团活动围绕创编故事，指导学生使用 PVC 材料自主制作皮影戏人物和道具，在制作的过程中创作符合现代审美的造型，连接传统文化和现代生活，实现"非遗"活态化传承。

4. 以"戏"为台，用"影"育人

"皮影戏进校园"注重实践，激发学生自主创新能力，通过多主题、多形式、多渠道地开展皮影戏活动，以点带面扩散，逐步覆盖全县中小学教育阶段，以"戏"为台、用"影"育德，利用体验式教育手段，将皮影戏元素融入课本知识开展德育课堂，把教育要求内化为品质、外显为行为，提高学生的思想道德修养，增强学生的文化自信。草桥小学打破原有教学内容，把本地非遗文化资源作为德育课程的重要载体，开展非遗教研活动，培育一批非遗德育课程教师，通过非遗德育课程，引领学生综合素质全面发展，充分发挥文化育人功能，用非遗文化内涵驱动学校道德教育内容，实现地方非遗文化与学校课程建设相融共进。

三、主要成效

草桥小学作为"汉阴皮影戏演技"传承保护基地、汉阴县内唯一一个将皮影戏纳入学校教学体系的学校，通过非遗进校园"1+1+X"、传统与现代相结合的新模式，截至 2022年，累计开展 30 余场皮影戏文化活动，20 余场影视观摩教育主题活动，组织 5 届"皮影艺术节"，开展 10 余场皮影戏社团汇报展演，已有 3500 余名学生参与了皮影戏的学习、制作、演出流程，打造了一批具有一定知名度、传播力、影响力的"校园皮影戏"。例如，结合时代背景，鼓励学生以课本内容、疫情防控等主题创作作品，编排出《垃圾分类》《彩虹色的花》《黄香温席》等 16 部皮影戏剧，在"第六届陕西省艺术实践展演工作坊"活动中荣获一等奖，并且吸引了其他院校观摩学习，对于促进非遗普及传承与传播、弘扬中华优秀传统文化，发挥了良好的示范带动作用。

四、创新启示

汉阴县文化艺术中心加强对"汉阴皮影戏演技"的活态传承保护，联合草桥小学设立传承保护基地，并按照"1+1+X"模式在学校设立皮影戏课程，注重创设自主创新情景，以学生自编自导自演的方式开展皮影戏演出，将课本内容衍生到皮影戏剧本创作，改变了传统皮影戏的接受方式和传播形式。"皮影戏进校园"项目通过邀请传承人李小军讲授皮影戏课程、体验皮影人物道具操纵、开展皮影手工制作课等多元化实践课程，增强学生学习能力、学习兴趣、学习创造力的培养，把校园变成皮影戏普及培训的"宝地"，打破了皮影戏受众群体"断层"的局面。看皮影、识皮影、做皮影这一系列过程，激发了学生的主观创作能力，形成学而思、思而践、践而悟的循环往复过程，实现"学以致用、用以促学、学用相融、知行合一"的目的，将学生自主实践能力转化为精神内在动力，促进非遗"活化"传承利用。

开展"汉阴皮影戏演技"培训进校园活动

"博物馆里过大年"成为安康新年俗

沈英英　周明丽（安康博物馆）

一、案例背景

春节是中华民族最隆重和最具有代表性的传统节日，标志着年岁的新旧交替。随着社会经济的快速发展和城镇化进程不断推进，人们对待传统节日的态度和过节方式也发生一些重要变化。为了更好地满足群众对传统节日文化多元化需求，让百姓共享文化发展新成果，安康博物馆积极顺应时代发展变化，自2015年起策划开展"博物馆里过大年"系列文化惠民活动，成为全省首家开展"博物馆里过大年"春节活动的文博单位。"博物馆里过大年"活动以延续传统节庆民俗文化为基本内涵，又积极吸纳新时代的新形式、新内容、新韵味，让广大市民在品味文化盛宴、乐享精彩文化生活中感受不同的春节气息，让活动成为安康博物馆吸引观众的"流量法宝"。

二、主要做法

1. 线上线下双向联动，传统现代交相辉映

中国春节积淀着中华民族深厚的文化内涵和丰富的习俗传统，但当人们开始讨论"年味儿淡了"的时候，"博物馆里过大年"以其新颖的春节主题跟随着春节联欢晚会、新年音乐会、贺岁电影的脚步，加入到春节节庆活动的行列，从一句宣传语发展成为安康春节品牌活动。作为历史与现实的纽带、传承传统文化的桥梁，安康博物馆发挥自身优势，积极探索繁荣安康春节文化新路径。作为传统节日的庆祝活动，安康博物馆充分发掘馆藏资源，辅以地方民俗文化特色，将文化体验与文化宣传推介相结合，联合可给予技术支持的多家媒体，采取线上线下联动的方式为观众呈现"博物馆里过大年"的时代风尚，先后打造出线上"网上过大年，安博送好礼""爱拼才会赢——新年线上文物拼拼拼""博物馆里品年味"等活动品牌，线下新春送春联、"年味"传统木版画拓印、扎花灯、滚汤圆、猜灯谜等年俗活动，营造出属于当代博物馆的特殊"年味"，为广大观众带来丰富多彩的文化体验，

搭建起既能感受传统文化魅力，又能传播科学知识的平台。

2. 传统与现代并存、传承与创新结合

传统节日是承载与弘扬中华优秀传统文化的基石。作为百节之首的春节，在时代变迁和社会现代化的影响下，历经千年的延续传承，依旧是中华民族不可替代的最重要节日。中国的年节包括元旦和春节，元旦有辞旧迎新之意，是一年开始的第一天，被称为"新历年""阳历年"，但其历史积淀和文化内涵、民俗活动的丰富性则远远不及传统春节。安康博物馆整合元旦与春节，将元旦与春节相结合举办新年活动。自 2017 年起，每逢元旦，安康博物馆联合城区博物馆教育联盟单位、幼儿园、教育培训机构、安康博物馆之友开展"萌娃迎新"主题活动，为"博物馆里过大年"文化惠民系列活动拉开序幕。截至 2022 年，已有安康市区 10 余家幼儿园的 800 余名"萌娃"登上博物馆新年舞台，通过武术操、情景剧、相声、歌舞、乐器演奏等节目展示自我。而在接下来的春节，安康博物馆从大年初二到正月十五，通过丰富多彩的年俗活动、非遗体验项目，让广大观众在博物馆里就能充分感受浓浓的"年味"，感受非遗之美。

2017 年"博物馆里过大年"活动中，三世同堂老少齐动手体验木版年画拓印

3. 活用场馆资源，助力非遗传承

安康博物馆中的安康非遗馆面积 860 平方米，展览以"家在秦巴汉水间"为主题，分秦岭人家、汉水风情、巴山样子和非遗体验四大部分。展览打造"沉浸式体验"展览体系和契合非遗特点的展示空间，创新性利用雕塑模型、图文视频和声光电、数字化等现代技

术手段进行场景再现、生态复原，着力展示安康最有代表性的非遗项目，让观众以喜闻乐见的形式参与其中，使非物质文化遗产走进生活，滋养安康文化，传承安康文脉。

同时，安康博物馆与汉滨区文化馆合作，开展"多彩非遗　幸福安康"系列活动，包括传统剪纸体验、采莲船展演、安康道情展演等内容。活动采取传统优秀民俗文化活动展示展演、线上视频推介、非遗活态体验等形式，将安康非遗文化与春节氛围相融合，打造学习体验非遗文化的平台。为了鼓励大家积极参与，提升群众对活动的知晓率，博物馆将每场非遗体验提前在安康各媒体平台发布活动预告，利用非遗馆场馆空间，装点年画、灯笼、窗花等元素，营造过年气氛，打造"非遗体验厅"专用活动场所，特邀安康非遗传承人现场传授非遗技法和非遗相关理论知识，使活动集观赏性、艺术性、娱乐性于一体。特色鲜明的非遗体验活动不仅让观众近距离感受到非遗独特的文化魅力，而且增强了观众对传统文化的理解，助力非遗"血脉"传承。

三、主要成效

"博物馆里过大年"活动依托博物馆展览资源，积极探索"展览＋表演"展示展演活动、"展览＋教育"互动体验活动，使安康丰富的非物质文化遗产得以在博物馆里传承发展。借助"博物馆里过大年"活动，博物馆成功"圈粉"、培养"铁粉"，达到双赢。截至 2022 年，"博物馆里过大年"活动已连续举办 7 年，线上线下共计开展活动约 200 场次，服务观众约 10 万人次，其中开展非遗主题活动 30 余场次，受益群众 8000 余人次。"博物

博物馆里过大年系列活动之"扎花灯、滚汤圆"体验活动

馆里过大年"活动成为安康地区春节活动中必不可少的一个项目，成为安康地区无数家庭欢度春节的首选，成为观众自主参与、亲手体验、欢度春节的新"年俗"。自活动开展以来，展览"活"起来了，博物馆里"热"起来了，其活动内容先后得到安康电视台、《安康日报》等地方媒体的广泛关注和报道。

四、创新启示

一个国家的传统节日富有深厚的民族文化内涵，是一个民族文化长期积淀的产物，是一个民族自我认同的主要形式。安康博物馆在春节文化的现代传承中，积极发挥主观能动性、创造力和文化主阵地作用，挖掘传统节日的丰富内涵，以顺应时代发展的"互联网＋"等现代化表达，让年轻一代认识和了解安康非遗，引导大众通过家庭参与方式传承春节仪式和文化，使传统"年味"更"新"更"鲜"。"博物馆里过大年"系列活动主题突出，风格鲜明，且持续时间长，群众参与度高，为安康传统文化传承、"新年新过法"探索出一条新路径。

知史爱国，鉴物审美

——旬阳市博物馆青少年爱国主义教育实践

黄治荣（旬阳市博物馆）

一、案例背景

旬阳市位于安康市东部，北依秦岭，南踞巴山，地处汉江、旬河交汇处。旬阳市博物馆成立于1984年5月，以地处旬阳老城之巅、修建于明成化八年（1472）的省级文物保护单位旬阳文庙为馆址。其占地面积2370余平方米，建筑面积1458平方米，馆藏文物1万余件，现有"开拓的足迹——汉代以前的旬阳""馆藏选粹""匾联神韵"三个基本陈列展览，展出各个时代的代表性文物500余件，地域特色鲜明，具有较高的历史、艺术、科学价值，是陕西省爱国主义教育基地和青少年教育基地。为充分发挥基地的教育功能，近年来，旬阳市博物馆不断加大硬件与软件建设的投入，在硬件设施提升后，开始探索新形势下传承优秀传统文化、传播历史文化知识、弘扬红色革命精神，坚持组织开展特色鲜明、主题突出的爱国主义宣传教育活动，使基地成为青少年爱国主义教育的"第二课堂"。

二、主要做法

1. 举办展览，开展革命传统教育

旬阳市有光荣的革命传统，红三军曾过境旬阳，红二十五军在旬阳创建过革命根据地。光辉的革命历史遗留下了"红军烈士墓""赵长江烈士墓""皮背心""铁茶缸""铁方盒"等革命遗迹和遗物。为了铭记光辉历史，弘扬革命传统，传承红色基因，博物馆先后组织举办了"庆祝中华人民共和国成立70周年红色文物暨省市征调文物图片展""文物映耀百年征程——旬阳不可移动革命文物图片展""光辉的历程　难忘的岁月——庆祝建党100周年文化长廊""喜迎二十大　永远跟党走——旬阳可移动革命文物图片展""革命诗词书画展"等以革命文物为主题的临时展览，并开展流动展览进校园活动，重温革命历史，缅怀革命先烈，弘扬革命精神。一张张发人深省的文物照片、一篇篇翔实的文献资料、一段段

感人的革命事迹，使青少年感受到革命先烈浴血奋战、永葆初心的崇高品质，体会到"为有牺牲多壮志，敢教日月换新天"的革命精神，培育中小学生的爱国主义精神。

旬阳市博物馆开展"化腐朽为神奇——我在博物馆修文物"实践活动

2. 主题活动，开展传统文化教育

旬阳市博物馆采取"请进来，走出去"的模式，利用春节、清明节、端午节、中秋节、国际博物馆日、文化和自然遗产日、劳动节、国庆节等节点，创新思维，采用青少年喜闻乐见的方式，举办"弘扬传统文化"主题教育活动。先后成功举办了"迎新春，送春联""瞻观文庙，传承儒学，感悟历史""品味浓情端午，弘扬传统文化""阖家欢庆新年，文博知识猜猜猜""保护文化遗产，留住美丽乡愁书画展""讲述旬阳故事，弘扬历史文化，让文物活起来，助力脱贫攻坚""陶艺手工——猪年塑猪""祈福·石磨磨豆""唧唧复唧唧·学织布""童心童真文博情——博物馆里庆'六一'""探索旬阳历史，感受博物馆的力量""做个小小考古学家——青铜器大发掘""化腐朽为神奇——我在博物馆修文物""请党放心，强国有我""国庆节，博物馆里国旗红"等 40 余项主题活动。优秀传统文化进校园、进社区、进乡村，参与人数达 5 万余人次，让青少年了解当地历史文化，为其树立文化自信，培养其爱国情怀。

3. 馆校联动，开展研学旅行活动

旬阳市博物馆继承和发展了我国传统游学方式和"读万卷书，行万里路"的教育理念，积极探索研学旅行、素质教育的新模式和新方式，引导青少年感受祖国大好河山，领略中

华文明的博大精深，激发学生的民族自豪感。博物馆主动联系安康学院、蜀河初级中学、城关一中、甘溪初中、关口小学、桐木中学等 10 余所学校，联合开展以"传承文脉，培养人才"为主题的研学旅行活动，参与学生 8000 余人次。为丰富研学内容，在参观博物馆基本陈列的基础上，博物馆还创新举办了"投壶""解孔明锁""传承国学礼仪""古诗词朗诵"等趣味活动，达到研古鉴今、以史明智、寓教于乐之效果。

针对过去中、小、幼儿园学生的讲解内容雷同、形式呆板等突出问题，旬阳市博物馆广开思路，根据学生不同的年龄层次、心理特征、认知水平，编写了三套深度、内容不同的解说词，因材施教。例如：对中学生，结合课本教学内容，重点讲解一些较为系统的历史知识或重大历史事件；对小学生和幼儿，则会选择一些可以引起他们兴趣的展品，穿插一些趣味性强的故事，采用启发式、诱导式的讲解方法。这种既贯穿了爱国主义教育思想主线，又通俗易懂、深浅有度、重点突出的讲解方法受到广大师生的欢迎和好评。

旬阳市博物馆开展"探究·改变人类历史进程的发明——中国四大发明"实践活动

三、主要成效

旬阳市博物馆积极探索青少年爱国主义教育基地建设模式，广泛发动社会共建，与 10 余所学校签订爱国主义教育基地协议，开展优秀历史文化进校园活动，先后在各中小学开展"流动博物馆展览""优秀历史文化进校园"活动 40 余场次，举办传统文化知识、文博知识讲座及文物法规咨询 50 余场次，参与观众 6 万余人次。另外，旬阳市博物馆作为旬阳文化旅游阵地和对外文化交流的窗口，年接待游客近 10 万人次，其中青少年观众 2 万余人次，被陕西省委命名为"爱国主义教育基地"，被共青团陕西省委命名为"青少年教育基地"。

四、创新启示

旬阳市博物馆依托具有地方特色的文化资源，以青少年教育为主题，通过内容丰富、形式多样的活动项目，不仅向青少年普及了知识，也带给他们心灵的震撼、精神的激励和思想的启迪，发挥了文物资源在知史爱国、鉴物审美、以文化人、文明对话方面的积极作用。

让优秀传统文化在校园发扬光大

——汉滨区"非遗进校园"活动

年　静（安康市汉滨区文化馆）

一、案例背景

汉滨区是安康中心城区，历史悠久，非物质文化遗产资源丰富，其中被列入国家级非遗名录 1 项、省级非遗名录 13 项、市级非遗名录 58 项、区级非遗名录 94 项。然而，由于受到文化多元化等因素的影响，汉滨区非遗保护传承面临许多困难与挑战，现有非遗代表性传承人平均年龄已经超过 60 岁，80% 的非遗项目因后继无人而面临濒危的境地。为保护弘扬地方优秀传统文化，培养青少年对非物质文化遗产的传承和保护意识，近年来，汉滨区文化馆在经费、人员紧张的情况下，依托汉滨区"文化小康行动"主动走进农村校园，开展非遗展演、培训、讲座等活动，形成了一系列"非遗进校园"服务品牌，在丰富未成年人文化生活的同时，为地方非遗的保护传承发挥积极作用，取得了良好的社会效果。

二、主要做法

1. 规范化保护，多元化传承

汉滨区文化馆按照国家和地方相关法规政策要求，坚持系统开展非物质文化遗产及其代表性传承人的普查、搜集、整理、建档、研究、宣传和展示工作，充分利用本地非遗实物陈列馆、村史馆、图书阅览室等公共文化服务资源和文化志愿者力量，依托非遗进校园活动，精心策划实施了展陈参观、互动体验、技能培训、知识辅导、艺术鉴赏、创新实践等九大类服务项目。为了使广大青少年了解更多的非遗知识，进而有效提高他们保护传承、弘扬中华优秀传统文化的意识，文化馆编辑出版了 28 册"汉滨区非遗"系列丛书和《戏剧》《曲艺》《书法》等全民艺术普及培训教材，聘请非遗专家和传承人编写汉滨区"安康小场子""安康道情""安康采莲船"等省级以上非遗保护项目的进校园教材，启动了"文化小康行动"文化志愿服务项目。如此，形成了以非遗保护为基础，以非遗传承为核心，以落实公共文化服务均等化、满足青少年多元化文化需求、培育青少年文化自信为目标的"非遗进校园"工作制度、服务品牌。多元化的传承方式为地方非遗和中华优秀传统文化保护传承工作奠定了良好基础。

2. 发挥传承人的积极作用，培育有地域特色的校园文化

在搜集、整理、传播、展示非遗项目技艺的同时，汉滨区文化馆以中小学校学生为对象，弘扬中华优秀传统文化中的民族精神，用优秀地方传统文化丰富校园文化，让青少年从优秀传统文化的魅力中收获智慧，强化自信，传播文明。自"非遗进校园"活动开展以来，先后邀请10余名非遗传承人为学生现场传授道情皮影表演、汉调二黄、安康小场子、安康采莲船表演技艺和剪纸、陶艺、泥塑、野生山核桃工艺品等制作技艺，定期开展汉滨龙舟风俗、安康道情、安康火龙等非遗专题讲座和展示活动，在文化馆、博物馆、图书馆举办"把根留住·我眼中的非遗——'学传统文化·讲安康故事'非遗系列讲座暨读书分享活动"，在中小学、幼儿园建立非遗项目传习示范基地，协助乡村中小学筹建文化遗产陈列馆（室）、农耕博物馆（室）等，让非遗传承成为打造特色校园文化的有力抓手和亮点工程，极大地丰富了学生校园文化生活，形成了"非遗进校园"的汉滨经验。

汉滨区文化馆"文化小康行动"剪纸艺术培训进校园

3. 培育服务品牌，扩大活动的社会效益

每年"文化和自然遗产日"期间，汉滨区文化馆策划、组织、实施"非遗进校园"系列宣传、展示、展演活动，成功打造出一系列"非遗进校园"志愿服务品牌，让师生在非

遗志愿服务过程中感受公共文化服务均等化理念。例如：利用汉滨区非遗陈列馆等公共文化资源，组织中小学、幼儿园参观非遗陈列馆，举办"把根留住·少儿眼中的非遗——小小传承人非遗体验活动"；联合安康达德书院策划并组织实施了"把根留住·我眼中的非遗——'学传统文化·讲安康故事'讲座暨读书分享活动"；举办"乡村儿童剪纸（泥塑、木雕、面塑等手工）班学员剪纸作品大赛"、"我眼中最美传承人摄影大赛"、"把根留住·我眼中的非遗"征文等活动；分别组建教师、中小学生"爱故乡"非遗志愿者服务团队，通过示范讲解、展览展示，引导师生以理论和实际相结合的方式，感受非物质文化遗产保护项目的文化艺术魅力。

汉滨区文化馆开展"非遗进校园"皮影戏体验活动

三、主要成效

汉滨区文化馆围绕文化和自然遗产日举办"非遗进校园"系列活动，先后组织举办"把根留住·少儿眼中的非遗——小小传承人非遗体验活动"20余次，邀请10余名非遗传承人分别为学生现场传授非遗技艺，邀请安康非遗项目代表性传承人和非遗专家为汉滨区中小学师生开办了20余期安康优秀传统文化公益讲座，开展"把根留住·我眼中的非遗"非遗进校园培训、讲座、展演展示活动80余次，组织流动摄影展及"乡村儿童剪纸班学员作品展"10余次，组织社会公益人士向非遗传承人捐赠了8000元"非遗进校园"启动资金。

2018年9月，汉滨区"文化小康行动"志愿服务项目入选全国基层文化志愿服务活动典型案例；2019年，"文化小康行动"文化志愿服务项目荣获"安康市公共文化服务创新奖"一等奖,"青少年假日文化月"活动项目被省文化厅列入"全省免费开放示范服务项目"。

四、创新启示

汉滨区文化馆采用阵地培训与流动服务相结合的方式,持续推动"非遗进校园"工作,开展"青少年假日文化月""快乐周末"免费培训活动,常年开展以地方非遗为主的书画、音乐、舞蹈、剪纸、泥塑等9个专业艺术门类的活动,丰富乡村中小学生特别是留守儿童的文化生活,服务对象遍布城乡、小学、幼儿园,为乡村文化的复兴、中小学生文化艺术普及和地方非遗的传承播撒了希望的种子,形成了地方"非遗进校园"活动实践经验。

第三编

社会力量激发乡村公共文化服务活力新实践

乡村文化"领头雁"

——汉阴县妇女文化专干"村用、镇考、县聘"机制

陈　鑫（汉阴县文化和旅游广电局）

一、案例背景

乡村振兴离不开乡土能人的力量，重视、发现和培养懂农业、爱农村、爱农民的乡土文化能人，对推进社会主义文化强国建设和乡村振兴战略的实施具有重要意义。早在2018年，汉阴县就针对乡村文化能人的挖掘利用，开启了一场"寻找村宝——文化使者行动"。通过"寻宝"行动，当地党政机关和企事业单位在职人员、群众文化工作者、文艺爱好者、先进人物、退休教师以及本土乡贤能人等"村宝"被挖掘出来，成为参与乡村文化建设的社会力量主体。结合农村地区留守妇女较多且工作热情高的实际，汉阴县还专门选拔一批基层文化妇女专干，通过培训和指导，使之成为有文化、懂业务、善组织、会管理的乡村文化建设"领头雁"，扭转了乡村文化建设主体"空心化"的问题，切实增强了乡村振兴的精神动力和创造力。

二、主要做法

1. 建立"村用、镇考、县聘"用人机制

为盘活、用好基层文化人才，汉阴县从政策制度上强化刚性约束，建立了"村用、镇考、县聘"的用人机制。县政府专门研究制定了《汉阴县村（社区）文化妇女干部考核管理办法（试行）》，确定在全县每个行政村选聘1名专（兼）职文化妇女专干，并将文化妇女专干补贴纳入县财政预算安排。

按照考核管理办法，由各镇牵头每年对乡村文化妇女专干进行综合考核，县财政对考核达标的专职文化妇女专干按照每人每年5000元、对兼职文化妇女专干按照每人每年1500元的标准兑现工作补助。年终考核不达标的，下一年不予聘用。

县文旅局承担乡村文化妇女专干的培训指导工作，建立了培训机制，每年采取专家讲

座授课、现场观摩、互动交流等多种形式进行集中培训，促进乡村文化妇女专干的业务能力稳步提升，帮助她们更好地进入到工作角色中。

2021年，汉阴县提高培训规格，由县委组织部、县委宣传部、县文旅广电局、县乡村振兴局、县妇联共同组织"基层文化妇女干部大讲堂"培训班。在6天的集中培训中，全县160余名基层文化妇女不仅在教室里系统学习公共文化服务知识，还在条件较好的村镇文化阵地进行观摩学习。整个培训重点突出，形式生动，效果显著。

2022年，汉阴县文旅局联合安康学院乡村振兴学院、文学与传媒学院及中国建设银行举办"金智惠民"乡村文化振兴基层文化妇女干部业务培训班。全县近200多名基层文化妇女干部接受了高校专家对公共文化建设的系统辅导。

2. 基层文化阵地"建、管、用"良性发展

通过精准选才、精细育才、精心用才，确保乡村文化建设有专人、干专业、用专力。各村文化妇女专干充分发挥"领头雁"的作用，通过管好用好"基层综合文化服务中心"、落实好"总分馆"基层服务，建立日常管理、免费开放、文化服务项目等制度，组建乡村文化社团，广泛开展群众性文化活动，精心策划亲子阅读、新书交流、政策学习等内容的"锦绣汉阴读书会"活动，激发广大群众参与文化活动的热情。

在汉阴县大力实施公共文化个性化、订单式服务的过程中，乡村文化妇女专干成为直接为群众"订单"提供终端服务的重要支撑力量。有了乡村文化妇女专干和文化志愿者的坚强支撑，汉阴县"文化点亮家园"戏曲进乡村活动以及农民运动会、乡村春晚、社区邻里节、乡贤茶话会等一批乡村特色文化服务项目得到很好的落实，让群众切实享受到充实、丰富、高质量的精神文化生活。

成立于2019年的南郡社区，是汉阴县20个易地扶贫搬迁安置社区之一。南郡社区党支部书记、乡村文化妇女专干张红霞带领社区党支部，配套建设了便民服务、物业管理、平价购物、老年人日间照料、儿童托管、文体活动、矛盾调解、红白喜事服务"八大中心"，以此为载体，组织群众成立锣鼓队、秧歌队、舞蹈队等文化组织，经常性开展文体活动，她还经常亲自宣讲新民风、演小品等，通过文化建设让居民快速融入新生活。南郡社区成为全县有名的文明社区。

3. 推动乡村农、文、旅深度融合发展

近年来，汉阴县大力打造三沈文化、美食文化、红色文化、农耕文化、家训文化五张文化名片，建设三柳村农业田园综合体、"三生盘龙·十里桃花"盘桃汇、赵家河李子采摘

园、凤堰梯田农事体验基地等以体验为核心的文化产业品牌。在政府大力实施乡村文化与相关产业融合升级的政策指引下，乡村文化妇女专干充分发挥才智，扩宽思路，组织村民深入挖掘乡村资源，抱团发展，将特色农业、文旅产业与乡村振兴示范村、庭院经济示范村深度融合，发展经济，走共同富裕的道路。

　　蒲溪镇盘龙村在文化妇女专干颜显琴带领下，按照"党支部＋合作社＋特色农业＋农户"的思路，成立村集体经济合作社，发展种植养殖业。目前全村已经累计发展 4 个品种桃 1000 亩、桑 460 亩、特色水果大棚 200 亩、中药材 300 亩、荷虾共养 50 亩。构建起集文化演出、旅游观光、生态体验、住宿餐饮、购物消费于一体的产业链。2021 年，村集体红桃、草莓、蚕茧销售达 70 余万元，村民通过劳务公司务工收入 109 万元，村民流转土地收入 36 万元，股民年度集体分红 8.6 万元，带动了 416 户村民增收致富。盘龙桃花谷先后被评为国家 AAA 景区、全国巾帼脱贫示范基地、全国村级议事协商创新实验试点单位、省级标准化党组织、第二批全省乡村治理示范村、全市基层改革创新市级观察点。

汉阴县组织举办乡村文化振兴基层文化妇女干部业务培训班

三、主要成效

　　"领头雁"机制的建立和完善，发挥出"一人带动一群人、一群人拉动一方人"的重要作用。党群服务中心、新时代文明实践站、基层文化服务中心、文化广场等公共设施真正成为乡村文明的主阵地，彻底改变了过去乡村文化设施无人问津、空置闲置的状态。日益繁荣的乡村文化生活，也逐步产生放大效应，吸引了更多的优秀人才回到乡村。

在汉阴县越来越多像张红霞、颜显琴这样的妇女文化专干在乡村文化振兴的各个领域大显身手。他们积极搭班子、拉队伍，活跃乡村文化生活，引导乡风文明。截至 2022 年，全县建有老年民乐队、合唱队、登山队、广场舞队、腰鼓队、秧歌队等各类乡村文化社团班社 256 支，注册文化志愿者 7000 余名，每年开展文化志愿活动 400 余场次。到 2025 年底，汉阴县计划培育十名文化领军人物、百名文化骨干、千名文化能人，带动万名文化志愿者，为乡村奠定人才基础，推动乡村文化服务"量质齐升"。

四、创新启示

在推动公共文化服务高质量发展的进程中，农村普遍面临着有阵地、无人管，乡村文化社团不规范，服务效能发挥不明显等问题。汉阴县通过建立乡村文化妇女专干管理考核机制，破除基层文化人才管理、选拔任用、资金补助、教育培训等重点环节上的障碍，形成一支稳定的、专兼结合的基层文化工作队伍，保证基层文化阵地有人管理、文化活动有人负责，很好地满足群众精神文化生活需求，越来越多的文化志愿者参与到乡村文化振兴事业中，进而凝聚全社会的力量，推动乡村文化发展，推动乡村全面振兴。

社会力量参与总分馆建设的"三个首创"

赵诗武　郭　君　黄太文（白河县文化和旅游广电局）

一、案例背景

陕西省安康市白河县地处陕西东南秦巴腹地，是南水北调"汉江清水永续北上"重要水源地，境内山大沟深，经济较为落后，曾经是国家级深度贫困县，地方财政在公共文化服务领域的投入也十分有限。为有效解决县域公共阅读服务资源不足、覆盖不均等问题，2017年以来，白河县在努力推动体制内图书馆"总分馆"建设的同时，积极与社会力量合作，建设体制外社会化服务点，公共图书馆与星级酒店共建阅读吧，与供销系统共建农家书屋，在省内创下了首个大批聘用基层"民间馆长"的纪录，形成了"双轮驱动"助推县域公共阅读服务体系建设的新局面。

二、主要做法

1. 绘制蓝图，完善制度

推行县域图书馆总分馆制体系建设是实现基本、均等、公益、免费公共文化服务保障的有效途径。白河县委、县政府针对政府公共文化建设缺经费、基层镇村缺房子、缺人员等实际困境，在《白河县国民经济和社会发展第十三个五年规划纲要》中明确指出"统筹推进社会事业发展，完善公共文化设施建设，积极探索公共文化服务社会参与和保障机制"。以此为指导，县文化和旅游局在《白河县"十三五"文化旅游产业发展规划》中将公共文化服务社会化发展纳入其中，构建以县图书馆为总馆、镇（街道）和社区图书室为分馆、农家书屋为流通服务点、社会力量共建馆外服务点为补充的公共图书馆总分馆体系。

2. 先行试点，摸索经验

2019年，白河县启动图书馆社会化分馆试点建设，为在全县推广社会力量共建馆外服务点积累经验。试点建设按照图书馆提供图书、设备（并定期更新）和辅导专员，社会组织或个人提供场地、人员和管理服务的模式，在城乡择优选取位置好、空间大、人气旺、懂管理、服务好，且愿意为本单位职工及周边群众提供公益文化服务的热心机构或企事业单位作为共建对象，签订共建协议，明确双方权责，共同打造"双赢综合体"。

同时，县政府还组建了以县文化旅游行政单位为主体、总工会等相关职能部门为主要成员的领导小组，着力整合企事业的职工书屋、文化中心等现有阅读设施和资源，探索建立互联互通、资源共享、城乡一体、政企联动的总分馆体系。

白河县图书馆狮子山社区分馆

3. 统一标准，规范管理

在图书馆社会化分馆试点成功建设的基础上，白河县政府出台《关于推进图书馆社会分馆建设的指导意见》（以下简称《意见》），从建筑面积、功能布局与设施、人员配备等方面对共建服务点建设做出明确要求。《意见》要求，共建馆外服务点选建在具有一定规模、可持续运营能力较好、职工人数较多、内部建有不少于300平方米的职工文化活动场地的企（事）业。同时，鼓励规模较大的新建社区建立分馆。在管理上，要求共建馆外服务点使用统一的总分馆服务体系形象标识，至少配备1名管理员，每周开放时间不少于30小时，公示服务时间、服务项目和服务内容。

县图书馆建立管理员和馆员对接制度，为每个基层分馆选聘分馆馆长或民间馆长、管理员和指导员各1名，通过资源共建共享、人员上挂下派，解决资源分散分割、人员"上强下弱"等问题。

为提高共建服务点的服务质量，白河县探索建立奖补机制，定期对社会分馆运营开展绩效评价考核。县政府根据社会服务点投入情况、服务效能和群众满意度等，划分等级给予奖补，奖补资金从免费开放资金中列支，最低可享受年度奖补 2000 元，最高可享受年度奖补 1 万元，考核不达标者不享受奖补，连续三年仍不达标者将被淘汰。

三、主要成效

数量众多的社会化服务点，有效缓解了政府在体制内总分馆建设中存在的场馆数量有限、布点不尽合理、人员编制不足等方面的问题和困难，同时也充分调动了社会力量参与提供公共文化服务的积极性，县图书馆每年能收到 10 余个共建申请。截至 2022 年底，白河县在全县城乡已择优共建体制外服务点 23 个，超过体制内分馆数量（11 个乡镇分馆）；体制内分馆每月接待读者约 1.5 万人次，而体制外服务点每月读者入馆量超过 1.8 万人次，成为公共文化服务体系一支强大的编外生力军。通过社会化合作共建馆外图书服务点，白河县创造了多项纪录：陕西首个公共图书馆与星级酒店共建阅读吧；陕西首个公共图书馆与供销系统在基层共建农家书屋，助推脱贫攻坚；陕西首个大批聘用民间文化能人担任基层馆长。《陕西日报》进行了《美丽边城　处处书香——白河推进图书服务点社会化合作共建》专题报道，光明网、学习强国、新华社客户端、《图书馆报》也对白河县模式进行报道，产生了良好的社会反响，为兄弟县区的公共文化建设提供了经验。

白河县图书馆维度美学书苑分馆

四、创新启示

在经济基础薄弱、资源不足的背景下，白河县通过与社会力量广泛合作共建社会化服务点，广泛吸纳社会力量，从而扩大覆盖范围，扩充服务群体，提高馆藏利用率，让各个场所各类群体都能享受公益阅读服务，构建起政社合作、"双轮驱动"的县域公共阅读服务体系。白河县以共建共享模式将公益阅读植入商场、酒店、景区、社区、学校和托管中心等企事业单位和空间，提升了所在单位的文化品位和人气，实现了社会效益和经济效益的双提升。对于图书馆而言，不仅拓宽了服务半径，激活了馆藏资源，而且提高了服务效能，实现了互利双赢的效果。

"三大举措"助力白河县公共文化服务发展

卫　璐　黄太文　蔡　爽　张　舒（白河县文化馆）

一、案例背景

多年来，白河县文化馆在县委、县政府和文旅主管部门的领导下，积极贯彻落实国家文化政策，以安康市国家公共文化服务体系示范区创新发展和白河县创建陕西省公共文化服务高质量发展示范县为契机，精心组织策划，围绕非物质文化遗产保护传承发展、基层文艺骨干培训、群众文艺社团培育、全民艺术普及与交流活动策划与实施、智能云服务应用、聘请民间馆长、打造"群星有约"文化品牌等工作内容，开展了一系列创新探索，产生了良好的社会效益。

二、主要做法

1. 提升线上服务能力，打造"云上"服务品牌

2020年，受新冠疫情影响，线下群众文化活动的开展受到限制。白河县文化馆对微信公众号进行大升级，在原有文化资讯的基础上升级加入线上预约场馆和艺术课堂在线学习功能，将线下服务及时转化为更丰富便捷的线上服务。"群星有约"是白河县省级免费开放服务品牌项目，为了保证该品牌活动在疫情防控期间不掉队、不缺席，白河县文化馆面向全县文艺社团发布公告，所有做好准备的文艺社团均可参与线上展演，文化馆提供线上业务指导。文艺社团在疫情防控政策允许条件下，在文化馆内彩排、录制，创编的音乐、舞蹈、戏剧等文艺节目全部通过文化馆公众号推上云端。

为了持续拓展和提升文化馆线上服务能力，2021年，白河县文化馆开通了抖音官方账号"白河群文"，2022年春节期间推出"空中舞台·网络春晚"和7期"文艺社团大拜年"系列活动、2期"春暖白河"网络摄影展、10期歌曲精品展播系列、100期全民艺术普及线上课堂、8期"群星有约·文艺汇演"文艺社团专场汇报演出，还举办"迎五一"张旭国画作品网络展，开展"巩固拓展脱贫成果　推进乡村振兴暨农特产品消费帮扶活动"直

播等，全年线上浏览量达 17.4 万余人次。

白河县文化馆举办"中国农民丰收节"暨白河县金秋消费扶贫月系列活动

2. 创新总分馆制建设，激发基层文化活力

按照安康示范区创新发展目标任务，白河县文化馆于 2020 年全面完成全县十一个镇级分馆建设工作，落实了镇级分馆在管理制度、设备配置、服务空间、服务项目方面的要求，结束了镇村基层群文工作长期松散、文化活动质量良莠不齐等问题，促进了基层公共文化服务均衡发展。为夯实基层文化人才队伍，更好地统筹全县业余文艺爱好者参与公共文化服务，白河县文化馆在县政府和文旅主管部门的支持下，创新实行了聘请当地文化名人、文艺骨干或文化志愿者担任镇、村文化馆分馆馆长的"民间馆长制"。经过层层选拔，白河县文化馆共聘任"民间馆长"11 名，让更多的镇村文艺爱好者有组织、有带头人，有效激发了基层文化活力，化解了当前农村基层普遍存在的文化活动供给不足、服务质量不好、服务效能不高等问题。

3. 三张"便民服务卡"，助力文化服务效能提升

第一张"免费服务联系卡"，搭建服务群众桥梁。"免费服务联系卡"上记录了白河县文化馆各类培训辅导、文化活动、演出节目等信息以及文化馆工作人员的联系范围、联系方式。文化馆将县直单位及乡镇、村（社区）划分为不同的服务区，由文化馆工作人员分别认领，并将"免费服务联系卡"发放到所有服务对象手中，确保服务对象有求必应、有

需必办。为了加强工作管理，文化馆还在夯实内部机制基础上建立了"业务调配制"和"首问负责制"。

第二张"演出征求意见表"，实现精准文化服务。文化馆在完善"三下乡"惠民活动、政府"购买服务"机制的基础上，组织城区和乡镇的业余文化艺术团，利用节日、农闲等机会送文化下乡，每年开展演出活动不少于100场次。在每场演出之后，文化馆都邀请当地群众填写"演出征求意见表"，收集群众意见建议，以便更好地改进和提升文化服务，为群众提供精准化服务。

第三张"群星相约邀请函"，引导群众参与文化活动。文化馆通过"群星相约邀请函"邀请白河境内优秀文艺团队或文化爱好者参与惠民演出，也可以由各业余文艺团队或者文艺爱好者主动提出演出意愿。文化馆或文化馆聘请的专业人员对相关节目进行初审，并对通过的节目进行专业指导，达到舞台表演标准后，由文化馆免费提供场地、舞台，以及灯光音响等技术设备，组织"群星"登台公开演出。

通过"三张卡片"夯实群众公共文化服务，文化馆筛选业务能力较强的文艺团队进行培训指导，编创新的文艺作品并汇集成库，在培养的社团中选择一批能够独立完成文艺演出的星级社团并通过文艺节目库进行公示，各镇根据实际需求在公示范围内选择下订单，由文化馆组织社团提供文化服务，实现了服务供给精准化、服务渠道多元化，既延伸了文化馆的服务范围、提升了服务效能，也加大了对民间文艺社团的扶持力度，激发了文艺社团参与文化服务、文化建设、文化发展的积极性。

三、主要成效

2022年白河县文化馆录播全民艺术普及慕课36课时，推出10个社团"群星有约·文艺汇演"社团专场，群众文艺社团节目展演14场次，共有300多人次的群众演员参加演出，惠及群众十余万人。舞蹈《万疆》和音频《那个地方叫白河》在学习强国平台上展播，公共文化"云服务"全年线上浏览达17.4万余人次，文化馆拥有的各类数字资源比上一年度增长45%。在群众艺术普及培训方面，白河县文化馆线下开展戏曲小剧种培训班、全国第七套健身秧歌规定套路培训班、合唱培训班、陈氏太极拳培训班等20班次，线上开展微课堂艺术培训班36班次、版画教学直播课10场、铅笔画教学直播课10场、基础乐理教学直播课10场、线上展览10场。白河县文化馆以线上线下结合形式开展了广场舞、民俗、民歌等培训，服务群众8000人次以上。

在推动"文农旅商"深度融合和乡村振兴方面，文化馆每年组织或协助开展县旅游文化节启动仪式、县茶叶技能大赛、"秦楚边城　水色白河"文化旅游节暨白河毛绒玩具节、"中国农民丰收节"暨白河县金秋消费扶贫月系列活动、戏曲进乡村文化惠民演出等文化活动，每年举办大型集中示范活动达 30 余场次。

白河县文化馆组织开展"戏曲进乡村"文化惠民演出活动

白河县文化馆先后获得安康市"群众最喜爱的文化空间"称号，被陕西省文化馆、陕西省非物质文化遗产保护中心、陕西省群众文化学会联合表彰为"全省基层公共文化服务优秀团队"。白河县文化馆馆长卢传珍被评为"全省基层公共文化服务最美群文人"，干部裴晓琴获"安康市文化旅游形象大使"称号。

四、创新启示

白河县文化馆善用"巧力"、善于"借力"打造"硬实力"，通过提升线上服务能力打造"云上"服务品牌、以创新总分馆制建设激发基层文化活力、三张"便民服务卡"助力文化服务效能提升三大举措，不断夯实公共文化服务基础、提升公共文化服务效能。白河县文化馆用"新"解困的创新精神和用"心"提质的优秀做法，实现了经济欠发达地区公共文化服务体系建设和服务能力建设的现代化转型，是安康市国家公共文化服务体系示范区创新发展和白河县创建陕西省公共文化服务高质量发展示范县创建的标志性成果，为破解经济欠发达山区公共文化服务"均衡之困""财政之困""效能之困"提供了重要启示和丰富的经验借鉴，形成了秦巴山区公共文化服务高质量发展的"白河现象"。

乡村振兴　人才先行

——旬阳市"百千万"文艺人才培养工程

石晓红（旬阳市文化和旅游广电局）

一、案例背景

人才振兴是乡村振兴的前提，也是提升基层公共文化服务效能的关键。特别是在公共文化服务高质量发展的新时代，我们更需要一支热爱文化事业、勇于开拓创新、甘于无私奉献的文艺人才队伍。为了全力做好陕西省公共文化服务高质量发展示范市创建工作，助力安康市国家公共文化服务体系示范区创新发展，旬阳市本着"乡村振兴，人才先行"的理念，坚持"服务发展、人才优先，以用为本、创新机制，高端引领、强化基层"的人才队伍建设原则，创新实施了"选拔百名文艺领军人才、发展千名文艺骨干、带动万名文艺爱好者"的"百千万"文艺人才培养工程，走出了一条以文艺人才引领公共文化服务高质量发展、推动乡村文化振兴之路，其创新做法被陕西省文旅厅发文推荐，为其他地区文化建设提供了经验借鉴。

二、主要做法

1. 创新机制，实施"百千万"人才工程

为从根本上解决长期以来乡村文艺人才匮乏问题，旬阳市结合本市文化建设战略部署，在充分调研的基础上，在全市启动实施"选拔百名文艺领军人才、发展千名文艺骨干、带动万名文艺爱好者"的"百千万"文艺人才培养工程。项目实施分为调查摸底、组织评定和组织实施三个阶段，对基层舞蹈、音乐、创作等9大类14个小类艺术门类和21个镇的文艺骨干及文艺团体进行摸底登记、建档立卡、培养指导，按照"发现一个、培养一个、储备一个"的原则和"一人一档、一类一库"的总体布局，对文艺团体、村民自乐班、红白理事会等进行登记，并推荐文艺领军人才、文艺骨干、文艺爱好者。为了使优秀文艺人才发挥更大作用，旬阳市配套制定了文艺人才队伍管理制度、培训制度和激励机制。一是

组织各艺术门类专家对获推荐的乡村领军人才进行分析评价，符合条件者颁发群文辅导员聘书；二是加大乡村文艺领军人才扶持力度，通过奖补、评优、推荐外出学习等举措，激发基层文艺人才活力，吸引更多文艺领军人才和文艺骨干留在家乡，为当地群众提供优质文化服务；三是对城乡群众自乐班、文艺团体、红白理事会建档立卡，采取公开招募和资格审定的方式选拔一批优秀文艺社团，成立旬阳市优秀文艺社团联盟，打造出一支热爱文化、勇于创新、甘于奉献、扎根群众的本土文艺人才队伍，为"兴文强旅"、乡村振兴增动力、添活力。

2. 强化培育，激活乡村文化内生动力

在文化人才队伍培养方面，旬阳市采用"走出去、请进来"和"短期＋长期""线上＋线下""重点＋普及"等方式，邀请国家级、省级专家来旬阳为乡村领军人才进行辅导培训，对21个镇的文化馆、图书馆分馆馆长及文艺社团骨干开展常态化讲座培训，年均举办旬阳民歌、民间舞蹈、民间器乐、书画摄影、非遗技艺等示范性培训30余期，累计培训6万余人次。为了推动乡村文化治理体系和治理能力现代化，旬阳结合乡村实际，全面实施乡村文化理事会建设项目，将村民自乐班、文艺团体、红白理事会、乡贤会等全部纳入乡村文化理事会，各镇成立"文艺轻骑兵"小分队，用写身边人、讲身边事的方式将当地的道德模范、乡贤能人的先进事迹传播给群众，同时积极开展宣讲、演出等活动，用榜样的力量引领社会文明新风尚。为加强汉调二黄、旬阳民歌等国家级非遗项目的保护传承，加强非遗代表性传承人后备人才队伍建设，旬阳市启动实施了"非遗新苗培育"计划，在中小学中精心选拔了一批基础条件好、学习热情高的学生作为重点培养对象，依托学校传承

旬阳市文化馆举办"百千万"文艺人才系列公益培训班

基地开设以旬阳民歌、汉调二黄等为主要内容的非遗演唱培训。截至 2022 年底，"非遗新苗培育"计划已选拔学员 150 余名，针对学生特点创作、改编了《游子吟》《少年强》等旬阳民歌、汉调二黄作品 20 余首，为优秀传统文化传承发展厚植了人才基础。

3. 搭建平台，展示乡村文艺人才魅力

有了文艺人才队伍，就要重点考虑为群众提供高质量的文化服务。旬阳市将乡村文艺领军人才、文艺骨干队伍建设与文化志愿服务相结合，深入镇村、校园、厂企、景区、社区开展文艺展演、艺术培训、活动指导，先后在段家河薛家湾、蜀河古镇、仁河口镇水泉坪、太极城森林公园等地开展文化"进乡村、进景区"志愿服务活动，以最接地气的形式把民歌、舞蹈、花艺、器乐演奏等呈现给群众和游客。通过举办农民文化节、乡村网络春晚、趣味运动会等方式，让乡村文艺人才在农村舞台绽放光彩，极大地带动了基层群众参与文化活动的"内生动力"。在乡村文艺领军人才、文艺骨干的影响下，当地群众根据个人的兴趣爱好，组成唢呐、秧歌、舞狮等表演队伍。说快板、唱民歌、吹喇叭、拉二胡、扭秧歌……每到农闲时节，各村自乐班骨干分子就自发组织起来为群众表演节目。这让群众从文化消费者转变为文化参与者、创造者，培育了村民文化服务自我供给能力，打造出村民"自我创造、自我表现、自我服务、自我教育"的公共文化供给新模式。

三、主要成效

人才兴则事业兴，人才强则乡村强。旬阳市紧跟时代发展趋势，创新实施的文艺人才"百千万"工程，积极推进全市文艺人才培养方式转变和管理创新，取得了显著成效。一是全市共登记文艺团体 83 个、村民自乐班 200 余个、红白理事会 67 个，推荐文艺领军人才 228 人、文艺骨干 1330 人、文艺爱好者 10020 人，建立起一支热爱文化、勇于创新、甘于奉献、扎根群众的本土文艺人才队伍；二是将"百千万"工程与志愿者服务相结合，组织开展以非遗展览、培训辅导、民歌演唱、民俗表演、广场舞、器乐等为主要内容的文化志愿服务"五进"活动，共开展活动百余场次，服务群众 8 万余人次；三是为了让群众在家门口享受到优质的公共文化服务，定期在全市 21 个镇开展以文艺领军人才和文艺骨干为师资力量的全民艺术普及走基层活动，如针对老年群体开展"百千万"文艺人才示范项目合唱、器乐等培训，针对女性群体开展"魅力女性训练营"公益培训，针对乡村工匠、文化能人和非遗传承人开展专技培养；四是采用"走出去、请进来"和"短期＋长期""线上＋线下""重点＋普及"等方式，邀请国家级、省级专家对领军人才进行辅导培训，年均举

办旬阳民歌、民间舞蹈、民间器乐、书画摄影、非遗技艺等示范性培训 30 余期，累计培训 6 万余人次；五是启动"非遗新苗培育"计划，选拔学员 150 余名，创作、改编《游子吟》《少年强》等旬阳民歌、汉调二黄作品 20 余首，为优秀传统文化传承发展厚植了人才基础。

开展"百千万"文艺人才培养工作"点单式"公益培训活动

四、创新启示

旬阳市结合新时代国家发展新战略、乡村社会新问题、文化建设新任务和安康新民风建设实践，秉承"服务发展、人才优先，以用为本、创新机制，高端引领、强化基层"的人才队伍建设原则，创新实施了"选拔百名文艺领军人才、发展千名文艺骨干、带动万名文艺爱好者"的"百千万"文艺人才培养工程，影响和带动更多群众参与到文化建设和文化活动之中，夯实了基层文化人才基础，提升了乡村文化治理能力，激活了乡村发展新动能，为实现旬阳"兴文强旅"战略目标提供了人才支撑，其许多经验做法值得其他地区学习借鉴。

安康民间文艺社团的培育和发展

何万鑫（安康市群众艺术馆）

一、案例背景

近年来，安康市以国家公共文化服务体系示范区创建和创新发展为契机，不断加大公共文化服务体系建设力度，但是依然存在城乡、区域发展不平衡，政府文化服务产品供给"结构性短缺"与服务成效不足等问题。安康市群众艺术馆经过实地调研、分析研判后发现，基层文化活动除了要依靠政府和公共文化服务机构之外，还需要有第三方社会组织的积极参与，而土生土长的基层民间文艺社团，就是第三方社会组织重要组成部分，他们不仅为地方公共文化服务提供了多元化的有效供给，而且也因扎根基层、贴近群众、灵活方便，受到基层群众普遍欢迎。为此，安康市群众艺术馆积极联合各县（区）文化馆，将扶持民间文艺社团发展、提高社团服务水平和服务能力，作为推动群众文化工作创新发展的重要方向，使一大批基层文化骨干由文化"参与者、消费者"变为文化"组织者、创造者"，有效拓展了公共文化服务的广度、深度，激发了基层文化发展新活力。

安康市军队离退休干部服务中心军乐团参加市群艺馆举办的文化惠民活动

二、主要做法

1. 积极争取政府支持，助力民间文艺社团良性发展

在缺乏引导与规范的情况下，许多民间文艺社团发展面临多方面的制约：一是缺乏规范的管理制度，社团组织成员能力和业务水平参差不齐，社团成员主要凭借自己的兴趣参加组织活动，缺乏必要的规范性和稳定性；二是绝大多数民间文艺社团没有稳定的活动资金来源，演出条件及相关设施设备比较简陋，影响了演出活动的质量和效果；三是社团成员普遍缺乏基本的专业素养，创作能力、创新能力、展示能力受到较大限制，难以满足现代社会群众高品质文化需求。为了最大限度地发挥公共文化服务"第三方力量"的积极作用，安康市群众艺术馆通过咨询报告、政策建议以及邀请相关领导观看民间文艺社团演出活动等方式，及时把基层群众的文化需求、安康市公共文化发展思路与民间文艺社团生存困境等问题向主管部门汇报，促使政府投入财力支持民间文艺社团的健康发展，先后协助政府出台"安康市文艺精品创作政府奖""原创文艺作品奖"，设立非遗保护基金，实施"政府买单、群众看戏""千村百场、送戏下乡"等活动，使更多的民间文艺社团加入公共文化服务提供者的行列，并获得长足发展。这给基层文化服务注入了强大新动力，进一步丰富了群众精神文化生活。

2. 加强人才队伍建设，健全社团管理机制

为了有效提升民间文艺社团成员的艺术素养和创作水平、表演能力，安康市群众艺术馆采取"走出去、请进来"的方式，对各类民间文艺社团开展艺术普及，举办艺术培训班、文学创作培训班等，鼓励民间文艺社团坚持以人民为中心的创作导向，深入基层、扎根生活，创排贴近生活、贴近群众、贴近现实的优秀文艺作品。其中，文学创作培训班邀请省内著名作家、诗人授课，培养作者掌握艺术文学文体的创作技巧，依托《安康文学》刊发了大量民间社团创作的反映群众生产生活、讴歌时代精神的文学作品。为了帮助社团健全内部管理机制，调动社团成员的积极性，安康市群众艺术馆要求馆内专业干部不定期地对民间文艺社团进行业务辅导，帮助其完善内部管理制度，提升社团成员专业技能和自我管理能力，初步探索出抓好民间文艺社团人才队伍建设、提升民间文艺社团服务能力、支持民间文艺社团有序发展的基本经验，有效丰富了公共文化服务内容与产品供给。

3. 打造精品，培育民间文艺社团服务品牌

针对多数民间文艺社团以自娱自乐为主，缺少专业指导、设施设备和演出平台等实际问题，安康市群众艺术馆积极协调安排专业人员对社团编排的文艺作品进行指导提升，择优选送优秀社团、优秀节目参加省级、市级大型文体展演活动，并根据实际需要提供展示舞台和必要的器乐、服装、道具，极大地推动了社团参与群众文化活动、提供文化服务产品的积极性。如安康市群众艺术馆在春节期间推出的"戏台搭在馆门口·民间文艺闹新春"展演活动，就是以民间文艺社团为表演主体，节目内容涵盖舞龙舞狮、传统翻天印、欢庆锣鼓、安康花鼓子、小场子、汉调二黄、紫阳民歌、旬阳民歌等传统民间民俗文化。每个社团承担一台文艺演出，从节目的编排、导演到演出，都在群艺馆的指导下由各社团自行完成，社团成员既是导演、演员，也是评委和观众，将人民群众熟悉的生活、情景、故事结合党的方针、政策，进行现实题材文艺作品创作。各社团之间相互交流学习、取长补短，构建起群众参与、群众组织、群众创作、群众表演、共同繁荣群众文化的新局面。

举办"庆祝建国 71 周年安康城区优秀文艺社团节目展演"活动

三、主要成效

从 2016 年到 2022 年，安康市群众艺术馆通过一系列扶持措施，累计为民间文艺社团组织辅导培训 220 余场次，累计服务群众 75660 人次，民间文艺社团数量从 46 个增加到 158 个，社团文艺骨干和积极分子从 1896 人增加到 11355 人。安康市群众艺术馆与相关文

艺社团多次在各级文化活动中取得优异的成绩：詹木森音乐学校在卡西欧全国电子键盘大赛中荣获第三名、在第 12 届全国少儿卡拉 OK 大赛中荣获金奖；知青艺术团在中泰文化交流活动中荣获金奖，在全国中老年合唱艺术节中荣获金奖；兰溪女子无伴奏合唱团在第七届全国中老年合唱艺术节暨国家大剧院邀请赛中一举斩获明星金奖、群星金奖、最佳指挥奖和优秀组织奖四项大奖；安康市老干部合唱团在中国第四届民歌合唱节中荣获老年组 A 类混声无伴奏银奖；等等。

四、创新启示

安康市群众艺术馆通过对民间文艺社团的扶持，有效破解了基层公共文化服务资源不足、设施建设水平不高、资源配置不平衡、供需不匹配等难题，取得了良好的工作成效，拓宽了基层服务供给渠道，增强了基层公共文化的发展活力。特别是在乡村振兴的背景下，通过对民间文艺社团的扶持，安康市群众艺术馆将具有地方特色的艺术文化融入社团活动的创作中，丰富了基层群众的文化生活，促进了乡村文化的繁荣与发展。

中厂镇文化志愿者队伍建设实践

高德磊（白河县中厂镇人民政府）

一、案例背景

文化志愿活动作为现代公共文化服务体系建设的组成部分，对促进公共文化服务事业繁荣发展具有重要意义。近年来，白河县中厂镇以创建省级公共文化服务高质量发展示范镇为抓手，充分发挥文化志愿者在公共文化服务中的引领作用，汇聚全镇智慧和力量，集聚各方面优势和资源，组建文化志愿者团队，建立文化志愿服务常态化机制，引导志愿者当好文化传播员、当好政策宣讲员、当好文明模范示范员，积极开展形式多样的志愿服务活动，助推优质公共文化服务惠民工程，满足辖区内群众对公共文化服务的多元化需求。

二、主要做法

1. 整合资源，让文化能人服务乡里

为弥补公共文化服务人才不足的短板，中厂镇利用微信群、公告栏、大喇叭等广泛宣传文化志愿服务理念，激发群众的爱心，培训群众的社会责任感，引导党政机关和企事业单位在职人员、群众文化工作者、文艺爱好者、先进人物、退休教师以及乡贤能人等参与文化服务，建立文化志愿者队伍。同时，大力完善阵地建设，在乡镇建立新时代文明实践站、文化站，在各村（社区）建立新时代文明实践所、综合性文化服务中心，实现文化志愿服务有阵地、有场所。整合学校、驻镇爱心企业、社区卫生服务中心等各类社会资源，将之也纳入文化志愿者服务体系，为开展社区志愿服务提供支持保障。

文化志愿者在乡村公共文化服务中发挥着"三大员"的作用：一是送戏下乡，当好文化传播员。志愿者组建文艺社会团体，深入各社区开展文化惠民演出活动，将精彩的节目送到百姓家门口。二是走进基层，当好政策宣讲员。深入各村召开"群众会""院落会"，用接地气的语言宣传党中央的大政方针、便民利民惠民政策。三是冲在一线，当好文明模范示范员。志愿者团队积极开展"包片"活动，清理村里垃圾，配合相关部门进行防疫宣

传、消毒查杀等，以实际行动带动村民提高文明意识。

中厂镇的志愿者正在开展政策宣讲活动

2. 统筹管理，提升文化志愿服务水平

为进一步提升文化志愿者服务水平，中厂镇将志愿服务基础培训和特定专业知识技能培训相结合，围绕文化志愿服务相关法律法规、服务内容等相关知识定期召开专题培训会议，提高志愿者队伍素质和志愿服务质量。

同时，中厂镇还探索建立美德积分转换机制，把参与文化志愿服务活动的时长纳入积分管理，积分可兑换物品等。对表现突出的志愿者，中厂镇还在全镇范围内进行宣传表彰，号召广大干部群众向先进者学习，努力成为弘扬志愿精神、传播文明风尚的排头兵，为中厂镇的经济社会发展提供强大的精神动力和道德支撑。

3. 创新服务，引领老百姓文化需求

各社区文艺志愿者队伍发挥各自特长，创新服务形式，服务内容涵盖文艺下乡、政策宣讲、防疫宣传等方面。一是组织开展免费培训，广泛开展书画展、太极拳广场舞、健身操、山歌、唢呐演奏、锣鼓表演、乒乓球、篮球、棋牌等培训，并组织友谊赛等；二是积极推动文化惠民演出活动进社区，结合春节、元宵等传统节日，开展"新春送福""闹元宵、做花灯""浓情端午""欢乐中秋"等主题的丰富多彩的节庆志愿服务活动；三是将党史学习教育与志愿服务相结合，用好志愿服务站、党史村史馆、廉政文化教育中心等场所

资源，开展"群众会""院落会"等主题宣讲活动，把理论、政策、道德、文化相结合，凝聚人心，传递社会正能量。

一张张热情的笑脸、一声声耐心的解答、一个个忙碌的背影，文化志愿者用实际行动诠释着新时代的雷锋精神。志愿精神如同一道暖阳，洒在人们的心间。如今，参加志愿服务活动已成为越来越多中厂镇群众生活的一部分，"我为人人、人人为我"的文明之花在中厂绽放得愈发灿烂。

中厂镇志愿者服务队助力文旅活动

三、主要成效

截至 2022 年，中厂镇已成立文化服务志愿者队伍 9 支，共 400 余人，服务涵盖文艺下乡、政策宣讲、防疫宣传等方面，已成为中厂镇文化建设、服务以及宣传工作的动力先锋，形成了面向广大群众的志愿服务体系。全镇 9 个社区综合文化服务中心、健身广场、文化馆、图书馆等公共文化服务设施建成率、使用率均达 100%，文化服务供给实现全覆盖。中厂镇先后获得国家卫生镇、全省先进基层党组织、省级生态镇等荣誉称号。

四、创新启示

　　以人为主体的文化志愿者队伍应吸纳一切有文艺才干、有文化热情的个体，发挥每个人的才智和热情，积极主动为当地群众提供文化服务，这样可以有效弥补政府服务和市场服务的不足。内容丰富、形式多样、便民利民的文化志愿服务活动可极大地丰富乡村文化产品供给，推动乡村文明进程。文化志愿者既是乡村公共文化的服务者，也是乡村文明的受益者。壮大文化志愿服务队伍是实现乡村建设"共建共享"的有效途径，对推动乡村振兴具有重要意义。

人人有"艺"，月月有"戏"
——岚皋县"群众大舞台"的大作为

李　刚（岚皋县文化馆）

段祖琼（岚皋县图书馆）

一、案例背景

　　岚皋县位于安康市南部、巴山北麓、汉江流域，因县城居岚河之滨，水边高地谓之皋，故称岚皋。其地形地貌以山地为主，是秦巴生物多样性生态功能区和国家南水北调中线工程重要水源涵养区，辖12个镇136个行政村（社区），面积1956平方公里，总人口17.2万人。岚皋县原属国家级深度贫困县，近年来，随着脱贫攻坚、移民搬迁工作的不断深入，岚皋农村面貌发生了翻天覆地的变化，初步形成了"山上建园区、山下建社区"的生产生活新格局。然而，随着农村经济的快速发展，群众对文化的需求也日益迫切。为了有效解决群众物质生活与精神文化生活协调发展问题，岚皋县结合安康市创建国家公共文化服务体系示范区，启动实施了"讴歌新时代·群众大舞台"文艺活动项目，在县委宣传部、文旅广电局的支持下，在文化馆业务干部的指导和帮助下，广大群众才艺展示有了新平台、新空间，实现了群众文化活动与全民艺术普及的有机结合。

举办"讴歌新时代·群众大舞台"文艺展演活动

二、主要做法

1. 组织策划四季度群众文化活动

第一季度以"传统节日"为主题，利用新春佳节期间返乡人员多、闲暇时间足、活动热情高等特点，组织开展以广大群众为主体的舞狮子、划彩船、唱民歌、跳民舞、猜灯谜等传统文化活动，营造喜庆祥和的节日氛围。

第二季度以"清风颂廉助脱贫"为主题，聚焦党风廉政建设、反腐败、扫黑除恶专项斗争等重点内容，以群众身边人和身边事为素材，创作、编排、展演廉政、反腐和扫黑除恶题材的文艺作品，打造气正风清的社会环境。

第三季度以"新民风建设"为主题，贯彻落实《新时代公民道德建设实施纲要》精神和岚皋县立德、尚德、遵德、载德、润德、弘德"六德"工程，展演群众自编、自导、自演的文艺节目，推动"诚、孝、俭、勤、和"新民风建设，形成崇德向善、见贤思齐、德行天下的良好社会风尚。

第四季度以"崇德辞旧岁，祈福点心灯"等为主题，利用群众自编、自导、自演的文艺节目，传承优秀传统文化、弘扬岚皋巴山文化，凝聚全县上下勠力同心奔小康的精神。例如，创编小品《懒汉脱贫》，帮助全县1000多名贫困人口转变"等要靠"的思想观念。

2. 加强活动组织与节目辅导

每季"讴歌新时代·群众大舞台"活动展演前，各镇、各村（社区）文化文艺专干及志愿者都会利用本村大喇叭、微信群等广泛征集群众节目。对一些有基础的艺人或文艺爱好者，文化专干或志愿者还会主动上门动员，鼓励他们报名参演活动。报名结束后，县文化馆、镇文化站专干及志愿服务队分赴各村（社区），根据群众需求和报名参演情况，精心指导民歌、民舞、汉调二黄、小品、快板等群众自编节目的编排，打造出一批群众自编自演的文艺佳作，如快板《总书记的话儿记心间》，岚皋志愿者之歌《为爱执着》，舞蹈《啦啦操》《幸福中国一起走》《岚河水韵》《喜丰收》《希望的田野上》《一袖云》《国风》《我和我的祖国》等。群众自编能力和自演水平不断提升，有近5000多名乡土文化人才脱颖而出，成为地方文艺骨干。不少濒临失传的民间艺术，如采莲船、晓道竹马等，在群众大舞台上重新得到传承和发扬。

3.做优群众文艺演出服务工作

为了更好地发挥"讴歌新时代·群众大舞台"的作用，岚皋县通过投入专项资金、完善基础设施建设、规范日常管理等方式，建成了 28 处镇、村文化活动广场和戏台，配备必要的器乐、服装、道具等。每一场演出活动中，县文化馆业务干部和文化志愿者全员出动，对舞台布置、灯光音响、节目彩排调度、后勤保障等进行全方位服务。演出现场由专业老师担任评委，现场评出一、二、三等奖，获奖者除获得证书、奖品外，还能直接参加晋级展演。为了做好活动宣传工作，县文化馆提前一周在文明岚皋、岚皋旅游、文化岚皋等微信公众号发布信息。活动开始，县文化馆运用新媒体平台进行网络直播，不能到现场的观众可以通过微信公众号文章进入直播链接，第一时间了解最新活动动态。

2020 年安康市岚皋县戏曲进乡村文艺演出第 212 场活动现场

三、主要成效

"讴歌新时代·群众大舞台"文化活动开展 5 年来，截至 2022 年，岚皋县文化馆 11 名群文干部和文化志愿者深入镇、村、社区，成立了 38 个文艺班社、50 支文艺服务小分队，辅导群众文艺节目编排 1857 次，先后指导群众创编出《新年喜洋洋》《四大妈进城》《打钱棍》《茶山情》《岚河水韵》等 2000 余个充满节日气息、地方特色的文艺节目，发现和培养了近 5000 名乡土文化人才，全县共有 270 余场次 3000 多个节目、20000 多人次群众演员在各级"讴歌新时代·群众大舞台"活动中登场，现场观看群众 16 万人次，手机网络直播平台累计点击量 1000 万人次。"讴歌新时代·群众大舞台"传递着社会正能量，引领着文明新风尚。活动开展以来，岚皋县已推选"中国好人"6 个、"陕西好人"18 个、"安康好人"22 个，有 9 人获得"陕西省道德模范"称号或提名奖。

四、创新启示

1. "群众大舞台"是群众自我教育的学校

"讴歌新时代·群众大舞台"以群众身边人、身边事为文艺创作素材，把舞台变成宣传社会主义核心价值观、弘扬社会正能量、传承优良家风家训的窗口，培养基层和乡村文化人才、丰富群众文化生活、展示群众艺术才能的平台，用先进文化凝聚人心、鼓舞人心、滋养心灵和开展群众自我教育的"学校"。赞美身边人、身边事的文艺作品教育了群众，改善了村风民风，让岚皋县涌现出一个个普通却又不平凡的"好人"。

2. "群众大舞台"是培养乡土文化人才的摇篮

文艺创作要扎根群众、扎根生活。乡土人才在这方面具有得天独厚的自然条件。鼓励乡土人才就地取材，积极创编文艺节目，用老百姓最通俗易懂的语言和表演形式教化和娱乐群众，既能丰富乡村文化生活，又有助于培养乡土人才。"讴歌新时代·群众大舞台"也为乡土人才提供了展示自我的平台，不仅让退休的文化干部发挥余热，老有所乐，继续为岚皋县文艺事业做贡献，而且他们通过"传、帮、带"的形式，培养出新一代农村文艺骨干。

3. "群众大舞台"是全民艺术普及的大平台

岚皋县文化馆依托各镇、村（社区）文化活动中心，通过扶持培育民间文艺团队和文艺爱好者的方式，指导各村文艺工作开展，组建多支文化队伍，通过提升群众文化的"自组织"能力，丰富公共文化服务供给。"讴歌新时代·群众大舞台"文化活动以全民艺术普及为抓手，改变了以往文艺展演"你演我看，演完就散"的被动局面，极大地丰富了群众精神文化生活，达到了较好的全民艺术普及效果。

旬阳市图书馆"小小图书管理员"志愿服务活动实践

向永杰　马　丹（旬阳市图书馆）

一、案例背景

阅读是获取知识、增长智慧的重要方式，是传承文明、提高国民素质的重要途径。2012 年党的十八大报告中提出"开展全民阅读活动"，自 2014 年起，"全民阅读"连续九年被写进政府工作报告中。2021 年，中共中央办公厅、国务院办公厅印发《关于进一步减轻义务教育阶段学生作业负担和校外培训负担的意见》（简称"双减"政策），指出要促进学生全面发展。为深入推进全民阅读，丰富学生课外生活，培养学生阅读兴趣，锻炼学生个人能力，旬阳市图书馆自 2019 年起在暑假期间开展"小小图书管理员"志愿服务活动，利用馆藏文献资源，发挥图书馆阅读阵地作用，助力"双减"政策落地实施，践行和弘扬志愿服务精神。

二、主要做法

1. 岗前培训进入"角色"

2019 年，旬阳市图书馆启动暑期"小小图书管理员"志愿服务活动，为学生在假期走出家门、走进图书馆、学习图书管理技能、培养爱书习惯搭建平台。图书馆通过精心策划，在书香旬阳微信公众号发布活动招募公告，利用图书馆总分馆微信群、中小学生家长微信群、阅读活动推广微信群等进行广泛的宣传招募，首届活动就有 40 余名小志愿者报名参加。

"小小图书管理员"的工作内容主要包括办证、图书借还、排架整理、阅读引导、秩序维护及环境卫生整治等。小管理员上岗前，由工作人员专门进行业务知识培训，主要讲解工作纪律、图书馆功能分区、设施设备、借阅制度、办证流程等基本知识，熟悉图书排架、自助借还等基本操作。根据志愿者年龄、心理特点因素，馆员对小志愿者展开"一对一"辅导，对年龄较小者，侧重培训他们熟悉图书区域分类、接待读者、劝诫文明阅读；年龄稍大者，重点培训他们图书排架、自助借还、报刊登记等工作。同时，图书馆还专门制作了"小小图书馆管理员"安全协议书、"小小图书管理员"考勤表，在小管理员们上岗前进行安全教育和遵纪守法教育，强化孩子们的安全意识，保障他们的人身安全。

旬阳市图书馆"小小图书管理员"志愿服务活动实践

2. 上岗实践"工学相长"

正式进行上岗实践时，孩子们统一穿着印有"小小图书管理员"标志的服装，统一佩戴胸牌上岗，实行严格的打卡制度，将学校课堂纪律与工作纪律衔接起来，着力培育他们的纪律意识和良好行为习惯。

工作人员根据志愿者年龄特点进行分组，每组中选出队长，实行志愿者大带小、老带新的原则，培养他们互帮互助的友爱精神，形成团结协作、互帮互助的向心力、凝聚力。在完成本职工作的基础上，孩子们可以利用图书馆文献资源进行阅读和学习，工学相长。

3. 保存记忆留下服务掠影

为了激发"小小图书管理员"的工作和学习热情，图书馆制定了"最佳小小图书管理员评选办法"，综合评价他们的日常表现、工作和学习成果，评选"最佳优秀小小图书管理员"，颁发荣誉证书和奖品。另一方面，不定期组织"小小图书管理员"开展座谈会，交流经验，总结不足，共享心得，畅谈理想。

在"小小图书管理员"上班期间，工作人员会适时抓拍他们的工作场景，在家长微信群里分享，以便家长了解和展示孩子的学习实践成果，留存他们的工作画面，同时馆里也存档保留。志愿服务实践活动成功搭建馆家合作平台，得到广大家长的支持和关注，旬阳市图书馆的社会影响力和群众满意度不断提高。

三、主要成效

2019 年以来，旬阳市图书馆连续四年举办暑期"小小图书管理员"志愿服务活动，在全市中小学校和广大家庭中产生广泛影响。截至 2022 年，约有 200 名学生参加"小小图书管理员"志愿服务活动，100 余名学生获评"最佳小小图书管理员"称号，其中多名学生连续多年参加志愿服务活动。通过参加活动的学生及家长的宣传，图书馆形成一批稳定的读者群体。在此基础上，图书馆以"小小图书管理员"志愿服务活动为抓手，开展"我们的节日"城乡同读、绘本精读、全民阅读进景区、茶学公益课堂等特色阅读活动，举办"书香镇（村）""书香家庭"等评选活动，以"点"成"线"，以"线"汇"面"，推动全民阅读工作纵深开展。2021 年旬阳市图书馆被陕西省文化和旅游厅授予"第九届寻找'三秦最美读书人'和'三秦最美领读人'活动优秀组织奖"。2022 年 9 月，"小小图书管理员"储著焯家长将孩子的工作场景进行剪辑加工，参加由陕西省教育信息化管理中心主办的陕西省青少年"爱挑战"暑期创新故事，获评"一等奖"。

四、创新启示

学生阶段是一个人的阅读习惯形成与发展的重要时期。图书室和图书馆是重要的教育阵地，也是学生进行课外阅读的重要场所。"小小图书管理员"志愿服务活动通过让小读者从用户变成管理者的"角色转换"，"解锁"图书借阅、上架整理的科普知识，极大地增强了小读者与图书馆之间的黏性。随着时代的发展变化，面对社会上丰富多样的信息途径，图书馆应如何吸引学生走进图书馆、爱上图书馆？"小小图书管理员"志愿服务活动值得借鉴。

旬阳市图书馆"小小图书管理员"志愿服务合影

旬阳市全民阅读志愿者服务实践

向永杰　马　丹（旬阳市图书馆）

一、案例背景

"双减"政策的落地和实施，使得图书馆对青少年的阅读引领作用日益凸显。2022 年初，文化和旅游部、教育部、国家文物局联合印发《关于利用文化和旅游资源、文物资源提升青少年精神素养的通知》（办公共发〔2022〕29 号），要求公共图书馆创新利用阵地服务资源，组织开展未成年人阅读推广活动，传播社会主义先进文化、革命文化和中华优秀传统文化。旬阳市图书馆发挥社会教育职能，通过组建全民阅读志愿服务队，以城区分馆为阵地，组织开展"护苗成长　周末有'阅'"全民阅读活动，引导青少年积极参与阅读，传承中华文明，提升精神素养，让文化自信的种子在广大青少年心中生根发芽。

二、主要做法

1. 遵循"四个固定"模式开展阅读服务

自 2018 年城区分馆建成以来，旬阳市图书馆以分馆为阵地，吸引社会力量以志愿者身份参与图书馆服务活动，遵循"四个固定"模式，即"固定地点、固定时间、固定对象、固定程序"，组织开展志愿服务阅读活动。志愿者自主策划活动方案，以城区三个分馆为活动阵地，利用周末时间组织青少年开展阅读活动。为扩大活动影响力，提高活动参与度，增强图书馆知名度，旬阳市图书馆以横幅的形式向游客宣传全民阅读进景区活动，鼓励现场群众参与阅读活动；在微信公众号发布活动预告，邀请农村青少年读者走进城区分馆，共享阅读的快乐；利用图书馆网站、微信公众号、喜马拉雅号以及旬阳融媒 App、陕西公共文化云等平台宣传报道，全方位呈现活动过程，增强宣传实效。

2. 坚持"分龄教育"原则，提供精准服务

志愿服务队在学习借鉴优秀阅读案例的基础上，结合中华优秀传统文化、社会主义核

心价值观教育，提升青少年阅读兴趣。一是积极探索"经典诵读＋"服务模式，以插花、茶艺、手工 DIY、绘画、才艺展示等环节丰富活动的内容，带领青少年走向户外，开展阅读进景区活动，并有计划地开展知识竞赛、征文等活动，将趣味融入阅读过程，让青少年在沉浸式体验中快乐阅读、阅读快乐；二是与学校、培训机构、留守儿童托管中心等单位建立长期稳定的合作关系，免费为合作单位赠送图书，兼顾城乡，满足广大青少年阅读需求，保障他们基本文化权益；三是针对幼儿、低龄段的孩子推出绘本精读活动，组织亲子阅读、朗诵、绘画、游戏等活动，让孩子在绘本中认识世界，培养其阅读兴趣。

"我爱我家"世界地球日绘本阅读活动

3. 志愿者队伍建设保障活动长效进行

图书馆在阅读推广工作中积极采取与志愿者合作的模式，保障阅读活动长效进行。首先，图书馆将志愿服务纳入发展规划，面向全市招募阅读服务志愿者，组建服务队，筹措资金，开展志愿服务活动，推动志愿者队伍巩固壮大。其次，图书馆采取"定岗不定人"的方式，根据志愿者的兴趣爱好和个人意愿分配到相应的工作岗位，由志愿者主导策划阅读活动，既能发挥志愿者的优势特长，又能满足其实现个人价值，还能稳定志愿者队伍。再次，坚持培训与服务并重原则，在志愿者上岗前对他们开展培训，由经验丰富的老师进行指导，提升志愿者的服务意识和服务水平。最后，由志愿者自行组织，不定期召开经验交流会，分享优秀活动案例，互相借鉴，总结经验，改善不足，实现图书馆服务和个人成长的"双赢"。

三、主要成效

"护苗成长　周末有'阅'"全民阅读志愿服务队活动开展以来，共吸纳百余位志愿者，其中青少年占比 50%，实现同龄人之间的"同频共振"效应。2018 年以来，全民阅读志愿服务队共开展阅读推广活动 200 余场次，受益人群达万余人次，群众满意度高达 95%，成功打造"我们的节日""城乡同读""小小图书管理员""少儿绘本美育分享"等特色阅读品牌。2021 年旬阳市图书馆被陕西省文化和旅游厅授予"第九届寻找'三秦最美读书人'和'三秦最美领读人'活动优秀组织奖"，被安康市图书馆评为"2021 年度阅读推广工作先进单位"，被安康市图书馆学会评为"2017—2021 年度先进集体"。

四、创新启示

旬阳市图书馆将志愿服务理念融入阅读工作中，不仅缓解了图书馆工作人员数量少、工作经费紧张的压力，也为图书馆服务注入了新鲜血液，优势互补，共建共促，实现了 1+1>2 的联动效应。图书馆遵循青少年思维方式，听取多方意见，策划契合青少年认知特点、精神需求的阅读活动，实现图书馆优质文化资源与青少年阅读需求的有效对接，搭建健康成长平台，在推动图书馆服务高质量发展上迈进了一步。

紫阳县文化馆关爱留守儿童暑期公益活动实践

张　媛（紫阳县文化馆）

一、案例背景

紫阳县地处秦巴山区，以农业为主，无大型工业支撑，主要经济收入靠劳务输出。由于大部分青壮年劳力外出打工，全县留守儿童就达 12280 人，他们与父母聚少离多，得不到父母应有的监护和关爱，隔代教育不尽如人意，这种状况容易导致留守儿童出现"亲情饥渴"现象，心理健康、性格等方面出现问题，学习受到影响。紫阳县文化馆通过精心策划开展"爱在童年·益在未来——公益小天使与留守儿童手牵手"暑期公益活动，探索出了一条关爱农村留守儿童的有效路径。

紫阳县第五届"爱在童年·益在未来"留守儿童暑期艺术培训活动

二、主要做法

1. 整合社会力量搭建公益平台

"爱在童年·益在未来——公益小天使与留守儿童手牵手"艺术培训系列活动，由紫阳县文化馆和社会爱心组织紫阳县"丽姐助学"公益服务中心联合举办，紫阳县公安局、紫阳县电视台、紫阳县图书馆、紫阳县文化旅游投资发展有限公司、紫诚旅游开发有限公司、紫阳青创大酒店、紫阳佰纳影城等多家单位协办。活动主办方和协办方在全县 17 个乡镇中，遴选了留守儿童数量最多的 4 个乡镇，利用暑假在县城开展为期 7 天的"爱在童年·益在未来——公益小天使与留守儿童手牵手"艺术培训系列活动。活动充分整合各类社会力量资源，文化馆负责组织专业艺术指导老师和社会培训机构教育资源，"丽姐助学"公益服务中心负责招募社会上的青年志愿者及爱心人士，小脚丫艺术培训中心、树人美术培训学校、金话筒艺术培训中心等多家艺术培训机构加盟活动。活动费用采取文化馆部分资金支持和爱心企业厂家捐赠相结合的方式，社会各界力量合力为留守儿童送文化、送温暖、献爱心。

2. 活动内容丰富多样

"爱在童年·益在未来——公益小天使与留守儿童手牵手"艺术培训系列活动，主要包括八部分内容：一是组织留守儿童走进文化馆、小脚丫艺术培训中心、树人学校、金话筒语言艺术培训中心等专业培训机构，学习绘画、舞蹈、播音主持、导游讲解、紫阳民歌等课程，让留守儿童感受艺术的魅力，加深对家乡的人文历史和特色文化的了解；二是走进紫阳县电视台，参观录、播、导、编系统，体验新闻录播过程；三是组织来自城市的"公益小天使"携手留守儿童，通过闲置物品义卖活动为留守儿童募捐善款，留守儿童与"公益小天使"同台表演节目；四是由招募的志愿者带领留守儿童参观县域景区，并引导孩子用画笔或文字描绘自己的家乡；五是走进紫阳县图书馆，由图书馆员带领孩子参与阅读活动；六是利用晚上空闲时间带领留守儿童前往电影院观看爱国主义电影，培养他们的爱国情怀；七是带领孩子走进公安局、消防队等地参观，并开展安全教育讲座；八是任河嬉水，带领留守儿童在任河漂流、嬉水、学游泳。

三、主要成效

在"丽姐助学"等公益性社会组织的支持下，紫阳县文化馆每年开展"爱在童年·益在未来——公益小天使与留守儿童手牵手"艺术培训系列活动。社会爱心人士的捐赠、志愿者的服务及各单位的大力支持让留守儿童感受到社会的温暖。城市"公益小天使"与农村留守儿童以同龄人的方式交流，一起开展文化活动，通过这种方式在他们心里种下艺术的种子，培养孩子们的爱心、责任心，为他们的健康成长打好基础。该系列活动在社会上引起了广泛关注，"壹基金"儿童服务平台、陕西仁爱网、安康电视台、紫阳电视台等媒体平台相继做了报道。

"公益小天使"和留守儿童在紫阳会馆开展公益活动

四、创新启示

留守儿童在成长过程中，需要学校、家庭、社会共同协作为他们提供一个更好的教育环境。政府部门要积极发挥主导和引导作用，充分发挥群团组织关爱服务优势，推动社会共同参与，为留守儿童提供假期照料、课后辅导、心理疏导等关爱服务，构建留守儿童关爱教育立体化、全方位、无死角的保障体系。紫阳县文化馆开展的"爱在童年·益在未来——公益小天使与留守儿童手牵手"暑期公益活动整合文化资源、社会力量，科学谋划开展公共文化服务活动，为关爱农村留守儿童健康成长做出了积极探索。

馆校合作助"双减"
——白河县图书馆课后延时服务实践

岑春莲（白河县图书馆）

一、案例背景

2021 年 7 月，中共中央办公厅、国务院办公厅印发了《关于进一步减轻义务教育阶段学生作业负担和校外培训负担的意见》，实施"双减"政策。白河作为秦巴山区欠发达县，受财力物力人力等因素的制约，中小学图书馆普遍发展缓慢，藏书规模极其有限。为积极响应国家"双减"政策，缓解学校在开展课后延时阅读服务上的不足与压力，丰富学生课后延时服务内容，白河县图书馆积极与周边学校联合开展课后延时阅读服务，助力"双减"政策落地生效，推动白河县公共文化服务高质量发展。

二、主要做法

1. 馆校携手合作，落实"双减"

先进的服务理念是基层图书馆服务创新的重要基础。白河县图书馆积极转变传统"等客上门"的被动服务理念，主动与城关小学和县幼儿园等周边学校联系，签订相关阅读服务合作协议，建立馆校共同推动"双减"工作的合作关系。其主要内容是利用学生课后时间、节假日和寒暑假，共同策划开展以"阅读相伴　快乐同行"为主题的阅读推广活动。为了保证馆校合作阅读活动开展的连续性与规范性，双方确定了学生具体进馆时间、班级排序和服务时长。例如，协议规定每个工作日下午双方共同组织一个班级的学生，集中到图书馆开展阅读推广活动。

2. "请客上门"，量身打造阅读活动

"请客上门"是图书馆开展馆校合作阅读活动的第一步，但如何让"客"爱上图书馆、爱上阅读，是图书馆需要解决的重要问题。为此，白河县图书馆针对不同年龄段学生的阅

读兴趣与心理特点，制定了分类阅读方案：针对低幼儿童群体以开展早期阅读教育为主，重点是利用绘本构图巧妙、语言生动、色彩丰富等特点，帮助其认识图文关系，培育低幼儿阅读的兴趣；针对高年级学生群体，则结合传统文化知识小课堂进行图书推荐和阅读指导，开展读写结合的阅读活动。为了提升学生综合能力，图书馆还组织开展图书诵读活动，使学生在诵读中增强对读物的理解力，体会语言之美、节奏之美。为了使低幼儿童安全、便捷地利用馆藏资源，图书馆还专门配置了一批低层书架，购置了一批符合低幼儿童认知能力和阅读兴趣的绘本。图书馆通过周到细致的服务和丰富多彩的活动，使学生对图书馆这个"第二课堂"产生了浓厚的兴趣和深厚情感，去图书馆阅读成为学生的普遍期待。

3. 以"点"带"面"，整体推进

近年来，白河县以文化创建为抓手，大力推进"书香白河"建设，乡镇总分馆建设稳步推进。截至 2021 年底，全县已建成 11 个乡镇分馆，23 个社会化合作分馆，并在总馆指导下实现了图书统一检索和通借通还。自 2022 年 3 月，白河县图书馆与城关小学达成课后延时阅读服务合作协议以来，已开展活动 100 余场次，受到学生普遍欢迎。为了让更多学生共享图书馆创新服务成果，图书馆将此经验与模式推广到乡镇和社会化合作分馆，达到了以"点"带"面"的示范效果，形成了城乡协同助力"双减"，开展阅读推广活动的良好局面。这样一来既缓解了中小学、幼儿园图书阅览场馆以及阅读资源的不足，又促进了图书馆延伸服务的开展，进一步提高了公共图书馆服务效能。

三、主要成效

馆校合作联合开展阅读推广活动，有效拓展了图书馆服务空间和社会教育职能，强化了公共图书馆"第二课堂"的作用，提高了图书馆馆藏资源、专业人才资源的利用效率。自 2022 年 3 月联合开展课后延时阅读服务以来，图书馆针对学生们开展的各项阅读推广活动达 100 余场次，每日读者入馆量增加到 400 余人次，学生参加绘本讲读、诵读比赛、手工制作等品牌活动的热情大幅提高。在图书馆与学校联合举办的"一起来悦读"分享秀活动中，许多学生都积极地分享了自己喜欢的书目片段。馆校合作借助公共图书馆在馆藏、场地、专业人才等方面的优势，有效弥补了学校阅读空间和资源的不足，以及学校课后延时阅读服务的不足。馆社合作建设的初音童书馆分馆、纬度美学书苑分馆、城关镇分馆和仓上镇分馆等，也积极联合周边学校开展了多场次课后阅读服务活动，形成了阅读推广的合力，得到了社会各界的广泛好评，相关活动多次被县、市级媒体报道。

四、创新启示

公共图书馆是开展社会教育的重要场所，是推动全民阅读的主阵地。白河县图书馆通过馆校合作方式联合开展阅读推广活动，引导学生健康阅读、传播先进文化、普及科学知识，既有效贯彻了国家关于义务教育阶段学生负担的"双减"政策，丰富了县域总分馆服务体系内容，提升了图书馆的社会影响力和社会认知度，又发挥了图书馆"文化育人"的作用，推动了地方阅读文化建设，提高了学生综合文化素养，扩大了图书馆阅读推广的对象和内容。

白河县图书馆馆校合作课后延时服务场景

第四编

乡村文化和旅游融合发展创新实践

文化铸魂　旅游塑形　产业赋能
——旬阳市蜀河古镇开发模式

张知业（旬阳市蜀河镇人民政府）

一、案例背景

在古老而又现代的中华大地上，一座座穿越千年的古村古镇凝结着历史的记忆，成为中华优秀传统文化的物质标识、精神根脉。位于秦巴山地的蜀河古镇就是有着600多年汉水商贸文化积淀的历史名镇。

蜀河古镇中兴于明代，繁华于清朝中末，曾是汉江黄金水道上贯通川陕鄂的重要码头，商贸交易的集散之地，有"小汉口""汉江小都会"的美誉。到了民国末年，水运通道逐步淡出，古镇也逐渐衰落。古镇街区呈三横九纵格局，其中一直保存较为完好的黄州馆和杨泗庙现在仍然作为演出场所。迄今为止，蜀河古镇依然是陕南保护最为完好、体量最大的古镇。

为了把古镇乡愁的文化血脉转化为推动乡村振兴的"文化生产力"，旬阳市立足汉水文化、民居古巷资源，按照"千年古镇·诗意蜀河"的定位，对蜀河古镇进行古建筑保护修复，开展传统文化发掘和展示工作，为古镇铸魂；按照旅游景区的标准完善要素、美化环境，为古镇塑形；按照农文旅融合发展的理念，发展现代农业，推动农产品升级，以产业赋能乡村振兴。如今，蜀河古镇已经拥有中国历史文化名镇、全国重点镇、全国特色景观旅游名镇和国家AAAA级旅游景区4张国家级名片，现存古迹古居102处，省级文保单位5处，县级文物保护点9处，在以文兴旅、以文促旅、文旅融合的发展道路上迈出了坚实步伐。

二、主要做法

1.加减并济，还原古镇风貌

如何最大程度还原古镇原生态风貌是景区需要思考的首位问题。依托陕南移民搬迁政策和省级文化旅游名镇建设政策机遇，蜀河镇确立了"保护古镇、建设新区"的加减并济的战略思路。一方面做减法去赘，将蜀河行政、商业中心北迁至高桥社区，为旅游"让路"，为古镇发展留足空间。为去除与古镇风貌不协调的异质因素，对110余户外河堤近现代房屋实施拆迁，改造成滨河景观大道。另一方面做加法补短，对古镇区的古民居、古建筑进行维修和仿古改造。在省级示范镇500万元专项资金基础上，旬阳市又增加1000万元，先后实施西入口大道综合整治项目、景区步道项目，完成古镇停车场、航运码头、文化广场、古街区道路仿古改造等一大批基础设施建设。同时，在街巷悬挂800余盏灯笼进行软装饰，制作实木门头牌匾197块，统一风格，在古码头修筑文化背景墙，在古镇入口建设水韵景观，凸显古镇的古韵古风。

2."两区两带"奠定农文旅融合基础

古镇是现代休闲生活和传统乡村文化的复合载体，古镇旅游开发既要避免同质化、商业化，又要找到适合本土的商业发展模式。在旬阳"十四五"规划中，蜀河发展定位为"两区两带"，即"古镇景区、宜居新区和蜀河沿线新农村示范带"和"汉江沿岸特色林果带"。古镇核心区依托丰富的文化资源发展旅游业，将蜀河新区建成业态丰富、美丽宜居的现代化宜居小区，三官社区及周边村则依托良好的生态环境和农村基础连片建成集农业观光体验和休闲娱乐为一体的新农村示范带，汉江流域的沙沟、渡口等村则建成瓜果飘香、富饶美丽的万亩特色林果带。"两区两带"的布局拓展了古镇旅游的外延，形成"山上种产品、山下卖商品"，"文化为魂、旅游搭台、生态唱戏、农业获益"的良性发展格局。

3."三条街"培育农文旅融合新业态

按照"景区带动、园区引领、农文旅融合"发展思路，蜀河镇聚力打造蜀河汉水文化体验街、陕南特色小吃街、滨江休闲观光街"三条街"，以此来统领资源和项目，激发市场活力，培育文化产业、餐饮产业，做大特色农业，推动传统农业转型升级。

一是依托独有的文化资源，筹建版画、摄影、写生基地，衍生形成版画合作社等新兴文化产业，强化文化符号。二是坚持以文化为魂培养文艺队伍，策划各类文化活动，通过文化文艺活动增加对游客的吸引力和黏合度。每逢重大节庆期间，组织双彩车、烧狮子等非遗表演，开展汉调二黄、花鼓子等地方特色民俗戏曲文化专场演出，景区古装讲解团队常态化开展夜间"打更"、汉服走秀、骡马商队进古镇等活动，开展"两馆"民间艺术展演和文化艺术志愿服务演出，既丰富了群众文化生活，又增加了旅游看点。三是培育做大以"蜀河八大件"为代表的地域饮食文化品牌，带动天元酒店、裕庆和、弘道客栈、春茂荣等一批餐饮企业强势崛起，"老袁家""马老四"等老字号保持旺盛生机。四是积极推进"三链"（支部建在产业链上、党员聚在产业链上、群众富在产业链上）建设，大力发展社区工厂、商品蔬菜、畜牧养殖等优势产业。截至 2022 年，全镇发展市级蔬菜保供基地 500 亩，种植林果 900 亩，养殖中蜂 1100 余箱，发展软籽石榴和金银花园区各 1 个。三官乡村振兴示范社区发展藕田养鱼、草莓大棚等产业，实现销售收入 8 万元。主动融入现代商业体系，相继建成服务产业发展的游客服务中心、电子商务平台、农产品交易中心并投入使用。

省级非遗保护项目"蜀河太平灯"展示活动

三、主要成效

1. 要素聚集裂变凸显综合效应

乡愁浓郁的古镇文化游、优美如画的生态休闲游、收获快乐的农业体验游等丰富的旅游产品吸引了游客纷至沓来。每年仅春节期间专程来到蜀河的游客就多达 7 万人次以上，带动消费逾 1500 万元，全镇 13 家餐饮企业、357 间客房常常供不应求。蜀河的双彩车和名吃八大件也先后列入陕西省非物质文化遗产保护名录。品牌效应带来当地农产品销量的扩大和附加值提升。

2. 文旅品牌吸引客商投资兴业

蜀河古镇文化旅游品牌影响力不断扩大，吸引了优质客商到蜀河投资兴业。蜀河籍商人签约投资项目 2.32 亿元；年产 1000 万件毛绒玩具的迪士尼毛绒玩具总部工厂从落户到投产仅用时 5 个月，带动就业 1000 余人；版画合作社等新兴文化产业带动 17 户农户年均增收 1 万余元；龙头嘴社区"六小工程"之一小厅堂可承办婚丧等事宜，在解决群众就业的同时，实现年收入 20 余万元，成为旬阳市搬迁社区的样板。就业创业渠道的增加吸引了约 15000 人的劳务大军返乡创业就业，结束了他们背井离乡的打工生活。

3. 人居环境与乡风文明双向提升

良好的人居环境是实施乡村振兴战略的重点任务。镇党委、镇政府抢抓汉江综合整治、乡村振兴示范镇和美丽宜居示范村创建机遇，确定包括交通路网、村容村貌、农房设计建造等五年建设项目 161 个，对镇村人居环境进行全方位提升改造。良好的人居环境与乡风文明相互滋养，激发农民建设美丽宜居家园的内生动力。蜀河镇围绕乡村谁来建、如何建等关键课题，形成调研报告《实践为基 探路为要》并在《陕西建设》发表。2021 年，蜀河镇被列入陕西 100 个乡村振兴示范镇名单。

"我在古镇过大年"颁奖暨"诗意蜀河，最美遇见"短视频征集大赛启动仪式吸引了各地游客

四、创新启示

文化铸魂方能行稳致远。蜀河古镇最大特色在于下大力气挖掘和建构"文化生产力"，形成丰富多彩而独特的"农文旅"发展模式，走出了一条古镇"+ 文化"的特色发展之路。实践证明，以产业的形式推动传统文化加快发展，是发挥文化"精神推动力"和"物质发展力"的有效途径。

旅游塑形发挥"超能力"。旅游开发是一个综合工程，构建全面、立体的发展图景，既要注重用框架性项目搭建"四梁八柱"，也要让各种发展要素充分涌流，支持大量小项目"添砖加瓦"。作为一个文旅型定位的城镇，蜀河镇通过专家规划、谋划，在"旅游化"的高标准建设下，镇村基础设施和配套设施、人居环境得到明显改善，群众文明素质得到明显提升。

产业赋能古镇新活力。蜀河镇在发展中，把古镇旅游作为整合一、二、三产业融合发展的平台，着力优化农业产业结构，推动园区变景区、农产品变商品，扶持文化产业建设，推动非遗项目产业化发展。不断壮大的多元化产业规模为古镇发展注入强大动能。

文物价值的"故事化叙事"

——石泉县文旅融合"四个一"创新实践

谢　丽（石泉县博物馆）

一、案例背景

文物古迹既是宝贵的文化遗产和文化传承载体，也是重要的旅游资源。深度的旅游开发为文物保护与合理利用工作带来了新的思考。

石泉是先秦文化的重要发祥地，纵横学派鼻祖鬼谷子在此修炼授徒，又称鬼谷子故里。石泉建县于西魏废帝元年（552），文物古迹众多、人文底蕴厚重，境内有不可移动文物遗存点 284 处，其中省级文物保护单位 10 处、县级文物保护单位 33 处、一般不可移动文物 241 处。全县建有县级博物馆 1 个，社区博物馆 2 个。

近年来，石泉县秉承以文物保护为根本，积极践行"旅游兴县"战略，以石泉老街、禹王宫、江西会馆、关帝庙几处文保单位为核心，致力于活化文物资源、讲好石泉故事的创新探索。通过实施"四个一"工程，即守牢"一条线"、保护"一条街"、建设"一个馆"、形成"一个服务品牌"，让文物价值"故事化"传播，把文物保护成果转化为推动当地经济社会高质量发展的新载体、新引擎。

二、主要做法

1. 守牢"一条线"

"一条线"是文物保护的红线、底线、安全线。守好文物保护的红线、底线是文物活化、故事传播的前提。

为了做好全县文物保护工作，全县上下切实增强对历史文物的敬畏之心，从机制、制度设计上突出、强化文物安全保护工作的重要位置。建立文物安全工作协调机制，由县政府分管领导牵头、各镇和二十个成员单位分工协作；建立全县文物保护安全工作联席会议，印发《石泉县文物保护安全工作联席会议制度》；建立文物保护长效机制，制定了《文物安全巡查管理制度》《石泉县群众文物保护员管理办法》《禹王宫、江西会馆、关帝庙消防安全管理制度》等，推行文物安全责任清单公告公示制度，逐级签订文物安全目标责任书，突出"明责、定责、履责、问责"四个关键，构建"县、镇、村（社区）、文保员"四级文物安全保护网络，形成"党政领导、行业主管、部门联动、社会参与"的齐抓共管格局。

石泉县城关初级中学学生进馆开展研学活动

2. 保护"一条街"

"一条街"是石泉老街。这里既是石泉古建筑保护的核心区，也是石泉旅游的重点景区，主要有禹王宫、江西会馆、关帝庙等几处文保单位。

石泉老街严格按照"修旧如旧、修新如旧、注重细节、精益求精"要求，完成禹王宫、江西会馆、关帝庙、古城门、古戏楼、博物馆、古院落等修缮工作。通过增加花卉盆栽和仿古雕塑缀饰等方式，重点对古街、古巷、古民居及古院落进行点线面绿化美化改造和街景亮化提升，连接古街区景观与滨江公园、北辰公园，实现青山绿水生态互动互补，实现了街区生态品位提升，极大程度地改善了居民游客的生活、游览环境。

古泉县积极探索"旅游+"的产业发展模式，深挖移民文化、汉水文化内涵，整体统筹有机融入街区规划建设，搜集整理街区历史文化积淀和非物质文化遗产，固化汉调二黄、皮影戏、县令审案情景剧、县令巡游等民俗文化演艺活动，彰显特色。通过举办"吃粥忆祖"腊八节和清明古装节、协办"汉江之夏"旅游文化节及彩狮闹古城和鬼谷下山迎五福及古街民俗展演等系列特色会演活动，吸引游客，传播石泉文化。

为加强对石泉老街的文化遗产保护及合理利用力度，让文物"活"起来，丰富人民历史文化滋养，石泉先后申报实施了"博物馆陈列展示"，禹王宫屋面抢险维修及东西城门、关帝庙抢险加固等工程项目，全力保护好县域文物资源，促进文物与旅游融合发展。

3. 建设"一个馆"

"一个馆"是石泉县博物馆。该馆于 2016 年 7 月全面建成并免费开放，馆内藏品丰富，是集史料研究、文物收藏、文化传承、科学传播、观光休闲、综合服务、展示于一体的地方综合博物馆。

博物馆下大力气以"故事化"叙事手法呈现文物及文化价值，采用展品展柜传统展陈形式与语音导览、现代展陈形式相结合，展现石泉变迁史和文化渊源，重现了鬼谷子讲学、兴桑养蚕的场景。场景形象逼真，文物展示精美，让石泉历史文化都"活"了起来，博物馆成为石泉重要的人文景观、旅游休闲场所和教育基地。"故事化"的展示方式有效适应了现代受众的交流习惯，提升了文物资源的活化效率和传播价值，成为石泉文物活化的重要抓手。

博物馆充分发挥公共文化服务作用，开展各种形式多样、生动活泼的社会教育和服务活动，先后开展了"博物馆的由来"专题讲座、"文物宣讲进校园"活动、"端午寻宝——欢乐嘉年华"活动、"花灯邀明月 巧手迎中秋"石泉县博物馆中秋手工花灯 DIY 活动等。馆里克服人员、经费紧缺问题，通过推行个性化、订单式服务，建立公共文化服务分层次有效供给机制，除统一闭馆日外，每天 9：00—21：00 对公众免费开放，免费提供讲解及接待团体观众服务，积极发挥教育、研究和欣赏三大基本职能，让文化建设成果惠及更多群众。

三、主要成效

石泉县博物馆立足特色馆藏资源，主动拓展服务，形成一系列新型服务品牌。一是建立了"文物＋教育"的馆校合作服务模式。把博物馆资源与课堂教学、综合实践活动有机结合，秉持"一个节假日一场活动，文博知识下去讲"的活动理念，累计举办进学校进社区系列宣传活动 300 多场；二是拓展"文物＋旅游"融合服务模式。积极开展"小小讲解员培训"及形式多样的研学活动，打造"了解文博历史，畅游千年古城"的特色研学路线，让游客畅游石泉千年古城的同时了解悠久的石泉历史文化；三是推广"文物＋社团"融合发展模式。积极利用博物馆一楼临展厅、江西会馆、禹王宫等开放性展览场所，广泛征集手工艺名人和收藏家，展览名家作品和收藏品等，回报社会、服务社会。

目前，石泉老街成功打造成国家 AAAA 级旅游景区，基本形成了"生态宜居、独具古韵、文旅融合、休闲度假"的特色旅游发展格局，成功创建为国家级旅游休闲街区、省级历史文化街区、省级夜间文化和旅游消费集聚区，年服务人次达70万。2019年，中央电视台大型纪录片《记住乡愁》之《石泉老街——古风厚道》在央视中文国际频道播出；2021年，央视《中国影像方志》栏目重磅推出陕西卷石泉篇，其中以《古城记》大篇幅推介了石泉老街。"石泉十美"的旅游品牌知名度和影响力不断提升。

石泉老街游客络绎不绝

四、创新启示

保护文物底色是融合发展的根本。文物保护功在当代、利在千秋。石泉始终把"保护"二字当作重点工作篇章，通过构建完善的保护体系，当好石泉文物的"看门人"。文物"活化"传播力是融合发展的关键。石泉通过让文物资源"活起来"，满足游客寻古探胜、求知求新、增长知识、愉悦心情等文化需求，让文旅消费"热"起来、区域形象"美"起来。全民共建共享是融合发展的保障。石泉正确处理文物保护与城乡建设、经济社会发展的关系，将文物事业的发展与城市发展目标一致、全面兼容，极大地促进了基层公共文化资源共享，使保护与文旅融合成果惠及民生。

小作坊撬动乡村旅游大发展

——传统技艺"集群化"发展的中坝模式

陆红云（石泉县文化馆）

一、案例背景

散落在民间、乡村的技艺类非物质文化遗产，是推动乡村产业振兴的宝贵资源。中坝村是石泉县后柳镇最偏远的高山村之一，全村面积 6.5 平方公里，辖 3 个村民小组（含 1 个移民搬迁社区），230 户 871 人。过去，由于地理位置偏僻、交通不便、信息闭塞等因素，中坝村群众靠农耕辛苦劳作但收入却十分有限，90% 的青壮年不得不背井离乡外出打工，留守人口以儿童、妇女和老人为主。

在美丽乡村建设和乡村振兴中，中坝村结合自身独特的自然与文化资源禀赋，大力发展乡村旅游，先后建成旅游接待服务中心、文化娱乐广场、生态停车场等旅游基础设施，围绕村内两湖建成瓜果采摘园、帐篷营地、水上乐园、自行车俱乐部、山寨"狩猎"场、玻璃栈道等旅游服务设施，又将搬迁社区的 72 家店铺打造成 72 个传统手工作坊，使中坝村成为集非遗传承、展示、体验和旅游休闲、度假、观光于一体的乡村旅游"网红打卡地"，让原本靠天吃饭的小山村变成了远近闻名的"中坝作坊小镇"。

二、主要做法

1. 七十二作坊"集群化"展示传统技艺

历史上，中坝村市肆发达，油坊、酒肆、铁匠铺等传统作坊在当地有很大的影响力，很多村民对此不仅有清晰的历史记忆，而且还继承了多种传统手工技艺。在统一规划设计的美丽乡村建设、乡村旅游发展的推动下，2016 年，中坝村民陈国盛统一租赁小镇店铺，成立"巴人文化旅游公司"，按照"七十二行，行行出状元"的创意思路，引入公司制、合作社等，建成了以秦楚农耕文化为代表的 72 个传统手工艺老作坊。一方面聘请当地优秀的手工艺人到相关作坊工作，这些手工艺人也可与公司签订生产合同，按照"订单"生产并获取薪资报酬；另一方面寻访周边乃至省外优秀非遗传承人进驻中坝作坊小镇，进行非遗展示展演和产品销售活动。还通过建立"庖汤会"传习基地和鬼谷子传说传承基地，引进高建群、余其平等地方文化名人成立非遗工作室等，打造出集技艺类非遗传承传习、研究研学、生产销售为一体的"传承链""产业链""服务链"，游客可以近距离体验石泉麻糖、古法榨油、土布印染、活字印刷、编草鞋等传统手工产品的制作过程，极大地丰富了"中坝作坊小镇"的旅游业态。

2. 特色文化活动增加旅游新看点

吃庖汤是陕南山区独具特色的传统饮食文化之一。"汉水·庖汤会"是石泉县依托省级非遗项目"石泉庖汤会"打造的以地方饮食为主要内容的文化旅游品牌活动。2019年，第八届"汉水·庖汤会"文化旅游活动被移植进中坝小镇，在中坝恢复了多年不见的传统百桌庖汤宴席习俗。在"汉水·庖汤会"活动期间，中坝村还融合"采莲船""打连钱"等反映汉水文化的非遗项目，增加了传统舞蹈"石泉火狮子""石泉龙舞""火盆架"和民间音乐"花鼓坐唱"等非遗代表性项目，策划实施了古装快闪、歌王选拔赛、围篝火舞、名家书画展、文化沙龙等具有现代感的文化活动项目，新增乡土产品展销、非遗体验等活动，创造了旅游活动"冬季不冷"的"中坝现象"。

中坝非遗小镇举办的"汉水·庖汤会"活动现场

3. 建立基地，推进研学产业发展

为了推进研学产业发展，中坝作坊小镇依托百亩荷塘、花海、星空树屋，以省内大专院校学生和本地中小学生为主要客群，举办非遗手工技艺研学活动，通过"看、学、做"

的形式，不断创新研学实践教育活动的课程内容，增强研学活动的持续性、体验性、丰富性和示范性，有效地保护了一批如邓国红、朱金富等代表性非遗传承人，增强了其非遗传承信心，激发其不断提高技能水平，推动传统技艺的传承和保护。中坝作坊小镇先后入围陕西省中小学研学实践教育基地，成为安康学院艺术学院写生基地、东方美术培训学校写生基地，更成为石泉县文旅融合发展新地标，推介陕南文化的一张靓丽名片。

中坝非遗小镇研学活动中，学生体验棕编技艺

三、主要成效

1. 中坝作坊小镇成为传统与现代交融的文化阵地

据智慧旅游数据统计，近几年尽管受到疫情影响，但到中坝作坊小镇旅游的游客数量一直稳定在较高水平，极大地促进了地方经济发展。中坝作坊小镇周边近千人依托小镇实现就业创业，人均年收入2万余元，如手工麻糖作坊主邓国红选择承包作坊自主运营，效益好的时候年营业额达10万元。皇叔草鞋、阮小二油坊、活字印刷、木制工坊、土布染坊等工坊，通过公司化运营，建立起产、学、研相结合的非遗"产业链"。如传承人朱金富应聘在皇叔草鞋作坊岗位，平时主要负责作坊对外开放、编织售卖草鞋，每年也能领取工资2万余元。2020年1月的"汉水·庖汤会"活动，吸引了4万多省内外游客参加，50多家商家在短短6天内销售农副产品、富硒商品超过200万元，创造了石泉县冬季旅游接待量、农产品销售量的最高纪录。2021年暑假，来小镇研学的学生达2000人，为当地创造收入约40万。吃庖汤、品美食、赏民俗，中坝作坊小镇成为全省"庖汤会"文旅活动的打

卡地，为脱贫攻坚及促进当地经济社会全面协调可持续发展做出了贡献。

2. 中坝作坊小镇的美誉度与影响力大幅提升

2020 年，中坝村被文化和旅游部评为第二批全国乡村旅游重点村、陕西省旅游示范村。中坝作坊小镇被评为国家 AAA 级旅游景区，陕西省文化产业"十百千"重点工程文化产业重点园区、能工巧匠创业孵化基地等。同年，小镇旅游减贫的案例入选世界旅游联盟旅游减贫百大案例，小镇被列入陕西省第一批省级非遗就业工坊及陕西省非物质文化遗产产业促进会"副会长单位"。2021 年，中坝村入选第十一批全国"一村一品"示范村镇名单。2022 年，小镇入选全国非遗与旅游融合发展特色小镇优选项目。

四、创新启示

中坝村秉承"村为乡本，文是乡魂"的发展理念，通过"非遗传承＋乡村旅游＋巩固脱贫攻坚成果"的建设、运营模式，以非遗传统技艺为看点，以"集群化"管理运作为手段，不断提升传统技艺的观赏性和体验感，打造出适宜游客参与、体验、消费的多元化文旅业态，破解了传统手艺人个体力量薄弱、靠单打独斗很难获得较好经济获益的困境，改变了近些年一村一品、特色小镇、主题小镇等建设中的空心化、同质化、地产化导致的"门可罗雀"现象。中坝作坊小镇立足于生活场景培育和文化传承这个核心宗旨，通过企业化运营，把传统手艺人聚集在一起，以先进的管理经营方式增加收入，举办"汉水·庖汤会"、民俗展演、非遗集市等活动，在观赏性和体验性上下足功夫，在乡村文化振兴、乡村产业振兴、乡村人才振兴等方面作出了积极探索，形成技艺类非遗产业"集群化"发展的文旅融合新模式，推动了优秀传统文化的创造性转化、创新性发展。

自然景观 + 特色人文
——凤堰古梯田文旅农商融合之路

杜开强（汉阴县漩涡镇文化站）

一、案例背景

始建于清代，位于汉阴县漩涡镇的凤堰古梯田，依山傍水分布在海拔 500—650 米之间，连片共 1.2 万余亩，梯田级数均在 300 级左右，依靠黄龙、茨沟、冷水和龙王 4 条沟的溪水自流灌溉，潺潺流水四季不绝，集"山水田园、村寨屋庙"于一体，是我国北方第一个以自然山水为背景，以古梯田为展品，以民俗文化为内涵的天然展览馆。凤堰古梯田 2010 年被陕西省文物局列为"陕西省第三次全国文物普查十大新发现"之一，2014 年被水利部列为"国家水利风景区"，被农业部列为"中国美丽田园"，2019 年被国务院公布为第八批全国重点文物保护单位，2020 年被认定为国家 AAAA 级旅游景区。

自 2010 年凤堰古梯田在文物普查中被发现以来，汉阴县开始大力开发凤堰的旅游资源。景区内的吴家花屋、冯家堡子、太平寨得到修复，成为景区内的主要景点，投资上千万的游客服务中心投入运营，凤堰云海也成为游客到凤堰观光时可见到的第一个宏大场

"中国美丽田园"汉阴县漩涡镇凤堰古梯田美景

景。凤堰古梯田生态环境优美。近年来，漩涡镇凭借线条流畅、山高水长、板屋交错的自然美、古朴美、形体美、文化美，大力挖掘古梯田内在文化与衍生文化，走出了一条独特的文旅融合之路。

二、主要做法

1. 依托富有传奇色彩的移民文化，找到文旅融合的特点

独特的凤堰古梯田是移民文化外化的舞台。在凤堰景区的一些村落，有些年龄较大的老人会时不时地说出一两句粤语，他们通常是来自湖广的外来移民。在这里，有一道名菜叫"墨鱼汤"，原本是广东沿海地区居民特别喜爱的一道海鲜菜。移民陕西后，为了不让海鲜变质腐烂，村民便将墨鱼风干起来，发明了这道不合地域的特色菜。现在，这道菜已经是汉阴县迎客待亲必不可少的一道美食，甚至还有不少广东寻祖的人专门跑到汉阴来吃这道菜，卖得很红火。秦岭地区的百姓大多食面食，但在漩涡凤堰甚至整个汉阴，都更喜爱米饭，是因为移民至此的吴氏家族大力修建梯田和灌溉水系，将南方的水稻种植于此，形成今天凤堰地区独特的稻作系统。凤堰这些颇具传奇色彩的移民故事和特色饮食文化，成为当地发展旅游产业，开发旅游亮点，吸引游客味蕾和体验的宝贵资源。

2. 依托独特的农耕文化，找到文旅融合的热点

耕读传家一直是凤堰人赓续的好传统。几百年来，凤堰古梯田一直以油菜、稻谷两季农作物为主，每季作物收割完毕后，家里男劳力便驱赶耕牛翻新土地，女劳力在家捶打、分拣、晾晒粮食。在此过程中形成了独特的非遗文化"插秧酒"和"薅草秧歌"。插秧酒指居民在插秧开工之前和完工之后请所有工人和亲朋好友吃酒的活动，寓意插下大丰收的希望。薅草秧歌原本是在除草时，一大群人敲锣打鼓在旁边助力，后来逐渐发展演变为当地居民喜爱的花鼓子戏。2022 年，凤堰举办首届牛耕文化体验周，吸引了大批游客体验和摄影，热闹的场景屡登央视。在当地标志性老建筑冯家堡子和吴家花屋里，藏有大量当地农民使用过的农耕器具，展示了凤堰璀璨的农耕文明。现在，当地也引进了收割机械，现代耕作方式和古老耕作方式的碰撞，勾勒出新时代的农耕文明新画卷。

3. 依托独特的家训文化，找到文旅融合的看点

漩涡镇吴氏家族，是一个家风淳朴、生生不息、守望相助的大家族。其祖辈为躲避自然灾害，寻求生息之地，跋山涉水，最终定居于汉阴县堰坪铺。在两百多年的薪火相传下，

形成了爱国家、孝父母、友兄弟等家训族规。近年来，漩涡镇在推进安康国家公共文化服务体系创建和创新发展中，积极主动地将传承优良家风家训等优秀传统文化与弘扬社会主义核心价值观相结合，大力推进廉政教育和廉政文化建设，积极引导群众开展"诵家训、亮家风"活动，有力地促进了乡风文明建设。吴氏后人从《吴氏家训》中汲取精华，提炼格言，做成牌匾挂在家门上方，作为世代相传的"传家宝"，提醒家人及子孙后代谨遵训示。茨沟村通过吴家花屋景点、开展中国首届农民丰收节等活动，吸引了全国各地的大批游客，积极弘扬了吴氏和当地冯氏、柯氏、钱氏家训文化。

4. 依托独特的富硒养生文化，找到文旅融合的亮点

凤堰是富硒之地，也是长寿之地。漩涡镇 2021 年总人口数 36259 人，全镇 70—79 岁老人 1913 人，占总人口 5.27%；80—89 岁老人 730 人，占总人口 2.01%；90—99 岁老人 71 人，占总人口 0.20%；100 岁以上老人 1 人。比中国长寿之乡认定的 80 岁以上老人占总人口 1.4% 的标准高出了 0.81%。相关研究表明，凤堰地区百姓长寿的原因主要为享国保景色（全国重点文物保护单位）、吃长寿佳肴（吴氏家宴）、喝富硒山泉（硒元素含量高）、吸醉氧空气（森林覆盖面积大）、养勤劳习性（耕读传家）。因此，当地通过"旅游 + 生态"的发展模式，建成长寿展览馆，把自然环境充分融入生活之中，使凤堰成为人人向往的"长寿之地"，吸引大批游客拖家带口到凤堰长住、养老，促进当地经济发展。

三、主要成效

2021 年，汉阳凤堰稻作梯田系统跻身第六批中国重要农业文化遗产名单，插秧酒也成为县级非遗保护项目，汉阴县也成为全国首个"中国家训文化之乡"，《勤俭承家风，清廉为镜鉴》家训专题片被中纪委网站向全国推广。以凤堰古梯田开放式移民生态保护措施为内容的题目，被写入 2022 年全国高考地理甲卷。凤堰传统农耕文化已成为当地重要的旅游、研学资源。

文化保护带动了旅游发展，旅游开发又带动了地方经济发展。汉阴县政府每年拿出 100 多万元用于梯田农户种植油菜的奖补，招商引资 200 万元的梯田露营帐篷和 2000 多万元的高端民宿群一经开放便火爆市场。田梁农家乐是凤堰景区第一家农家乐，每年收入超 20 万元，带动了景区 50 余家农家乐和客栈发展，原来无人问津的本地农产品也成了游客的香饽饽。为了进一步保护古建筑、传承非物质文化遗产，漩涡镇成立文化演艺社团，将家风家训、插秧酒编入节目中，送演出至各村、各景点，定期对景区村文化专干进行讲解员培训，培养储备了大批文化人才，为乡村振兴奠定扎实的文化基础。

现在的漩涡镇，路宽了、灯亮了、景更美、客更多，农民收入也逐年提高，呈现出一派乡村振兴、欣欣向荣的景象。

2023 年举办"凤堰古梯田　品汉阴美食"安康春来早暨汉阴油菜花旅游文化节活动

四、创新启示

美景养眼，文化养心。漩涡镇在推进文旅农商融合发展中，紧紧地抓住自然景观和人文景观两大特色，用现代的方式将优秀的历史文化呈现出来，不断丰富景点架构、旅游业态，延续历史文脉，提高景区的品位和吸引力。而高端民宿、展览馆、新型文化空间建设以及地方农特产品文化 IP 培育，使当地产业规模持续扩大、市场主体不断完善，丰富了游客的体验感和获得感，激发出巨大的消费潜力，有效促进了当地经济快速发展。

旅游搭台　文化唱戏

——全民共建共享的石泉全域旅游示范县

祝　捷（石泉县文化和旅游广电局）

一、案例背景

石泉地处秦巴腹地，汉水之滨，是国宝"鎏金铜蚕"出土地、先秦鬼谷子文化发祥地，自然风光秀美、人文底蕴厚重。近年来，石泉县坚持贯彻落实旅游富民强县发展战略，创造性地践行"两山"理念，通过实行"文化＋旅游"战略布局，坚持把文化价值作为旅游的"核心价值"，文化与旅游相互支撑、协同共进。通过几年的努力，成功打造了四季文化旅游品牌活动，全县旅游人数、旅游综合收入保持年均20%以上的增速，先后荣获"陕西省全域旅游示范区""省级文化先进县""全国休闲农业和乡村旅游示范县""国家全域旅游示范区"等20多项荣誉，有力促进了县域经济高质量发展。

二、主要做法

1. 打响品牌，文化活动丰富旅游内容

石泉县依托汉江石泉古城自然资源优势和地域文化特色，打造国家AAAA级旅游景区，打造以后柳古镇等系列古镇为核心的旅游景区，积极培育以县博物馆及省级文物保护单位石泉老街、禹王宫、江西会馆为支撑的体验旅游、研学旅游新业态。每年举办民间艺术节、蚕桑文化旅游节、鬼谷子文化旅游节、"汉水·庖汤会"美食文化节等文化品牌活动，常年开展"石泉火狮子""县太爷巡游""县令审案""守卫巡城""丝路之源·十美石泉"等实景歌舞剧展演，以丰富多样的文化活动助力旅游发展，让文化活动成为旅游内容不可或缺的部分。

2. 保护传承，项目化运营提升旅游内涵

石泉县以本地传承的非物质文化遗产技艺为抓手，巧妙地将非遗项目的传承、保护、

创新、发展融入旅游活动中，通过秀工艺、学技艺、售成品的方式，让本地非遗技艺焕发新的生命力。其中，中坝作坊小镇以省级非遗项目"汉水·庖汤会""石泉鬼谷子的传说"为主要文化元素，建成了 72 个手工作坊，展示石泉麻糖、古法榨油、土布印染、活字印刷、草鞋编织等非遗项目和乡土文化；柚子茶非遗工坊通过承包茶园、建立工厂、店面展示等方式，创新研发柚子茶特色产品，带动本地大批富余劳动力就业增收，推动了非遗文化资源转化为旅游核心吸引力，让"旅游淡季"变成"旅游旺季"。

3. 完善设施，文化志愿服务助力旅游项目

石泉县不断完善基层公共文化阵地建设，合理规划建设公共文化设施，各类文化场所实行免费对外开放，极大地丰富了本地群众和外地游客的文化生活。第一，通过推动博物馆进校园、进景区等方式进行文物知识宣传普及。第二，积极发挥文化惠民志愿者队伍作用，开展文旅志愿服务，为外地游客提供咨询讲解、便民服务等志愿服务。各镇、村均按照自身实际建立起文化志愿服务团队，全县文化志愿者超过 4000 余人，全年开展文化志愿服务 600 余场次。多措并举有效提升了石泉旅游服务形象与口碑，在广大游客心中留下了石泉旅游"景点好、服务优、感受棒"的体验。

三、主要成效

石泉县将非遗保护工作思路由"输血"转为"造血"，激发了本土非遗项目的生命力。截至 2022 年，全县共有省级非遗项目 4 项，市级非遗项目 24 项，县级非遗项目 121 项。打造非遗工坊 4 个，其中省级非遗工坊 1 个，市级非遗工坊 3 个。认定省级项目代表性传承人 1 人，市级代表性传承人 19 人，县级代表性传承人 115 人。全县非遗传承有序，生命力不断增强。

为了打造文旅品牌，石泉县按照"一月一主题"的工作思路，积极策划文化旅游活动，形成了"时时来时有活动，月月来月月新主题"的文化市场供给，成功打响了四季文化旅游活动品牌，平均每年开展各类大小活动 200 余场次，年均吸引游客 300 万人次，县博物馆每年接待研学团体 20 余次，文保单位免费开放惠及群众 70 万余人次。

在不断建设之下，石泉县公共文化与旅游基础设施不断完善。截至 2022 年，建有大剧院、杨柳体育馆、城市运动广场等文化场馆 20 余处，建成县图书馆、文化馆和 11 个镇级两馆分馆、161 个村（社区）综合文化服务中心、5 个社区博物馆，"安康阅读吧"汉江古城和秦巴风情园"不打烊"图书馆正式对外开放，形成了"纵向到底、横向到边"的公共

文化设施服务网络体系。

石泉县中坝非遗小镇举办"清凉之夏·约惠石泉"音乐啤酒节

四、创新启示

石泉县通过开展文化活动、完善文化服务设施、创建文化服务品牌等，为当地旅游发展注入丰富内涵。特别是将民俗文化活动打造为游客参与体验项目，盘活了地方旅游资源，游客不仅能体验自然景观，还能接触非遗技艺、传统戏剧等地方文化。通过品牌共创、活动共享、服务共融、全员共建等文旅融合新模式，石泉县将本地文化优势转为旅游业态优势，促进本地文化产业的市场化运营。特别是将旅游空间活动与本地非物质文化遗产相结合，打造形成文旅活动，丰富了旅游业态，形成了"非遗文化促进旅游发展，旅游消费带动群众增收"的良性循环，构建了古迹保护利用、非遗保护传承、文创产品开发、旅游品牌打造一体化的文旅发展新格局。

聚焦文旅品牌价值的差异化优势

——"最美水乡第一镇"的后柳实践

祝 捷（石泉县文化和旅游广电局）

一、案例背景

后柳镇位于石泉县南部，汉江西岸，因汉江河岸绿柳成荫而得名，下辖14个行政村和1个社区，总人口1.4万，面积154平方公里。后柳文物古迹荟萃，文化底蕴深厚，旅游资源丰富，是国家南水北调中线水源地涵养区，被誉为"汉江三峡第一镇""最美水乡第一镇"，有省级非遗项目庖汤会，有国家AAAA级旅游景区中坝大峡谷、AAA级景区后柳水乡，以及"后柳四景"——石佛古寺、香柏石岩、仙鱼泉洞、鲤鱼上坡。

近年来，后柳镇以文旅融合发展战略为引领，通过突出主题特色、构建协作机制、规范运行管理、实现示范引领等举措，入选第一批"全国乡村旅游重点镇（乡）""陕西省特色景观旅游名镇""陕西省历史文化名镇"。

二、主要做法

1. 坚持旅游设施集约化、文化设施景观化

后柳镇在镇区建设中将文化与旅游有机结合，以中坝村、后柳集镇社区为轴心，着力打造文旅融合示范区、集镇休闲康养示范区、医养结合体验区、旅游景区景点辐射带动区"四大特色板块"。后柳镇将公共文化设施与旅游服务设施建设纳入整体规划，注重在文化基础设施项目中植入旅游功能要素，在旅游服务设施中嵌入公共文化服务功能，努力提升图书馆、文化馆、博物馆等公共文化设施的旅游服务水平。所有新建文旅设施实现"同步规划、同步建设、同步开放"。高标准建成中坝作坊小镇和中坝峡谷两处文化旅游服务中心，建成1个旅游服务接待中心，14个"农家书屋"，构建起布局合理、功能互补、运作高效的镇、村和景区三级文旅设施网络。

2. 坚持群众活动群众办，完善基层公共文化服务体系

后柳镇秉承"文化为民、文化靠民、文化惠民"的理念，着力构建与乡村振兴文化建设标准相衔接的基层公共文化服务体系。贯通公共文化服务机构工作人员和导游人员的业务培训，定期开展旅游业务知识、导游业务、服务礼仪以及书画、舞蹈、形体、器乐等文化技能培训，使文旅服务人员达到"精文化、懂游客"的综合业务技能要求，力求达到"人人都是讲解员、人人都是宣传员、人人都是引导员"的目标。后柳镇将公共文化服务体系示范区已经建成的 14 个村（社区）纳入全镇"百姓大舞台"序列，示范带动全镇百姓大舞台建设管理水平整体提升。按照"整合资源、标准建设、统一管理、服务群众"的原则，培育 14 支优秀文艺社团，每个行政村形成 1 个相对稳定、10 人以上的民间自办文化社团。后柳镇中心广场百姓大舞台开展舞龙舞狮、秧歌表演、锣鼓表演、腰鼓表演、篝火表演以及广场舞、竹竿舞等主客共享文化活动，让沉寂的乡村热闹起来。

3. 坚持一体化规划，夯实乡村振兴工作机制

依托自身独特的文化资源，后柳镇党委、政府成立以镇党委书记挂帅的后柳镇文旅融合高质量发展工作领导小组，将文旅经费投入纳入预算管理，统筹规划重点建设项目和特色文旅活动，制定目标责任制和考核办法，把目标任务分解落实到人。建立长效监管监督机制，每月定期对全镇旅游景点进行安全生产检查，畅通社会监督渠道，设立 10 余处监督举报投诉台。通过政府搭台、群众参与、专业剧团示范辅导、媒体引导、网络宣传等手段，策划举办闹元宵灯谜会、后柳水乡啤酒美食音乐节、常态化篝火晚会、"汉水·庖汤会"等文化旅游活动，真正达到以文促旅、以旅彰文的效果。

石泉县后柳水乡的篝火晚会现场

三、主要成效

后柳镇采用文化创新形式驱动旅游产业发展，走出了一条文旅融合发展的新道路。引导培育出了中坝作坊小镇研学基地，推动改造特色示范化农家乐 2 家、品牌农家乐 4 家、食品诚信销售店 87 家、放心餐饮店 57 家，年接待游客人数增长 30% 以上，仅 2021 年旅游综合收入已达 1000 余万元。2022 年，举办的各项文化活动表演总时长达 30 多天，参与游客和群众达到 10 多万人次，全年各村开展各类小型文化活动共 20 余场次。2022 年旅游综合收入增长 11% 以上，为实施乡村振兴提供新引擎、强动力。后柳镇先后荣获"全国乡村旅游重点镇（乡）""陕西省特色景观旅游名镇""陕西省历史文化名镇"等荣誉称号。

四、创新启示

如果说现代与时尚是城市的特质，那么传统与田园则是乡村的优势。后柳镇借助现代表达，挖掘乡野田园、古建与民居、民俗文化、非遗文化、地方美食等乡村特色资源，通过改善环境、突出特色、开发项目、招商引资、返乡创业、文旅并举等措施，形成了具有品牌价值、差异化优势和市场号召力的文化旅游融合新业态。通过优秀传统文化的传承，后柳镇实现了乡村文化生命的延续和村民的致富梦想。一个好的文旅品牌，无疑是具有鲜明地域文化特质，并凝结为一种具有高辨识度的文化符号，派生出一系列与文化主题相关的可体验业态和产品，彰显符合时代语境的精神与价值。通过文旅融合，后柳镇已形成了"后柳水乡"文化品牌，推出了"水乡之秋""汉水·庖汤会"等文旅品牌，未来这些品牌的价值将得到进一步的提升。

立足"三农" 融合"三产"

——"木瓜小镇"中厂镇的旅游强镇发展之路

高德磊（白河县中厂镇人民政府）

一、案例背景

中厂镇位于陕西省白河县城东南部，镇域面积 148 平方公里，辖 9 个社区 44 个村民小组 1.6 万人。中厂镇生态优美，红石河流经全域，以河道铺满"红石"而闻名，镇域内有国家 AAA 级旅游景区庙山寨、坎子瀑布、平顶山森林公园等。近年来，中厂镇立足镇域木瓜资源禀赋、交通区位条件、市场主体聚集等优势，抢抓白河县城副中心和省级乡村振兴示范镇建设机遇，以打造"光皮木瓜产业示范园区"和"边贸旅游强镇"为引领，全力推进文旅融合高质量发展，逐步探索出一条文化产业有特色、群众娱乐有场所、服务管理上水平的发展之路，先后获得"国家卫生镇""全省先进基层党组织""省级生态镇"等荣誉称号。

"木瓜小镇"举办木瓜节吸引大批游客

二、主要做法

1. 坚持规划引领，优化区域绿色发展布局

以绿色发展为核心理念，镇政府按照"景区辐射、链条带动、打造环线、全域推进"的总体思路，结合木瓜产业园区、乡村振兴省级示范镇规划编制，将全镇 9 个社区规划为"工业经济集中区、农旅经济融合区、木瓜产业发展核心区、生态旅游示范区"4 个发展区域。迎新、马安两社区依托 AAA 级景区庙山寨和采摘园等资源，打造庙山寨至东坡千年银杏旅游环线；石梯、大坪、宽坪三社区借助木瓜产业发展核心区优势，发展木瓜主题观光和膳食康养产业；顺利、新厂、新营三社区依托坎子瀑布、平顶山森林公园等旅游资源，布局民宿、农家乐、实践教育基地等，打造田园综合体；同心社区发挥县城副中心优势，规划自行车道等项目，打造文体娱乐基地。中厂镇发展文旅产业以来，全力实施农村人居环境整治，强力推进厕所革命，先后对全县村庄道路、水利、供水、村容村貌、污水处理、垃圾处理、公厕等基础设施进行全面升级改造，积极引导广大群众自觉参与改善农村人居环境的行动，营造讲文明、树新风、美环境的浓厚氛围，群众的生活品质、获得感和幸福感得到极大提升。

2. 坚持项目支撑，做强文旅农商康融合链条

镇政府按照"一个重点项目形成一个基地、打造一个品牌、带动周边一片"的理念，多方争取资金，申报"16 个文旅项目"进入巩固拓展脱贫攻坚成果、示范镇建设等项目库。以创建国家 AAAA 级旅游景区为目标，启动了庙山寨景区提升改造、膳食馆、绿松石文化博物馆、滑行索道和红石河景区乡村旅游综合体等项目建设，打造茶厂社会实践基地、民宿、餐饮服务中心等，实施了集镇绿化亮化及镇区风貌综合提升工程。按照园区变景区、车间变基地的思路，对赵家梁子、宽坪农场、大坪木瓜园等一批 200 亩以上的产业园区进行改造提升，配套修建停车场、观光步道、公厕等基础设施，打造一批能采摘、能食宿、能游玩的网红打卡基地。以打造"木瓜小镇"为契机，在镇内石梯社区、龙坎瀑布等地规划了木瓜文化广场、教育培训基地、景观公园等，建成大坪美食文化街、木瓜加工体验车间、木瓜博物馆等文旅空间，打造鲜明的木瓜文化品牌。对顺利茶厂、石梯木瓜加工园区等一批优质企业进行文化内涵的挖掘展示，按照体验式教育科普模式打造社会实践基地。全镇农旅、文旅、食旅、康旅等产业呈现出良好发展态势。

3. 坚持文化铸魂，培育特色文旅品牌

为打造地方特色文旅品牌，中厂镇充分挖掘地域特有的乡村农耕文化、乡土美食文化、乡风民俗文化、民族特色文化等资源，培育以农耕体验、农事活动、农村生活为代表的乡村旅游产品体系。中厂镇已经招引3家大型木瓜生产企业落户，形成了以种植、采摘、加工、销售为一体的产业链，将1800余农户镶嵌在木瓜产业链上。镇政府引导农民成立专业合作社，鼓励农民开办民宿、餐馆、农家乐、采摘园等，有力助推了乡村振兴。深挖木瓜文化，以瓜为媒举办4次木瓜丰收节，并辅之以传统民俗表演，吸引数万名游客前来赏瓜游玩，感受木瓜小镇的独特魅力，以此促进特色产业发展，培育当地文旅消费新业态。为了将经济发展与乡风文明建设相结合，中厂镇依托基层综合性文化服务中心和新时代文明实践中心，完善道德讲堂、农家书屋等文化阵地，持续开展"文化下乡""戏曲进乡村"系列活动，开展党史宣讲、"保护红石河"等志愿服务活动。在每年的道德评议会上，村干部和村民共同热议村里的新变化，评选"孝老爱亲""好婆婆""绿色家庭"等10余次，以身边人说身边事、用身边事激励身边人，塑造乡村文明新风尚，实现居民思想的"富足"。

一系列木瓜产品备受游客喜爱

三、主要成效

中厂镇培育了乡村志愿者400余人。2022年以来，整合镇级文化站、文化广场、社区农家书屋、互助幸福苑等现有资源，在原有基础上提升改造，建成镇级新时代文明实践所1个，文明实践广场1个和新时代文明实践站9个。通过群众会、院落会等方式，开展理论、

政策、道德、文化等宣讲活动，凝聚人心，传递社会正能量。激发志愿者服务群众热情，每年开展戏曲进乡村 10 场以上，2022 年至今累计开展 16 场次，中间穿插普法宣讲、有奖问题、道德模范表彰等环节，切实提高群众参与度，受益群众 2000 余人次；着力打造"屏前指尖传思想""红石河畔送习语""红石河讲堂"等志愿服务品牌，开展"新风中厂我先行"志愿服务，全镇集中表彰各类型典型模范年均 20 余人；在部分社区以公益电影放映为载体开展"家门口的电影院"志愿服务，获评全县优秀志愿服务项目；成功举办四届"木瓜节"文旅推介活动，受到新华社、中国农科网、《陕西日报》、《三秦都市报》等主流媒体的关注报道。

四、创新启示

幸福宜居、绿色发展是乡村振兴发展的必由之路。中厂镇秉承文旅农商康融合发展、绿色可持续发展理念，引进知名文旅创新团队、知名企业入驻，大力实施龙头企业培育计划，把当地独一无二的人文资源、社会环境资源、农产品资源打造成具有独特乡土文化气息的产品体系。木瓜从单纯农作物变为了具有地域特色、文化内涵和现代商品价值的产业链，中厂镇变单一产业为三产融合，并以此为核心走绿色发展的特色之路，推进文化产业与农业、旅游业等产业深度融合，实现农业、农村、农民价值的再创造，在新农村建设、乡村旅游产业发展等方面做出了有益的探索。

展现全景式多彩民俗

——岚皋县乡村文化旅游发展实践

段祖琼（岚皋县文化馆）

杨　洁（岚皋县文化和旅游广电局）

一、案例背景

民俗活动既是地方传统文化的集中呈现，也是旅游体验活动的主要内容。为了推动文化和旅游深度融合，岚皋县成立县民俗文化发展工作指导组，以部门包挂、专业指导、合作共建等方式，帮助各镇开展民俗文化挖掘、节目创编、活动展演等工作。各镇在相关部门人财物的支持下，紧紧围绕当地特色民俗文化，挖掘民俗文化背后的价值，调动全民积极参与民俗文化节目创编和传播活动，极大地丰富了群众文化生活和各景区文化业态，打造出以民俗文化活动为核心带动文旅发展、乡村振兴的"岚皋模式"。

二、主要做法

1. 上下协同激发民俗文化发展新活力

根据县民俗文化发展工作指导组的安排，各镇根据本辖区民俗文化特点，确立节目类型和主题，借助文艺社团和文艺爱好者力量，推出一批高质量文化节目，并进行常态化演出。四季镇在县财政局帮扶和支持下，紧扣杨家院子农家乐主题，组织当地文艺爱好者编排民俗说唱表演《八女拜寿》。节目以安康新民风建设中的"孝"字为主题，用岚皋方言演绎孝义领当先、八女齐拜寿、美食聚团圆等地方民俗，展现出"饮水岚河、就食巴山"以及吊罐肉、辣子鸡、摔碗酒等极具特色的"巴人美食、岚皋味道"，创造出岚皋旅游业态中的响亮品牌，吸引了大批外地游客来岚皋品美食、看表演。杨家院子常常人满为患、农家乐一座难求。蔺河镇是"中国魔芋之乡"的主产地，该镇在县发改局的帮扶和支持下，编排群舞《巴山魔芋情》，生动形象地展示出魔芋的生长过程、营养价值，将"中国魔芋之乡"深深地刻在了记忆之中。

2. 文化馆群文干部深入基层开展艺术普及

县文化馆 15 名群文干部，全部下沉到各镇指导排练和演出。下沉干部积极撰写舞台剧本，编排舞蹈动作，教唱岚皋民歌，邀请文艺社团配合参演。部分演出单位缺乏专业舞蹈演员，文化馆干部就友情客串演出。如堰门镇依托红色文化载体"红军道"编排的大型情景诗朗诵节目《红军道》，由文化馆退休馆长黄传武实地采风、撰写剧本，县文旅局派出张莹、魏华两位专业主持人指导朗诵和参与表演，县医保局聘请专业舞蹈家李帅编排情景舞蹈，县文化馆郑萧、刘晓烯、晏姗全程参与排练和演出。该节目气势恢宏，通过朗诵和表演，逼真地再现了当年红军夜宿堰门的情形。

3. 文旅主管部门出资打造线上线下大舞台

岚皋县文化和旅游广电局耗资 50 万元搭建 500 平方米的大舞台，组织民俗文化展演活动，聘请安康融媒等专业线上直播媒体和平台全程参与直播。2022 年 6 月 30 日晚，岚皋县举办"欢鼓新时代·喜迎二十大"民俗文化展演活动，全程一个半小时，为观众呈现一场精妙绝伦的视觉盛宴。现场观众 2000 余人，多平台网络直播受众 100 万人次，全方位地向世人展示了岚皋得天独厚的自然风光、独具特色的风土人情、别具一格的巴人风骨。

"欢鼓新时代·喜迎二十大"民俗文化展演活动现场

市级非遗项目民俗舞蹈"晓道竹马"，表达了强烈的保家卫国、热爱和平的家国情怀，曾亮相 CCTV17 频道《乡村大舞台》节目，深得全国观众喜爱。作为岚皋民俗文化符号的

"晓道竹马",已经成为来岚游客感受年少情怀、感悟传统文化的一个别有意趣的旅游项目。

三、主要成效

旅游产业作为岚皋县首位产业、一号工程,全县按照"一镇一特色"原则,以"聚焦民俗展现文化,带动文旅创新发展"的思路,编排了 12 个独具特色的民俗节目,走出了一条民俗文化与旅游产业融合发展的新路子。

岚皋县充分保护并利用当地非遗项目,近几年新增省级非遗项目 1 项、市级非遗项目 1 项、县级非遗项目 8 项,新增县级以上非遗传承人 25 名,成功申报省级非遗就业工坊 2 个、市级非遗就业工坊 2 个。非遗美食"魔芋豆腐""神仙豆腐""摔碗酒""辣子鸡""吊罐肉""合渣"等在全县各个酒店、农家乐推广。建成非遗文旅小镇和神仙豆腐非遗工坊,在南宫山巴人部落、杨家院子景区分别打造"摔碗酒"网红打卡点,赋予了旅游新内涵。

围绕乡村旅游发展,岚皋县以民俗为内涵,精心培育了以生态渔家休闲体验为特色的"渔家溢河",以万亩梯田休闲观光为特色的"锦绣花里",以巴山民居休闲度假为特色的"画中横溪",以民间美食休闲娱乐为特色的"休闲四季"等具有浓郁地方特色的乡村旅游文化品牌。

四、创新启示

岚皋县将民俗文化资源与旅游资源完美结合,不仅建立了民俗文化发展工作指导组,实行部门与乡镇包挂机制,有效解决了基层文化工作中的人、财、物不足的短板,形成了干部带动群众参与文化活动、群众的高度参与促进文旅融合的良性循环,极大地丰富了地方旅游业态和旅游产品,使民俗风情、传统技艺和民间艺术等传统文化资源得以保护和延续,通过民俗文化活动展演,让游客循着故事来、带着故事走,主动成为岚皋旅游的宣传者。

"三生盘龙·十里桃花"

——从传统农业到复合经济的转型之路

钟明聪　张　雪（汉阴县蒲溪镇文化站）

一、案例背景

地处秦巴山区腹地的盘龙村，是汉阴县蒲溪镇人口最多的一个行政村，村域面积 11 平方公里，辖 20 个村民小组，共 1066 户 3324 人。近年来，盘龙村结合自然禀赋优势，依托"号召力强、带动力强、落实力强、影响力广"的党支部班子，内引外联、统筹规划、全面整合，把盘龙生态山水、闲置土地、景区景点、特色种养、文化产品等有机串联，着力打造"三生盘龙·十里桃花"美景（"三生"指"生产发展、生活富裕、生态良好"），形成了个体经济、集体经济、国有企业、特色产业与农民增收互促共荣的发展格局，打造了"三生盘龙·十里桃花"文旅农商品牌。

盘龙村风景

二、主要做法

1. 多措并举，推动农业经济市场化运作

盘龙村党支部通过制度建设、强化考核，将党员嵌在盘龙项目建设的产业链上。2018年，盘龙村借助"三变改革"东风，从湖北省引入产业管理人员，成立全县首个村级股份经济合作社、首个村级国有资本控股公司——汉阴县发龙实业有限公司，出台村级《产业发展考核奖励办法》，统筹规划盘活农村闲置资源，因地制宜地发展种植、养殖业，先后流转闲置土地 2110 亩，种植桃树 1100 亩、桑树 450 亩、大棚特色水果 200 亩、中药材 300 亩，荷虾共养 50 亩，推动了村集体经济市场化运作。

考虑到红桃生长周期较长，种植红桃的村民短期内带富效益不明显，村集体组织成立"益康劳务咨询有限公司"，按照劳动力特点为盘龙村以及周边村群众建立务工需求台账，由公司统一制作服装标识，联系镇内外合作社和企业，将周边的富余劳动力统筹派出务工。创新组建"自强之家"，由群众集体推选一个带头人作为"家长"，负责务工质量并向工人传授经验，有效破解群众观望、畏难情绪。村集体与相关企业还通过购买、租赁村民闲置房屋改造耕读民宿，辐射带动新建民宿 2 个，开办农家乐 6 个，培育农副产品经营户 20 余家，使得村民在获得土地租金、房屋租金收益的同时，还享有企业务工收入和股份分红，形成了特色产业发展、农民增收互促共荣的市场化发展新格局。

2. 多规合一，打造陕南桃源休闲旅游目的地

利用自然和西安"后花园"区位优势，盘龙村邀请中国城市研究院作为乡村振兴和农旅融合发展规划编制单位，科学编制《盘龙乡村振兴示范村总体规划》《修建性详细规划》《国土空间规划》等一系列规划，确定了"以盘龙桃文化旅游引领，以山水田园和民俗文化为载体，建设乡村休闲、创意体验、康体养生、户外拓展等于一体的村庄，打造陕南桃源休闲旅游目的地"的发展定位，并策划实施旅游设施配套、重点道路提质、千户民居提档、十里田河整治、乡情民俗体验、百亩荷塘添景、千亩桃园增值、桃谷康养康体八大工程。镇村两级先后谋划项目 60 个，总投资 1.8 亿元，完成景区内旅游标识标牌、蒲田路绿化美化工程、农产品保鲜库、读书岭旅游道路建设，建成星级旅游公厕 1 处、农产品保鲜库 1 个、观景平台 6 处、停车场 3 处、停车位 130 个，开辟旅游新路线和衍生产品太空舱、民宿等配套设施。突出盘龙山水、盘龙花木、盘龙味道、盘龙文化等特色，以"生态盘龙"为建设理念、以"十里桃花"为主题打造 AAA 级旅游景区，形成了春观景、夏避暑、秋摘

果、冬赏雪、住民宿、品美食的文旅农商融合发展新格局。

3. 多维宣传，叫响"三生盘龙·十里桃花"旅游品牌

蒲溪镇政府顺应市场规律，积极联系县电商办、电视台拍摄宣传推广视频，在高速公路、公交站等人流量大的公共区域投放广告增加曝光率。盘龙村党支部书记利用抖音平台拍摄上传田园风光、日常生活等，吸引粉丝 7700 余人，获点赞 14.4 万次，为盘龙村带来了"网红流量"，并收获"桃子支书"的美誉。在桃花盛开、桃长满园的黄金时期，县镇两级举办桃花旅游活动，积极发动党政机关干部首批体验参与，并及时反馈改善，使"三生盘龙·十里桃花"的旅游品牌越传越广。

举办"三生盘龙·十里桃花"文化旅游活动周

三、主要成效

盘龙村依托独特的自然资源禀赋和区位优势，持续打造"三生盘龙·十里桃花"旅游品牌，全线提升打造乡村旅游新业态，先后成功举办两届桃花旅游季活动及红桃采摘节，吸引 20 万人次来自十堰、西安、榆林等地的游客前来游玩，旅游收入近 25 万元。盘龙村研究开发的"浪漫桃枝""桃花酿"等红桃衍生产品，也受到游客一致好评。产业兴、村民富，2018 年至 2022 年的五年间，盘龙村人均可支配收入由 10279 元增加到 12266 元，年均增长率为 19%。2022 年，盘龙桃花谷被正式命名为国家 AAA 级旅游景区，盘龙村也接连荣获全国巾帼脱贫示范基地、全国村级议事协商创新实验试点单位、省级标准化示范党

组织、第二批全省乡村治理示范村、全市乡村振兴示范村等荣誉称号，成功经验连续被新华网、陕西新闻网、《安康日报》等中省市主流媒体报道推广。

四、创新启示

盘龙村紧扣"以农为本，农经结合，突出比较优势"的发展原则，按照"美丽乡村"环境优美、特色鲜明、产业兴旺、经济发展、社会和谐、文化传承的建设标准，围绕特色农业、精品农业、乡村旅游等，积极调整优化农业产业结构，因地制宜开发出让旅游者"望得见山水、记得住乡愁"的个性化文旅农商融合项目，让村民在家门口就找到了"致富路"，获得了浓浓的幸福感，为乡村振兴注入强大的发展动能。

依托"三色"，做强"三链"
——茨沟镇"三农"价值再创造

邝安琪（安康市汉滨区茨沟镇人民政府）

一、案例背景

茨沟镇地处旬阳、镇安、汉滨三地交界之处，素有汉滨"北大门"之称。在秦巴汉水的孕育和多元文化的影响下，无论是源远流长的"盐丝古道"商贸文化，付家河源头千年农耕文化，古法清酒、豆腐筵席的美食文化，还是革命前辈栉风沐雨的红色文化，都贯穿于茨沟的人文历史之中。

依托茨沟镇的绿水青山、和谐生态，茨沟镇利用森林覆盖率达 85% 以上的自然资源优势，在"十四五"期间提出以"生态立镇、产业强镇、农旅活镇"的发展定位，按照"做优生态、做强产业、做活旅游、做靓品牌"的发展思路，围绕"红色文旅、绿色林果、金色种植"三色优势产业，建设八大产业基地，打出"红叶溪谷""清酒之乡""豆腐小镇"三张名片，逐步将茨沟镇打造成为乡村振兴领头雁、农旅融合发展先行军、三产融合发展排头兵，于 2019 年荣获"国家卫生镇"荣誉称号，2020 年荣获省级旅游名镇创建资格。

二、主要做法

1. 高位谋划，贯通文旅融合"创新链"

茨沟镇党委、政府立足当地资源，以乡村振兴战略为抓手，邀请省社会科学院专家团队为茨沟镇编制了陕西省首部镇级"十四五"乡村振兴规划，以高站位规划，明确文旅融合发展目标。茨沟镇成立全域旅游工作领导小组，细化任务清单，强化责任落实，统筹全镇资源，协调社会力量，以上下联动的组织体系筑牢茨沟镇文旅融合、全域旅游发展的强力支撑。按照规划，茨沟镇以共享秦岭生态、传承红色基因、追寻古道商贸、品味农耕美食为切入点，依托盐丝古道、三县堡、王莽山革命遗址纪念广场等文化名片，结合秦岭腹地自然风光，培育非遗项目茨沟豆腐宴品牌，打造旅游特色精品线路，造点、连线、扩面，以乡村旅游带推动经济发展、乡村振兴。

2. 项目先行，构建文旅融合"产业链"

茨沟镇围绕吃、住、行、游、购、娱六要素，大力实施文旅融合项目建设。一是立足茨沟本土美食、特色农副产品，规划建设"豆腐小镇"，重点建设豆腐宴一条街、一条豆腐文化长廊、传统豆腐作坊一条街等核心项目，从黄豆种植、传统作坊、标准化生产和培育豆腐宴品牌着手，延长豆腐产业链条，打造茨沟特色豆腐产业；二是优选出最能体现陕南特点、最能代表茨沟的西沟村，围绕提升乡村文化内涵、韵味和特色，精心打造高端旅游品牌村，在保留陕南民居"土坯房、坡屋顶、小青瓦、石板房"建造风格和青瓦黄墙的传统风貌基础上进行改造升级，培育特色民宿，将西沟打造成为陕西省美丽宜居示范村；三是围绕红色文旅、绿色林果、金色种植，完善乡村旅游配套项目，启动王莽山红色革命纪念文化公园红色旅游发展规划编制，大力推进"东三公路"等重点项目建设，加快推进人居环境整治，配套建设生态停车场、百姓大舞台、旅游公厕等公共服务设施，为乡村旅游产业的发展奠定坚实基础。

举办豆腐宴品鉴及豆腐小镇发展论坛活动

3. 文化赋能，建强文旅融合"服务链"

茨沟镇强化规范意识，培育优质旅游软环境，从旅游接待窗口入手，树立标准规范的服务理念，高质量打造茨沟镇游客接待中心，陈列布展茨沟优质农副产品，集中展示茨沟吃、住、行、游、购、娱六大板块特色项目，加深人们对茨沟的印象；从培训入手，加强茨沟旅游从业人员对本地历史文化、传统美食、地域特色了解程度，发挥民间文化的赋能作用；从标准入手，政府牵头成立茨沟商会与行业协会，对乡村旅游服务质量提出明确要求，规范乡村旅游服务水平，发挥乡村旅游标准的导向作用。在此基础上，茨沟镇策划实施具有浓郁乡土气息、体现特色民俗文化的旅游节庆活动。如开展"金秋好时节·茨沟赏红叶"暨农副产品山货交易旅游推介会、篝火晚会、自行车拉力赛、摄影协会采风等活动，举办农民丰收节、茨沟非遗名录展示、春节舞龙等特色民俗活动，催生民俗活动联动效应，打造茨沟"春有踏青春耕、夏有水街戏水、秋有红叶丰收、冬有年味赏雪"四季民俗文化推介新名片，极大地丰富了基层群众文化生活，延伸和做强了文旅融合"服务链"。

三、主要成效

茨沟镇以文化为载体，讲好茨沟故事、盘活非遗资源、提升旅游设施，让茨沟的农耕文化、美食文化、红色文化、商贸文化为美丽乡村建设"赋能添彩"。其中围绕豆腐小镇项目建设就有对接项目 13 个，涉及投资 2330 万元，在核心区规划建设 5 家标准示范店，在镇域内指导改造提升 15 家豆腐宴农家店，在茨口村布局豆腐传统作坊示范村，第一批培育了 10 家豆腐传统作坊。全镇共成立村集体经济合作社 16 家，农民专业合作社 30 家，探索出一条农、旅、文一体的新型产业化发展之路。

四、创新启示

茨沟镇依托"三链"建设，借助整合性规划和整体性运营，通过传承和弘扬乡村文化内涵，盘活区域资源、区域环境、区域居民、区域业态，通过农民合作社实现一产规模化生产种植向二产延伸，变单一产业为三产融合，形成了集特色农产品、农家餐饮、田园住宿于一体的旅游服务供给体系，打造出特色化旅游物理空间，激活乡村发展的内生动力，实现了农业、农村、农民价值的再创造。

安康博物馆暑期夏令营系列活动

沈英英（安康博物馆）

一、案例背景

安康博物馆是安康市唯一的综合性博物馆，是国家二级博物馆、国家 AAA 级旅游景区，占地面积约 3 万平方米，建筑面积 1.5 万平方米。自建成开放以来，安康博物馆依托自身资源及阵地优势，基于"重参与、重过程、重体验"的教育理念，于 2016 年开始策划实施"游秦巴明珠 享欢乐暑假"暑期夏令营系列活动，内容包括"小小讲解员""越'陶'越开心——泥乐乐陶艺体验""我是小小考古家""小小茶艺师"等，激发青少年学习中华优秀传统文化的兴趣，培养其爱国主义情感，增强其文化自信。活动主要采用观摩、互动、体验等多种形式，集教育性、科学性、艺术性、趣味性于一体，让学生在学中乐、在乐中学，使博物馆成为青少年教育的"第二课堂"。

"山里娃看古都"公益活动走进安康博物馆暑期体验营

二、主要做法

1. 精心策划、协调推进、活用资源

为了统筹推进"游秦巴明珠　享欢乐暑假"暑期夏令营系列活动的开展，安康博物馆成立了以馆长为组长、分管领导为副组长、各科室负责人及骨干为成员的项目领导小组，多次召开专题会议，明确工作思路，部署工作内容。"游秦巴明珠　享欢乐暑假"暑期夏令营系列活动，纵向上以历史为主线，横向上以文化为架构，相继推出了"小小讲解员""越'陶'越开心——泥乐乐陶艺体验""我是小小考古家""小小茶艺师"等活动。活动空间设置如下：博物馆北广场和一楼大厅是暑期活动集合、训练的场地；一楼报告厅、一到三楼展厅是"小小讲解员"活动的培训实践场所；三楼非遗体验区、少儿体验区是"小小茶艺师"体验活动场地；专门开辟四楼的两个角楼作为陶艺体验和考古体验活动的专用场地。"游秦巴明珠　享欢乐暑假"暑期夏令营系列活动实行项目负责制，由科室负责人或骨干带队，成立各活动的小组，小组成员各司其职、紧密配合。活动期间，除本馆的教育员、专业老师担任活动指导老师外，还特邀红色宣讲师、国家一级播音员、国家二级茶艺技师、泥塑技艺代表性传承人等进行辅导，增强师资力量，增强活动专业水平。

2. 科学设计、专业教学、规范服务

"游秦巴明珠　享欢乐暑假"暑期夏令营系列活动主要针对人群是8—15岁的青少年。在活动设计及教育方式上，活动紧密结合该阶段青少年年龄特点及心理需求来设计相应课程，按照项目策划、前期宣传、组织报名、项目实施、效果评估的流程运作，通过知识介绍、互动课堂及动手体验等多个环节引导学生了解课程相关内容，由学生自主选择、自主报名。指导老师借助多媒体设备、图版、道具等教具，配合欣赏法、引导法、探究法、情景教学法、体验法等多种教学方法，充分调动学生的视觉、听觉、触觉等感官系统，让学生们在参与中得到启发，在愉悦中收获知识，激发学生对中国优秀传统文化的热情与民族自豪感。经过7年不断实践和经验积累，"游秦巴明珠　享欢乐暑假"暑期夏令营系列活动从青涩走向成熟，充分发挥出学生的主体性，激发学生的参与热情，形成一系列完整、规范的活动链。

3. 合作共赢、内容丰富、形式多样

安康博物馆先后与安康学院、高新国际中学、安康市第一小学、培新小学等50余所大

中小学签订共建战略合作协议，与安康市关工委、市教育局、共青团汉滨区委、汉滨区教体局等联合共建青少年教育示范基地，在充分利用博物馆资源的基础上，通过与学校、机关单位以及社会机构、社会团体等建立合作共享机制，让他们参与活动的策划、组织和实施，使活动内容更加丰富多彩、形式更加多样化，进一步促进博物馆社会教育项目有效运行。除此之外，安康博物馆还不断吸收、招纳志愿者力量参与活动。如 2021 年以来，安康博物馆广泛招募了来自西安医学院、西北政法大学、西南音乐学院、天津科技大学、海南大学、安康学院、安康职业学院、安康市第二中学、汉滨高级中学等 20 余所大中院校的学生参与暑期夏令营系列活动的志愿服务工作。在博物馆工作人员的统一培训和组织安排下，学生志愿者发挥自身优势、展现学识所长，为各项活动贡献自己的力量。

"小小讲解员"夏令营文物讲解体验活动

三、主要成效

"游秦巴明珠 享欢乐暑假"暑期夏令营系列活动为中小学生和参观游客量身打造，参与互动面宽、沉浸体验感强。活动不断深化与学校、教育机构及团体的合作，拓展课程内容，优化课程模式，形成了一套较为完善的授课体系和体验流程。同时博物馆在实践过程中不断完善活动项目及课程，培养了一批较为固定的、认同感高的参与群体。至 2022 年，此活动已成功举办 6 届，开展特色项目 10 多类，设计开发课程 30 余种，举办活动 200 余场次，受众 3 万余人。活动每年从 7 月一直开展到 8 月下旬，报名公告往往一发布，参加名额就迅速爆满。来自安康城区、西安、成都等地的青少年以及"山里娃看古都"等多家公益机构先后走进安康博物馆参加体验活动。安康博物馆成为广大青少年暑假生活的最佳去处，成为安康市民假期生活的新地标，得到了社会各界的广泛赞誉。安康博物馆 2017 年被评为"陕西省首批中华优秀传统文化传承基地"；2018 年被评为首批"陕西省中小学生研学实践教育基地"；2019 年被评为"陕西省青少年教育基地"，被安康市委宣传部评选为"最佳志愿服务项目"。

四、创新启示

博物馆教育活动的开展不应仅局限于开放展览，更重要的是要围绕展览开展延伸和拓展型教育服务。安康博物馆针对这一方面，策划开展"游秦巴明珠　享欢乐暑假"暑期夏令营系列活动，深挖地方文化内涵以充实课程内容，丰富育人载体，服务学生成长，积极探索新时代"博物馆＋教育＋课程"的教育新模式，打造学习传统文化的主阵地平台。活动的成功开始，让原本"高冷"的文物变得可及、可感，有表情、有温度，为博物馆文化注入了新的活力，成功吸引了广大青少年打卡博物馆，使博物馆成为学校教育的重要补充和延伸，积极发挥了自身的"第二课堂"的作用，对厚植学生爱国主义情怀、服务地方发展产生了积极作用。

筑牢文物安全防线

——旬阳市四级文物保护网格化管理模式

陈世斌（旬阳市博物馆）

一、案例背景

据第三次全国文物普查统计，旬阳境内共有不可移动文物遗迹 621 处，其中省级文物保护单位 16 处、市（县）级文物保护单位 82 处，列入省级革命文物名录 6 处，历史最远的遗迹可追溯至新石器时代。面对全市文物保护工作量大面广、任务艰巨的现实，旬阳市博物馆始终坚持"保护第一、加强管理、挖掘价值、有效利用、让文物活起来"的新时代文物工作方针，努力探索新形势下文物保护工作的新模式、新途径，通过启动实施"四级文物保护网格化"管理，最大限度整合文物保护力量，不断完善文物管理体制机制，提升文物保护工作的精细化水平，探索出一条符合旬阳实际的文物保护模式。

二、主要做法

1. 创新理念，深入推进文物保护网格化管理

为壮大文物保护队伍，提升文物保护工作的扎实度和精细化，旬阳市经过不断摸索、完善和提升，采取了四级文物保护网格化管理模式，即：将全市 621 处文物点和革命文物划分为东、南、北三大片区，共 21 个网格，构建了包括总网格长、11 个片区网格长、21 个镇域网格长和 95 名文保网格员组成市、镇、村（社区）、群众文物保护员的四级"网格化管理"工作格局，覆盖文物点所在的 300 余村级（社区）。总网格长以市文化和旅游广电局（市文物局）为总牵头管理单位，负责贯彻落实文物保护法律法规，制定全市文物保护管理办法和监督考核办法；市文物管理所、市博物馆片区网格长负责全市文物安全保护实地巡查、业务指导、业务培训和业务考核；各镇网格长按照属地管理原则落实市与镇签订的《文物保护管理责任书》，做好本镇区域内的文物保护管理监督考核和巡查结果报告；村（社区）级文保网格员负责日常文物安全的巡查监测看护。该模式大幅提升了文物保护

工作的专业化能力和精细化水平。

2. 共建共享，从"网格化管理"到"网格化服务管理"

为保证网格化管理顺利推行，旬阳市积极调动网格中的社会组织和群众的力量参与文物保护网格化服务管理，形成"专兼合一"的网格管理队伍，构建功能完善、参与主体多元的网格化服务管理体系，由"保护管理"变为"管治结合"，突出由"网格化管理"向"网格化服务管理"转变。市文旅广电局通过国际博物馆日、文化和自然遗产日宣传活动，文物保护专题培训，博物馆免费开放日，文物法规"六进"宣传，基地教育＋流动博物馆展览等多种形式，长期向社会各界宣传文物保护的法律法规，提高社会大众对文物保护工作共识。旬阳市博物馆发挥文物资源优势，在为群众提供服务的同时，不断加大对文物保护人员的业务培训，壮大文物保护队伍，提高群众文保员的责任意识和业务水平，让他们在思想上深刻认识到文物保护管理的重要意义，从而更好地开展文物保护工作。

旬阳市定期召开全市文物保护与安全工作联席会

3. 完善机制，推进文物网格化管理工作高效运行

为了保证各级网格员岗位职责能够有效落实，旬阳市充分发挥文物保护联席会议制度平台作用，不断完善文物保护网格化管理长效机制，将文物保护工作纳入市对各镇、市直各部门的年终考核中。按照旬阳市群众文物保护员管理办法，严格落实网格员工作制度、巡查监测制度、文物安全报告制度。建立网格员队伍管理机制，规范网格员入职条件、培训体系、工作职责、业务流程、淘汰程序，建立起"人熟地熟情况熟"、一岗多责、一专

多能的网格员队伍及其监督考核机制，形成分级考核、分类考核、量化考核并行的监督考核体系，确保网格化服务管理优质高效运行。

三、主要成效

旬阳市博物馆经过多年的实践探索，为政府制定文物保护政策提供了有力支持，促进了一系列相关文件的出台。2019 年 12 月 12 日，旬阳县人民政府发布《第四批文物保护单位保护范围和建设控制地带》（旬政发〔2019〕10 号），对文物保护单位保护范围和建设控制地带做划定；2020 年，旬阳县人民政府办发布《旬阳县不可移动文物安全责任进行公告公示》（旬政办函〔2020〕144 号），进一步明确了主体责任、属地责任、监管责任以及公安部门的责任等；2020 年，旬阳县文化和旅游广电局出台《旬阳县群众文物保护员管理办法》，明确了群众文物保护员的具体职责和义务。2021 年旬阳撤县设市，新组建的文化和旅游广电局加挂文物局牌子，加强了文物行政机构建设，优化了职能配置。旬阳市博物馆网格化管理模式的推行，极大提高了文物保护管理的精细化和科学化，强化广大群众自觉参与文物保护的共识，对于巩固全国文物工作先进县、公共文化服务高质量发展示范市建设起到了积极的促进作用。

文物安全巡查工作剪影

四、创新启示

文物保护网格化管理作为当前基层社会治理方式的创新举措，是转变政府职能、密切联系群众服务群众的有效途径，是基层治理的重要抓手和有效载体，也是社会发展的大势所趋。旬阳市坚持源头治理，标本兼治、重在治本，构建四级文物保护网格化管理，在管理理念上，实现了从管控为主到管理与服务相结合的转变；在管理主体上，实现从"行业管文物"转变为"行业与社会共管"的双向管理；在管理手段上，实现综合运用各种方式方法进行社会管理。这三者无不体现着社会治理体制的创新和转变，对推进基层社会治理体系和治理能力现代化具有重要意义。

第五编

乡村文化治理改革创新实践

乡村文化理事会

——乡村文化治理转型的"安康样板"

李 轶（安康市文化和旅游广电局）

一、案例背景

在《中共中央 国务院关于实施乡村振兴战略的意见》和《关于加强和改进乡村治理的指导意见》的政策背景下，为深入贯彻落实党的十九大精神，进一步加强农村思想文化阵地建设，高质量完成国家公共文化服务体系示范区创建，2019年8月开始，安康市决定在各县（区）符合条件的行政村开展建立"乡村文化理事会"试点工作。其主要目标是通过建立乡村文化理事会的方式，健全行政村党组织领导下的乡村文化自治组织建设，推动乡村公共文化服务供给侧结构性改革，着力解决乡村公共文化服务盲区问题，把乡村公共文化服务"最后一公里"变为"最前一公里"。

汉阴县乡村文化理事会示范点活动

二、主要做法

1. 确定乡村文化理事会建设试点村

安康市创建国家公共文化服务体系示范区工作领导小组办公室发布《关于开展乡村文化理事会试点工作的通知》，对乡村文化理事会工作开展进行统一部署。安康市一区九县全部都进行了试点村（社区）的申报，最终选择在 32 个试点村（社区）中率先开展乡村文化理事会建设。

2. 吸纳新乡贤组建理事会

试点村依据本村实际，吸纳村干部、新乡贤、退休干部教师、在职有意愿的干部教师等为理事会成员，整合乡村读书会等作为乡村文化理事会下属分支机构。理事会理事长原则上由试点村党支部书记担任，根据需要设 1—2 名副理事长和若干理事。各试点村科学制定乡村文化理事会章程，明确职责、权利义务、经费保障、活动开展等基本规则，经理事会表决同意后，将章程作为乡村文化理事会开展工作的主要依据。

3. 建立议事决策民主监督制度

依托安康市新民风建设中形成的组织体系、制度体系和"一约四会"治理体系，乡村文化理事会结合各村实际探索理事会协商和管理的有效方式，完善公共文化服务议事决策制度、民主监督制度、安全管理制度等，形成了一套涵盖村务管理、党员管理、村民管理等方面的依法治村制度体系。同时，制定《村规民约》《家风家训》等守则。

4. 建立乡村文化理事会运行保障机制

为保障乡村文化理事会试点建设及运行，安康市明确了各方主体责任，如县（区）文旅广电局承担试点工作主导责任，县（区）文化馆、图书馆承担业务指导责任，试点村党支部、村委会承担试点实施责任。为加强保障，在实施过程中，安康市下发了《关于拨付乡村文化理事会试点补助资金的通知》，落实对每个试点单位补助 5000 元并进行公示，同时强调加强对补助资金的使用监管、积极引导试点村（社区）广泛开展社会捐资资助活动等内容。

5. 发挥乡村文化理事会职能作用

乡村文化理事会以乡村公共文化服务效能提升工作为核心，统筹村级公共文化服务资源配置，挖掘和培养乡土文化能人、民间文化传承人等各类文化人才，开展以"组建一支文化社团、开展一项非遗传承、举办一项特色文化活动"为内容的公共文化服务，因地制宜进行公共文化服务创新，最大限度调动群众中的精英分子、骨干力量，共谋、共建、共治、共享美好幸福家园，消除乡村公共文化服务"盲区"。

例如，汉阴县三元村党支部书记为乡村文化理事会会长，副会长由村长和副支书担任，村内能人贤士和本村走出去的社会成功人士为主要成员。理事会成员根据自身优势主导成立相关协会组织，现已组建下设了八个群众协会组织包括：道德评议协会、老年文体协会、关爱妇女儿童协会、红白喜事协会、禁毒禁赌协会、家训文化协会、书画协会、民间文艺协会。各协会有负责人，也有自己的会员组织机构，各个协会组织统一在理事会的管理指导下开展各项工作，由此将辖区内各类文化乡贤人才聚集，最大限度调动群众力量。

三、主要成效

1. 党群干群关系不断融合

乡村文化理事会制度体系建设改变了农村千头万绪的工作局面，促进了传统文化乡贤管理手段和现代社会治理理念的有机融合，实现了更为精准精细的管理服务，建立和完善了通畅的民意表达机制，给予村民充分参与村务机会，促进了干群关系和谐。

2. 群众主人翁身份不断凸显

在乡村文化理事会的引领和组织下，安康市把公共文化阵地交给群众自己，群众通过自己"播种"文化，将文化产品供给与需求有效对接，真正实现了"百姓舞台百姓乐"。村民自我组织、自我管理、自我服务、自我发展，既是参与者又是领导者。一批带头人常年参与乡村文化设施建设、文化活动策划，在发挥"头雁"作用的同时，用实际行动彰显"主人翁精神"。

3. 公共文化资源不断激活

乡村文化理事会成立后，试点村推进建、管、用、育一体机制建设，积极整合各类文化资源，提高公共文化资源利用率，避免公共资源浪费，节省了财政资金，把农村基层文化服务中心建设成为文化气息浓厚、内容内涵丰富、群众引以为傲的现代化农村文化活动场所。

4. 村风民风社会风尚不断向好

乡村文化理事会充分发挥乡贤人士在村民自治中的作用，积极参与民意纠纷矛盾调解，真正实现了"小事不出组，大事不出村"的目标，促进了村民之间和谐关系。乡村文化理事会通过推进"诚、孝、俭、勤、和"为主要内容的新民风建设，大力挖掘好家风、好家训，制定村规民约，以树新风、崇美德、弃陋习为纲，推进移风易俗；同时利用远程教育文化广场、互联网、电视、电影、农家书屋等，将党员党性教育、群众扶贫扶智、大众文化传播与社会新风尚进行有机结合，不断推动乡村文化发展。乡村文化理事会成为激发村民建功家乡、回报家乡的动力引擎。

四、创新启示

1. 推动文化管理到文化治理的转型发展

乡村文化理事会建设的核心目标在于保障民众的基层文化权利，提升公共文化服务效能。安康市以乡村文化理事会体系平台为依托，聚合乡贤、文化能人等人才优势力量，统筹村级公共文化服务资源配置，完成公共文化活动项目策划与组织实施，为基层文化供给与文化消费、文化发展相统一的治理思路提供了重要实践经验。乡村文化理事会建设实现了乡村视域下文化建设从文化管理到文化治理的转型，探索出了创新基层治理模式，破解了乡村文化治理难题。

2. 实现文化需求与文化供给的有效对接

乡村文化理事会利用"会长善管理、会员能组织、协会能落实、群众能参与"这一组织制度优势，通过"拔尖子、树典型"，以点带面扩大和调动乡村群众积极性，让群众真正成为文化活动主角，打破乡村有资源无人挖掘、有阵地无人员管理、有需求无供给的局面，把群众的文化需求与本地文化资源结合起来，有力推动了文化需求与文化供给的有效对接。

三元村"五治融合"乡村文化治理新实践

张鸿雁（汉阴县文化和旅游广电局）

一、案例背景

乡村是中华优秀传统文化的发源地，乡村振兴是实现中华民族伟大复兴的重要基础。为统筹推进乡村文化治理体系和治理能力现代化，汉阴县三元村以"党员联系群众、人大代表联系选民、中心户长联系居民"为纽带，以管理网格化、服务精细化为路径，建立以高效治理平台为支撑的"321"基层治理全国示范样板，突出核心价值导向，发挥党员、新乡贤、文化能人、志愿者的作用，聚焦群众文化需求和农村难点热点问题，打造乡村文化阵地，深挖乡土资源，传承优秀农耕文化，丰富农村公共文化服务形式和内容，强化乡村文化治理"软实力"。汉阴县建立了政府主导、社会参与、村民自治三位一体的乡村文化治理新模式，推动乡村"政治、法治、德治、自治、智治"五治融合发展，走出了一条富有汉阴特色的乡村文化振兴之路。

二、主要做法

1.完善乡村文化治理体系，推动"五治"融合发展

三元村在党支部引领下，充分发挥群众共建共治共享的主观能动作用，走访群众，问智贤达，大力挖掘培养乡土文化能人、民间文化传承人等各类文化人才，强化文化志愿队伍培育和管理，把讲奉献、有威信、热情高的文化能人和文乡贤、德乡贤、富乡贤组织起来，成立乡村文化理事会。理事会下设 8 个协会组织，由群众自主选出 43 名文化能人担任"三线"网格长，每个二级网格成立一个党小组，提高党员与网格长交叉任职率。网格长利用人近地熟、自身文化素养高等优势，通过网格微信群，及时向村民传达国家相关政策、镇村重大事项，协助村两委推动落实村规民约、调解农村矛盾纠纷、组织村民代表集中议事、策划开展群众性文化和体育活动等，构建了有利于充分发挥乡村精英分子、文化骨干力量的乡村文化治理新体系，实现民间纠纷调解、治安维护调解、社情民意通达、村民心

理疏导、民事代理服务等工作线上办理，实现"人从格中走、事在网中办"。

2. 强化制度建设，构建乡村文化治理长效机制

为进一步完善乡村文化理事会议事规则，确保网格长日常工作有序开展，三元村结合"321"基层综合治理体系，主要采取了以下举措：一是明确乡村文化理事会工作职责，每年理事会要通过议事规则，列出年度文化活动计划和各协会组织的重点任务，同步建立协调联系制度，根据实际需要，随时调整或优化工作方案；二是细化乡村文化理事会管理制度，积极探索符合村情的协商议事制度，完善农村公共文化服务议事决策、民主监督、财务管理、安全管理、绩效考核制度等，推动乡村公共文化服务规范化、制度化、效能化；三是统筹利用公共服务资源，调动村委会、妇联、工会、团组织等参与乡村文化治理的积极性，安排综合性文化服务中心的免费开放和日常管理工作，因地制宜开展公共文化服务供给，精准提供群众需要的文化项目。

城关镇三元村"乡村文化理事会"成立大会

3. 丰富文化供给，高效打造"暖心工程"

村两委团结一心、细化分工，充分利用网格长点子多、干劲足、善管理、能组织的特点，发挥网格长的乡贤文化能人优势，通过拔尖子、树典型，以点带面地扩大和调动村民积极性，以群众喜闻乐见的活动为载体，大力推行"爱我三元""文化三元""健康三元""文明三元"四大暖心工程。

一是举办"爱我三元"乡贤茶话会。每年定期邀请村党员、能人贤士、致富带头人、三元走出去的社会贤达等，围绕乡风文明提升、产业兴村致富、守卫生态绿色三元等主题展开座谈，分享致富经验，为本村的发展和振兴出谋划策。

二是开展"文化三元"文化使者行动。组织三元村百余名能人贤士、文化爱好者，组建村文化使者志愿小分队，成员包括各类校长、局长，海归博士等。在他们的带领下，全体村民积极挖掘村史文化、传统文化、民俗文化、农耕文化，自发筹资 45 万元兴建"三元村史馆"，打造出"望得见山、看得见水、留得住乡愁"的村民精神家园。

胡世宝是三元村走出去的局长、校长，他一直心系家乡发展，是文化使者团队中的中坚力量。村里以文化使者为龙头，通过"启文化、种文化、传文化"的方式，用村史资料、图片、实物打造出了独具特色的村落文化，留住了乡亲的"根"，成为三元乡村文旅融合的一大亮点。

三是举办"健康三元"农民趣味运动会。三元村全村 2600 多人，参赛的运动员就有 500 多人。群众自发购买统一服装，举行盛大的开幕式、入场式、闭幕式，参与翻轮胎、拔河、抢凳子、三人六足、投篮、跳绳等趣味十足的运动项目。运动会上还上演了本村群众自编自演的小品、歌舞、啦啦操、情景剧等文艺节目，老百姓亲自参与、亲身表演，分享新时代新农民的新感受。此项活动作为三元村的一项品牌活动，截至 2022 年已连续举办五年，参与人员越来越多，影响力越来越大，成为一个跨区域合作联盟文化品牌，不仅丰富了村民的精神文化生活，也凝聚了群众共建乡村的精气神。

四是开展"文明三元"道德模范评比。三元村结合村情实际，围绕农村生活、邻里家庭、社会治安、公共道德等方面，组织群众制定村规民约，收集优良家风家训家规，通过广泛动员、群众评议、集中评选的方式，开展"十星级文明户""五好家庭""劳动模范""爱心家庭""好党员""好婆婆""好媳妇"等项目的评选活动，创新建成并运行"道德银行＋积分超市"运行模式，通过存美德、攒积分、取实惠的方式，激发群众内生动力。

三、主要成效

三元村通过做实做细乡村文化治理，凝聚了党群、干群关系，村集体经济合作社、互助资金协会、村文化理事会等各类组织运行规范有序。累计投入 400 万元修建的三元村综合文化服务中心、文化广场、舞台等基础设施，有效满足了村民精神文化需求，提升村民精神风貌，推动形成良好民风民俗，实现了基层治理"小事不出网格、大事不出村、矛盾问题不上交"的目标，连续五年全村无刑事案件、无信访、无安全事故。截至 2022 年，三元村打造文化"暖心工程"，累计为村民解决各类困难事、忧心事 200 余件。

三元村通过乡村文化治理，推进文化与三元村生态农业、旅游业等产业的深度融合对接。三元村目前已建有自己的茶叶、富硒水生产基地，产业品牌畅销省内外，同时也是远近闻名的生态观光旅游基地。截至 2021 年，三元村发展茶园 1000 亩，大樱桃园 200 亩，全村人均茶园面积达 0.5 亩；发展食品加工、绿色养殖等经营主体 7 家，创办特色农家乐 28 家，成立劳务公司 1 家，实现群众户均增收 2500 元以上。2021 年村集体经济收入在 15 万元左右，真正实现了产业兴旺。

三元村经过五年的探索与发展，用乡村文化治理这把"金钥匙"不断完善乡村治理新体系，让乡村治理更有温度、村民更有幸福感。三元村先后获得"全国乡村治理示范村""全国一村一品示范村""国家森林乡村""国家无邪教示范村""国家双服务先进集体""省级党组织标准化建设示范村""省级美丽乡村示范村""省级美丽宜居示范村""省级旅游村"等荣誉称号。新华社、《人民日报》、《农村日报》等媒体先后实地进行调研采访，三元村已成为远近闻名的美丽宜居村庄。

四、创新启示

三元村坚持党建引领，将汉阴县"321"基层综合治理体系与乡村文化治理体系有机结合，通过建立民事民议、民事民办、民事民管制度体系和运行机制，整合便民服务中心、党员活动中心、新时代文明实践中心、综合性文化服务中心等各类资源，实施"爱我三元""文化三元""健康三元""文明三元"四大暖心工程，提高了三元村农民的思想道德水平、文化素质和生产技能，培养造就了一大批有文化、懂技术、会经营的新型农民，探索出一条用乡村文化治理这把"金钥匙"实现乡村"五治融合""五大振兴"的新路子。

陕南"村晚"第一村

——界牌村文化"自组织"治理新实践

陈小磊（汉滨区汉阴县平梁镇文化站）

一、案例背景

改革开放 30 余年来，位于陕南秦巴山区腹地的汉阴县平梁镇界牌村发生了可喜变化，村庄整洁、道路平坦、楼房林立、产业兴旺，大部分村民摆脱了长期贫困，过上了衣食无忧的生活。然而，随着社会转型发展和多元文化影响，乡村社会治理也出现了新问题，如村领导班子没有威信，群众没有凝聚力，村民间不良风气逐渐蔓延等。

2012 年，党的十八大提出，让人民享有健康丰富的精神文化生活，是全面建成小康社会的重要内容。界牌村干部认识到，只有用文化的力量团结群众、培育优良乡风民风，才能凝聚建设小康社会的精神动力。于是，村委会决定在 2012 年除夕举办一场村民自己的文艺晚会。

在汉阴县文化主管部门和平梁镇政府的大力支持下，经过紧锣密鼓的筹备工作，一场以弘扬中华传统美德、培育优良乡风民俗、宣传国家惠农利民政策为主题，由村民自编、自导、自演的陕南首场"村晚"，在界牌村文化广场成功举办。经过 10 年的发展，界牌村"村晚"已成为以村民自我管理、自我服务、自我教育为特征的乡村文化服务品牌，界牌村也被媒体誉为陕南"村晚"第一村。

二、主要做法

1. 构建乡村新型文化治理结构

界牌村构建乡村新型文化治理结构经历了由探索、发展到逐渐成熟的过程。村文化专干胡胜花说："村里头几年举办春晚，村委干部逐户逐人做思想动员工作，当时没有舞台、没有背景，纯粹是村民自由参与的自娱自乐活动，真是万事开头难。"

2015 年以后，界牌村"村晚"不仅得到了村民的积极响应，而且也得到了越来越多的社会力量支持。以 2018 年"村晚"为例，汉阴县委宣传部、汉阴县文化广电旅游局、平梁镇人民政府、平梁镇文化站、汉阴县文化艺术中心、汉阴县民间艺术家协会、盛峰道路工程建设有限公司和海新石业有限公司等机关、企事业单位分别提供了相应支持，汉阴县文化艺术中心还安排专人驻村，指导活动策划、节目遴选、节目排练。演出当天，邻近县千余群众前来观看精彩的文艺节目。

2019 年，作为安康创建国家公共文化服务体系示范区的一项改革举措，界牌村成立乡村文化理事会，将原村级群众性自治组织如道德评议会、红白喜事会、禁毒禁赌协会、家训文化协会和文化团队等整合到乡村文化理事会之中，有效推动了村级文化事业发展。由于新冠疫情的影响，从 2020 年到 2022 年，界牌村"村晚"停办了三年。随着 2022 年底疫情防控政策的变化，界牌村"村晚"恢复。界牌村党支部书记、乡村文化理事会主任积极联系上级部门寻求支持，理事会副主任和成员等与村里文化能人共同策划活动方案，拟定节目清单，组织开展排练。除夕夜 18:30 左右，舞蹈队的开场舞《过年了》拉开界牌村"兔村晚"的帷幕，12 个以地方小戏为主的文艺节目，给群众带来了浓浓的年味。

2. 培育乡村文化自组织能力

大力培育文化能人和村级文艺社团，是界牌村文化建设的重要举措。界牌村充分利用寒假及农闲时节，组织在外求学返乡的学子、务工创业的能人、乡贤群体及民间文艺社团等，围绕讴歌党的好政策、赞美家乡新变化、弘扬社会新风尚等主题，自编自导自演独唱、合唱、曲艺相声、快板、舞蹈、小品杂耍、诗歌朗诵等节目。虽然晚会是"土春晚"、台上是"泥腿子"，但更容易引起群众共鸣。如 2017 年"村晚"邀请了本村外出返乡的艺人晏兵兵表演了 3 个魔术，获得阵阵喝彩。2018 年"村晚"上村民姚兴翠与儿子、儿媳及村干部表演小品《婆婆也是妈》，以身边人演身边事、幽默风趣的真情表演，赢得台下观众的阵阵掌声。村支书说："我们村的村晚办得真是一届更比一届好，现在群众主动到村里报名，自告奋勇要求参加。"特别是成立乡村文化理事会之后，界牌村又先后组建起 30 人的舞蹈队、10 人的歌唱队、30 人的文艺表演队、5 人的舞狮队、10 人的彩船队，群众自我管理、自我服务、自我教育和文化创造能力不断提高，界牌村也由"人口小村"变身为"文化大村"。

3. 六大活动载体涵养文明乡风

界牌村十分重视文化浸润、熏陶、教化民心的作用。为了让群众"致富思源、富而思进""忆党恩、跟党走"，界牌村一方面通过道德评议、移风易俗、文化传播、文明创建、诚信建设、依法治理六方面的活动，将传承中华优秀传统文化和弘扬社会主义核心价值观相结合，培育知荣辱、讲正气、做奉献、促和谐的良好村风。另一方面与汉阴县检察院联合举办"道德讲堂"活动，活动分为歌曲、学模范、诵经典、讲法治、送祝福五环节。如观看汉阴县道德模范邱刚英孝敬公婆的视频短片，邀请县人民检察院干部讲述的界牌村村民冯尚菊尊老爱幼，在公公患病期间，不辞辛劳长期护理的感人事迹；邀请县人民检察院干警结合典型案例讲述道德与法治的关系；等等。以往，界牌村村民逢年过节的主要娱乐活动就是划拳喝酒打牌，如今"村晚"的举办，传承了文化、弘扬了美德、涵养了文明乡风。当汉阴电视台记者采访界牌村文化专干姚兴翠时，她激动地说："村上举办春节晚会后，跳舞的人越来越多，打牌和说闲话的人越来越少，邻里关系更加和谐了。"

三、主要成效

1."富了脑袋"，也"富了口袋"

"村晚"举办的十年来，不仅让乡村文化"活起来"、村民素质"高起来"，还形成了先富带动后富的新风尚，使界牌村走上了经济发展的"快车道"。刘汉江是界牌村的"致富能人"，为了带动更多乡亲致富，他主动参加政府组织的脆李种植技术培训，流转土地170亩栽种优质脆李，带领全村30多人增收致富，其农场荣获安康市"示范家庭农场"荣誉。如今，"富了脑袋"的界牌村农户，房前屋后果树环绕，四季有花草，户户有项目、家家有收益，焕发出乡风文明、邻里和谐、环境优美的新面貌。平梁镇包村干部说："界牌村风气好，群众工作好做，村上工作好搞，我明年还要包界牌村。"

2.发挥乡村文化建设示范引领作用

界牌村"村晚"，不仅让群众有机会"露个脸、出个彩"，展现自己才艺的平台，而且也丰富了群众日常文化生活，带动了全民阅读。为推动国家公共文化服务体系示范区创新发展，安康市文旅广电局、市乡村振兴局、市妇联在"安康·阅读起跑线"工程的基础上，联合开展了寻找"书香之镇（办）、书香之村（社区）、乡村书香家庭"活动。经过宣传发动、县区推荐、集中评选等环节，界牌村荣获"书香之村"称号，村民蔡明定家庭荣获"乡村书香家庭"称号。随着知名度、美誉度和影响力不断提升，"界牌村晚"已成为平梁镇文化工作的"金字招牌"、汉阴县143个行政村文化工作展翅高飞的"领头雁"。

3. 推动社会治理"创优争先"

"村晚"在丰富群众文化生活、推动"诚、孝、俭、勤、和"新民风建设的同时，也极大地推动了界牌村治理体系和治理能力现代化。2015 年，界牌村被司法部、民政部授予"全国民主法治示范村"称号；2018 年，被安康市委、市政府命名为"文明村"；2019 年，被陕西省爱国卫生运动委员会命名为"陕西省省级卫生村"；2020 年，被汉阴县纪委、监委表彰为"廉洁示范村"；2021 年，在庆祝建党 100 周年前夕，安康市委授予该村支部书记兼乡村文化理事会主任郑东"优秀基层支部书记"荣誉；2022 年，被安康市文旅广电局、市乡村振兴局、市妇联授予"书香之村"称号。

四、创新启示

1. 优化了乡村文化治理结构

界牌村"村晚"，不仅是乡村文化振兴一种实践模式，更是乡村文化治理结构的一次重组。特别是界牌村成立乡村文化理事会和乡贤读书促进后，不仅极大地提高了村民文化"自组织"能力和文化创造的"内生性"动力，而且也得到了包括党委政府、文化旅游主管部门、企事业单位、民间文艺团体等社会力量的大力支持，形成了多元社会主体共同参与乡村文化振兴的良好格局。

2. 推动了乡村文化供给改革

如果说央视春晚是全国观众的一道文化盛宴，那么村民自发举办的"村晚"就是满溢农家风情、乡村烟火的"家乡菜"。尽管没有专业的设备、专业演员，但"村晚"也传递着快乐、凝聚着乡情，而"村晚"这种成本低、受众广、接地气、成效好的模式，可借鉴、好复制、能推广，让欢歌笑语荡漾在乡村的每一片山山水水之间。

3. 凝聚起乡村振兴的精神力量

界牌村将传承优秀传统文化与弘扬社会主义核心价值观相结合，将"富口袋"与"富脑袋"相结合，将文化"自组织"与社会力量帮扶相结合，不仅解决了乡村普遍存在的道德约束弱化、价值观念分裂、治理矛盾突出等问题，推进了乡风文明建设、文化振兴，而且也推动了乡村产业振兴、人才振兴、生态振兴、组织振兴。一个乡风文明、家风良好、民风淳朴、守望相助、诚信重礼、勤俭节约的文明乡村矗立在秦巴山区、汉水之滨、月河河道。

文化点亮家园

——紫云南郡易地搬迁群众的"融"与"乐"

张鸿雁（汉阴县文化和旅游广电局）

一、案例背景

"十三五"期间，安康市汉阴县共建成 20 个易地扶贫搬迁安置社区，有 5092 户 17940 名贫困群众挪出了"穷窝"，超过全县贫困总人口的四分之一。随着"十四五"乡村振兴战略的实施，如何让搬迁群众在"搬得出、稳得住"的基础上实现"快融入、能致富"，又成为巩固脱贫攻坚成果的重要问题。

易地移民搬迁，不是简单地让村民从一个地方搬到另一个地方，它涉及村民生产生活方式的重塑以及新社区内部各种文化传统、饮食习惯等的交融。如果不能很好地解决这个问题，就不可能提升搬迁群众的生活品质与幸福感。

汉阴县紫云南郡社区在易地搬迁群众的"融"与"乐"上下功夫，通过"文化点亮家园"惠民工程，达到"融享设施、融合队伍、融汇民心、融入治理、融畅机制"，实现易地搬迁群众思想观念转变、行为习惯转变、生活方式转变、由贫到富转变，探索出了一条易地搬迁社区文化治理新路径。

二、主要做法

1. 创新体制机制，激发社区公共文化服务的"动力源"

根据贫困地区老百姓文化需求实际，汉阴县制定了汉阴县易地扶贫搬迁安置点基本公共文化服务标准＋特色文化建设标准、文化志愿组织建设服务标准和文化效能评价标准，在资金保障、设施建设、人才培训、产品供给、志愿服务、效能考核等方面形成制度体系，解决扶贫安置点公共文化设施建设、服务供给、均等化服务等方面的问题。为了最大限度地实现供需对接，县文旅局根据搬迁社区实际，采用"订单式"配送，为搬迁群众提供图书阅览、文艺展演、科学普及、艺术普及、电影放映、培训讲座、非物质文化遗产保护传承活动等文化服务项目。结合重点节庆、节假日和传统民俗举办各类宣讲活动，内容包括文艺知识、网络技术、红色教育等，让党的政策理论和各种实用知识深入人心，不断提振搬迁群众自立、自强、致富的信心。

2. 建强文化阵地，凝聚搬迁群众的"精气神"

紫云南郡社区按照"十个一标准"建设综合性文化服务中心，包括一个新时代文明实践站、一个文化活动室、一个图书室、一个文化活动广场、一个宣传栏、一个广场群众大舞台、一套文化器材、一块电影放映墙、一套体育器材、一个少儿托管中心等设施，夯实了搬迁社区文化阵地基础设施，为搬迁群众融入社区、扎根社区，共享公共文化服务建设成果奠定了重要基础。为了通过文化活动使搬迁群众能融入、快融入，紫云南郡社区配备了一名享受财政补贴的文化妇女干部，负责搬迁社区文体中心日常开放管理、活动组织策划、发现和培养文体活动骨干，帮助社区群众组建文化社团并开展活动。由社区组建的山歌队、文艺队、广场舞队、锣鼓秧歌队等文艺社团，已经成为服务群众文化生活的"生力军"，逐步实现"从一个人变成一群人、从一群人影响到整个小区"，打造出搬迁群众的文化家园。

3. 成立乡村文化理事会，做好群众文化活动"领头羊"

根据安康市国家公共文化服务体系示范区创建工作统筹安排，在县文旅局的指导和支持下，经过民主协商和民主选举，紫云南郡社区成立了以党支部书记张红霞为理事长的乡村文化理事会，负责协助社区两委文化建设工作，推动落实村规民约、调解邻里矛盾纠纷、弘扬传播传统文化、开展脱贫攻坚帮扶和各类文体活动等。此外，乡村文化理事会还积极对接县图书馆、文化馆和镇文化馆（站），开展一对一结对帮扶，在安置点组建群众文化队伍，组织开展花鼓戏、地蹦子、彩龙船等充满地方特色的传统文化活动，推动了易地搬迁群众之间的文化融合。其中，乡村文化理事会理事长张红霞是全市优秀党员、社会治理先进个人，还是全省诗歌朗诵比赛的获奖者，她积极发挥自身特长，成为繁荣群众文化生活的"领头羊"。

三、主要成效

紫云南郡社区组建了多个文艺团队，通过现场教学、委派培训等方式累计培训文艺骨干100多人次，广场舞骨干15多名。每年组织开展"文化点亮家园"惠民活动20余场次，阅读推广活动 10 余次，还不定期地开展党史学习教育、普法教育、新民风宣传、留守妇女技术培训等，带动更多群众参加"文化点亮家园"活动。紫云南郡社区的"搬迁社区幸福年"春晚活动已经成为汉阴县家喻户晓的文化活动品牌。

四、创新启示

（1）发挥好政府主导作用。2019 年 8 月紫云南郡社区成立后，县文化旅游部门通过优化公共文化服务供给和"订单式"配送服务等方式，为搬迁群众提供各类文化服务项目，文化活动提振人心，坚定了搬迁群众自立、自强、致富的信心，保障搬迁群众在新家园里生活得安心、舒心、放心。

（2）发挥好乡村文化理事会的治理作用。汉阴县将安康创建国家公共文化服务体系示范区制度设计中关于推进乡村文化治理结构和供给侧结构性改革的内容贯彻于紫云南郡社区文化治理实践，通过成立乡村文化理事会，开展"文化点亮家园"行动，为搬迁群众搭建一个公共文化自治共建共享服务平台，实现了社区群众思想观念转变、行为习惯转变、生活方式转变、由贫到富转变，提升了社区群众的获得感和幸福感。

（3）发挥好群众集体智慧和力量。在县文化旅游部门的支持和指导下，紫云南郡形成了以社区文化治理为突破口、以发挥好群众集体智慧和力量为手段、以推动社区群众"文化融合"为目标的社区文化治理新理念，通过加强社区文化"造血"功能，走上一条社区平安稳定、文化活动丰富、居民生活幸福、集体经济不断壮大的社区发展道路。

紫云南郡社区文化点亮家园活动

塑造乡村治理新秩序

——新民风引领乡村文化创新发展的金寨实践

向永杰（旬阳市图书馆）

一、案例背景

金寨镇位于陕西旬阳市南端，面积 133 平方公里，辖 8 村 2 社区，人口 1.5 万人。开展新民风建设以前，金寨镇人民群众存在不良人情、盲目攀比、低俗恶搞、酗酒赌博的现象，部分群众也丧失了与贫困抗争的斗志，习惯了"等靠要""争访闹""靠着墙根晒太阳，等着别人送小康"，这制约了金寨镇脱贫攻坚和乡村振兴。2015 年，金寨镇开始实施以"诚、孝、俭、勤、和"为主要内容的新民风建设，在统一村民思想、重塑乡村社会治理秩序方面取得积极成效。2019 年，金寨镇又按照安康创建国家公共文化服务体系示范区的统一部署，积极开展"乡村文化理事会"试点建设，启动了乡村文化治理结构、供给侧结构性改革，走出了一条新民风建设引领、体制机制改革驱动、物质文明与精神文明协同推进的乡村文化创新发展之路。

二、主要做法

1. 用新民风塑造乡村社会治理新秩序

面对脱贫攻坚中的"等靠要""争访闹""信访不信法""法律手段用不上、行政措施难奏效、村两委管不好"的现象，金寨镇按照"求治之道，莫先于正风俗"的思路，下大力气反对恶俗陋习，倡导"诚、孝、俭、勤、和"新民风。具体做法是：由群众定"村规民约"，由群众推选老党员、老干部、道德模范、人大代表、政协委员等"新乡贤"，并建立红白理事会、村民议事会、道德评议会、禁毒禁赌会等群众自治组织，采取"群众说、乡贤论、榜上亮"道德评议规范村民言行，逐步形成遵纪守法、诚信知理、勤劳节俭、互助友善、崇德孝仁的良好社会风气，为镇域经济建设和乡村振兴奠定了良好的乡风文明基础。以党建为引领，以法治为保障、德治为基础，村民自治为根本的"三治融合"乡村治理模式，在旬阳金寨成效显著。道德评议、移风易俗被写进村规民约，红白喜事的置办标准由群众在村民会议上表决通过，各类规定的执行调动了群众"自治自管"的热情。

2. 组建乡村文化理事会推动乡村文化建设

安康市国家公共文化服务体系示范区创建工作启动后，金寨镇积极参与"乡村文化理事会"试点建设和乡村文化治理结构、供给侧结构性改革。寨河社区、权口村采取群众推荐和个人自荐、集体讨论的办法，吸收村干部、退休教师、非遗传承人和文艺骨干等成立了乡村文化理事会和乡贤读书促进会，并按照安康市、旬阳市统一要求制定了章程和相关制度。

寨河社区乡村文化理事会理事长由社区党支部书记兼红白理事会会长担任，副理事长由社区党支部副书记、少儿艺术组负责人、社区副主任、锣鼓队负责人担任，秘书长由社区后备干部乡贤读书组负责人担任，下设锣鼓队、舞蹈队、少儿艺术组和自乐班等四个村级文化组织。权口村乡村文化理事会理事长由村党支部书记兼红白理事会会长担任，副理事长由村妇联主任、少儿艺术组负责人、锣鼓队负责人、社区监委会主任担任，秘书长为乡贤读书组负责人，下设健身舞蹈小组（10人）、社火小组（17人）、曲艺小组（8人）。

此外，村民还自发组建了10多个村级文化班社，开展诗歌朗诵、新春文艺晚会、元宵灯展等活动，舞龙、烧狮子、划彩船等民俗文化活动已经成为金寨镇逢年过节时的新风尚。

3. 走好新时代文化建设群众路线

金寨镇一方面积极配合旬阳市推动县域文化馆、图书馆总分馆制建设，按照"有阵地、有制度、有活动、有人员、有保障"五有标准，解决基层文化阵地"专干不专"和效能低下等突出问题；另一方面，坚持走好新时代文化建设群众路线，通过"一约四会"机制和乡村文化理事会的建立推动乡村文化供给侧结构性改革，有计划地开展基层文艺骨干培训、基层群众文艺社团培育，有效调动了新乡贤群体、乡村社会组织、农村群众参与文化建设的积极性，形成了"自上而下"与"自下而上"相结合、政府主导与民间力量积极参与相结合的乡村文化建设新气象，文化活动日趋丰富。

三、主要成效

金寨镇通过开展道德评议等措施，扶正祛邪、扬善抑恶，形成了厚德乡风，社会治理取得显著成效，公民思想道德素质和社会文明程度大幅提升。2015年7月，寨河社区吉某被道德评议会评为后进典型，在社区乡贤的道德感化和帮教下，如今他家已种植烤烟15亩，新建房屋3间，养牛4头、猪3头，生活过得有滋有味。2015年以来，金寨镇先后推选出"新乡贤"220人，成立12个道德评议委员会、开展道德评议65场次，评出凡人善举和"草根英雄"270人次，评出反面典型人物（事）65人（件），帮教转化51人次。每年开展1次"十星级文明户"评选活动，4000余户群众参与评星、授牌。评出"道德模范"18名、"好婆婆"62名、"好媳妇"60名、"十大孝子"30名、"美德少年"12名。

金寨镇寨河社区五组村民刘某，身残志坚、自强自立、不等不靠，种烤烟7亩，养猪15头，建了3间新房。2017年，经逐级推荐，他被陕西省文明办评为自强励志类"陕西好人"。通过开展新民风、文化理事会建设推进移风易俗，用榜样的力量引领文明新风，如今金寨镇的群众比着干、抢着干，争当先进。在"诚、孝、俭、勤、和"的新民风滋养下，该镇焕发出了全新的面貌，美丽乡村建设日新月异。

金寨镇寨河社区举行道德评议大会

近年来，金寨镇全镇成立了6个阅读团队，利用重要节日节点开展经典诵读、演讲、征文、有奖知识竞猜、文艺展演等阅读主题活动。多年来，镇政府驻地寨河社区，广场舞、锣鼓队、自乐班等文化社团积极对接社区群众文化需求，开展广场舞培训、鼓乐演奏、文艺演出等文化活动20余场次，惠及群众10000余人次。

金寨镇实施了一系列文化惠民工程，为群众提供了丰富多彩的文化活动。金寨镇先后升级改造农家书屋10个，维修升级了各村组广播站，新建了镇、村（社区）综合文化服务中心，配套建设群众文化活动广场11个共8000余平方米。2017年，金寨镇喜获第五届"全国文明村镇"称号，《人民日报》等多家媒体报道了金寨镇的新民风和乡村文化建设成效。

四、创新启示

"诚、孝、俭、勤、和"是传统文化根基，也是乡村振兴的文化根基。金寨镇新民风建设将群众易懂、易学、易用、易传且具有传统文化根基的"诚、孝、俭、勤、和"内涵进行规范，在继承乡村优秀传统文化的同时，推动乡村文化治理体系和治理能力现代化。创新教育群众方式，广泛开展寓教于乐的文化活动，吸引群众积极主动参与，自觉自为传播新民风。这些举措有效激发了贫困群众的信心和勇气，扭转了不良社会风气，为打赢脱贫攻坚战和乡村文化振兴提供了强大精神动力和道德支撑。

金寨镇党委政府举办道德模范表彰大会

恒口示范区雷河社区文化治理新作为

唐李鸿（恒口示范区文化旅游康养产业发展领导小组办公室）

一、案例背景

安康市恒口区雷河社区是易地搬迁融入的社区。为了进一步开展新民风建设，引导人民群众继承和弘扬优良文化传统，吸收传统文化中的积极因素，改善人民群众的情感认识和行为习惯，形成积极、健康、向上的社会风气和精神风貌，社区党支部以党建为引领，以新时代文明实践中心（站、所）、网格化管理模式、社区文化理事会为治理基础，以创建"六心"幸福社区为目标，大力推进"智慧社区"建设，社区文化治理取得积极成效。

二、主要做法

1. 完善基础设施，创建宜居新环境

雷河社区按照创建"美丽乡村、文明家园"的要求，不断改善搬迁群众居住条件、服务条件，设立了"一站式"便民服务站，为群众提供民政救助、综合服务、政策咨询、物业管理等多项服务。工作人员挂牌上岗，让居民不出社区就能办事，使社区社会治理和服务日益完善。全社区累计投资2500余万元，完成水电路、绿化等基础设施建设，配备垃圾清运车、洒水车，新建社区服务中心、标准化卫生室、老人日间照料中心，设置微型消防站1处、水厂1座，社区内安装电动车专用充电设备及监控设备。在文化设施方面，社区建成灯光球场、网球场、乒乓球场、标准广播室、农家书屋等配套设施，对农家书屋的图书进行分类整理，完善了各项管理制度。2019年，雷河社区又建成了一个24小时无人值守图书室，进一步丰富了社区群众的文化生活。

2. 组建社区文化理事会，推动乡村新民风建设

为了统筹推动社区文化治理，雷河社区成立社区文化理事会，以强化农民转居民后的社区文化治理。一是组建社区红白理事会，制定了红白喜事办理流程和具体章程，引导群

众自觉破除陈规陋习，树立健康文明生活理念，通过抓章程、立新规，陆续健全完善了村规民约，为群众提供普遍认同的行为规范和约束准则；二是抓载体、搭平台，充分利用"我们的节日""百姓大舞台""道德讲堂"等载体，搭建群众交流互动新平台，积极培育和谐的邻里关系和昂扬向上的精神风貌，有效促进乡村民风建设；三是抓典型、树榜样，发挥党员示范带头作用，大力推进移风易俗，积极开展以家庭教育和家风建设为重点的文明家庭评选、农村环境专项治理和道德模范评选活动，近年社区共评选出"文明户""五好家庭"等各类先进典型200多个；四是成立文艺演出团，吸纳社区各类文艺爱好者积极入团，组织编排各种富有本镇文化特色的正能量节目，定期开展居民喜闻乐见的演出活动，引导和培育社区居民高雅的生活品位。经过多年的探索实践，雷河社区文化治理取得了显著成效。

3. 设立新时代文明实践站，推进新型和谐社区建设

恒口示范区结合实际，优先在雷河社区设置由社区党支部书记担任站长的新时代文明实践站。实践站具体负责社区新时代文明实践活动的计划安排、场地管理、宣传动员、群众组织、意见收集、需求反馈、积分登记、机制创新、志愿服务对接等工作，为广大居民提供理论政策、法律法规、医疗卫生、文化教育、体育健身等全方位服务。为了加大"诚、孝、俭、勤、和"新民风建设力度，雷河社区利用每栋楼房的外墙体，打造社区文化墙，宣传社会主义核心价值观，弘扬中国传统文化。面向群众开展理论宣讲、主题教育、文化传承等活动，提高广大群众的思想觉悟、道德水准、文明素养、法治观念。为了加大面向"三留守"人员的关爱服务，雷河社区设立了日间照料中心，为留守老人提供文化休闲娱乐、就餐、休息、陪伴交流、定期体检等关爱服务；设立留守儿童服务站，重点解决留守儿童精神上无人关爱、学业上无人辅导、安全上无人监护、不良行为无人矫正等问题；设立劳动技能培训中心，积极为留守妇女提供技能培训，帮助留守妇女进社区工厂就业，社区卫生室定期为留守妇女提供"计生健康"两项服务。各种举措，使雷河社区成为一个环境优美、秩序井然、管理规范和谐社区。

三、主要成效

雷河社区通过持续探索社区治理新方法、新路径，启动建设小超市、小库房、小餐桌、小课堂、小厅堂和小菜园的"六小"工程，提升了社区服务环境、丰富了社区服务内容、提升了社区服务品质，居民满意度和幸福感持续提高。2018年雷河社区被市委、市政府

评选为"文明社区";2020年被陕西省委组织部命名为"村级党组织标准化建设示范村";2021年被安康市人民政府授予就业创业工作"先进单位";2022年被认定为第一批安康市农村人居环境整治"百村示范千村推进工程"示范村。

四、创新启示

雷河社区是新型融合社区,基础设施薄弱,居民生活习惯、思想观念、综合素质等方面都存在很大差异,新民风建设和社区治理面临艰巨的任务和挑战。通过组建"支部＋民风建设"、"新时代文明实践站"、构建社区文化理事会治理体系、提供"一站式"服务、启动"六小"工程等创新举措,雷河社区在融合社区的社会治理方面探索出一条切实有效的实践路径。

雷河社区新民风宣传文化墙

茨沟村的"道德银行"

——汉阴县"321"乡村治理体系的再拓展

周汉平（汉阴县委党校）

刘　旖（漩涡镇党政办）

一、案例背景

汉阴县漩涡镇茨沟村地处南凤凰山下，地广人稀。随着经济社会转型发展和多元化文化冲突的加剧，传统的村民管理模式已不适应新时代乡村建设发展的新需要，茨沟村村民参与村庄建设和治理的愿望难以满足，农村社会管理的手段和方法亟待创新。为了贯彻落实乡村振兴战略，提高乡村文明建设水平，开创乡村文化治理新格局，2019年，茨沟村两委多次外出考察学习，集思广益，吸收借鉴汉阴县的以"党员联系群众、人大代表联系选民、中心户长联系居民"为纽带，以"网格化管理、精细化服务"为路径，以"村级治理平台"为依托的"321"乡村治理模式，探索并创建了村级"道德银行"积分管理制度，使茨沟村走上了一条乡风文明、治理有效之路。

汉阴县漩涡镇茨沟村举办新时代文明实践"百姓讲堂"活动

二、主要做法

1. 制定积分标准，建设"道德银行"

以可操作性为原则，茨沟村通过村民小组院落会议征求意见，村两委商议修订，村民代表大会讨论通过，制定了"道德银行"积分标准和积分管理办法，具体针对 5 方面的道德行为予以加分或者扣分。一是践行法治道德，对无违法违纪违反道德行为的，年终奖励基础分 10 分，若有违法或不道德行为的每次扣减 10 分。二是履行赡养义务，对自觉改善父母生活条件，每年给双方父母提供必要的生活费用，每逢重大节日、父母生日看望慰问，帮助老人做家务等行为，得到父母和村贤会（退休老干部、优秀党员、致富能人和先进典型组建的一支"乡贤"队伍）认可的年终奖励 10 分，发现不孝行为酌情扣减 10—50 分。三是家庭生活和睦，对夫妻和睦、兄弟姐妹团结友爱、家庭生活温馨和谐的家庭，年终奖励 10 分，与邻里吵架的每次扣 10 分，打架的每次扣减 20 分，造谣滋事的每次扣减 50 分。四是行为文明健康，对遵纪守法、敬业爱岗、崇尚科学、反对迷信、家居环境整洁的行为，年终奖励积分 10 分，见义勇为每次奖励 10 分，乱堆乱放破坏环境卫生每次扣减 5 分，酗酒闹事每次扣减 10 分，参与赌博扣减 10 分，大肆操办红白喜事违反村规约定每次扣减 20 分。五是热心社会公益事业，对积极为老年人做好事、办实事，热心救助贫困弱势群体，积极参加社会公益活动的行为，每次奖励 10 分，故意损坏公共财物每次（件）扣减 10—50 分。

2. 规范积分管理，实施村民共治

一是做到积分累积人性化。居民每人均赋予初始积分，个人所得积分终生有效，不清零、不作废。二是做到积分申报程序化。采取居民自主申报和三级网格长上门登记相结合的方式，按照时间、地点、事由三要素，通过口述、手写、相片、电话、网络等方式先自行上报；片区村贤会成员和三级网格长再分别填报"积分量化考核表"，片区负责人进行终审；最后由村委及村贤会复审并录入系统，计入各户"道德银行"存折。三是做到积分数据公开化。对居民积分不定期张榜公布，设立监督举报信箱，公开接受村民监督，若经举报发现有虚报好人好事骗取积分的，按所得奖分双倍扣分，并对举报人实行积分奖励；村贤会负责"道德银行"日常管理。四是积分管理实施村民共治。领导机构是村两委，执行主体为村乡贤会、村三级网格长，这样提高了村民参与乡村治理的主观能动性，拉近了干群关系，提升了人民群众的信任感。五是发挥积分导向作用。每一年对居民积分情况进行

排名，评选优秀村民、优秀党员、五福家庭、道德模范等，并给予一定的物质或荣誉奖励。

3. 兑现积分，激发追赶超越内生动力

该制度是利用积分对村民的综合表现进行全方位考核衡量，把各种物质待遇、福利与积分挂钩，向高分人群倾斜，充分调动村民的主观能动性、提升参与感、获得感，激发群众追求真善美内生动力。根据茨沟村"道德银行"积分管理制度，年终考核将把道德积分与爱心超市、评选十星级文明户相结合，予以综合评估。对积分成绩位于前列的村民，茨沟村召开村民"道德银行"积分总结表彰大会，授予其"道德模范"家庭荣誉证书，受到表彰的村民可以用"道德银行"积分在爱心超市兑换生活用品，形成榜样效应。自2020年实施以来，"道德银行"积分管理制度已显现出显著实效，茨沟村已成功创建为县级文明村。

汉阴县漩涡镇茨沟镇农民丰收节活动现场

三、主要成效

茨沟村创建新时代村级治理"道德银行"模式，形成较为直观的总体道德评价标准，把群众推选的退休老干部、优秀党员、致富能人和先进典型组建成一支"乡贤"队伍，由村民推选村民小组长、中心户长（三级网格长），在村两委的领导下开展道德积分活动，先后组织召开村民小组及院落会议14场次，参会1000余人次，"道德银行"累计积分14860分，有63户村民家庭被授予"道德模范"家庭荣誉证书，得到表彰奖励。在"道德模范"

家庭的示范带领下，茨沟村村民自觉形成爱国守法、明礼诚信、团结友善、勤俭自强、敬业奉献的良好家风，助力绿色生态、舒适宜居、文明和谐的新农村创建。"道德银行"悄然提升着这个乡村的整体精神面貌，文明之光洒遍村里的各个角落。

四、创新启示

在基层治理中，村两委人员一般数量有限，但村务治理则事无巨细，力量不足是常态，必须主动作为，发动更多的群众共同参与治理。茨沟村巧妙利用县域推广的"321"基层治理模式，拓展三级网格长工作内容，创新实施"道德银行"积分管理办法，提高了基层治理成效，不仅得到了广大群众的认可与积极参与，而且也让茨沟村从乡风文明建设的"追随者"变成了"先行者"。

"道德积分"树标杆

——紫阳县乡村"三治融合"治理实践

叶立刚（紫阳县委宣传部）

一、案例背景

加强农村思想政治工作，是贯彻落实习近平总书记关于精神文明建设重要论述的实际行动，是推进新时代文明实践工作的重要载体，是推进乡村治理体系和治理能力现代化的重要手段。近年来，针对部分群众奋斗劲头减弱、思想观念滑坡、集体观念淡薄、铺张浪费、相互攀比等不良现象，紫阳县将乡村善治作为乡村振兴十大工程之一，创新提出符合农村实际的"道德积分制"，并建立道德积分量化指标体系，深入推进法治、德治、自治"三治融合"，使村民道德行为在文明实践层面有"镜子"可照、有"尺子"可量、有"标杆"可比，让抽象的道德约束变得有章可循。

二、主要做法

1. 道德行为有"镜子"可照

无规矩，难以成方圆。紫阳县针对村情实际和民情民意，利用走访入户、座谈交流、专题调研等方式，摸清吃透群众普遍愿望和集中需求。村（社区）党组织聚焦文明实践活动计划和群众集中反映的烦心事、忧心事、闹心事，由村两委牵头召开由支部党员、村民代表、乡贤能人和镇村帮扶干部组成道德积分专班，重点围绕本村（社区）产业就业增收致富、思想道德及移风易俗、人居环境提升、惠民政策落实、文明实践志愿服务、报道表彰奖励等，建立道德积分指标体系和积分规则。其中，指标体系构建了6个一级指标和43个二级指标，因地制宜分层体现道德实践的主次权重，特色村、示范村有独立的赋分标准；积分规则体现乡村建设和乡村振兴的核心指标，鼓励提倡哪些事项、能赋多少分，摒弃否定哪些事项、能扣多少分，都在积分规则中一目了然，确保道德积分细则成为乡村建设和村（社区）思想政治工作的"风向标"。

2. 赋分标准有"尺子"可量

道德评分是以法治、德治手段推进自治能力建设的有效手段，通过设定边界、标注底线、画定红线，确保群众行为有章可循。凡是法律法规管辖的范畴，在"一约四会"中不体现不评议，积分直接兑现或扣除。在评分程序上，由各村民小组牵头，网格员密切配合，召集小组内全体群众，以户为单位对照道德积分规则积分扣分，以群众的视角为家庭户内成员对标打分，彰显民情民意。整理汇总后，由本组中心户长、乡贤达人、"五老人员"和包联干部收集意见或发表个别点评，特别对群众有争议的扣分项简要说明，形成集中统一的集体意见。整个评审过程严格按照"宣传发动—对标评判—农户自评—群众互评—评分定分—张榜公示—定分兑换—资料存档"程序进行，确保群众广泛参与又公平、透明，提升评判结果的实效性，用一套标准、一把"尺子"确保评分结果公正公平、客观可信。

3. 积分兑现有"标杆"可比

紫阳县充分发挥文明实践志愿服务功能，完善基于道德标杆的"爱心超市"积分兑现办法。道德积分制引入超市运行模式，建立以积分兑换物品的工作机制。每户一张积分卡，小组评分将被工作人员录入固定的户编号，做到持卡兑物，方便快捷。道德积分兑换程序灵活，既能实现每季度兑换所需生产生活用品，也可以每年累计兑换大件农具；既能委托包联干部代为兑换日常生活用品，也能帮助老弱病残孕兑换物品送货上门。道德积分在评优树模过程中，同样坚持积分结果导向，重视合理有效用分。当家庭户季度积分累积到一定数量时，除了可兑换所需生产生活物品外，还能够作为评选"道德模范""五好家庭""好婆婆""好媳妇""环保卫士""致富标兵"等荣誉的重要依据，登上"道德楷模榜"的重要位置。对特别优秀的道德人物，紫阳县会向上一级党委政府推荐。

三、主要成效

紫阳县17个镇207个村（社区）依托"爱心超市"兑换"道德积分"，将个人美德、家庭美德、职业道德和社会公德进行系统化分层推进，关键少数典型受表彰、树先锋，绝大多数群众依靠道德实践提升道德素养，达到了凝聚干群思想共识和发展合力的效果。截至2022年10月，紫阳县8人获得省、市级"道德模范"称号，10人获省、市级"好人"称号；420人获评全县"自强标兵"，380人获评全县"致富能手"，360人获评全县"好公婆"，390人获评全县"好媳妇"，150人获评全县"环保卫士"；全县评选"星级文明户"7500 户，"文明家庭"560 户。"道德积分"实施以来，相继劝导违规办酒席 70 起，纠正违规办酒席 13 起，举办集体升学礼 183 场。农村中的陈规陋习环比下降九成多，搞歪门邪道的少了，人情攀比和铺张浪费的现象少了，参与乡村建设的志愿者队伍同比增长 80% 以上，整个乡村的面貌焕然一新。

四、创新启示

紫阳县坚持把提升乡村治理体系和治理能力建设作为巩固拓展脱贫攻坚成果和夯实乡村振兴的重要基础，以"三治融合"为核心，聚焦乡村思想政治建设清单任务，树立干群一致的目标导向，使道德积分成为选贤树能"大赛场"、思想政治工作的"风向标"。让典型做示范，树立楷模，激励了广大群众参与乡村振兴建设的积极性和主动性。虽然道德积分制评选出来的典型是少数，但典型登上"道德楷模榜"，在人口聚集区得到公开宣传展示，使周边群众有了追赶榜样、奋勇前进的激情。久而久之，典型示范引领效应呈几何级倍数放大，群众的思想觉悟在潜移默化中得到提升，浓厚的农村思想道德建设氛围蔚然成风。

群众领到道德积分卡非常开心

激活乡村文化发展的内生动力

——汉滨区江北街道办事处乡村文化治理新探索

张树江　郭　露（安康市汉滨区江北街道办事处）

一、案例背景

汉滨区江北街道办事处地处汉水北岸，阳安铁路、襄渝铁路在这里交会。流动人口众多，西安铁路局、水利水电部第三工程局等单位家属小区多，人员结构复杂，未成年人、离退休老人占比较高。辖区共有7个行政村9个社区，有4个村位于城乡接合部，公共文化服务资源比较薄弱。近年来，汉滨区委、区政府高度重视农村文化建设，在区文旅广电局的支持下，江北街道办事处（以下简称"江北办"）开始探索"乡村文化理事会"制度，引导群众参与决策、参与管理、参与活动、参与监督，因地制宜开展公共文化服务活动。乡村文化理事会是村（社区）基层单位组织成立的基层群众文化活动管理机构，理事会会长一般由村（社区）支部书记担任，通过广泛吸收辖区内文化人才，积极引导他们各展特长、自编自演，破除"节目荒"难题，推动辖区内文化活动开展，最终实现将群众舞台交给群众，创造出文化活动随处可见、社会风气积极向上的文化服务新局面。

二、主要做法

1. 强机构：组建乡村文化理事会

为了发挥组织引领作用，江北办决定成立乡村（社区）文化理事会。首先结合村（社区）实际，整合村规民约、道德评议相关标准，制定出台《乡村（社区）文化理事会章程》，明确居民的职责、权利、义务；其次是组建理事会，由各村（社区）书记任文化理事会会长，充分发挥个人领导才能，利用自身优势盘活辖区文化资源。再次是建立健全各类规章制度，完善乡村公共文化服务议事决策制度、民主监督制度及安全管理制度等。为了使乡村（社区）文化理事会在"法治""德治"基础上发挥积极"自治"的功能，江北办广泛聚集乡贤人才，最大限度调动群众中的文化精英、骨干力量，把群众的文化需求与本地文化资源整合起来，打破了以往有资源无人挖掘、有阵地无人管理、有需求无人供给的困境。

2. 展文化：发挥乡村文化能人的特长

乡村（社区）文化理事会成员本身是乡土能人、退休干部职工等有知识、有技能的人群，能否充分发挥他们文化服务能量，成为乡村（社区）文化理事会建设成败的关键。西站社区的创文工作志愿者、中渡村的疫情防控巡逻队、张沟桥社区的社区志愿服务站等，由理事会组织的服务群体不在少数。如"岭上姐妹花"，这是江北办张岭社区一个特别的群体，成员由当地文艺社团团员组成，年龄大多在 50—65 岁之间，女性占大多数。她们乐于奉献、正能量满满，其靓丽形象为文化理事会发挥独特社会作用树立了榜样。文艺演出舞台上，她们专业素质过硬；社区组织活动，她们一呼百应；新冠疫情防控期间，她们自发组织宣传防疫知识。这使她们成为人们眼中一道靓丽的风景线，也成为社区工作的得力助手。

汉滨区江北街道办事处张岭社区文化理事会筹备龙舟节活动

3. 树形象：推动文艺新产品创作

乡村（社区）文化理事会针对各社团的特点，结合中心工作，将"诚、孝、俭、勤、和"新民风建设作为文化理事会创作、开展活动的方向，广泛开展文艺演出、道德讲堂、模范评定等活动，用身边的善行义举感染身边人，达到"文化惠民、文化育民、文化乐民"的目的，有效解决了农村地区存在的道德约束弱化、价值观念分裂、社会矛盾突出等问题，为乡村公共文化服务提供了价值导向和内容规范。文化理事会还按照社团特点布置创作任务，并采取激励措施，对原创节目给予设备支持，鼓励节目创新。近年来，江北办各社团发挥特长，文艺作品层出不穷，天姿艺术团创作的小品《和谐社区》、群口快板《安康的环保靠大家》，汉调二黄艺术团乔金霞创作的歌曲《歌唱好时光》等作品深受广大群众好评。

三、主要成效

在安康国家公共文化服务体系示范区创建和创新发展阶段，江北办全面推动乡村（社区）文化理事会建设，系统推进基层群众文化治理，形成了以乡村（社区）文化理事会为抓手，整合文化理事会资源，充分发挥成员专业特长，大力推进乡村公共文化服务。截至 2020 年，江北街道办 16 个村（社区）实现文化理事会全覆盖，每个村（社区）都建有理事会直接领导下的群众文艺团队，并配备有文化活动所需要的设施设备，实现了"组建一支文化社团、开展一项非遗传承、开展一项特色文化活动"的目标任务，创作出一批群众喜爱的文艺作品，每年开展群众文化活动 30 余场次，推动了乡村文化治理有序发展。

通过乡村文化体制改革，江北办实现了"一约四会"新民风建设治理体系与"乡村文化理事会"制度的紧密结合，解决了政府统揽乡村文化建设而存在的均等化、便利性不强的问题，提升了乡村文化自组织能力和"内生性"发展动力，有效推动了乡村文化服务创新与发展。江北办通过群众自治、群众共享来展现公共文化魅力、打通公共文化服务"末端难题"，引领了基层公共文化创新发展。

四、创新启示

一直以来，广大乡村群众难以均等享受公共文化服务红利，是我国文化发展中的一道难题，而乡村文化理事会则是延伸到乡村的文化"触角"。乡村文化理事会的建设，使乡村自治体制和乡贤群体重新回归乡村文化治理领域，为乡村文化创新发展注入新活力。而通过乡村文化理事会有计划地开展基层文艺骨干培训、基层群众文艺社团培育，调动了新乡贤群体、乡村社会组织、农村群众参与文化建设的积极性，形成文化部门、文化社团、有文化需求的群众相结合，政府主导与民间力量积极参与相结合的乡村文化"自治"体系，为解决基层矛盾突出、社会力量参与不足提供了有益探索。

紫阳县"新民风"建设实践

叶立刚（紫阳县委宣传部）

一、案例背景

紫阳县位于陕西省安康市南部，全县境内多山、沟深、坡陡，土地贫瘠，经济发展长期滞后，加之部分干部思想观念陈旧、群众精神食粮匮乏，导致一段时期"人情风""赌博风"盛行，奢侈浪费、盲目攀比现象泛滥，干部群众苦不堪言，严重影响了物质文明与精神文明的协调发展和社会和谐稳定。这些不良风气的盛行，既有历史的渊源，也有现实的原因。要破除不良风气，就要以社会主义核心价值观为引领，坚持引导与规范、破旧与立新相结合的原则，多管齐下综合治理。为此，紫阳县从群众反映最强烈的问题入手，把整治陈规陋习作为新民风建设的总抓手，把推动安康国家公共文化服务体系示范区建设作为总目标，针对农村存在的不良社会风气，坚持一手抓宣传教育、一手抓预防惩治，通过德治、法治、自治"三治"融合，推动物质文明与精神文明同步提升，持续促进社会和谐稳定。

二、主要做法

1. 强化宣传引导教育，倡导健康文明新风

全县上下认真贯彻落实中央和省市县有关要求，以社会主义核心价值体系建设为契机，由县委宣传部牵头，组织共青团、妇联、工会、文明办一同，利用广播、电视、报刊、两微一端等多种载体，在城乡广大干部群众中深入持久地开展农村移风易俗宣传教育活动。活动以先进的思想教育人，以正确的舆论引导人，倡导健康文明的社会风气，对人情交往中的新人新事新风大力宣扬，对各种陈规陋习大张旗鼓说"不"。紫阳县修订完善 207 个村（社区）的村规民约（居民公约），引导群众逐步破除陈规陋习、自觉抵制不良习俗。各村成立红白理事会，规定红白喜事随礼不超过 100 元，升学、满月、乔迁、入伍、生日等事项不得宴请亲属外人员，有效推动了人情理性回归。全县通过村（社区）广泛开展"乡

风文明进农家"等主题宣讲 300 余场次，依托村民议事会开展点对点和面对面宣讲 1000 余次，联合县纪委监委、市场监管等部门联合专项整治行动 3 次，劝导违规大办酒席 70 起。紫阳县践行社会主义核心价值观，积极开展家规家训进万家活动，在乡村振兴的征程中"立家规、传家训、兴家教、正家风"，培育和树立了良好的家风文化，唤起存好心、做好事、当好人、有好报的道德热情，营造了崇德向善、明德温馨的良好氛围。

洞水镇茶稻村举办集体升学礼

2. 规范党员干部行为，狠刹社会不良风气

治理"人情风""赌博风"等社会不良风气，首先必须端正党风，整顿干部作风。针对党员干部，特别是少数公职人员、部分村组干部，我行我素、不听教育劝阻、顶风违纪、大操大办婚丧嫁娶等，在干部群众中造成的恶劣影响，县委、县政府下发了《关于规范党员干部及国家公职人员操办婚丧嫁娶等事宜的规定》和《关于严禁党员干部和国家公职人员参与赌博活动的规定》，明确要求除婚礼葬礼外，其他喜庆事宜禁止党员干部、公职人员、村组干部利用职务之便以任何方式邀请和接受亲属以外人员参加。全县广泛推行八种喜事新办简办仪式，大力倡导喜事新办、丧事简办、小事不办。紫阳县还严禁党员干部和国家公职人员参与任何形式的赌博活动、为赌博充当保护伞。对打击报复举报人的，如有违反，一律依纪从快、从重、从严处理，如果是领导干部的，先免职再依纪依规处理，如果是一般党员干部和国家公职人员的，先停职停薪再依纪依规处理；构成犯罪的，追究刑事责任。截至 2022 年，全县查处党员违规办酒席 13 起。通过狠抓党员干部、公职人员和

村组干部的作风建设，带动了社会风气好转，"人情风""赌博风"得到有效遏制。

3. 评选树立先进典型，发挥示范引领作用

近年来，紫阳县出现了一批先进典型人物："7·18"抗洪抢险英雄罗春明、冉本义分获国家级道德模范提名奖、陕西省第二届道德模范奖；在汽车失控危急关头勇救六名孩童的向贞吉被评选为"中国好人"；9岁当家作主、十余年如一日悉心照顾家中三位残疾老人的舒永见被评为全国孝老爱亲先进个人；带领八百壮汉修天路的好支书候在德、替夫还债的盲人按摩师宋娟等5人被评选为"陕西好人"；成立"茉莉爱心俱乐部"帮助一千余名贫困学生圆了高中梦、大学梦的唐铭获陕西省首届道德模范奖；焕古镇中心学校学生梁生霞获得陕西省"美德少年"称号；张敏、向贞吉、程开兰、赵方勋、陈英彩、王永苹、赵昌联等人获得安康市道德模范奖；亢钧、王思兰等人被评为"安康好人"。紫阳县也举办了首届和第二届、第三届道德模范评选活动，39名助人为乐、见义勇为、诚实守信、敬业奉献、孝老爱亲模范得到隆重表彰。先进典型的示范引领，在全社会营造了学习道德模范、崇尚道德模范、争当道德模范的良好氛围。

4. 开展文化活动，促进社会新风的形成

紫阳县按照突出特色、广泛参与、以奖代补、服务群众的原则，制定出台《紫阳县群众文化活动奖励扶持办法》及《紫阳县文艺作品创作奖励办法》，鼓励开展群众文化活动，激发文艺创作热情，积极推进文化下乡活动并向社区和农村延伸，丰富了群众精神文化生活，引导广大群众形成健康的生活情趣，促进了社会新风的形成。广大群众在劳动之余，从人情债、牌桌、酒席、迷信里走出来，到村（社区）文化活动室或活动广场看书、跳舞、唱歌、下棋、聊天、打球，充实了自己的精神文化生活。通过丰富多彩的群众文化活动，紫阳县大力推进移风易俗助力乡村振兴，让广大群众从心灵深处接受思想洗礼，树立正确的人生观、价值观、利益观，遏制脱贫攻坚同乡村振兴有效衔接中的一些脱贫户"游手好闲、等靠要闹"等不良风气，教育引导脱困群众树立艰苦奋斗、自强自立的精神，增强脱贫致富的信心和决心，加速物质富裕和精神富裕"双驱动"，为推动乡村振兴战略营造良好的氛围。

三、主要成效

截至2022年，近三年来紫阳县建设农村综合文化服务中心190余个，培育和推选先进

模范 6000 余人，为广大群众树立了榜样。依托村民议事会、乡村文化理事会发展的 3940 余名乡贤、"五老人员"成为农村精神文明建设的"教导员"，207 个村（社区）每季度定期召开的道德评议会，成为提升群众思想境界的"大熔炉"。仅 2022 年，全县围绕乡村振兴开展道德评议 1000 余场次，直接受教育群众达到 6 万余人次，有效转变了乡风民风，实现了从"要我富裕"向"我要富裕"的转变。目前，紫阳农村群众的人情项目由原来 8 项减至 2 项，年随礼金次数下降约 80%，一些脱贫户将人情份子钱节省下来，学技术、兴产业、建家园，生活得越来越舒心，日子过得越来越好。

四、创新启示

紫阳县通过建章立制、举办文化活动等举措，大力推动新民风建设，遏制了"人情风、攀比风、奢侈风"等不良风气，得到了群众的拥护、支持和认可，形成了移风易俗四条经验：第一，宣传教育是基础，只有群众认识到人情风的危害，并人人抵制，才能变恶俗为良俗；第二，党员示范是关键，严格要求党员干部，做到事前申报、事后报告，自觉接受纪检、监察、媒体和全社会的监督，为群众树立新风、作出榜样，以良好的党风带动整个社会风气的根本好转；第三，建章立制是根本，县委宣传部先后印发《推进移风易俗助力乡村振兴的通知》《关于进一步做好村规民约、居民公约修订实施工作的通知》等文件，为源头治理"人情风"提供了制度遵循；第四，加强监管是保证，要彻底铲除不正之风，就必须加大对党员干部的监管力度，严肃查处党员干部婚丧嫁娶大操大办行为，以党员的这个"关键少数"，带动县内群众自觉遵循村规民约或居民公约，确保教育一人、影响一片的社会效果。

镇坪县"六大工程"推进乡村文化振兴

何　丹（镇坪县委宣传部）

程　勇（镇坪县文化文物旅游广电局）

一、案例背景

2020 年底，中共中央、国务院印发的《关于实现巩固拓展脱贫攻坚成果同乡村振兴有效衔接的意见》指出，全面建成小康社会后，要在巩固拓展脱贫攻坚成果的基础上，做好乡村振兴这篇大文章，接续推进脱贫地区发展和群众生活改善。近年来，随着加快推进脱贫地区乡村产业、人才、文化、生态、组织等全面振兴的步伐，镇坪县把文化振兴作为乡村振兴的铸魂工程，通过实施理论宣讲、文明实践、文明新风、弘德镇坪、文化强基、文化惠民六大工程，从强化文化引领作用出发，形神共抓，在主流价值观培育、载体建设、文化新动能打造等方面精准发力，统筹推进，让百姓富了口袋也富了脑袋，推进了乡村振兴伟大工程。

二、主要做法

1. 聚焦"四史"宣传教育，实施"理论宣讲"工程

镇坪县组建"百姓宣讲团"，以理论宣讲平台为依托，围绕习近平新时代中国特色社会主义思想，广泛深入宣传解读党的十九大精神，宣传阐释党中央大政方针、为民利民惠民政策，特别是围绕实施乡村振兴战略，把致富兴业、农村改革、民生保障等与农民利益密切相关的政策讲清楚讲明白，推动习近平新时代中国特色社会主义思想进农村、入人心。同时，聚焦"四史"宣传教育，深入开展"听党话、感党恩、跟党走"宣讲活动，组织开展"我为群众办实事"实践活动，在服务中教育引导农民。另外还大力开展农业科技、就业创业技能知识培训，举办科普宣传和科技推广活动，不断提高农民致富创业素质。

2. 开展文明实践志愿服务，实施"文明实践"工程

镇坪县打造"理论宣讲、教育服务、文化服务、科技与科普服务、健康体育服务"五大平台，以"理论+"为主要形式，以文明实践志愿服务队伍为主体力量，组织开展以"讲理论、讲法律、讲科技、讲健康、讲典型"为主要内容的文明实践志愿服务，全面建成新时代文明实践中心 1 个、新时代文明实践所 7 个，新时代文明实践站 65 个，打通宣传、教育、关心、服务群众"最后一公里"。

3. 开展"六大活动"，实施"文明新风"工程

镇坪县持续深入实施新民风建设，开展道德评议、移风易俗、文明创建、依法治理、文化惠民、诚信建设"六大活动"，和规范提升强基行动、道德建设促进行动、文明习惯养成行动、突出问题整治行动、搬迁社区新风塑造行动"五大行动"。镇坪县以整治"五种"不良风气（大操大办、铺张浪费，高额彩礼、人情风盛，小事大办、借机敛财，打牌赌博、低俗娱乐，好逸恶劳、等靠缠要）和"五乱"生活习惯（柴草乱垛、粪土乱堆、污水乱泼、禽畜乱跑、垃圾乱倒）为抓手，常态化推进移风易俗整治工作，重点治理高价彩礼、人情攀比、铺张浪费、封建迷信等陋习。持续开展道德评议会，充分发挥"善行义举榜"作用，深入开展"文明乡风进农家"活动。不断深化"新民风红旗标兵村"创树工作，树立一批家风正、民风淳、村风美的典型示范村。深入开展"家规家训挂厅堂记心堂""讲述家风故事""五净最美家庭"等家风建设活动，进一步加强家风建设。

城关镇应家坪社区举办道德评议会

4. 发挥典型示范引领作用，实施"弘德镇坪"工程

镇坪县大力培育和践行社会主义核心价值观，广泛选树和宣传"脱贫攻坚先进个人""中国好人""陕西好人""镇坪好人"等先进典型，以及"致富标兵""创业标兵""新民风五字典型"等新时代农民典型人物，充分发挥典型示范引领作用，激励群众学先进、争先进、当先进。广泛开展文明村镇创建工作，完成 2020—2022 年县级精神文明建设先进集体评选命名工作。深入实施"美丽乡村·文明家园"民风建设"十个一"，进一步深化"十星级文明户""五好文明家庭"评选活动，强化农村思想文化阵地建设，改善群众风貌，为乡村振兴注入新动能。加强农村宗教活动管理，抵御非法宗教活动和境外渗透活动，推动乡贤在社会治理中发挥积极作用。

5. 构建公共文化服务体系，实施"文化强基"工程

镇坪县加强县、镇公共文化主阵地建设，县文化馆按国家二级馆标准对外开放，完成县图书馆国家三级馆评定工作。全面开展县域文化馆图书馆总分馆建设，全县 7 个镇文化馆、图书馆总分馆全部建成达标，实现文化馆总分馆服务资源互联互通、图书馆总分馆图书资源通借通还目标，全县人均接受文化场馆服务群众数量逐年增长。健全村（社区）综合文化服务中心功能，持续更新农家书屋书籍种类，特别是老百姓切实需要的关于农林牧渔等技术类实用书籍。进一步加强全民健身场地设施建设，开展乡村社会体育指导员培训工作。

6. 打造文化服务品牌，实施"文化惠民"工程

镇坪县大力开展文化惠民活动，树立以全县群众为中心的工作导向，以保障群众基本文化权益为主要目标，为全县广大群众提供适合、适应、适当的文化服务。为满足群众日益增长的精神文化生活需求，镇坪县加强农村文化阵地建设，全县 58 村实现文化广场全覆盖，不仅成为农民休闲、娱乐、健身的好去处，也成为开展文化下乡、村民文艺比赛、民间文化展演等各种文化活动的主阵地。依托文化广场和基层综合性文化服务中心，倾力打造百姓舞台，以"长寿文化""书香镇坪""送戏下乡"三大品牌活动为重点，常态化组织开展"聚力乡村振兴""送戏下乡""全民阅读·书香镇坪""戏曲进乡村""图书下乡""我们的节日"等活动和文化、科技、卫生"三下乡"等系列文化惠民活动。持续推进"一村一月一场"电影放映工程，开展公共数字文化服务，加大乡村振兴主题文艺作品创作力度，创作推出一批群众喜闻乐见的文艺精品。积极培育乡村文艺骨干队伍，进一步提高公

共文化服务水平。深入开展全民健身活动，提升全民健康生活品质。积极开展"农民丰收节""农技大比拼""趣味运动会"等群众性文体活动，形成了理论政策实现村镇广播天天响，主题广场、宣传墙天天见，文艺助力乡村振兴惠民演出月月进村，励志主题电影、群众性体育赛事活动定期放映举行……镇坪县用丰富多彩的文化活动充实农民的精神生活，引导农民摒弃陋习、树立健康文明的生活态度，培植出积极向上的"乡土文化"，提升了乡风文明建设的"精气神"。

老年人参加文化活动时的喜悦心情

三、主要成效

2022年以来，镇坪县深入实施新民风建设三年提升行动，扎实推进"美丽乡村，文明家园"建设，累计开展道德评议350余场次，评选正面典型500余人，帮教反面典型30余人。举办集体"升学礼"80余场次，困扰群众的高额彩礼、大操大办、铺张浪费等人情风气和阻碍乡村振兴的好逸恶劳、等靠缠要、打牌赌博等歪风陋习得到有效治理。截至2022年10月，全县共创建县级以上文明镇达100%，县级以上文明村73%，涌现出巫明平、朱晓华等一大批新时代农民典型。

以文铸魂更使镇坪县的淳朴乡风得以彰显，好人好事、善行义举比比皆是。例如，危急时刻无惧危险，跳水救母子的少年英雄陈宝川；不顾自身安危，迎难而上的助人为乐好人赵发东；克服艰难险阻，抗击洪水猛兽的见义勇为好人匡松；艰辛创业不忘践行承诺，一辈子照顾残疾舅舅的诚实守信好人王永花……在镇坪，一个个"中国好人""陕西好人""安康好人"如雨后春笋般涌现，成为新时代镇坪人的道德榜样和精神标杆。这些都是镇坪县深入践行社会主义核心价值观，持续加强农村思想道德建设的缩影。

四、创新启示

文化是乡村振兴的魂和根。镇坪县将乡村文化振兴作为乡村振兴的铸魂工程，努力把文化"软实力"转化成乡村振兴的"硬支撑"，走出了一条文化先行的乡村振兴新路径。特别是镇坪县作为传统农业县、生态功能区、限制开发区，结合实际把"文旅融合、以文促旅、以旅哺农"与"三变改革"相结合，让资源变资产、资金变股金、农民变股东。"六大工程"的实施，为镇坪县营造了良好的文化氛围，丰富了群众的精神生活，进一步推动了乡村振兴。

从"小循环"到"大循环"

——乡村文化治理"四链一体"的汉阴经验

张鸿雁（汉阴县文化和旅游广电局）

一、案例背景

汉阴县地处秦巴山区腹地，下辖 10 个镇、18 个社区 141 个行政村，总面积 1365 平方公里，总人口 31 万，有油菜花乡、富硒之乡、陕菜之乡、书法之乡的美誉。近年来，汉阴县委县政府以筑牢精神高地、开放融合发展、激发乡村活力、满足群众需求为导向，通过"传家训、融资源、善治理、优服务"的各项举措，探索"四链一体"公共文化服务高质量发展新模式，推动公共文化服务由行业"小循环"向社会"大循环"转变，推动了乡村文化振兴，有效满足了群众文化新需求，先后荣获中国乡村振兴百佳示范县、全国乡村治理体系建设试点县、中国家训文化之乡、省级文明县城、省级文化先进县等荣誉称号。

二、主要做法

1.传播家训，塑造文明新风"价值链"

汉阴坚持用优秀传统文化和地域特色文化涵养社会主义核心价值观，以家训文化延伸安康新民风价值链，从 2014 年起，在全县范围内挖掘、征集近百家家训家规文化资源，汇编整理、结集出版了其中最有代表性的 22 家家训家规，重点推广沈氏家训、吴氏家训、储氏家训、冯氏家训等。2015 年，沈氏家训被中纪委网站推广后，汉阴以沈氏祠堂原址为核心区域，投入 1500 万元修建沈氏家训展览馆。人民网刊发《修身齐家，中纪委推荐的这些地方你值得一去》一文后，越来越多的人来到汉阴学习、参观、旅游。

2019 年，汉阴在全县范围内开设了"家训文化大讲堂"特色文化项目，将每年 4 月设定为"家训家风宣传推广月"，组织各类家训主题系列活动，把家训文化教育纳入中小学课堂，开展"写家训、立家训、挂厅堂"活动，让优秀家训发扬光大。城关镇三元村对优良家风家训家规进行收集提炼，整理制作成册，发放到家家户户，鼓励传承和推广，"兴家规""立家规"逐渐成为群众的自觉行动和道德信仰。涧池镇枞岭村是汉阴沈氏家训的发源地，以读家训、祭先祖为主要活动内容的"沈氏宗亲会"连续 14 年在沈氏祠堂开展。汉阴县以沈氏家训 20 条为标准进行家风家训评选活动，20 条沈氏家训对应 20 颗星，星星越多，代表家风越好，10 颗星以上农户可以得到荣誉牌匾。传家训、重家教、正家风已蔚然成风，引领了新时代文明价值。

2. 整合资源，做实文化服务"内容链"

汉阴县打破公共文化服务资源条块分割，将实现文教资源共建共享作为汉阴延伸服务内容链的重要抓手。整合文教人才资源，建立全县文化人才师资库，鼓励各学校老师担任本镇、村文化艺术顾问，指导辖区文化社团建设和承担乡村文化艺术培训工作，解决乡村文化艺术专业人才不足的问题。大力推进三沈文化、家训文化、非遗文化、书法艺术等地方优秀文化进校园活动，汉阴"书法千人课堂"掀起书法艺术普及热潮。三沈纪念馆的"三沈国学开笔礼"深受师生喜爱，"沈尹默执笔五字法研习"成为本地中小学生教育课程，并被评为中国博物馆青少年教育课程优秀案例。县图书馆、涧池镇文化服务中心开展的中小学生研学实践活动成为馆校合作特色文化实践项目。汉阴县注重校本课程开发、校本教材编写，探索特色文化艺术课程体系建设，出版本土书法字帖和家训传承教材，发行量达到 7 万册。汉阴县还建立了一套管理规范、责任清晰、保障安全的工作机制，培育了一批具有影响力的文化教育活动品牌，推动文化实践活动和学校教育深度融合。

3. 优化治理，激活乡村文化"动力链"

汉阴县依托"321"基层治理全国示范样板，按照"网格化管理、精细化服务"路径，建立政府主导、社会参与、村民自治"三位一体"的乡村文化治理体系，在党支部引领下，通过广征民意、走访群众、问智贤达，把讲奉献、有威信、热情高的文化能人贤士组织起来，成立乡村文化理事会和各类文化协会组织，培育建立"十百千"公共文化人才培养体系。招募乡贤、文化能人、文化志愿者 7000 余名，完善乡村文化理事会章程和管理考评机制，提升乡村文化治理质效。汉阴县各村采取群众自主选举形式，选出"三线"文化能人担任各村网格长，发挥网格长人近地熟、自身文化素养高的优势，及时传达相关政策、镇村重大事项，帮助村民解决各类实际问题，实现了"人从格中走，事在网中办"。

4. 对接需求，优化文化服务"供给链"

汉阴县坚持用好用活地方优秀文化资源，按照不同人群文化需求，加强供给改革和服务创新，引导社会参与，先后培育创立"中国油菜花旅游季"和"中秋诗会"两大文化活动品牌，成为展示汉阴文化的重要窗口。2019年以来，通过打造"百姓舞台、乡村文化、民俗文化"三大平台，运用"主题文艺下乡巡演、特色文化进万家、优秀地方戏曲展演"三大活动，实施"文化点亮家园"惠民服务工程，满足了辖区不同群体的文化需求。线上推出民歌、国画、书法、戏曲等艺术交流活动，线下推出三级联动的"锦绣汉阴读书会"，实现各级、各行业、各领域全覆盖。城关镇三元村连续五年举办"乡贤茶话会"和"农民趣味运动会"，形成"一老一青"的基层文化服务特色项目。紫云南郡社区、兴隆佳苑社区文化服务中心开办"四点半课堂"，解决搬迁户学生放学后无人照看和辅导的实际问题。为了满足社区居民的文化需求，城关镇新城社区连续多年开展"端午社区邻里节"，并创办老年大学，常年开设音乐、乐器、合唱、太极拳等培训课程，吸引了上千名居民热情参与。开展"文化智志双扶"惠民工程等，丰富偏远镇村各类人群的精神文化生活。

三、主要成效

依托"四链一体"的公共文化服务发展新模式，汉阴在乡村文化治理、家训文化传承、文化志愿团队建设和公共文化服务等方面，均取得突出成效。截至2022年底，全县159个乡村（社区）文化理事会建设实现全覆盖，其中6个村（社区）成为市级乡村文化理事会示范点，在法治宣传、化解社会矛盾、维护社会稳定等方面发挥了积极作用，激发了乡村自我服务、自我发展的潜力，促进了基层"五治融合"的提升。

在乡土文化人才建设方面，汉阴县共培育发展公益慈善类、志愿服务类、文体活动类社会服务组织254支，全县共成立村集体经济合作社141家、农民专业合作社318家、互助资金协会116个，为乡村振兴积聚了能量。

在基层公共文化服务领域，通过深挖地方特色文化，打造汉阴"三沈文化、美食文化、红色文化、农耕文化、家训文化"五个文化品牌，形成一批乡村文化活动示范效应，每年开展各类线下文化惠民活动400余场次，宣讲活动100余场次，农村公益电影放映1692场次，惠及群众近15万人次。通过家训文化传承，全县矛盾纠纷大幅减少，人居环境显著改观，移风易俗蔚然成风，公益事业不断壮大。全县获评的各级各类精神文明先进集体共278个，县级以上文明镇获评率达100%，文明村97个，占比为68.7%。各级道德模范37人，各级好人80人，县级"文明家庭""最美家庭"110户，县级"好媳妇""好婆婆""好妯娌"150人、"文明小公民"500余人。

汉阴县获批全国首批乡村治理体系建设试点示范县，三元村获得全国乡村治理示范村、全国第八届双服务先进集体等荣誉称号。汉阴县"321"基层综合治理做法多次被新华社、《人民日报》、央视网等媒体宣传报道。

四、创新启示

汉阴县依托乡村文化治理体系建设和治理结构重塑，创新构建的"四链一体"公共文化服务发展新模式，始终坚持以人民为中心，紧紧围绕发动群众、依靠群众、造福群众，把主动权、评价权、监督权交给群众，让群众成为文化创造的主体、文化活动的主角，从而在乡村文化治理、家训文化传承、文化志愿团队建设、公共文化服务等方面，打造出具有安康标识、汉阴特色的乡村文化治理体系，其塑造文明新风"价值链"、做实文化服务"内容链"、激活乡村文化"动力链"、优化文化服务"供给链"等经验做法，为安康市国家公共文化服务示范区创新发展增添了新亮点、新经验，整体上呈现出较强的示范性、引领性。

党建引领，民风护航，文化赋能

——奠安村乡村文化治理新实践

钟　辉（汉滨区张滩镇文化站）

程　强（汉滨区少儿图书馆）

一、案例背景

汉滨区张滩镇奠安村位于安康城区以东 5 公里处，北临汉江，西临黄洋河，处于两河交会的"三角洲"地区，因奠安塔而得名。过去的奠安村环境脏乱差，缠访闹访、扯皮斗殴案件高发，一度成为张滩镇的一张"黑名片"，也是全区典型的"上访村""问题村""后进村"。近十年来，奠安村牢牢把握"转民风就是抓发展"的思路理念，大力倡导"诚、孝、俭、勤、和"为核心内涵的新民风建设，打造"党建引领、民风护航、统筹发展"的基层治理样板，奠安村也实现了由落后村到"先进村""幸福村""示范村"的完美转变。

张滩镇奠安村乡村文化理事会 2023 年第一次会议

二、主要做法

1. 旗帜鲜明抓党建，凝聚乡村治理集体智慧

2014年，在张滩镇党委多番诚恳邀请下，在外经商多年的杨志保决定回村担任村党支部书记。杨志保上任第一天就将化解干群矛盾作为最重要工作任务，带领村两委班子成员，深入田间地头，走访每户人家，收集村民意见建议，敞开心扉和村干部、党员谈心。在每一次下访入户工作中，村干部积极倾听老百姓在土地整合、环境整治、社会福利、民生保障等方面的意见和建议，用心用情慢慢打开群众的心扉，弥合了干部和群众之间的裂痕，化解了群众心中的怨气，新村委班子也因此得到了村民的信任。

为了进一步巩固乡村治理成果，奠安村坚持以村民为中心，一方面健全完善了重大事项民主决策、党务村务公开、民主监督等制度，在公共道德、村风民俗、精神文明建设等方面画"框框"、定"条条"，形成人人参与、人人监督的村规民约，让村规民约"约"出乡风文明，形成"以党风带民风，以民风促村风"的新风尚；另一方面，充分发挥乡村文化理事会职能，汲取传统文化中的乡村治理智慧，推举村内公道正派、威望较高、敢于直言的老党员、退休干部、村民代表等乡贤当示范员和宣传员，开展道德评议、文化服务、提高乡村治理中纠纷解决的效率，实现了好人好事有人赞、歪风邪气有人管，推动了"基层党建＋乡村治理"的深度融合。

2. 大张旗鼓兴文化，提升乡村振兴"精气神"

近些年，奠安村通过实施文化阵地提升工程、新民风提升工程，开展新时代文明实践活动，村民们的"精气神儿"也提了起来。

一是加强文化阵地建设，提升公共文化服务硬实力。在新民风建设推进实施阶段，奠安村着力加强基层综合性文化服务中心基础设施建设，争取国家"百县万村"项目，新建文体广场1300余平方米、百姓大舞台80平方米，安装了篮球架、乒乓球台等体育健身设施，陆续配备了价值10余万元的电脑、音响、锣鼓、电子琴和舞蹈服装等，对村委会办公用房的合理调整，通过提升改造设置了文化活动室、培训室、多功能室、图书阅览室等，打通了引导群众、教育群众、服务群众的"最后一公里"。

二是注重文化队伍建设，提升公共文化服务软实力。奠安村本着"队伍是基础，人才是关键"的理念，按照"有阵地、有制度、有活动、有人员、有保障"的"五有"标准，加大对村级文艺社团的培育，组建了省级非遗"八岔戏"的戏曲班社和综艺节目为主的奠

安村文艺队，成立了以驻村干部、村三委成员、乡贤达人和文艺骨干为主要成员的"奠安村阅读会"。积极组织民间文艺家，创作出快板《歌唱新民风》、表演唱《都说咱奠安好》等群众喜闻乐见的文艺节目，常态化开展广场舞、戏曲表演、乐器演奏和读书活动。招募民间文艺骨干和退休干部中的文化人才组建新时代文明实践志愿服务队，利用新民风大讲堂、学习园地、宣传栏等村级宣传载体，结合理论政策入户宣讲和志愿服务活动，打造老百姓家门口的宣传矩阵。

三是村民自治＋文化铸魂，提升群众的自我归属感。由干部、村民代表组成评选小组，按照"立足基层、尊重民意、层层推荐"的要求，把威望高、口碑好、愿意为家乡做贡献的成功人士、农村优秀基层干部、创业兴业能人、乡村文化传承守望者、身边好人、道德模范等新乡贤人物推荐出来组建乡村文化理事会，把崇德向善的价值观具体化到村规民约之中。奠安村开展"道德评议"，大力弘扬在日常生活中涌现出来的孝老爱亲、诚实守信、助人为乐、敬业奉献、自强励志、见义勇为等方面的先进典型，举办表彰大会，制作宣传栏，弘扬他们的光荣事迹，为培育文明乡风、良好家风、淳朴民风树立榜样。

奠安村新民风文化园外景

3. 因地制宜抓生态，建设人与自然和谐共生的美丽家园

奠安村积极践行"绿水青山就是金山银山"的发展理念，围绕建设"生态美、生活美、田园美、家园美"的美丽乡村，探索由生态资源向生态财富转变的路径，着力打造"奠安塔"文旅名片。近几年来奠安村同时规划了1—8组150亩河滩地建设观光旅游、休闲娱乐为一体的农旅融合蔬菜种植基地，辐射带动村民发展农家乐等文旅产业。修建了旅游公

共厕所、观光步道和停车场，景区建设日益完善、环境不断美化，成为城区群众休闲娱乐的"打卡点"，吸引了大量游客来此观光旅游。这些举措改善了群众人居环境，实现了文旅带动增收，提升了村民幸福指数。

三、主要成效

奠安村坚持党建引领基层治理，通过建立乡村文化理事会，推动乡村治理规范化、制度化、高效化，用文化为乡村振兴凝心聚力。2017—2022 年，奠安村举办文艺演出 18 场次，承接汉滨区"百村十送助脱贫"和张滩镇道德模范表彰大会大型文艺演出 2 场次，配合市、区图书馆举办"同读一小时"活动 23 场次，组织群众参加区艺术骨干培训 16 人次，还聘请专业舞蹈教师到村对文艺队进行培训。艺术普及和文化活动丰富了群众的精神生活，提升了村民的获得感、幸福感和归属感。如今的奠安村，"颜值"高、风气正、人心齐，业余时间村里载歌载舞、敲锣打鼓、读书看报的人多了，说是非挑矛盾、扯皮闹访、打牌赌博的人少了，孝老爱亲、重义守信、勤俭持家、和睦邻里、乐于助人蔚然成风。奠安村先后荣获省级扫黄打非示范村、市级民主法治示范村、区级文明村等荣誉，连续五年被张滩镇党委政府评为全镇目标责任考核先进村。

四、创新启示

乡村社会问题往往都有其复杂的文化根源。奠安村按照"把夯实基层基础作为固本之策"的要求，综合利用优秀传统文化与社会主义先进文化两种规范力量，通过基层党组织建设与基层治理有机衔接，解决乡村社会道德约束弱化、文化价值观念分裂、治理矛盾突出等问题，着力打造出"党建引领，民风护航，文化赋能"的乡村文化治理新体系，其"软""硬"并重加强乡村文化建设、重视培养乡村文化人才、注重发挥地缘、血缘、业缘、习俗而形成的村规民约作用，在推进乡村文化治理观念现代化、治理体系现代化、治理能力现代化、治理制度现代化等方面做出了积极探索，使奠安村实现了由落后村到先进村、幸福村、示范村的完美蝶变。

弘扬乡贤文化　推动乡村治理

——卡子镇乡村公共文化治理体系新探索

段申方（白河县卡子镇人民政府）

一、案例背景

卡子镇为白河县"南大门"，北通"十天高速"，南越界岭入楚，因位置险要、物产丰富，清道光年间在此设卡赋税，故名"卡子"。近年来，卡子镇依托独特的地理位置所孕育出的厚重乡贤文化，采取挖掘乡贤文化资源、弘扬乡贤精神、推动乡贤治理三大举措，启动修缮张黄大院、建设家风馆两大项目，把乡贤文化的力量凝聚起来，开展红色文化和优良家风教育，加强公共文化服务体系建设，在新民风建设、乡村文化治理、公共文化服务等方面取得显著成效，辖区文化面貌焕然一新，群众文化生活质量明显提高。

二、主要做法

1. 挖掘乡贤资源，带动乡村旅游

卡子镇张黄大院人杰地灵，文化底蕴深厚，先后走出了功勋卓越的辛亥革命英烈钱鼎、钱甲，为陕西教育事业做出突出贡献的"布衣厅长"黄统，为白河解放事业不懈奋斗的中共地下党人黄正甫等一批名人志士，也涌现出了一批严谨治学、艰苦创业、无私奉献的社会贤达。为了弘扬乡贤文化精神，传承红色文化基因，推动文旅融合发展，卡子镇采取两项举措使历史文化遗存与优秀家风家训文化有机结合：一是对地处溪水河畔、青山怀抱、饱经岁月磨砺的张家和黄家大宅院进行修缮布展，在通往黄家大院的道路沿线种植了桂花树和格桑花。二是建立了白河县首个家风馆，白河黄氏家规以传统儒家思想中的"孝悌忠信礼义廉耻"八德为核心，具体体现在"忠孝、耕读、勤俭、修身"四个方面，蕴含见贤思齐、崇德向善、诚信友善等优秀文化基因，要求黄氏族人崇德重教、胸怀大义，激励一代代黄氏后人修身立品，艰苦创业。2016 年 3 月，白河黄氏家规作为优秀家规家训的代表被中纪委在全国推广。由于红色文化和优秀的家风的挖掘与传播，近年来来卡子镇参观的

游客日益增多，逐渐形成了一条以大宅院参观、家规家训学习、乡贤文化氛围体验为主要内容的乡村旅游线路。

2. 弘扬乡贤文化，助力文明实践

根据广大群众精神文化需求，卡子镇以"场所打造、队伍建设、活动开展"为三大抓手，为群众提供"订单式"服务，让文明实践活动"走入寻常百姓家"，让广大人民群众共享文明建设成果。一是因地制宜建设场所，整合资源，搭建平台，建成卡子镇乡风文明实践中心，充分利用实践中心、文化广场、宣传橱窗、文化墙等集中展示乡贤典型事迹，营造学习乡贤、崇敬乡贤的浓厚氛围；二是突出特色，打造队伍，积极引导各实践所（站），广泛吸纳文化爱好者成立文化文艺宣传志愿服务队，根据自身特长、结合群众需求，定期开展各具特色的文化志愿服务活动，实现了"志愿队伍百姓共建，文明成果百姓共享"，最终实现凝聚群众、引导群众，以文化人、成风化俗的目的。

3. 发挥乡贤作用，倡导时代新风

卡子镇将乡贤文化中所凝结的精神力量与安康"诚、孝、俭、勤、和"新民风建设相结合，以"一约四会"（村规民约和红白理事会、村民议事会、道德评议会、禁毒禁赌会）自约自治建设为抓手，以道德评议、移风易俗、文化传播、文明创建、诚信建设、依法治理六大活动为重点，以营造符合社会主义核心价值观的家风民风社风为目标，每年组织开展道德评议和道德讲堂 36 余次，表彰正面典型 500 余名，创新举办"党建＋社会综合治理流动讲堂"，在村组院落向群众宣传法律法规和新民风等政策知识。通过新民风建设、召开村组院落会，卡子镇进一步拉近干群关系，引导群众参与文明社会建设的意识，有效解决了乡村存在的道德约束弱化、价值观念分裂、治理矛盾突出等问题，群众参与公共文化服务体系建设的主体意识、共建共享积极性得到了显著提升，开始主动用微信、微博、抖音等新媒体宣传展示卡子镇文化活动和优良民风，为卡子镇乡村振兴奠定了重要的文化基础。

三、主要成效

卡子镇利用地理位置优势和乡贤文化影响力，传播家规家训，推动旅游产业，在项目建设上再提速、在运行机制上再完善、在旅游业态上再开发、在活力动力上再提升、在品牌创建上再加力，持续推动文旅茶旅康养融合发展，全力推动文旅康养产业高质量发展。截至 2022 年，卡子镇创建陈庄 AAA 景区，建成新时代文明实践所 1 处，新时代文明实践

站 8 处，成立文化文艺宣传志愿服务队 9 支，吸纳志愿者 180 余人，常态性开展文化志愿服务活动 30 余次。通过志愿服务积分手册的形式进行积分，构建参与广泛、内容丰富、形式多样、机制健全的文化志愿服务体系。黄家大院家风馆示范基地，推广黄氏家规家训 100 余次。2022 年 6 月，全县的科技文化"三下乡"活动在卡子镇举办。

四、创新启示

乡村是中国传统文化的根脉所在，也是当前我国公共文化服务体系建设条件较差、治理困难较多的领域。卡子镇以全面推动乡村公共文化服务创新发展为目标，通过挖掘乡贤文化资源、弘扬乡贤精神、推动乡贤治理三大举措，启动修缮张黄大院、建设家风馆两大项目，把乡贤文化的力量凝聚起来，开展优良家风教育，推动新民风建设，提升公共文化服务效能，在加强农村思想道德建设、开展移风易俗、传承发展乡村优秀传统文化等方面积极探索新理念、新方法，在乡村公共文化领域探索推动法治、德治、自治"三治融合"，实现村民自我管理、自我教育、自我服务的有机统一，为构建乡村公共文化治理体系和治理能力现代化奠定了良好基础。

"五进·三讲"
——汉阴县城关镇基层文化建设新实践

况海艳（汉阴县城关镇文化站）

一、案例背景

汉阴县城关镇是安康市第二人口大镇，常住人口 13.2 万余人，人口结构复杂，文化需求多元。为实现"文化服务人民，办人民满意的文化"的目标，镇党委、镇政府按照国家乡村振兴战略部署和安康市公共文化服务体系示范区创新发展要求，在充分调研论证的基础上，结合地方自然环境、经济结构、人口结构和群众文化需求、新民风建设实践，依托镇、村（社区）综合性文化服务中心和新时代文明实践站（所），将政策宣讲、文化惠民与新民风建设相结合，开展文化进乡村、进社区、进校园、进企业、进机关和讲理论、讲政策、讲道德活动的"五进·三讲"活动，探索出新民风建设引领乡村公共文化服务创新发展新模式、新经验，在弘扬社会主义核心价值观，传承优秀传统文化，活跃群众精神文化生活，推动"诚、孝、俭、勤、和"新民风建设等方面发挥了积极作用。

二、主要做法

1. 强化理论宣讲，推动新民风建设

为实现新民风建设引领乡村公共文化服务创新发展，城关镇党委、政府采取三项措施来组建理论宣讲队，加强文化人才队伍建设。一是邀请专家学者、党政领导、退休教师、党校教师组成理论宣讲队，向城乡居民宣讲党的理论政策和创新实践，筑牢基层思想文化阵地。二是主动与公、检、法、司等职能部门联系，将专业知识扎实、实践经验丰富的业务骨干纳入宣讲队，聚焦社会生活热点，把平安建设、疫情防控、防网络电信诈骗等与百姓生活息息相关的知识送到老百姓身边。三是依托乡村文化理事会，将乡贤能人、致富能手、道德模范、村社干部等纳入宣讲队，发挥他们懂"乡理"、知"乡愁"、会"乡音"、有"乡情"的优势，讲述百姓身边好人身边故事，营造"诚、孝、俭、勤、和"的新型民

风。近两年来，"五进·三讲"活动共吸纳各类宣讲人才 35 名，组织开展宣讲活动 150 余场次，服务群众 2 万余人次。

2. 创新服务模式，提升综合服务效能

城关镇充分发挥新时代文明实践站（所）的职能作用，在开展"戏曲进乡村""文化点亮家园""公益电影放映""文化大篷车"进乡村、进社区、进企业、进校园、进机关等文化活动之前，先开展半小时的"讲理论、讲政策、讲道德"宣讲活动，一改以往"讲完就走、讲了就完"和"拉横幅、发材料"的刻板形式，变为将娱乐活动和理论宣讲结合起来、政治教育与文化娱乐相结合，用群众通俗易懂的语言和喜闻乐见的形式，将党的方针政策、优秀文艺节目和社会热点问题送到百姓身边，让群众坐得住、听得懂、记得牢，让演出有"人气"、宣讲接"地气"。

3. "以文化人、以文育人"，打造文化服务品牌

无论是进乡村、进社区还是进企业、进校园、进机关，城关镇都会根据受众需求和需要解决的具体问题，明确活动主题、活动目标、活动内容并制定详细的活动方案。为了持续巩固理论宣讲成果，推动"五进·三讲"活动常态化、群众学习常态化，城关镇还打造了传文书屋、月河村农家书屋，培育出网络社区春晚、全民运动会、中坝锣鼓等品牌文化活动项目，使活动的媒体关注度、品牌影响力持续提升，城关镇"五进·三讲"成为政府联系群众的纽带、惠及百姓的"暖心工程"，为城关镇经济社会健康发展奠定了坚实的文化基础。

汉阴县新时代文明实践"百姓讲堂"进乡村

三、主要成效

1. 文化社团不断壮大，文化生态不断改善

"五进·三讲"活动达到了服务群众、教育群众、凝聚人心的积极目的，越来越多的文化爱好者、群众文艺社团参与到城关镇的公共文化服务领域。2017年，城关镇成立首个镇级文联组织，下设音乐舞蹈协会、民间民俗协会、书法书画协会、摄影协会等6个协会组织，吸纳会员千余人。2019年，根据安康国家公共文化服务体系示范区创建要求，城关镇的三元村、凤台社区组建了安康市首批乡村文化理事会，下辖健身健美、广场舞、书法书画社团和"乡贤读书促进会"等15个群众文化社团，文化人才队伍不断扩大，文化生态环境不断改善。

2. 文化活力充分激发，内生动力不断释放

"五进·三讲"活动不仅为城关镇培养了一支理论宣讲队伍和一大批优秀的文化人才，而且还充分激发了群众的内生动力，各村（社区）能够自主开展如"百姓讲堂"等宣传教育活动，更多的群众积极主动地参与到文化活动和文化建设之中，让自己当主角，让自己做奉献。群众文化自我管理、自我教育、自我服务能力不断强化，生活幸福感、文化获得感不断提升。截至2022年，近三年来城关镇开展"五进·三讲"文化惠民活动150余场次，服务群众2万余人次。2021年、2022年城关镇分别获得"安康市公共文化服务体系建设示范镇""公共文化服务体系建设先进集体"荣誉称号。

3. 文化生活更加丰富，乡风文明有效提升

以"文艺演出＋思想宣讲"的形式开展文化惠民活动，将公共文化服务、思想教育和乡风文明建设相结合，引导群众从"麻将室"走到文化舞台，从"麻将桌"走到书桌，达到了凝聚人心、教化群众、淳化民风的目的，乡风文明持续提升。截至2022年，全镇有300余人获评"好婆婆""好媳妇"，80余户被评为"十星级文明户"，王远菊、李传文、吴大刚、邱刚英等获得"中国好人"的荣誉称号，查振坤家庭荣获"全国文明家庭"。城关镇三元村荣获第八届全国"服务基层、服务农民"先进集体，中坝村获得"全国文明村"荣誉称号。

四、创新启示

（1）文化建设的根本任务就是要不断满足人民群众日益增长的精神文化需求，而人民群众不仅是文化的消费者，更是文化的创造者。城关镇通过不断创新文化活动的内容和形式，充分调动了群众参与文化活动和文化建设的积极性、主动性，培育了基层文化发展的自组织能力和内生性动力，对促进城乡文化繁荣、推动乡村文化振兴起到了积极作用。

（2）"五进·三讲"活动理顺文化创造主体、文化消费主体和文化供给主体之间的关系，加强了社会主义核心价值观的宣传普及和实践，推动了乡村公共文化建设理念改革、治理结构改革和供给侧结构性改革，重塑了文化建设中政府与社会文化组织、群众之间的关系，有效凝聚了广大群众思想共识，城乡居民的文化素质和思想道德素养不断提升。

（3）城关镇将新民风建设与乡村文化建设相结合，将自上而下的政府主导与自下而上的群众文化"自组织"相结合，将弘扬社会主义核心价值观与传承优秀传统文化相结合，打通了制约基层公共文化发展的体制、机制障碍，丰富了基层群众的精神文化生活，实现了有限资源利用的最大化。

文化立镇，文化强镇
——厚植乡村振兴文化根基的五里镇实践

张海林（安康市汉滨区五里镇文化站）

一、案例背景

安康市汉滨区五里镇，北靠巍巍牛山，南依风景灵秀的南山，怀抱碧波四季的月河，素有"西路坝子""西去长安第一镇"的美名，镇域总面积138.4平方千米，人口7万多人。境内的新石器时代柳家河遗址、张家坝遗址、王家砭遗址，以及战国、秦汉时期的神仙街遗址、刘家营遗址、江店遗址、鲁家营遗址等，彰显出五里镇悠久的历史积淀和独特的文化底蕴。近年来，五里镇将文化视为乡村振兴的灵魂，按照"文化立镇，文化强镇"工作思路，全力整合文化资源，着力推动"文旅+产业"的真融合、深融合，逐步形成"文化设施完善、服务体系健全、文化特色明显、文化产品丰富"的文化繁荣发展新局面。

二、主要做法

1. 加强文化设施体系建设，厚植乡村振兴文化根基

以打造秦巴山区乡村振兴"新样板"为目标，五里镇按照"布局合理、门类齐全、功能齐备、便捷高效"的原则，先后投入800余万元建成建筑面积为1300平方米的五里镇文体中心。中心内设图书阅览室、舞蹈培训室、书画培训室、文体活动室、文化指导室、非遗陈列室等，配置了办公桌椅、电脑、图书及锣鼓、音响等文化活动演出器材，室外场地面积6000余平方米，有百姓大舞台、灯光球场、健身器材、宣传橱窗、阅报栏、特色旅游产品展示台和绿化亮化等设施。此外，五里镇在全区率先建成汉滨区文化馆、汉滨区图书馆五里镇分馆，建成15个村级百姓大舞台，农家书屋、文化广场、数字化服务终端等，实现了村（社区）全覆盖。辖区还建有非遗陈列室、村史馆3个，乡村文化理事会示范点2个，为乡村振兴奠定了坚实的文化基础。

2. 加强文化服务供给，着力培育乡村文明新风尚

五里镇本着贴近实际、贴近生活、贴近群众的原则，利用镇、村公共文化设施，不断丰富群众文化活动，打造优质服务品牌，具体措施如下：一是结合脱贫攻坚、新民风建设、扫黑除恶、乡村振兴、创建文明城市等工作，开展"百村十送""扶贫扶志、文化先行"、慈善捐款、皮影戏走进敬老院等文艺演出活动；二是率先在全区建成镇级 24 小时自助阅读书吧，成立"五里读书会"，定期开展"同读一小时"阅读推广和"书香五里"书法展览活动，启动镇史《五里记忆》编纂工作；三是围绕乡村振兴、全面小康、弘扬传统文化、传承红色基因，推出了一批叫得响、留得下、传得开的群众艺术精品，举办花鼓子、广场舞、"泸康杯"中国象棋公开赛、暑期纳凉文化节、五里镇稠酒文化节等文化品牌活动；四是持续推进乡风文明积分管理，每年暑期举办"践行新民风，拒绝升学宴"倡议活动，定期举办"文明村""好婆婆""好媳妇""自强之星"等评选表彰活动，进一步推进乡村社会公德、村民品德建设，培育文明乡风、淳朴民风。

《五里记忆》编纂工作启动仪式暨书香五里第三期读书分享活动

3. 加强保障力量，健全群众文化服务机制

五里镇党委及政府将公共文化建设纳入重要议事日程，纳入当地经济社会发展总体规划，纳入对村（社区）年度目标责任考核项目，不断强化组织、人力、财力、制度保障：一是突出政府主体作用，全力推进陕西省公共文化服务高质量发展示范乡镇创建工作，把公共文化服务项目经费列入财政预算，逐年递增，足额拨付，文化站免费开放资金，做到

专款专用；二是依托"文化小康行动"、"三区"人才支持计划等，加强对文化管理员和基层文艺骨干的业务培训和指导，规范农家书屋管理，完善图书借阅制度，近三年举办舞蹈、泥塑、剪纸、书法、声乐等各类培训活动120余场次，镇综合文化站配备工作人员4名，辖区内28个村（社区）配备28名专职文化干部；三是培育群众文化团队，发挥文艺爱好者、民间艺人和社会团体的作用，成立花鼓子、安康道情、小场子、火龙、广场舞等民间文艺团队28个，做到村村有团队、月月有活动，形成全社会参与文化建设合力；四是建立完善公共文化服务需求群众评价反馈机制、统计报告、安全管理等制度，推动文化产品、惠民服务与群众文化需求对接，推进政府向社会力量购买公共文化服务，促进基本公共文化服务标准化、均等化。

4. 深化文农旅融合发展，塑造文化旅游新形象

依托镇域丰富的旅游资源、深厚的文化底蕴和依水为邻、依山而建的区位优势，编制镇域旅游规划，推进文旅农工商全面融合发展，打造南片文旅游、北片乡村游、川道工旅游三条旅游线路，形成"重点突出、梯次合理、特色鲜明、相互衔接"的旅游体系，系统展现五里镇的历史古迹、风土人情、独特魅力，实现"一线一景""一村一品"。围绕吃住行游购娱六大旅游要素，推广毛湾粉条、五里稠酒、五里凉面等五里特色美食，推出牛山红茶、富硒魔芋、野山蜂蜜、五龙果业等五里特色旅游产品。依托工业集中区发展现状，推动工业园区和五里镇深度融合、一体发展，探索工业旅游新路子。挖掘和开发月河南岸的鲤鱼山、刘营战国秦汉遗址等"七村八景"资源优势，推进"月南"片区乡村振兴旅游示范带建设。举办二月二、二月十九、三月三庙会，皮影戏、汉调二黄演出，稠酒文化节等传统民俗文化盛会，使五里古镇声名远播，形成五里生态文化旅游与经济发展相互交融、相互依托的新格局，让历史文化在五里"活起来"，让乡愁在五里"留下来"。

三、主要成效

五里镇文体中心率先在全区成立首个镇级阅读组织——"五里读书会"，截至2022年，发展会员50余人，开展活动20余场次；近三年举办舞蹈、泥塑、剪纸、书法、声乐等各类培训活动120余场次，常设剪纸、书法、绘画、音乐、舞蹈、泥塑、非遗体验等免费活动项目。投资达50余万元建设面积80平方米、藏书5000余册镇级"安康阅读吧"，年图书流通2万余册次，年接待读者3万余人次。通过微信公众号定期向社会推送文化服务信息，为群众提供"点菜式服务""定制式服务"，进一步拓宽群众受益面，提高社会满意度。

2020 年，五里镇成功创建为国家农业产业强镇；2021 年，五里镇被评为"省级乡村振兴示范镇"、安康市文化馆总分馆制建设"先进单位"；2022 年，五里镇被市委、市政府评为创建国家公共文化服务体系示范区工作"先进集体"，荣获安康市"书香之镇"荣誉称号，并于 9 月被评为第二批陕西省公共文化服务高质量发展示范乡镇（街道）。

四、创新启示

五里镇以建设文化强镇为目标，不断增强人民群众的文化获得感、幸福感，努力实现文化为民、文化惠民、文化乐民，以高质量公共文化服务促进了乡村振兴，用文化力量提升乡村社会文明程度和群众文化素质。特别是因地制宜开展公共文化服务创新，通过"文化小康行动"和"三区"人才支持计划，加强对文化管理员和基层文艺骨干的业务培训和指导，挖掘和培养乡土文化能人、民间文化传承人等各类文化人才，推动了基层文化自治、德治、法治"三治融合"，推进了文旅农工商全面融合发展，为文化赋能乡村社会治理提供了可资借鉴的示范经验。

2023 年五里镇首届"乡村振兴　文化先行"春节联欢晚会

文化点亮搬迁群众"和谐梦"

——池河镇西苑和谐社区建设之路

刘　淼（石泉县池河镇）

一、案例背景

始建于 2012 年的石泉县池河镇西苑社区是石泉最大的扶贫易地搬迁示范社区，占地面积 220 亩，共有搬迁居民 1362 户 4441 人。为提升搬迁群众归属感、幸福感，做好扶贫易地搬迁"后半篇文章"，在国家政策的引导和各级政府的支持下，西苑社区党支部整合各类文化资源，加强社区文化阵地建设，开展了促进居民广泛参与、邻里积极交流，寓教于乐、形式多样的文化活动，用文化助推和谐西苑社区建设。

二、主要做法

1. 党建引领构建服务体系

西苑社区以新时代文明实践工作为抓手，整合图书馆、影院、剧院、体育场、金蚕之乡展览馆等公共资源，不断完善社区公共文化服务配套设施。在党支部的带领下，西苑社区成立了社区文化理事会、新苑文艺协会、老年协会、老年大学，建成综合文化服务中心、新时代文明实践站、老年互助幸福院、儿童管护中心等，组建了老年合唱队、腰鼓队、健身操队等六支文艺队。社区发展党员 30 人，把党小组建立在志愿服务队中，社区党支部为文艺团体提供活动阵地和设施保障，吸纳各类人才加入社区党支部，组织群众开展文化培训、文艺活动等服务。西苑社区新时代文明实践站成立了关爱留守老人志愿服务队，为 20 名留守老人制定个性化帮扶计划，实行一对一结对帮扶。

2. 精准服务文化活动滋润社区

加强搬迁群众思想道德教育，推动村民向市民转变，使他们更好、更快地融入搬迁社区，是西苑社区的工作重点之一。社区以群众文化需求为导向，组织志愿者上楼入户问民情、听民意，协同文艺协会会员广泛收集梳理群众的文化需求，同时在线上线下设置"微心愿"信箱，全面征集群众心愿，实施"群众点单—社区派单—新苑文艺协会接单"的订单服务模式，为群众提供定制化、精准化的文化志愿服务。近年来，在充分听取不同地域、不同年龄段群众心声的基础上，社区多年来坚持在每一个传统节日开展主题活动，组织了形式多样、群众参与度高的文体活动，编排了一系列快板、歌舞、小品、三句半等文艺节目，用群众喜闻乐见的表演方式宣传党的方针政策、普及法律知识，把脍炙人口的文化演出送到社区和群众身边。西苑社区现有 60 周岁以上老年人 658 名，占社区总人口的14.8%，面对严峻的老龄化问题，社区做好做优、做精做细老年人服务工作，让孝亲爱老蔚然成风。依托儿童成长家园，组织少年儿童开展"我为爷爷奶奶捶捶背"等敬老爱老活动；依托农民夜校，组织社区党员群众每年开展不少于 4 次的专项教育活动，征集评选好家风好家训，树立孝老爱亲正面典型；依托老年人日间照料中心，常态化组织开展老年人棋牌、舞蹈、阅读等文化娱乐活动，提供网络视频连线服务，让外出子女与留守老人"常见面"，亲情联络"不断线"；深入开展"乡风文明进万家"服务活动，上门宣讲健康、防诈骗等知识，守护老年人的健康和财产安全；深入开展先进典型评选活动，评选"好公公""好婆婆""好儿媳"，在全社区通报表扬，引导群众自觉践行孝义文化。

池河镇西苑社区群众文化大舞台活动

3. 利用新媒体打造智慧社区服务网络

西苑社区积极打造智慧社区服务网络，通过社区老年人智能化服务和五星级社区智慧化信息等网络平台，为社区老年人和搬迁群众提供多元化、个性化、便捷化服务。例如，社区通过"幸福西苑"抖音直播平台为群众带来时事新闻、优质资讯等，还打造了一支"新农村电商达人"直播团队，通过线上宣传特色旅游、直播带货等方式，拓宽搬迁群众后扶的增收渠道。社区邀请安康市感恩职业技能培训学校的教师为居民开展直播培训，主要针对直播销售员进行系统性、可操作性的讲解。通过"幸福西苑"直播间，社区已成功举办电商培训 3 期，培训学员 50 余人。在这些直播达人的带动下，越来越多的群众参与到直播行列中。

三、主要成效

通过多方参与、各方支持、党员模范带头，西苑社区更好地满足了居民在居住环境、日常出行、健康服务、养老服务、社会参与、精神文化生活等方面的需求，整个搬迁社区中，"家庭尽责、子女尽孝、社会尽帮、政府尽兜、机构尽养、医疗尽治"的氛围日益浓厚，社区居民的日常生活得到全方位照料，业余生活丰富多彩，社区居民的幸福感、获得感逐步提升。社区文艺协会吸收、聚集了来自不同地区的 96 名移民搬迁群众，将他们发展为会员，并组建了乒乓球队、象棋队、舞蹈队、太极拳队、腰鼓队、舞龙队、合唱队等文化队伍。2021 年以来，西苑社区已累计举办和承办各级各类文化活动，包括文艺表演、法制宣讲、"科技之春"、环境保护宣传、党的十九大精神宣传、传统节日庆祝活动等 150 余场，接待文化活动爱好者 3000 余人次。西苑社区 2016 年被表彰为市级老年体育健身示范村（社区），2018 年被命名为省级"无烟社区"，2021 年被命名为全国"示范性老年友好型社区"。

西苑社区儿童管护（文艺培训）结业典礼

四、创新启示

做好易地扶贫搬迁集中安置社区建设工作，是巩固脱贫攻坚成果的重要内容。面对搬迁社区人才短缺、需求多元和服务保障力量不足等难题，西苑社区充分发挥党建引领和党员干部的先锋作用，吸纳各类有文化、文艺特长的专业人士和文艺爱好者组建文化服务志愿队、社区文化理事会、文化协会等群众性自治组织，积极挖掘当地的文化特色资源，引导居民自编自演文艺节目，调动居民参与文化活动的积极性和热情，在丰富社区居民的精神文化生活、促进居民综合素质提升、享受幸福生活等方面取得了积极成效，助力和谐社区建设。

第六编

乡村公共文化服务供给创新实践

"一个人的剧场"，不一样的精彩

刘应红（宁陕县文化馆）

一、案例背景

安康市宁陕县"一个人的剧场"，缘起于 2019 年 3 月 15 日宁陕县文化馆在龙王镇永红社区的一次"三下乡"演出活动。当天的文艺演出吸引了近 500 名观众前来观看，其中有两位残疾人在家人的陪同下坐着轮椅来到现场。演出结束后，一位老人久久不肯离去，在家人的再三催促下，他才恋恋不舍地离开。这一幕深深地触动了现场演职人员，有一位文化馆员提议："不如我们组成志愿演出小分队，专门去给不方便出门的残疾朋友表演节目，让他们不出家门也能看到精彩的文艺演出。"这个建议得到了大家一致赞同。

馆员们回到县城后，宁陕县文化馆迅速组织召开了专题座谈会，开始组织策划，明确了以农村孤寡老人、空巢老人、残疾人和行动不便的长者为服务对象，并将活动名称确定为"一个人的剧场"，以彰显对特殊群体的关爱。宁陕县文化馆以实际行动，践行公共文化服务均等化。5 月 10 日，"一个人的剧场"在城关镇关一社区残疾村民朱小霞家中的小院里拉开了序幕。

二、主要做法

1. 多方协同、群策群力，只为不落下一人

"一个人的剧场"，从组织策划到具体实施得到了中共宁陕县委宣传部、县文化和旅游广电局、县残联和县融媒体中心的高度关注和大力支持。县委宣传部在活动策划、宣传方面提出了具体要求，县文化和旅游广电局在人员队伍、经费投入、活动安全等方面给予了充分保障，县残联协助做好活动组织、对接联络等方面的工作，各镇党委、政府在活动开展中给予了充分支持与配合，为"一个人的剧场"志愿演出活动的顺利开展，提供了体系化保障。

2.量身打造、精雕细琢，只为幸福笑容

尽管"一个人的剧场"，往往只有一名观众，但宁陕县文化馆在节目选择和节目质量上还是做了精心准备。2019年11月18日，"一个人的剧场"来到了城关镇朱家咀村张守学的家中。65岁的低保户张守学属二级肢体残疾，儿女都在南方打工，丈夫70岁，是县刨花板厂下岗工人，身体也不好。平时老两口深居简出，很难有机会出门观看文艺演出。

志愿者把堂屋收拾了一下当作舞台，尽管这个"舞台"台上离台下不足10米，但志愿者仍然以极大的热情，为张守学夫妇现场演出了歌曲《明天更美好》、歌舞《龙船调》、舞蹈《幸福日子扭着过》等精彩节目，乐得两个老人一直合不拢嘴，脸上泛起了幸福的笑容。张守学激动地拉着志愿者的手说："家里平时难得见到几个人，没想到你们能到家里来给我们演节目，太感谢了！"

"一个人的剧场"小分队走在田间地头

3.完善制度、建立机制，只为长久坚守

为了确保演出活动长久有序开展，宁陕县文化馆制定了"一个人的剧场"年度活动计划和志愿者管理制度。一方面定期在县文化馆的抖音号、微信公众号上发布演出节目征集信息，县内各文艺社团、文艺爱好者自愿报名，报送演出节目，文化馆组织专业老师对节目进行甄选、提升和整体包装，每一次志愿惠民演出活动的照片、视频、文字等资料，都建立专项活动档案进行保存；另一方面将志愿者参与活动情况在志愿者网络管理平台做好登记备案，并在线下建立志愿者参与活动情况管理档案，每年12月举办一次志愿服务年度

总结会，对在活动中涌现出的优秀文化志愿者颁发荣誉证书，并给予适当的物质奖励，极大地激发了志愿者参与活动的积极性，也确保该活动可以持续推进。

4. 科学规划、全域覆盖，只为共享文化建设成果

脱贫攻坚胜利之前，宁陕县属秦巴山集中特困地区，全县总面积 3678 平方公里，辖 11 个镇、人口 5.9 万人，是典型的版图大县、人口小县、经济穷县。"一个人的剧场"积极对接安康市创建国家公共文化服务体系示范区提出的"乡村公共文化供给侧结构性改革"和"艺养天年"老年人服务品牌项目，每年年初制定演出活动实施方案时，注重科学合理地安排好演出时间，并与馆内"订单式"服务走基层、全民艺术普及、艺术采风等工作有机结合起来，实现了业务工作有效对接、服务领域有效覆盖、服务资源有效整合、服务效能有效提升。

三、活动成效

1. 用"一群人"的付出，浸润"一个人"的心田

在宁陕县城关镇关一村西沟，彭书其老人坐着县残联送来的新轮椅，在院子里看着文化志愿者演出小分队表演的《女驸马》《猪八戒背媳妇》，喜笑颜开。老人说，自己瘫痪八年了，平时出门要人陪着，拄着双拐又没法走远，在家门口就能看节目，真的特别开心。正如有志愿者所说："虽然是一群人在为一个人表演，我们也会拼尽全力献上最完美的表演。"文化馆文艺演出队郭凯告诉记者："'一个人的剧场'不仅仅是简单的文化节目演出，更是爱与温暖的传播，我们通过这种形式为农村老年人、残疾人送去关怀，丰富他们的日常生活，让他们不再孤单。"该项活动自 2019 年 5 月实施以来，截至 2022 年已经开展演出活动 90 余场次，惠及特殊群体 150 人次，累计参与演出的文化志愿者 1500 人次，用"一群人"的付出，浸润"一个人"的心田。

2. 传播正能量，助力乡村文化振兴

2019 年 11 月 13 日中国新闻网发布了"陕西宁陕'一个人的剧场'展示'别样精彩'"的新闻报道。2021 年 6 月 2 日"一个人的剧场"短视频在学习强国 App 陕西学习平台展播，同时此项活动还多次受到市县新闻媒体的报道。"一个人的剧场"志愿惠民演出，把文艺演出送到需要特殊关爱的家庭中，从精神层面关怀他们，用具有地域特色的节目传达正能量，鼓励他们积极向上，帮助他们建立创造美好生活的信心。

3.服务资源全民共享，提升群众获得感

随着新时代公共文化事业的蓬勃发展，以群众需求为导向，将源源不断的公共文化服务资源送到群众身边去，实现公共文化资源"下沉"、服务"下沉"将是必然趋势。在"一个人的剧场"活动组织实施的过程中，不仅文化馆员的组织策划和业务能力得到了充分历练，而且还建立了志愿服务工作制度，培养出一支优秀的志愿者队伍，形成了独具特色的"服务＋特长"的志愿者服务模式，而让特殊群体"零距离"享受公共文化服务，也极大地提升了群众文化获得感、生活幸福感。

"一个人的剧场"走进农家小院

四、创新启示

1.政府主导、社会参与，提升服务效能

在公共文化服务领域，广泛吸收社会力量参与，能够有效提升公共文化服务效能。政府相关部门出台管理服务制度、标准，文化馆作为具体执行主体组织社会力量参与，结合特殊群体的特点和需求，将其落实到各类文艺演出、公益讲座、培训、全民艺术普及等活动，可以打破同质化服务模式，打通公共文化服务的"最后一公里"，推进公共文化服务标准化、均等化。其创新运用文化志愿服务产生的凝聚力，可以以文化人、以文助人，增强全社会关怀弱势群体的意识，带动全社会形成互助互爱的良好氛围。

2. 节目短小精悍，服务效果甚好

针对不同的服务对象，文化馆会提前为"一个人的剧场"志愿惠民演出活动做好充足的准备。因受到场地环境的限制，演出节目一般多以独唱、小舞蹈、小戏曲、诗朗诵、器乐、快板等欢快喜庆的小型节目为主。考虑到服务对象的身体情况，演出时长一般控制在30 分钟左右。这种短小精悍型演出的操作与大型文艺演出相比容易组织，方便开展，符合实际。而观看演出时残疾人、孤寡老人眼中的期待、快乐与感动，也令志愿者认识到生命更深层的价值和意义。

3. 活动经费压力小，惠民服务持续可行

"一个人的剧场"志愿惠民演出活动因为是公益活动，参与活动人员均为自愿参与，不产生节目创作及演出费用。演员的服装道具均由文化馆提供，车辆则是使用流动文化车，车内配备有便携式音响、话筒等演出设备。演出活动一般情况是当日往返，不住宿，期间便餐由服务对象居住镇政府协助解决，文化馆只需承担车辆运行所产生的燃油费以及人员安全保险费用即可。由于成本较低，经费压力较小，作为温暖特殊群体的文化服务，"一个人的剧场"志愿惠民演出活动具有可持续性，经媒体广泛宣传，对广大奋战在乡村振兴前沿的干部群众也起到了提振精气神的作用。结合"精准扶智扶志"，通过精神扶贫强化观念，引导残疾人能够自我管理、自我服务，保持良好的精神状态，积极面对生活。

"流动新民风讲习所"

——安康市图书馆社会服务新作为

周启立（安康市图书馆）

一、案例背景

2017 年 3 月 23 日，安康市委印发了《关于大力推进新民风建设的实施意见》，决定在全市范围内大力开展新民风建设。同年 9 月 28 日，安康市委印发了《关于持续系统推进脱贫攻坚五大工程的实施意见》，将新民风建设工作作为五大工程之一，要求以行政推动、文化推介、市民践行等方式走进群众生活。2019 年，安康市委发布了以"诚、孝、俭、勤、和"为内涵的安康新民风训言，安康市文化和旅游广电局印发了《安康市公共文化服务机构开办"新民风讲习所"实施方案的通知》，要求各县区文化和旅游广电局、市直各单位从落实讲习场地、明确讲习内容、组建师资队伍、开展讲习活动、注重讲习效果五个方面开展新民风建设工作。为了发挥公共图书馆在新民风建设中的文化引领作用，安康市图书馆结合实际，决定以市、县（区）公共图书馆系统为平台，团结社会力量，开办流动讲习所，让新民风走向城乡各地，服务乡村振兴。

二、主要做法

1. 完善市县（区）新民风建设讲习体系

安康市图书馆根据全市公共图书馆设施条件、人员经费、群众文化水平等综合因素，制定了安康市、县（区）图书馆联合开办"新民风讲习所"的方案，分别对讲习场地、讲习内容、师资队伍组建、讲习活动开展等做了统一安排。市图书馆率先示范，将原电子阅览室改建为"新民风讲习所"，配备了音响、投影仪等设施设备，将原会议室改建为"新民风读书会"场所，供各阅读团队开展新民风主题的读书分享交流活动。同时要求各县（区）图书馆制作统一的讲习所标识牌悬挂于门口，室内制作固定横幅或 LED 标语，确保新民风讲习所有固定场所，标识规范。安康市图书馆一方面采用预约式、订单式服务方式，按照一月一期在市、县（区）图书馆的馆内阵地开展讲座；另一方面与王庭德书友会、安康人周末读书会及有关单位、民间团体合作，不定期开展馆外"新民风建设"流动宣讲活动。

2. 组建市级新民风建设讲师团

安康市图书馆组建了由新民风训言撰写者、专家学者、作家、教师、道德模范等组成的"新民风讲师团"，讲师团成员采取集体备课、研课的方式对新民风训言内涵进行深入挖掘、系统阐述，使讲座内容规范、案例生动，能够促进群众更加准确地理解新民风内涵并有效践行。同时，安康市图书馆还在"安康人周末读书会""王庭德书友会"两个阅读团队中选拔骨干力量，组建了"新民风讲习志愿服务队"，开展社会性宣讲工作。县（区）图书馆除选择市馆课程外，也可结合各地实际及师资力量自行设计课程，优秀课程可纳入市图书馆课程体系，作为全市巡讲的备用课程。

安康新民风建设讲座走进宁陕县

3. 统一规范新民风建设课程设计

"新民风建设讲师团"紧扣安康新民风训言"诚孝俭勤和"五字内涵，以思想政治、文明道德、精神文化、民主法治、民风民俗、扶贫扶志、家训家规等为教育内容，结合群众需求，制定了符合安康市民情、民风的基础课程，如《安康新民风训言》内涵阐释、"跟着习近平，建设新民风"、安康现实故事中的"诚、孝、俭、勤、和"、安康民间故事中的

"诚、孝、俭、勤、和"诗词欣赏、新民风读书会等，课程时长 2—3 小时，丰富多样的主题，为新民风建设提供了有效的内容保障。

三、主要成效

2019 年讲习所开办之初，安康市图书馆每周六下午在馆内举办一期新民风讲座活动，当年 7 月至 9 月共办讲座 9 场，参与群众 600 余人次。2019 年 9 月以后，图书馆将阵地讲习办成了流动讲习。特别是在流动讲习过程中，安康市图书馆结合陕西省优秀残疾作家王庭德的励志故事，充分利用身边典型人物为群众树立学习榜样。2019 年以来，王庭德在全市共开展励志报告会 200 余场次，受众 10 万多人次。《中国文化报》《陕西日报》等中央级、省级媒体和安康电视台、安康人民广播电台、《安康日报》等地方媒体多次到讲座现场采访报道。文化和旅游部党组书记、部长胡和平点赞安康"乡村新民风建设"经验做法。国家公共文化服务体系建设专家委员会主任委员李国新认为，安康市以新民风引领公共文化服务体系建设，创造了公共文化服务与增强人民精神力量相统一的生动实践，为全国公共文化服务体系建设提供了范例。

安康市图书馆"新民风讲习所"公共课走进白河县

四、创新启示

安康市图书馆立足实际，采取可行有效的措施开办流动讲习所，通过讲座将新民风深刻内涵形象化、生动化，让群众在潜移默化中受到教育。安康市图书馆以《安康新民风训言》训言内涵为基准，结合喜闻乐见的神话故事、民间故事、安康好人、励志典型等，将理论化的训言变成形象生动的故事，把核心要义阐释得更加生动具体。"接地气"的讲习内容赢得了群众一致好评，对弘扬家庭美德，传承优良家风，不断提升公民文明素质和社会文明程度起到了积极的促进作用。

从"博物"到"博人"
——藏一角博物馆志愿者乡村艺术教育拓荒之路

毛维维　周　欣　朱沛悦（安康市藏一角博物馆）

一、案例背景

博物馆作为物质文化遗产的集中展现地和公共文化服务的重要场所，在青少年教育中具有举足轻重的作用。在安康，汉剧、民歌、美术、手工等文化进校园活动已经蔚然成风，但绝大多数活动都集中在城区学校，而农村学校特别是边远山区不足百人的"小小学"，则由于交通不便、师资力量不足等原因，学生很难有机会接受课外艺术教育。安康市藏一角博物馆秉承从"博物"到"博人"的服务理念，在做好日常管理工作和开展文化活动的同时，联手文化志愿者宋安平等建立版画教育活动基地，把艺术普及和文化服务延伸到边远山区学校，走出了一条乡村艺术教育拓荒之路。

二、主要做法

1. 用小刻刀开启农村儿童的大世界

宋安平毕业于西安美术学院，1975 年进入汉滨区文化馆工作直到退休，一直致力于基层艺术教育、服务弱势群体，特别是近年来十分关注留守儿童的艺术普及工作。他说："这些孩子的爸爸妈妈都不在身边，会有孤独感，画画会让他们感到快乐。"为了不让留守儿童成为"被遗忘的花朵"，宋安平一年中有近一半的时间都用来陪伴和关爱留守儿童，通过教学实践，不断提高他们的审美水平、观察能力和艺术修养。白天他在学校社团上课，放学后在农家院子里辅导兴趣小组学画，晚上又蹚水上山走进偏远学生家里教画画，回到学校宿舍后，还经常要撰写授课方案、看学生的铅笔画草图。宋安平说："我想让孩子们知道，有一种艺术形式叫木刻版画，可以用画笔和刻刀留下自己的梦想、感受生活的美好。孩子们虽然生活在大山里面，却有着走出大山的梦想和与亲人团聚的渴望，艺术可以让他们拿画笔、刻刀，把自己的情感和想法表现出来。"多年来，宋安平教过的学生数以千计，他把美好的艺术种子播撒在留守儿童的心中，让留守儿童与艺术之间不再是天空与田埂的距离。

2."授"以所学、"培"以所用

2016 年，安康市藏一角博物馆聘请宋老师为本馆的理事会成员和文化志愿者，经过讨论交流，决定共同建立"博物·博人"农村儿童传统文化教育基地，免费教授农村孩子版画、国画、剪纸等传统艺术。基地成立后，宋老师辗转于各个偏远农村小学，长期驻校指导，与孩子们生活在一起、创作在一起，用自己的专业技能为孩子们进行艺术教育启蒙，引导农村儿童的创作激情。安康市藏一角博物馆和宋老师在帮扶实践中认识到，要想让更多的农村儿童接受系统的艺术普及，仅靠现有力量是远远不够的。于是，他们深入 18 个乡镇的 20 余所学校、幼儿园，在校园成立木刻版画社，培养出 60 余名乡村美术骨干教师。"园丁"多了，大家就能同心协力，共同播种文化、推进儿童美术教育和社会实践活动。以学房小学为例，几乎所有的老师都成为版画爱好者，在老师的积极带动下，学生学习版画的热情也不断高涨。6 年来，宋老师深入偏远农村学校，培养了一大批农村儿童绘画艺术爱好者，仅木刻版画作品就创作了 1000 余件，很多县（区）的学校都邀请宋老师驻校开展儿童艺术普及工作。

安康市"藏一角"流动博物馆进校园活动

3. 多样化展览增强自信、放飞梦想

随着"博物·博人"农村儿童传统文化教育基地数量不断扩大，孩子们的儿童版画、

国画、剪纸等的佳作也越来越多。为了增强孩子们的自信心，让更多人关注留守儿童，安康市藏一角博物馆和宋老师一起，在馆内精心策划了多场儿童优秀美术作品展，吸引了众多书画爱好者和关心留守儿童的群众前来观展。其中一部分优秀作品，先后 20 多次参加了中国美协艺委会、中国美协少儿美术艺委会、中央美院、西安美院等单位举办的国际、国内大型展览，还在北京、重庆、江苏、湖南、上海、广州、黑龙江和陕西省其他地市巡回展出。作品回到安康后，博物馆又在汉滨区十余所农村小学举办儿童木刻版画、汉剧人物水墨画巡回展，让更多的农村儿童体验分享到文化的获得感和幸福感。

4. 趣味夏令营开阔视野、增长见识

暑期是广大青少年开展"培根铸魂，启智润心"红色美育工作的良好时机。安康市藏一角博物馆联手宋安平工作室举办"红色乡村儿童国画夏令营"实践活动，力求通过水墨文化和红色经典文化的互相融合，弘扬红色精神，传承经典艺术，助力农村儿童追求更有高度、更有境界、更有品位的人生与未来。活动特邀宋安平老师与安康本地书画家同部分学生一起，在三到四天的时间里，同吃、同住、同观察、同实践，通过采风、创作、辅导等形式，打开孩子们的国画兴趣"大门"，鼓励孩子们在观察中学习、在实践中提升。孩子们结业后，活动组还将优秀儿童国画作品选送参加全国儿童画展并多次荣获大奖，受到社会各界广泛好评。

宋老师正在教授孩子们学习版画

三、主要成效

1. 青少年艺术普及发挥示范引领

"博物·博人"农村儿童传统文化教育基地以其良好的社会效益、丰富的实践成果，受到了社会各界的广泛关注和支持。西安美术学院版画系研究生处、陕西美协少儿美术艺委会等省内高校、团体，积极走进农村学校建立帮扶基地、指导版画教学。湖北恩施、黄石、十堰、山西太原、湖南湘西州等省外教育机构，专程来到藏一角博物馆和相关基地考察学习、交流经验。瀛湖镇学房小学的版画教育，成为汉滨区文教系统的先进典型。安康市文化和旅游广电局、汉滨区委宣传部、汉滨区教体局、汉滨区就业创业服务中心等先后拨出专项资金，为农村儿童传统文化教育基地购买版画工具和版画印刷机。

2. 青少年艺术普及硕果累累

"博物·博人"农村儿童传统文化教育基地建立至今，由农村儿童创作的作品已连续参加了两届"经典传承·全国少儿国画大展"，荣获经典传承特等奖、传承奖、优秀奖13个；16次参加国内、国际少儿版画作品展，百余幅作品先后获得金、银、铜和优秀奖；安康市藏一角博物馆两次获得优秀组织奖和版画教育先进单位。宋安平老师先后荣获中国美协少儿美术艺委"彦涵杯"儿童版画教育贡献奖、中国少儿版画"最美艺术志愿者"、中国少儿版画教育突出贡献奖和中宣部等部委授予的"全国助残先进个人"，2021年被中国文化和旅游部推选为"最美志愿者"。中央电视台《汉水安康》专题片、中央电视台《新闻联播》节目以及安康电视台、《中国文化报》、《陕西日报》、《安康日报》、《三秦都市报》等多家媒体都曾宣传报道"安康留守儿童版画群体"的教育活动和宋安平文化志愿服务的先进事迹。

四、创新启示

安康市藏一角博物馆与志愿者宋安平老师共同建立的"博物·博人"农村儿童传统文化教育基地，通过培育艺术师资力量，提升留守儿童艺术素养，让艺术走进偏远山区，为更多的青少年打开了通往艺术之路。其把美好的艺术种子播撒在留守儿童心中的艺术普及理念，深入偏远山区、让留守儿童与艺术之间不再是天空与田埂距离的文化情怀和志愿者精神，推动城乡一体化建设的公共文化服务均等化实践，契合了新时代公共文化服务高质量发展要求，探索出偏远山区开展青少年艺术普及工作的有效方法和实践路径，是安康国家公共文化服务体系示范区创新发展的积极成果。

流动的博物馆，不变的文化情

——安康博物馆"基层行"

沈英英（安康博物馆）

一、案例背景

博物馆作为中华优秀传统文化的重要展示地，是一个地方重要的文化地标、人民群众精神文化生活的重要场所。安康市地处秦巴山区腹地，博物馆资源相对匮乏，加之交通不便、居民居住分散，县区群众，特别是乡镇基层群众，参观博物馆成为一种"奢望"。为了"让收藏在博物馆里的文物、陈列在广阔大地上的遗产、书写在古籍里的文字都活起来"，安康博物馆在发挥原有阵地服务的基础上，打破博物馆物理空间限制，通过实施"流动博物馆县区行"活动，将中华优秀传统文化、地域特色文化、红色革命文化和现代公共文化服务，以群众喜闻乐见的形式送到学校、军营、乡村、企业、社区、机关以及边远山区，让广大群众在家门口就能享受到高品质的博物馆文化服务。

二、主要做法

1.转变服务理念：由"来参观"到"送展览"

安康博物馆坐落于安康市区中心，日常服务对象以市区居民和外来游客为主，县区基层群众很少有机会到博物馆参观。为了使基层群众能够共享博物馆的文化服务，推动基本公共文化服务均等化，安康博物馆积极转变服务理念，探索博物馆文化服务的新路径、新方法、新标准，策划启动了"流动博物馆县区行"项目，形成了一套以弘扬中华优秀传统文化、传承地方特色文化和普及历史知识、展示博物馆特色馆藏文物为主要内容的管理体制、运行机制、服务模式。经过多年的努力，安康博物馆的流动服务已经覆盖到所有县区，并拓展到学校、军营、机关、社区以及偏远乡镇，取得了良好的社会效益。

2.关爱青少年：开展爱国主义、民族精神教育

博物馆是保护和传承人类文明的重要殿堂，是连接过去、现在、未来的桥梁，其记录下的历史兴衰、民族智慧、文化传承、英烈故事、名人逸事等，是对青少年进行历史知识普及、爱国主义教育、民族精神教育的重要历史文化资源。安康博物馆在策划组织流动活动的初期，就将服务青少年作为工作重心，通过地方传统文化、馆藏文物特色，专题流动展板和体验互动等形式，向孩子们介绍博物馆的基本情况、陈列展览以及文物背后的故事，给广大青少年，特别是边远山区的留守儿童送去博物馆的人文关怀。

安康博物馆流动服务走进旬阳金寨镇中心学校

3.创新服务模式：让群众有更多的获得感

为了满足各地群众多元化的文化需求，博物馆加强与社会力量合作，不断总结"流动博物馆"活动开展以来的经验教训，创新服务内容和服务方式，从最初的图版展示、文物讲解、发放宣传资料等，拓展到视频播放、沉浸式体验、专题讲座、知识竞赛和文物复制品展示、精品文物讲解等多种服务内容，形成了一套融知识性、趣味性、观赏性、体验性于一体的标准操作模式。例如文物拼图体验、考古挖掘体验、投壶游戏、木版画拓印、陶艺泥塑体验、传统手工制作等，让受众在了解家乡历史文化的同时，获得丰富的文物、考古知识，增强文化自信，以此实现博物馆教育资源最大化。

三、主要成效

"流动博物馆县区行"自 2012 年策划实施以来，打破实体博物馆物理限制，不断整合服务资源、扩大服务覆盖面、创新服务模式、丰富服务内容，积极推动基本公共文化服务均等化，推动中华优秀传统文化的传承弘扬，形成了一套完整的操作流程。截至 2022 年 10 月，活动已覆盖安康市一区九县，行程 6000 多公里，先后走进 60 余所学校、军营、社区、乡村，开展活动近百场次，受众达 5 万余人次，赢得了基层群众的广泛赞誉，受到了学校和孩子们的热烈欢迎，得到了市委宣传部、市教育局、市文化和旅游广电局的充分肯定。活动被汉唐网、安康电视台、安康广播电视台等多家媒体报道推广，2018 年被陕西省博物馆协会评选为陕西省首届"博物馆教育项目优秀案例"三等奖。

流动博物馆县区行走进紫阳县新光小学

四、创新启示

"流动博物馆县区行"活动从公共文化服务机构基本职能出发，积极推动基本公共文化服务标准化、均等化，推动优质文化服务资源向基层下沉、把博物馆"搬"到校园、社区、军营和基层群众家门口，改变了传统博物馆单纯依赖场馆展览的单向服务模式，体现出博物馆"让文物说话、讲地方故事、推动文化传承、服务广大群众"的宗旨，是贯彻落实基本公共文化保障法、公共文化服务高质量发展的具体实践。

张滩镇中心社区的"阅读积分制"实践

钟　辉（汉滨区张滩镇文化站）

刘国荣（汉滨区少儿图书馆）

一、实施背景

安康市汉滨区张滩镇中心社区，是"十三五"易地扶贫搬迁社区，现有居民 477 户 2220 人，分别来自汉滨区周边 12 个镇 81 个村。由于居民来自四面八方，生活习惯、个体素质与文化差异，加上搬迁群众都来自刚脱贫的农村，从分散居住到社区集中生活，很多居民一时难以适应社区群体生活，这给社区管理带来了很大困难。为丰富搬迁群众业余文化生活，提高居民综合素质，张滩镇中心社区以图书阅览室为主阵地，以全民阅读活动为抓手，通过"阅读积分制"的方式引导社区群众积极参与读书活动，以此提升居民的综合文化素质，为丰富社区居民文化生活，增强社区居民凝聚力、向心力提供了有效实践。

二、主要做法

1. 强基础，建好阵地

张滩镇中心社区成立之初，在汉滨区文化和旅游广电局的指导下和镇党委、镇政府的大力支持下，按照基层综合性文化服务中心搬迁社区 7+X 的标准，科学布局，合理规划，建立了多功能室、图书阅览室、文化活动室、文体活动广场和百姓大舞台，给文化活动室等配置了音响、锣鼓、电子琴和服装等文化器材，给图书阅览室配置阅读桌、椅子、书画器材和各类图书 1500 余册。图书阅览室还根据群众生产生活实际，在假期、农忙时节适当延长图书借阅时间，方便群众阅读。

2. 兴文化，活用人才

有了阵地，还要提高公共文化服务效能。社区党支部通过摸底调查，把社区内有文艺特长的居民组织起来，组建了"中心社区约读会"以及锣鼓队和舞蹈队，通过传、帮、带的形式，开展文化娱乐和阅读推广活动。为了加强图书阅览室规范化管理和标准化服务，社区还邀请汉滨区少儿图书馆业务人员到社区指导图书阅览室的管理工作和阅读推广活动的开展，聘请图书管理员作为公益性岗位服务人员，保证每天按规定时间开放。此外，社区党支部还选派文艺骨干到文化馆参加专业培训，回来后再对社区群众进行培训辅导。

3. 提效能，拓展服务

为了更有效、更持久地引导社区居民积极参与到"中心社区约读会"里来，社区党支部组织居民每周六上午开展周末阅读分享会，推出"阅读积分制"，鼓励社区居民多读书、读好书。当地爱心企业捐赠书包、文具和日常生活用品作为奖励礼品，居民每阅读一小时积10分，积够50分以上后可以兑换礼品。"阅读积分制"在社区居民中引起了积极反响。

社区居民余先侠家有两个上小学的孩子，自社区推行"阅读积分制"以来，她们就给自己设立了一个目标，要将图书室内所有的文学作品全部读完。每当看到书中好词好句，余先侠总是细致地将其认真摘抄在笔记本上，和孩子共同分享。"社区推行的这项活动非常好！如今很多人都被网络捆绑住了手脚和思想，这一举措不但可以让大家放下手机、拿起书本，充实自己的业余时间，提升自己的综合素养，而且阅读的积分还可以换取礼品。"余先侠如此说。

社区还计划推行线上阅读积分兑换活动，社区居民在学习强国App上的学习积分也可以兑换礼品。这将有效提高社区居民阅读热情，提升社区居民的文化素养。

张滩镇中心社区图书阅览室"阅读积分制"奖品兑换现场

三、主要成效

张滩镇中心社区党支部充分发挥政府投入的带动作用，以中心社区为轴心，在全镇各个村（社区）农家书屋、图书阅览室中积极推行全民阅读积分兑换活动，引导社会力量参与"阅读积分制"奖励活动，鼓励了更多人走进书屋阅读，推进"书香张滩"建设，打造"半岛新区，康养张滩"。中心社区推行"阅读积分制"以来，先后举办阅读活动 40 余场，共计 500 余人次参与，兑换礼品价值 4000 余元，有效提升了社区居民参与阅读活动的积极性，改善和提高了公共文化服务的供给能力，提升了群众的参与率和对公共文化服务的满意率。2022 年中心社区荣获区级"书香社区"荣誉称号，阅读积分兑奖品的创新做法还被《安康日报》进行了专题报道。

四、创新启示

张滩镇中心社区以文化服务为核心，抓住建阵地、组队伍、做活动三个关键环节，有效推动易地搬迁社区的公共文化服务体系建设，特别是以"阅读积分制"组织开展各类阅读推广活动，鼓励和引导了社会爱心企业积极捐赠各类文具、生活用品等，解决了社区公共文化经费不足的困境，实现了"活动有人组织、经费物资有人保障"的良性循环模式，提高了社区居民文化思想意识和文明习惯的养成，促进搬迁群众由村民向居民的转变，发挥文化的凝聚力和感召力，助推社区居民身份融入、生活融入、思想融入和文化融入。该活动的开展，为全区乃至全市各村（社区、易地扶贫搬迁社区）在公共文化服务创新方面提供了一个绿色的、可持续发展的宝贵经验，把公共文化服务的"最后一公里"变为"最美一公里"。

石泉县新时代文明实践探索

陆红云（安康市石泉县文化馆）

一、案例背景

石泉县位于安康西部，北依秦岭、南枕巴山，地处秦巴腹地、汉水之滨，总面积 1525 平方公里，人口 18.2 万，原属国家级扶贫开发重点县。近年来，石泉县将新时代文明实践中心建设作为一项基础性、战略性的重要任务，精心组织、探索创新、扎实推进，着力打通宣传群众、教育群众、关心群众、服务群众的"最后一公里"，引领全县经济社会实现高质量发展。

二、主要做法

1. 建设新时代文明实践点

石泉县将新时代文明实践工作纳入县委中心工作，抽调部门工作人员集中进驻新时代文明实践中心下设的办公室和 9 个部室，在 11 个镇和 164 个村（社区）建立新时代文明实践所（站），在 26 个 100 户以上的移民搬迁安置社区设立了新时代文明实践点，累计投入 880 万元，保障中心、平台、所（站）日常运转。同时，连续三年对镇村干部进行文明实践业务大培训，不断提升工作水平，让文明实践中心和站所的服务功能进一步拓展。整合党校、文化、体育、科普阵地，全面建设"党群服务＋文明实践＋社会治理"综合体，建成理论宣讲、文化、科技、体育、教育五大服务平台，形成了上下贯通、多点辐射、运行顺畅的组织体系。以党员干部为主体，吸纳先进典型、文化人才、科技能人、医学专家、文艺骨干等注册志愿者组建新时代文明实践志愿服务队，联动石泉义工联、"爱 e 石泉"等社会志愿服务组织，着力打造出横向到边、纵向到底的志愿服务矩阵。

2. 制定规范化服务程序

石泉县明确县、镇、村三级书记和五大平台工作任务和中心、所（站）具体项目，实行领导包抓联系点制度，包联领导个人年度考核与联系镇、部门考核结果挂钩；坚持月报告制度，各镇和五大平台单位每月向文明实践中心书面汇报工作推进情况，每半年对各平台、实践所（站）工作情况进行通报，实现中心办公室、五大平台牵头单位和镇村（社区）三级联动抓落实、持续抓推进，并制定规范服务流程：一是收集群众需求，了解群众操心事、烦心事、揪心事、忧心事，特别聚焦空巢老人、留守儿童以及特困群体，切实掌握他们的真实需求；二是做好需求的梳理分析，归类设计分众化的需求单，对于个性化的需求，要根据供给能力建立特殊需求单；三是对接供需两端，形成常态化服务菜单，面向社会发布，由群众点单；四是志愿服务队接单或文明实践所（站）派单，精准对接需求，组织开展志愿服务；五是群众评单，文明实践所（站）组织验单。

汉江古城文化惠民志愿服务队为景区游客演出后留影

3. 打造品牌化项目

石泉县在项目推进过程中，紧盯关键核心任务，每年初制定理论宣讲、农民夜校、文明创建、志愿服务项目、文化惠民演出"五张清单"，为这五大服务各自建立品牌项目：理论宣讲把党史学习教育作为重要教学内容，依托各村（社区）新时代文明实践站开办"农民夜校"，搭建起群众家门口的理论学习实践平台；教育服务平台开设科技大篷车、送教上门等品牌活动；文化惠民平台打造戏曲进乡村、阅读夏令营、百姓大舞台、艺课堂、"人在旅途"旅游志愿服务等品牌，满足群众对美好生活的需求；社区服务站点开设了便民服务站、爱心驿站、红十字会超市、老年日间照料中心、老年协会活动中心、道德讲堂等多个志愿服务活动室，为居民贴心打造幸福美好生活"共同体"。

三、主要成效

1. 新时代文明实践点促进经济社会融合发展

石泉县在实施乡村治理中，大力推行志愿者、网格员、民情联络员身份融合、职能融合、工作融合模式。全县通过"三本账"民情联络员、社会治理网格员等线上线下联动，精准对接群众需求。截至 2022 年，累计推选宣传先进典型 1036 人，开展道德讲堂 395 场、先进事迹报告会 232 场，以先进典型激励群众崇德向善，让文明新风深入基层走进了千家万户。近年来，石泉县经济社会发展始终处于安康市第一方阵，截至 2022 年，先后获得国家级、省级表彰 65 项，承办国家级、省级现场会议 14 次，23 项创新工作被中省推广，在全省乃至全国打造出石泉模式和示范样本，这正是新时代文明实践与经济社会发展深度融合带来的连锁效应。

2. "欢乐乡村行"志愿服务丰富群众精神文化生活

作为全国第二批新时代文明实践中心建设试点县，石泉已成立 187 支志愿服务队伍，共有 8500 余名志愿者，常年活跃在城乡基层一线，打造的"摄影家""百课进百村""欢乐乡村行""情暖夕阳红"等一批志愿服务品牌项目已经深入人心。其中，"欢乐乡村行"志愿服务品牌项目，整合县文化馆、文艺社团、音乐教师、乡土艺人等 300 余名骨干志愿者组建了文化惠民志愿服务支队，按照群众"点单"、中心"派单"、志愿者"接单"、群众

石泉县文化馆志愿者开展义写春联春风行动志愿服务活动

"评单"的方式，深入全县开展形式多样的文化志愿服务活动。"欢乐乡村行"志愿服务项目实施以来，年均开展文化志愿服务活动 480 余场，放映农村电影 1800 余场，开展文体健身 6000 余场次，受益群众超过 100 万人，极大地丰富了群众的精神文化生活，为促进乡村振兴注入强大的精神动能。通过形式多样、丰富多彩的文明实践活动，石泉县广大群众的思想觉悟、道德观念和法治意识逐步增强，文明乡风、淳朴民风、良好家风逐步形成，人民群众的获得感、幸福感、安全感稳步提升。

四、创新启示

清晰的思路、坚强的领导和创新的举措，是推进新时代文明实践中心建设的有力保障。两年多来，石泉县按照中央部署要求，紧扣试点工作目标任务，明确了以书记民情"三本账"为统揽，坚持传播科学理论、凝聚思想共识、培育时代新人、服务基层群众"四位一体"系统推进，健全理论宣传、立德育人、志愿服务、资源整合、组织保障五大长效机制的"345"工作思路，通过强化组织管理、服务队伍、资金政策保障和考核奖惩保障，构建了"四化四精准四保障"志愿服务长效机制，提升全县志愿服务水平。党政统筹、部门联动、社会参与的文明实践格局，推动石泉新时代文明实践走深、走实、走心。实践证明，做好做实新时代文明实践工作，才能够更好地承担举旗帜、聚民心、育新人、兴文化、展形象的使命任务，更好地提升人民思想觉悟、道德水准、文明素养和全社会文明程度，更好地强信心、聚民心、暖人心、筑同心。

"四结合"文化惠民

——巴山深处"送戏下乡"的白河实践

卫　璐（白河县文化馆）

一、案例背景

白河县位于陕西南部，安康东部，南依巴山，北临汉水，西接旬阳，三面环楚，素有"秦头楚尾"之称。由于地处秦巴山区腹地，属于经济欠发达地区，白河县始终未设置国有文艺院团和民营文艺院团，"送戏下乡"的任务主要由白河县文化馆负责实施。白河县文化馆是国家一级文化馆，共有正式在编人员16人，内设培训部、音乐部、舞蹈部、文学创作部、美术书法摄影部和非遗中心、综合办公室。尽管规模不大、人手有限，但白河县文化馆深刻认识到"戏曲进乡村"对于深入实施文化惠民工程、丰富群众性文化活动具有重要作用，所以每年通过"四结合"的方式组织开展送戏下乡文化惠民演出150余场次，确保每个行政村都能享受到"送戏下乡"的文化惠民活动。

二、基本做法

1.业务干部与文艺社团相结合，搭建服务群众的"高速路"

群文干部是群众文化活动策划者、组织者、指导者。为保证服务对象有求必应、有需必办，文化馆建立了"业务调配制"和"首问负责制"，每位业务干部与群众文艺社团之间都建立有固定的包联关系，随时回应群众文化需求。比如，服务对象有某种文化需求，而包联干部没有这方面专长，文化馆就会协调选派具备相应条件的专业技术人员为群众提供服务，包联干部"一站式"负责到底。通过匹配包联干部，文化馆极大地优化了服务资源配置，形成了覆盖全面、统筹协调、上下联动、左右互动的文化惠民"高速路"。

2.培训辅导与舞台展演相结合，变"要我上"为"我要上"

为了激发业务干部比、学、赶、帮的工作热情，努力提高其专业素质和组织能力，白河县文化馆一方面把业务干部所培训辅导的文艺节目、器乐表演、书画创作作品等搬上舞台和展厅接受群众检验，"提供的服务是否符合群众需求"成为重要的考核标准，另一方面也将上台率、入展率作为考察业务干部感召力、凝聚力的重要依据，激励文艺社团编排展演节目的积极性，把"要我上舞台"变为"我要上舞台"。业务干部辅导群众文艺社团，通常要按照社团成员工作、生活规律时间，错时提供服务，这就需要业务干部克服各种困难，真正做到把时间留给事业，把免费开放场地留给群众。实践证明，一个懂创意、善策划、能实施、会推广的群文干部有很大的感召力、凝聚力，只要有一群人围着他转，就能带动更多的人参与进来。

文化馆群众文艺社团送戏进乡村活动场景

3. 文艺社团参与度与星级评定相结合，构建良性竞争机制

为了给所有文艺爱好者展示才艺的机会，激励他们创作编排优秀作品参与群众文化活动，成为舞台的主角、文化的种子，文化馆将以往的"送"文化变为"种"文化：把各个群众文艺社团参与"送戏下乡"活动的演出场次作为星级社团划分等级的重要依据，以此激励群众文艺社团走出自娱自乐的小圈子，鼓励他们努力提升创作水平，积极向文化馆申报高水平的文艺节目、技艺和作品。这一举措充分激发了广大文艺人才的创作激情和活动热情，促成了文化馆与21支星级群众文艺社团的800多名业余演员同唱一首歌、合奏一支曲的良好局面。

4. 星级认定与资金奖励相结合，构建良性激励机制

从 2014 年开始，白河县文旅广电局对全县群众文艺社团开展综合评定，并按照所划分的等级进行奖励：五星级社团奖励 8000 元、四星级社团奖励 5000 元、三星级奖励 3000 元，每年一次。星级认定与资金奖励等级相结合，提高了群众文艺社团的参与度和群众满意度，从自娱自乐发展到惠及广大群众，加强了群众文艺社团之间、业务干部之间的良性竞争，形成业务干部积极融入社团、社团依靠业务干部的良好局面，探索出良好的馆群互动模式，密切了业务干部与群众社团之间的业务联系。这一举措之下，白河县逐步形成了文化惠民的长效机制：每年正月初四到正月初八，各个群众文艺社团在城区举办民俗文化巡游展览活动，每年参演的社团在节目上推陈出新，吸引观者如云；每年正月十三至十六期间，文化馆在各镇、各群众文艺社团预约演出的节目中挑选优秀节目，举办"群星有约"广场文艺展演，成为白河县最热闹的文化盛宴。

文化馆群众文艺社团送戏进乡村活动现场

三、主要成效

通过"四结合"方式，白河县文化馆锻炼出了一支紧跟时代发展，善于学习、一专多能、有较强组织能力的群文队伍，挖掘了一大批有文艺特长、积极参与地方文化建设的基层文艺人才，打造出一批群众喜闻乐见的文艺活动。2017 年以来，白河县文化馆通过"四结合"方式储备节目 371 个，组织群众文艺社团参与一村一场文艺惠民演出 585 场次，观

众达 20 余万人次。2021 年，文化馆把线下的"群星有约"活动转移到线上直播，预约节目 110 个，开展线上专场演出 8 场 85 个节目；2022 年预约节目 95 个，开展线上专场演出 8 场 65 个节目。截至 2022 年，全县注册文艺社团和自乐班社 142 支，4000 余人。2014 年，白河县文化馆"群星有约"群众文化活动被原陕西省文化厅命名为省级免费开放示范服务项目；2015 年白河县文化馆获得第六届全国服务农民、服务基层文化建设先进集体；2018 年，"群星有约"群众文化活动获评"2015—2017 年度全省公共文化优秀群众文化品牌"。2017 年安康电视台报道了白河县文化馆群众文化活动开展的情况；2019 年 7 月《中国文化报》对"群星有约"活动进行了报道。

四、创新启示

在白河这个山大沟深的经济欠发达地区，要保证城乡居民都能享受到高质量"文化惠民"成果，就必须坚持从群众中来、到群众中去，充分调动基层民众参与的积极性。各群众文艺社团成员长期生活在基层，最了解基层人民群众的生活状况和文化精神上的需求，在此基础上创作出来的作品更能反映出人民群众的实际需要，代表人民群众的心声。白河县文化馆通过"四结合"的方式为各个文艺社团、文艺爱好者搭建施展文艺才华的大舞台，用群众身边的人来说身边的事，更接地气、更能令人产生共鸣，深受广大人民群众的喜爱，群众登台亮相、参与互动的愿望也得到了极大满足。

让"沉寂的乡村"热闹起来

——宁陕县"百姓大舞台"惠民服务品牌建设

张　明（宁陕县文化馆）

一、案例背景

2018 年以来，宁陕县认真贯彻落实《中华人民共和国公共文化服务保障法》，积极探索文化惠民新路径，创新开展"百姓大舞台"文化惠民演出活动，规范百姓大舞台建设和管理，将已经建成的 11 个乡镇（街道）、68 个行政村"乡村大舞台"和户外文化广场纳入全县"百姓大舞台"序列。自"百姓大舞台"项目启动实施以来，宁陕县按照公益性、基本性、均等性、便利性的要求，通过政府搭台、群众参与、专业剧团示范辅导、媒体引导、网络宣传等综合举措，提供主题化、系列化、多样化、生活化的文艺演出，形成政府倡导、社会支持、百姓参与、媒体互动的文化惠民活动模式，为社会各界群众提供了展示自我风采的平台，让宁陕县数十个"沉寂的乡村"重新热闹起来。

二、主要做法

1. 示范带动，规范百姓大舞台的管理和使用

"百姓大舞台"项目由宁陕县文化旅游广电局主办，宁陕县文化馆、宁陕县星光演艺有限责任公司及各乡镇联合承办。项目秉承"文化为民、文化靠民、文化惠民"的理念，在宁陕县文化广场搭建"百姓大舞台"，策划、举办系列群众性文化活动。为了更好统筹文化服务资源，宁陕县按照"整合资源、标准建设、统一管理、服务群众"的原则，印发了《关于进一步推进全县百姓大舞台建设与管理工作的实施方案》，打造了 68 座高标准百姓大舞台示范点，发展培育出 11 支优秀文艺社团，实现了 95% 以上行政村都有百姓大舞台，每个行政村形成 1 个相对稳定、10 人以上的民间自办文化社团。至 2022 年，宁陕县在已有的百姓大舞台基础上，遴选了 10 座硬件基础好、文艺队伍活跃、文艺演出常态化的百姓大舞台作为百姓大舞台示范点进行重点培育打造，建立起宁陕"百姓大舞台"建设管理评

估体系，带动全县百姓大舞台建设管理水平整体提升，初步形成了宁陕特色的文化惠民服务模式。

2. 文化交流，拓宽"百姓大舞台"广度深度

针对一些公共文化服务项目存在的群众不关心、主办单位"一头热"的现象，宁陕县"百姓大舞台"强化"百姓"主体地位，让老百姓当舞台"明星"，老百姓演、老百姓看、老百姓评、老百姓乐。依托县区两个馆办文艺院团及才艺突出的民间艺人、文化传承人，邀请各级先进人物、农村致富能手等上台演出或者开展专题讲座进行交流，还以群众投票的方式定期评选出优秀参演节目，对优秀节目及文艺团队给予奖励。"百姓大舞台"在自主编排、展演节目的同时，积极与多个部门联系，征求志愿服务合作。在相关部门的支持下，演出团队也从单一的文艺展演向"文艺+"的方向深入发展，如团队多次配合旅游推介活动，到安康、汉中、西安等城市及各个旅游景点演出100多场，扩大了宁陕县文旅的知名度，拓宽了"百姓大舞台"的广度和深度。

3. 艺术普及，推动群众文化品质转型升级

针对基层群众文化活动存在的水平低、规模小、覆盖面窄等问题，宁陕县一方面在全县举办"百姓大舞台"免费培训，聘请专业教师授课，采取集中学习与个别辅导相结合的方式，着力培养来自社区、企业等基层的文艺爱好者，累计培训2000多人；另一方面对县影剧院进行了全面升级，为"百姓大舞台"开辟了专业演出剧院，这里的每场演出节目都由县文广旅游局、文化馆等单位与专业文艺工作者共同策划、组织、指导，遴选出新颖独特、贴近生活的文艺节目在影剧院舞台演出，带动群众活动从草根的"广场文化"向专业化的"剧场文化"转型升级。

三、主要成效

"百姓大舞台"不仅常态化开展文化团队汇报演出，提高馆办业余文艺团队的表演水平和节目质量，发掘培育表演队伍，培养培训创作表演人才，而且积极承办多届歌手大赛，并且邀请安康市歌舞剧团、汉剧团来宁陕县进行惠民演出，每年各个文艺社团的演出场次达到了200多场。各类文化活动通过各类传统媒体和新媒体平台向外传播，扩大了宁陕文化的影响力，取得了良好的宣传效果。

在组织开展"百姓大舞台"展演活动的同时，宁陕县深入挖掘本地优秀文化资源，鼓

励群众将身边的故事进行文艺创作并自编自演，重视并鼓励民歌、汉剧、地方小戏、非遗项目的保护和创作，近几年创作了30多件脍炙人口的优秀文艺作品。宁陕县星光艺术演出公司编排了形式多样的文艺节目，在重大节日的晚会上进行演出，受到了群众的一致好评。2018—2022年，项目已开展内容丰富、特色鲜明、群众参与度高的公益性演出活动300余场，涵盖专业创编及宁陕县文化馆馆办文艺团队自编自演的舞蹈、声乐、器乐、戏曲、曲艺等100多个精彩节目，表演总时长达600多分钟，观众数量达10多万人次，广受群众喜爱，取得了良好的社会效益，成功打造了"百姓大舞台""欢乐城乡行""非遗大展厅""一个人剧场等"文旅艺术新品牌。"百姓大舞台"举办的各类重点文化活动被安康市电视台、宁陕县融媒中心等媒体予以重点报道。

四、创新启示

人民群众是"百姓大舞台"的受益者也是参与者，他们是基层文化的活力源泉。宁陕县"百姓大舞台"坚持以人民为中心的服务理念，在形式上把"群众喜闻乐见"作为标尺，在活动场地的选择上以便民利民为宗旨，哪里有群众，哪里就是"大舞台"，切实为群众提供才艺展示交流的平台，把舞台让给群众、把话筒递给群众、把镜头对准群众、把屏幕留给群众，探索出一条"政府投入小、社会影响大、百姓广参与、群众得实惠"的文化惠民新路子。宁陕县在"送文化"的同时，着力"种文化"，聘请专业教师为群众文艺爱好者进行免费培训惠民活动，这种基层文化培育长效机制发展出一批农村文化的中坚力量，通过他们"传、帮、带"，切实让社会主义先进文化有效引领社会风尚，凝聚起新时代磅礴的乡村文化振兴力量。

汉阴县涧池镇图书室阅读积分制服务实践

兰　洋（汉阴县涧池镇文化站）

一、案例背景

基层图书室是公益性社会教育服务设施，是基层群众获得知识文化的重要阵地。随着社会经济的不断发展，人们的物质生活日益丰富，乡村群众也更加注重对精神文化生活的追求，对知识的需求在不断上升。2021 年以来，汉阴县涧池镇文化站持续提升自身服务水平，加强对图书室的精细化管理，积极开展全民阅读推广活动，实行阅读活动积分制度，激发基层群众的阅读兴趣和积极性，从而改善了读者来图书室的兴趣不高、活动参与度低的现状，对于基层群众文化素质的提高和乡村文化建设发挥了重要作用。

二、主要做法

1. 采取"三分法"积分制，吸引阅读者"走进来"

涧池镇文化站采取"三分法"来对读者的积分进行考核。一是"基础分项"，考核阅读者参与镇文化站组织的锦绣汉阴读书会活动的次数，将参加次数多、阅读成效好、勤于阅读推广的阅读者作为积分考核依据，每月进行积分统计，每季度进行星级评选，每年度进行综合表彰。二是"扣分项目"，主要针对阅读者不按图书馆（室）的管理规章制度、违规损坏书籍、借书不登记等负面行为，酌情进行扣分处理。三是"加分项目"，主要针对在本镇开展阅读推广活动并积极参与本村（社区）图书馆的管理和志愿服务的阅读者，对他们进行加分处理。

为了保证积分兑换的公开透明，涧池镇文化站在显著位置张贴《涧池镇阅读积分制管理分值指导标准》和《涧池镇阅读积分对照表》，便于村民核对积分，文化志愿者也可帮助有需要的村民进行查询。阅读积分制实施以来，2022 年涧池镇图书阅览室的到馆人次比上年增长了 50%。全镇的 22 个村（社区）图书室也都逐渐开始采用阅读积分制来管理乡村图书阅览室。

2. 规范推行积分程序，使阅读者"兴趣高"

为了保证阅读积分制这种促进群众阅读的方式持续有效，涧池镇文化站按照月度、季度、年度实行"三步走"积分程序，环环紧扣、量化积分。每月图书室管理员会统计积分并为读者兑换小礼品或书籍；每季由镇文化站根据积分进行星级评选，每年年终由镇党委对年度阅读大使进行评选表彰，并明确五个星级评定等次。镇党委还根据积分星级评定"年度阅读推广大使"，并在微信公众号开设专栏"亮星级、晒事迹"，激发和培养辖区群众阅读的兴趣。通过建立积分奖惩机制，文化站利用积分制的量化办法取代过期罚款、污损罚款等经济惩罚性管理手段，体现了管理的人性化。

"书香涧池·全民阅读"学习积分奖品兑换活动现场

3. 强化积分结果运用，让阅读者成为"管理者"

涧池镇文化站将年度阅读推广大使和各村文化专干聘用相挂钩，将该奖项作为辖区内妇女文化专干选聘、解聘、奖惩、培训、岗位调整等依据。对于年终被评定为"阅读推广大使"的读者，做到"三个优先、一个直聘"，即优先安排进入村级班子、优先推荐为"两代表一委员"、优先参加各级培训，直接选聘为村妇女文化专干。2021 年阅读积分制推广工作正式启动后，涧池镇文化站利用"微信"公众号、村民微信群开展线上推广，同时，村委会干部、文化志愿者都参与了入户推广工作。2022 涧池镇共选聘 10 名阅读推广大使，她们积极参与村（社区）文化建设，有效促成了涧池镇全民阅读的良好氛围。涧池镇文化站站长张丹说："小小积分制，里面充满了大智慧、大学问，实际操作下来，取得了实实在在的效果，既培育了涧池镇群众的阅读意识，又强化了志愿者和工作人员的归属感和荣誉感。积分制成了我们开展基层文化建设工作的好帮手！"

三、主要成效

建立阅读积分制度是一项行之有效的措施，良好的活动积分制度可以提高广大读者参与活动的积极性，培养形成良好的阅读习惯。图书室通过积分记录，奖励有突出技能特长或积极参与活动的读者，推动了阅读推广工作的发展。相反，对于图书借阅过程中的图书逾期、图书污损、随意标记、随意涂鸦等不良行为，图书室则对其进行积分扣减，读者的不良行为受到了一定的约束，图书按时归还率得到提升，图书还回后损坏、随意涂画的现象大大减少。自从涧池镇文化站图书室实施阅读积分制以来，图书阅览室的到馆人次同比增长了50%，评选出的10名阅读推广大使也在"书香涧池"的建设中发挥出示范带动作用。

四、创新启示

阅读活动积分制度虽然如同一种简单的游戏，但其对读者参加图书馆活动的行为进行积极鼓励，特别是将阅读积分制与"三个优先、一个直聘"相结合，让读者的精神需求得到满足的同时，有了更多的获得感，从而进一步激发他们更大的阅读兴趣。实践证明，阅读积分制能够发挥激励作用，提高了基层图书室资源利用效率和服务效能，同时也使读者的整体诚信度得到提高，阅读行为更加文明。

"路灯式服务"照亮群众"文化小康路"

——汉滨区志愿者"文化小康再行动"

蒋典军（安康市汉滨区文化馆）

一、案例背景

汉滨区地处秦巴山区腹地，2020年前是国家扶贫开发工作重点县和国家集中连片特困地区县之一。在脱贫攻坚战役关键时期，随着社会和文化的转型，城乡群众在逐步实现物质生活脱贫摘帽的同时，精神文化生活出现短板，精神空虚、信仰缺失、心浮气躁，赌博风、攀比风、低俗风泛滥成灾。群众对此意见很大。

2020年，中国全面建成小康社会。在开启新征程之际，汉滨区文化馆秉承"人民需要文化，文化服务人民"的宗旨，坚持以"探索公共文化，守望精神家园"为己任，主动寻找文化服务广大群众的方法、路径、内容，推出并不断创新"文化小康再行动"文化志愿服务品牌项目，用"路灯式服务"照亮广大群众的"文化小康路"，让全民精神生活达到"共同富裕"。

二、主要做法

1. 做好顶层设计，明确服务路径

为推动城乡基本公共文化服务均等化，使城市对农村文化的帮扶有路径，2013年，汉滨区文化馆启动实施"文化小康行动"，建成公共文化场馆一体化服务体系，利用线下、线上结合的服务手段开展常态流动服务和数字服务，实现全区各镇（办）设施成网、资源共享、互联互通。

近年来，按照《关于加快构建现代公共文化服务体系的意见》《中华人民共和国公共文化服务保障法》及《陕西省公共文化服务保障条例》相关要求，结合汉滨区作为深度贫困县区人力财力有限的现状，区文化馆在"文化小康行动"项目的基础上进一步健全完善文化志愿服务机制、措施，于2020年推出"文化小康再行动"公益性文化志愿服务惠民

项目。

该项目涵盖培训、辅导、展览、鉴赏、体验、带徒学艺等一系列公共文化服务内容，为群众提供全免费服务。项目启动以来，汉滨区文化馆不断完善服务项目，明确工作方式，拓宽服务路径：一是摸清家底，及时了解群众文化的需求；二是送文化艺术进家门，即变被动服务为主动服务；三是创建文化示范活动基地，打造品牌服务项目；四是弘扬优秀传统文化，引导群众文化自觉；五是每年年底主动出台第二年度的文化志愿服务项目和内容，让广大群众自主选择。

2. 培训骨干人才，建立长效机制

文化事业繁荣发展关键在人才。汉滨区文化馆紧贴群众文化需求，紧抓骨干人才培训，针对群众喜闻乐见的广场舞、书法、绘画、剪纸、安康地方戏曲等文化艺术活动组建骨干人才专项培训班，并将这些人才聘请为辅导员，向镇、村输送文艺骨干力量。

通过骨干人才队伍培训，汉滨区建立"全民艺术普及""三区人才服务""文化志愿服务"等人才库，共2600人。根据基层群众的文化需求，汉滨区文化馆组织文化志愿者主动出击，开展"订单式"服务和流动文化志愿服务，变被动服务为主动服务，促使"文化小康再行动"文化志愿服务项目长效运行。

"文化小康再行动"广场舞骨干培训

3. 打造特色文化服务品牌，引领群众文化自觉

为了促使群众形成文化自觉，汉滨区文化馆以"文化小康再行动"文化志愿服务项目为

基础，以文化场馆为阵地，创立了多种特色文化服务品牌活动。例如，由中共汉滨区委、区政府主办，区委宣传部、区文化和旅游广电局、区文化馆、区非遗保护中心承办，区属有关单位和各镇（办）协办的系列大型民间文艺展演活动"汉滨区春节民间优秀文艺节目展演"已举办 24 届。活动期间，区文化馆"文化小康再行动"文化志愿服务队伍成为该活动策划、组织、演出的重要支撑力量。针对青少年儿童假日文化需求开展的"青少年假日文化月"免费艺术培训，有效解决了全区青少年学生假日文化需求。针对摄影艺术爱好者每年举办 2 期的"汉滨摄影艺术节"（截至 2022 年已举办 18 届），吸引了全国摄影艺术爱好者参与，用镜头留住了汉滨区的人文自然风光。针对贫困偏远山区青少年学生群体举办的"传统文化免费培训走进山区百校"活动，让偏远贫困山村的青少年与城区青少年享受到均等的现代公共文化服务。针对书画艺术爱好者举办的"百村百名书画作者义写"活动，为镇、村（社区）群众开展现场书画义写、赠送活动 800 多场次，在为群众送书画的同时，提升了群众对于中国传统文化的认知。同时，还开展了"我毕业了——志愿拍摄毕业照"活动、"文化小康再行动——流动书画作品展"以及"乡村振兴·文化先行""乡村振兴·非遗同行""乡村振兴·文学同行"等多个品牌活动，为群众提供了丰富多样的公共文化供给。

4. 保护传承文脉，促进振兴乡村文化

为振兴乡村传统文化，保护一方非遗文脉的延续，汉滨区文化馆组织非物质文化遗产专家多次深入镇办、村组，对全区现有民间手工技艺、地域民俗文化传承人进行探访，整理申报。截至 2022 年，已有 99 个项目分别列入国家、省、市、区级非物质文化遗产名录。编辑出版《把根留住——汉滨区非遗丛书》33 卷，刻录优秀传统戏曲光碟 35000 张。

每年由省、市政府主办，汉滨区人民政府承办的"中国汉江安康龙舟节"已举办 23 届。由中共汉滨区委、区政府主办，区文化和旅游广电局、区文化馆、区非遗保护中心承办的"汉滨区非物质文化遗产节"已成功举办 14 届。由区文化馆、区非遗保护中心主办的"乡村春晚"成功举办了 2 届。在这些大型群众文化活动中，各非遗项目代表性传承人、文艺爱好者踊跃加入志愿服务队伍，特别是戏曲曲艺、民间舞蹈、民间音乐的各级传承人，他们是节目的主要表演者。

三、主要成效

汉滨区文化馆充分发挥区级总馆职能，调动文艺人才队伍，通过阵地培训辅导、免费开放、文化活动，用流动服务实现了"均等化"目标。在全区各镇文化站、分馆、服务点

开展书画、摄影、剪纸等巡展，举办各类免费培训班 699 期，培训人数达 58 万人次。以文化品牌活动为龙头，形成镇、村（社区）、文化大院、非遗传习所文化志愿服务全覆盖的新格局，用"路灯式"的文化志愿服务照亮广大群众的"文化小康路"。

"文化小康再行动"文化志愿服务项目实施以来，多次获得上级部门的肯定。2018 年，汉滨区文化馆"文化小康再行动"文化志愿服务项目入选全国公共文化志愿服务 9 个创新案例之一，经文化和旅游部批准，通过中国文化馆协会向全国推广。在 2019 年安康市公共文化服务创新奖评选活动中，该项目入选为"安康市公共文化服务创新奖"一类项目，并被写入安康市人民政府、汉滨区人民政府工作报告。一系列推广、荣誉表彰有效提升了"文化小康再行动"这一文化志愿服务项目的品牌影响力，助推了地方公共文化服务高质量发展。

"文化小康再行动"流动展览进校园

四、创新启示

汉滨区"文化小康再行动"文化志愿服务项目，用主动式、流动式服务，变"等客上门"为"走下去"，为文化机构和文化工作者创出了一条文化服务和文化惠民路径，促进城乡"结对子、种文化"，以"路灯精神"照亮"行走者"的前方，面对面、实打实地满足群众的文化需求，让广大群众物质和精神同步达到小康，为贫困地区实施现代公共文化服务高质量发展提供了参考，对我国中西部地区公共文化服务效能提升具有积极示范作用。

第七编

安康乡村文化治理能力现代化理论研究

回归乡村文化发展的历史逻辑
——安康市乡村文化建设"三改革"制度设计概述 [①]

段小虎（西安文理学院图书馆）

安康位于陕西南部，北靠秦岭，南依巴山，面积 2.35 万平方公里，辖 1 区 9 县和 1 个国家级高新区、1 个综合配套改革示范区，现有 140 个乡镇、1528 个行政村和 208 个社区，人口 305 万人，具有"四区叠加"[②] 和"五大结构性"矛盾[③] 并存的特点。其制度设计结合国家乡村振兴战略和当前我国公共文化服务体系建设重点、难点，提出安康乡村文化建设"三改革"方案：一是改变"最后一公里"将乡村文化建设置于体系"末端"、时间"末端"、任务"末端"的传统观念，把乡村文化建设作为安康公共文化建设新起点的"第一公里"，置于优先发展地位；二是在安康新民风建设"一约四会"乡贤治理体系的基础上，试点建立"乡村文化理事会"，探索以党建为引领、法治为保障、德治为基础、自治为根本的乡村文化治理新模式；三是在乡村文化建设观念变革、治理结构改革的基础上，逐步扩大乡村文化服务产品供给自主权，推进乡村公共文化供给侧结构性改革，让乡村文化回归其发展的历史逻辑、恢复其创新的内在动力，实现乡村文化消费与文化创造、文化管理的有机统一。

1 观念变革：聚焦文化建设新起点的"第一公里"

自国家提出以公益性、基本性、均等性、便利性为原则，构建覆盖城乡的现代公共文化服务体系以来，农村群众享受的基本公共文化服务数量、质量和均等化水平，以及便利化程度有了明显提高。但是，受到城乡二元格局、区域二元格局和地区文化生态的三重制

---

① 本文系安康市"创建国家公共文化服务体系示范区"（文公共发〔2017〕25号）制度设计课题研究阶段性成果。

② "四区叠加"是指安康是限制开发重点生态功能区、南水北调中线工程重要水源区、川陕革命老区和秦巴集中连片特困地区。

③ 安康公共文化建设"五大结构性"矛盾包括：基础设施建设历史欠账多、服务供给不足、供给不均衡、供给成本高、地方财政自足率低。

约，西部贫困地区乡村文化建设还存在供给不足、供给不均衡、供给不能适应需求变化等结构性矛盾问题，特殊的自然、社会因素也导致服务成本大幅提高[1]，被称为公共文化服务的"最后一公里"。按照当前学术界的主流观点，打通公共文化服务的"最后一公里"有两条基本路径：一是构建以县级文化馆、图书馆为总馆，乡镇、村社综合性文化服务中心为分馆的三级服务网络，将服务资源输送到乡村；二是通过政府购买或流动服务的方式，将服务资源输送到乡村。实践表明两条路径均产生了积极成效，但集中贫困地区"最后一公里"建设依然十分艰难，似乎更像是遥远的"终点"。安康的制度设计在充分调研的基础上，结合乡村文化历史地位、发展逻辑和现实问题，提出在示范区创建中优先发展、重点扶持乡村文化建设，使其成为安康公共文化建设新起点的"第一公里"。

首先，乡村是传统文化生长发育的根脉所在，也是当前公共文化服务体系建设条件最差、困难最大的领域。正如费孝通所说："中国都市的发达似乎并没有促进乡村的繁荣。相反，都市的兴起和乡村衰落在近百年来像是一件事的两面。"[2]

特别是随着政治民主化、经济一体化、文化多元化、信息网络化、生活城镇化的发展，城市文化极大丰富的同时，也动摇了乡村文化的传统根基，乡村文化治理出现了内生性权威缺失和外生性权威弱化的现象。

老子曾言："故贵以贱为本，高以下为基。"[3] 阐明了贵、贱之间，高、下之间的对立统一关系，也说明无论要做多大的事，都必须先把基础打牢。就像一棵大树，如果其根脉没有充分的滋养和生长空间，也不可能长得高、长得壮。因此，聚焦乡村文化建设，将其作为安康文化建设新起点的"第一公里"，是符合文化发展规律的固本之策、固元之法，也契合了国家文化建设战略重心向农村和基层倾斜的要求。

其次，从安康创建的客观条件看，聚焦安康文化建设新起点的"第一公里"具有更强的可操作性。一是县域"总分馆"服务体系建设是以现代公共文化服务为主要内容的自上而下的组织体系，而乡村文化建设在历史上是一种带有鲜明"自组织"特征的自下而上的组织方式，单纯依赖现代公共文化服务与组织体系，能否有效对接以传统文化为底色、以"自组织"为主要特征的乡村文化体系，至少是一个需要商榷的问题。二是安康县域"总分馆"服务体系建设面临复杂的"结构性"矛盾问题。县级图书馆、文化馆有的"硬实力不硬"，有的"软实力不强"，总分馆建设的物质条件、技术条件、人才条件保障不足。三是安康1528个行政村分散在2万多平方公里山区，公路密度、人口密度低，生活习惯、文化差异大，总分馆建设的自然禀赋与人文条件不佳。

当然，将乡村作为安康文化建设新起点的"第一公里"，并不否定总分馆建设的意义和作用。相反，只有同时打牢乡村文化建设的根基，才能更好地推动总分馆建设。

2　治理结构改革：在"一约四会"基础上建立"乡村文化理事会"

乡村是国家基层治理的重要场域。1949 年中华人民共和国成立以来，乡村治理先后经历了从"议政合一"到"政社合一"再到"乡政村治"的转变过程，基本确立了以实施自我监督和自我管理为主要特征的乡村治理新模式。然而，随着现代社会的转型发展，乡村治理领域中的"人治"与"法治"、"自治"与"他治"、"主导"与"参与"之间的矛盾也严重影响着乡村治理，特别是乡村文化治理的有效性、稳定性，以及乡村文化治理体系和治理能力现代化问题已经成为乡村文化建设的核心问题。制度设计的基本思路，就是在安康新民风建设所形成的"一约四会"乡贤治理体系的基础上，选择有条件的行政村试点建立"乡村文化理事会"和"乡贤读书促进会"，通过重构乡村文化发展的制度框架、政策体系和治理结构，推动乡村公共文化法治、德治、自治"三治融合"，探索村民自我管理、自我教育、自我服务的有机统一。

从治理角度看，乡村不仅是一个物理空间，更是一个有着历史维度，储纳着人文情怀、文化传统、社会记忆和群体意识的复杂场域[4]，是一个文化空间。要更好地维护"空间"秩序，就必须建立一个能够有效平衡各方利益的治理结构。梁漱溟在《乡村建设理论》中提出，中国文化"多半从乡村而来，又为乡村而设"[5]。"从乡村而来"是指乡村是中国文化重要的发源地；"为乡村而设"是指乡村文化不仅是满足乡村居民精神文化生活的基本手段，也是维护乡村社会秩序的重要力量。推动乡村文化理事会建设的初衷，就是为了更好地发挥乡村文化所具有的文化服务与社会治理功能。2019 年 6 月 23 日印发的《关于加强和改进乡村治理的指导意见》特别强调要"坚持把治理体系和治理能力建设作为主攻方向"，"各级党委和政府要充分认识加强和改进乡村治理的重要意义，把乡村治理工作摆在重要位置，纳入经济社会发展总体规划和乡村振兴战略规划，开展乡村治理试点示范"[6]。作为乡村治理体系中的重要组成部分，乡村文化治理结构改革将对乡村文化建设、乡村振兴产生重要影响。

为保证乡村文化理事会和乡贤读书促进会示范试点工作顺利开展，制度设计课题组成员在大量实地调研的基础上，与区县文化主管部门负责人，县级文化馆、图书馆馆长，村委会主任、村支部书记、退休教师、普通民众等广泛开展了交流或座谈。其中，在安康市紫阳县蒿坪镇蒿坪村召开的专题座谈会上，与村两委（村党支部委员会和村民自治委员会）班子成员和道德评议会、红白理事会、村民议事会等成员系统讨论并通过了乡村文化理事会和乡贤读书促进会章程。安康市"创建国家公共文化服务体系示范区"领导小组办公室也将制度设计成果转化为制度建设成果，及时发布《关于开展乡村文化理事会和乡贤读书促进会试点工作的通知》，就乡村文化理事会和乡贤读书促进会试点建设的总体思路、工作目标、基本原则、主要任务、奖补办法和验收条件等作出了具体规范。目前 32 个行政村已经启动建立乡村文化理事会和乡贤读书促进会试点工作。

从政策与理论依据看，乡村文化理事会的建立和章程制定，主要依据《中华人民共和国村民委员会组织法》《中华人民共和国公共文化服务保障法》《关于加强和改进乡村治理的指导意见》的相关规定，并有效利用安康新民风建设中形成的"一约四会"（村规民约，道德评议会、红白理事会、村民议事会、禁赌禁毒会）乡贤治理体系，充分发挥党员干部、乡贤群体、文化志愿者和普通民众在乡村文化基础设施建设、服务产品供给、优秀传统文化传承、乡村阅读推广等方面的积极作用，进一步培育乡村参与文化，健全和创新村党组织领导下的乡村文化自治组织建设。

乡村文化理事会的基本职责是：统筹村级公共文化服务资源配置，负责公共文化活动项目策划与组织实施；根据群众需要组织艺术培训、文艺演出、科学普及、普法教育和专题阅读等活动；组织开展优秀传统文化宣传推广和传承创新活动；组织开展群众文化艺术创作、对外文化交流活动。未来将在系统总结试点经验、创新模式和教训的基础上，建立并完善相关改革配套政策和措施，为乡村文化供给侧结构性改革提供体制、机制和制度保障，为全面推动乡村公共文化服务创新发展奠定良好的治理基础。

3 供给侧结构性改革：实现多元供给的有机统一

安康乡村公共文化建设不仅受到城乡二元体制、区域经济二元格局的影响，也受到自然环境、地方财政、文化传统、人口结构、生产生活方式的制约。政府主导下的乡村公共文化服务与产品供给，主要通过总分馆服务体系建设、社会力量参与和政府购买等方式来满足乡村居民基本文化需求。但是，由于贫困地区政府可用财力有限、总分馆服务体系建设推进缓慢、社会力量参与意识与能力不足，加上有限的政府购买很难做到根据当地文化需求的社会体系、历史序列和空间特征[7]提供相应服务产品，导致乡村公共文化服务与产品普遍出现供给不足、供需错位和供给不能适应需求变化的情况。

安康乡村公共文化供给侧结构性改革的基本思路，就是在乡村公共文化建设理念改革、治理结构改革的基础上，最大限度地调动乡村居民文化"内生性动力"，让乡村文化回归其发展的历史逻辑、恢复其创新的内在动力，推动供给体系与需求体系的有效对接，实现政府供给与自我服务、社会帮扶的有机统一。具体措施包括：（1）支持并鼓励乡村文化理事会根据《乡村文化理事会章程》统筹安排并整合村级各类公共文化服务资源，自主制定本行政村公共文化发展规划和公共文化活动年度计划，代表村民向上级文化主管部门或区县、乡镇公共文化服务机构提出需求并反馈意见；（2）对于乡村文化理事会设立程序规范、管理制度完善、活动内容丰富的试点行政村，可根据《中央补助地方农村文化建设专项资金管理暂行办法》，按照"村级申报、乡镇初审、县级审核拨付"的程序，将中央补助地方农村文化建设专项资金非统筹部分直接划拨给行政村，由乡村文化理事会根据村民意愿和实际需要，自主组织活动或购买相关公共文化服务与产品；（3）对于特点突出、成效显著的试点行政村，市、县（区）文化主管部门将根据《中央补助地方农村文化建设专项资金管理暂行办法》《安康市政府购买公共文化服务实施方案》《安康市文化工作表彰奖励办法》等，给予额外奖补，进一步扩大乡村文化理事会服务产品供给和经费支出的自主权。

2013年财政部印发的《中央补助地方农村文化建设专项资金管理暂行办法》规定：专项资金包括补助资金和奖励资金，其中补助资金按照每个行政村1万元标准核发，用于行政村文化设施维护和文化体育活动开展等支出；奖励资金主要用于鼓励地方开展农村特色文化体育活动、加强农村基层文化体育人才队伍建设、丰富农民群众文化体育生活等。然而，在实际执行过程中，这笔用于"支持农村公共文化事业发展，保障基层农村群众基本文化权益"和"鼓励地方开展农村特色文化体育活动"的专项资金，农村群众既不知晓，更无话语权可言。而专项资金采取政府"送菜"、群众"点菜"的"菜单式"服务，也就是在几个固定的常规"菜品"中保持了一点弹性，没有从根本上解决农村居民话语权缺失的问题。试想，如果变为群众"先点"，政府"后送"，财政也会不堪重负。

因此，乡村文化建设的核心问题是没有厘清政府主导与社会参与、"他组织"与"自组织"、文化消费主体与文化创造主体之间的关系。政府主导并不是横向到边、纵向到底地统揽一切，政府要强化在意识形态、基础设施体系建设、基本服务均等化发展和优秀文化服务产品供给方面的主导作用，对于一般性群众文化、体育和休闲活动，则需要发挥群众文化自组织力量的作用。

按照《中华人民共和国村民委员会组织法》的规定，农村村民实行自治，由村民依法办理自己的事情，发展农村基层民主，维护村民的合法权益。其中，村民委员会是村民自我管理、自我教育、自我服务的基层群众性自治组织。在村民委员会组织框架下建立乡村文化理事会是"发展农村基层民主，维护村民的合法权益"的具体体现和深化，能够更好地培育群众文化自组织能力，激发群众文化创造活力，不断完善供给体系、优化供给结构、提升供给品质，推动供给与需求的有效对接，推动需求结构调整升级。

4　结语

黄宗智曾对那些深受斯金纳影响的西方学者提出批评，认为他们在研究中国农村社会结构时忽略了"村庄"，而村庄应当被视为一个基本的研究要素[8]。安康乡村文化制度设计结合现阶段乡村公共文化建设重点、难点问题，充分聚焦乡村文化"三个建设"（乡村公共文化建设、乡村新民风建设和乡村公共文化治理体系现代化建设），提出了以新民风建设为引领，以乡村文化建设"三改革""三培育""六结合"为主要内容，以全面推动乡村公共文化服务创新发展为目标的制度设计思想。其中，以倡导"诚、孝、俭、勤、和"为核心的安康市新民风建设，是安康市委、市政府针对党建工作新要求、脱贫攻坚新形势、文化建设新任务、社会治理新问题作出的一项具有统领性、基础性、全局性的战略规划，在加强农村思想道德建设、开展移风易俗、传承发展乡村优秀传统文化等方面探索出许多新理念、新方法。特别当乡村传统文化面临多元文化解构压力时，新民风建设巩固和坚守了乡村文化传统根基，培育了乡村参与文化，强化了乡村自治基础，改善了乡村社会风气和乡村居民的闲暇消费结构，也为制度设计"三改革""三培育""六结合"奠定了良好的基础。

"三改革"通过推动乡村公共文化建设观念改革、治理结构改革和供给侧结构性改革，重塑上级政府与村级组织、村民之间的社会关系，使乡村文化建设走出内生权威缺乏和外生权威弱化的双重困境。

"三培育"利用新民风建设所形成的参与文化、参与制度，重点培育乡村文化发展的内生动力、文化"自组织"能力和"乡村文明生长点"。

"六结合"将新民风建设与乡村文化建设相结合，形成新民风建设与乡村文化融合发展的新格局；将乡村文化治理体系现代化与文明乡风建设相结合，重塑传统乡土社会的道德秩序与伦理精神；将由政府主导的自上而下的总分馆制建设与乡村居民自下而上的文化"自组织"建设相结合，激发群众文化消费和文化创造潜力；将乡村公共文化服务"硬实力"建设与"软实力"建设相结合，化解乡村文化建设的"结构性"矛盾；将"供给创造需求"与"需求引导供给"相结合，提高供给对需求变化的适应性；将创建示范区建设目标与培育安康阅读文化相结合，实现乡村文化建设可持续良性发展。

总体而言，以乡村文化建设"三改革""三培育""六结合"为主要内容的安康市创建国家公共文化服务体系示范区制度设计，是在我国公共文化发展战略框架下的新探索，旨在构建符合安康实际、彰显安康特色的乡村公共文化服务创新发展基本理论框架，推动乡村文化建设回归其作为中华文化发源地和生长根脉的历史地位，为破解公共文化服务城乡二元困局提供新的思路。

参考文献

[1] 段小虎，张梅，谢逸芸，等.西部贫困县图书馆"因素法"财政保障研究[J].图书馆论坛，2018（1）：21-35.

[2] 费孝通.乡土中国与乡土重建[M].台北：风云时代出版公司，1993：121-127.

[3] 曹峰.《老子》第三十九章新研[J].江汉论坛，2016（8）：49-54.

[4] 段小虎，闫小斌，荆皓.从"农村文化建设"到"乡村文化振兴"——研究维度与思维模式的转变[J].图书馆，2018（9）：1-4.

[5] 梁漱溟.乡村建设理论[M].北京：商务出版社，2015：178.

[6] 中共中央办公厅国务院办公厅印发《关于加强和改进乡村治理的指导意见》[EB/OL].[2019-06-23].https://www.chinanews.com/gn/2019/06-23/8872776.shtml.

[7] 段小虎，谭佳峰，李宪霞.需要的社会体系、历史序列与空间特征：公共文化服务供给改革再认识[J].图书馆论坛，2018（6）：11-15.

[8] 李银河.生育与村落文化[M].呼和浩特：内蒙古大学出版社，2009：58.

（原载于《图书馆论坛》2020年第3期）

从"实体追问"到"关系思维"

——乡村文化建设研究转向 ①

段小虎（西安文理学院图书馆）

从认识论的角度看，乡村文化建设研究有两种思维方式：一种是"实体思维"；另一种是"关系思维"。实体思维亦称"客体性思维"，就是把某种预设的存在或实体作为研究对象并进行阐释的一种思维方式，特点是聚焦研究对象的本原、本性、本质等问题，并以此为据提出某种假设或构建性理论。关系思维亦称"过程性思维"，"就是理解一个事物时，不是从此事物去理解此事物，而是从与此事物相关的他事物去理解此事物"[1]，其特点是重视事物之间的相互关系、发展过程和发展逻辑。与实体思维相比，关系思维不会把万事万物看作孤立的、个体的、静止的存在，而是立足于事物的多样性、复杂性、系统性和动态性，从事物与事物之间的复杂关系中认识事物、分析事物，把握事物的变化，因为在科学研究过程中，"真实的东西就是相互关联的东西"[2]。

"乡村文化建设研究"专题在文献研究、政策分析和实地调研的基础上，结合新时代国家发展新战略、乡村社会新问题、文化建设新任务和安康"国家公共文化服务体系示范区"创建实践，将乡村文化建设的理论构建、模式研究、路径选择，置于某种历史或现实、显性或隐性的"关系场域"之中加以分析阐释，是推动乡村文化建设研究思维转向的一次有益尝试。

闫小斌等的《欠发达地区的乡村文化治理创新——安康市国家示范区创建中的探索》[3]结合安康示范区制度设计和创新实践，重点分析阐述了乡村文化治理的三个基本关系：一是随着时代发展变化，世界各地乡村文化建设普遍面临难以适应现代化进程的问题，如何处理好乡村文化治理"过去""现在"与"未来"的"历史衔接"，是一个绕不过去的"坎"；二是现有研究表明，乡村社会几乎所有问题都有其复杂的文化根源，乡村文化治理作为乡村文化建设基础的体制性、制度性安排，其作用已经辐射到乡村社会生活的各个方

① 本文系陕西省社科基金项目"推进陕西基本公共文化服务均等化的治理研究"（项目编号：2020N005）和安康市"创建国家公共文化服务体系示范区"（文公共发〔2017〕25号）制度设计课题研究成果。

面，同时乡村政治、经济、人口、传统、习俗乃至自然环境，也深刻地影响或塑造着乡村文化治理；三是在国家治理体系和治理能力现代化的推动下，乡村文化建设也面临着由传统的"管制""管理"向现代"治理"的科学变革，这种变革本身又受到国家发展战略、制度建设、经济建设以及地方文化生态的影响。

闫小斌等从认识、方法和实践 3 个维度探讨安康国家示范区创建过程中乡村文化治理问题。认识维度梳理了乡村文化治理的基本概念、基本特征、演变规律以及与自然环境、社会制度、人口结构、文化传统之间的关系，阐述了安康乡村文化治理结构改革的理论基础。方法维度介绍了安康以新民风建设为引领，以乡村文化"三改革""三培育""三结合"为核心，以乡村文化治理体系和治理能力现代化为目标，系统推进乡村公共文化服务创新发展的创建思路。实践维度在分析国家文化发展新战略、乡村治理新使命、文化建设新任务、乡村振兴大格局的基础上，总结了安康"乡村文化理事会"试点建设、乡村文化治理结构和供给侧结构性改革的成效，以检验理论假设和制度设计方案的合理性、可行性。

整个研究贯穿着从理论基础、制度设计到创新实践、成果转化、示范价值这条主线，致力于在宏观层面把握乡村文化建设与现代化进程、经济社会转型发展、国家治理体系和治理能力现代化之间的关系，在中观层面把握乡村文化建设与乡村治理能力建设、乡村传统文化、现代文化以及乡村文化传承与文化创新发展之间的关系，在微观层面把握主导与参与、供给与需求、事权与财权之间的关系。其鲜明的关系思维特征，避免了某些"实体思维"研究理论与实践相互脱节、事实与价值混淆不清等问题。

闫毅等的《"遗留的历史"和"传承的历史"——从安康"新民歌剧"看传统文化创造性转化和创新性发展》[4]以近代以来戏曲艺术跌宕起伏的发展历程和中华人民共和国成立以来国家文化政策，特别是戏曲艺术政策变迁为背景，以安康"新民歌剧"发展演变为主线，系统探讨了戏曲与国民社会教育、戏曲与国家文化政策、戏曲与公共文化服务之间的内在联系。用鲜活的事例论证了安康"新民歌剧"根植于地方优秀传统文化、反映了当地群众的现实生活、代表了当地群众的审美趣味和价值追求，提出了"优秀传统表演艺术不仅是满足人民群众审美需求和开展社会教育的重要载体，也是丰富现代公共文化服务供给的重要手段"等学术观点。其中，安康"新民歌剧"推动传统文化创造性转化和创新性发展的鲜活案例，可被视为对十八大以来国家相关文化政策具体贯彻于实践的突出成果。

2015 年国务院办公厅印发《关于支持戏曲传承发展的若干政策》（以下简称《政策》），提出戏曲具有悠久的历史、独特的魅力和深厚的群众基础，是展现和传承中华优秀传统文化的重要载体。要坚持"二为方向"（为人民服务、为社会主义服务）、"双百方针"（百花齐放、百家争鸣），振兴我国戏曲艺术[5]。2017 年，中共中央办公厅、国务院办公厅印发

《关于实施中华优秀传统文化传承发展工程的意见》（以下简称《意见》）指出：要坚持创造性转化和创新性发展，不忘本来、吸收外来、面向未来，实施戏曲振兴工程，不断增强中华优秀传统文化的生命力和影响力，创造中华文化新辉煌[6]。

为贯彻落实中共中央办公厅、国务院办公厅《意见》和国务院办公厅《政策》要求，2017 年中共中央宣传部、文化部、财政部印发了《关于戏曲进乡村的实施方案》，提出要"把戏曲进乡村纳入公共文化服务体系建设，纳入政府购买公共文化服务的范围……重点在贫困地区、国家公共文化服务体系示范区创建城市等地方先行先试……通过戏曲进乡村，增加农村公共文化服务总量，解决农民看戏难的问题"[7]。

安康"新民歌剧"从"遗留"到"传承"的艺术创新实践研究，突破了以往公共文化服务研究的狭隘范畴，把握了戏剧发展进程"现代性和本土化"两个基本维度，阐述了戏曲艺术的三大功能——"加强农村思想道德建设"的政治作用、"不落下一个人"的教育职能和"虽聋得见，虽盲可闻"的娱乐功能。为研究优秀传统文化创造性转化和创新性发展提供了鲜活的案例，为西部欠发达地区优秀传统文化与现代公共文化融合发展、用优秀传统文化丰富现代公共文化服务供给提供了有益启示。

庞莉等人的《新民风建设引领乡村文化创新发展——乡村文化建设的安康金寨实践》[8]介绍了地处秦巴山集中连片特困地区腹地的旬阳县金寨镇如何从一个贫困人口多、社会治理混乱、群众文化生活匮乏的传统农业乡嬗变为"全国文明乡镇"的过程。文章通过对金寨镇"新民风建设引领下乡村公共文化服务创新发展"的"政治路径""文化路径"及其相互关系分析，阐释了金寨镇新民风建设价值引领、乡村文化体制机制改革驱动、物质文明与精神文明协调发展的内在逻辑。

"政治路径"是指金寨镇的新民风建设。从 2015 年开始，金寨镇将传承优秀传统文化与弘扬社会主义核心价值观相结合，利用群众易懂、易学、易用、易传的"诚、孝、俭、勤、和"价值规范和"群众说、乡贤论、榜上亮"的道德评议之法，解决了金寨镇社会规范约束力量弱化、文化价值观念分裂、治理矛盾突出等问题，重塑了村民道德秩序和价值观念。

"文化路径"是指金寨镇的乡村文化体制机制改革。2019 年开始，金寨镇通过"乡村文化理事会"试点建设和乡村文化治理结构改革、供给侧结构性改革等举措，将传统乡村文化"自组织"治理经验与现代基层民主治理相结合、将优秀传统文化与社会主义先进文化相结合，"解决以往政府单一主体统揽乡村文化建设存在的事权与财权责任不清、供给与需求对接不畅、需求反馈机制不畅等体制弊端"，培育了乡村文化"自组织"能力和"内生性"发展动力。

从文章介绍的典型事例和创新做法不难看出，无论是以新民风建设为核心的"政治路径"，还是以乡村文化体制机制改革为核心的"文化路径"，都有一个共同特点，即综合利用传统与现代两种规范力量、治理经验和治理手段，解决经济社会转型发展过程中乡村复杂的社会矛盾问题。

一是"政治路径"和"文化路径"都高度重视利用乡贤力量、重视培育乡贤文化、重视传统文化的传承与发展。

二是"政治路径"和"文化路径"都能充分结合现代法治社会的具体要求，重视制度体系建设、重视发展基层民主、重视群众路线。

三是"文化路径"有效地利用了"政治路径"中"诚、孝、俭、勤、和"价值规范和"一约四会"乡贤治理体系，推动了"乡村文化理事会"建设和乡村文化治理结构、供给侧结构性改革。

四是传统文化与现代公共文化的融合发展，极大地满足了金寨镇村民精神文化生活，调动了他们参与文化活动的积极性，激发了他们的文化创造力，又极大地丰富了民风建设的形式和内容。

也正是在这种"关系思维"方式之下，文章才清晰地梳理和阐释了金寨镇新民风建设价值引领、乡村文化体制机制改革驱动、物质文明与精神文明协调发展实践之路及其内在逻辑。

2020 年 9 月 22 日习近平总书记《在教育文化卫生体育领域专家代表座谈会上的讲话》中指出，统筹推进"五位一体"总体布局、协调推进"四个全面"战略布局，文化是重要内容；推动高质量发展，文化是重要支点；满足人民日益增长的美好生活需要，文化是重要因素；战胜前进道路上各种风险挑战，文化是重要力量源泉[9]。

在"第二个一百年"开启之际，我国乡村文化建设已经完成了"夯基垒台、立柱架梁"，基本实现了"全面推进、积厚成势"。从"实体追问"到"关系思维"的研究转向，有利于准确把握十九届五中全会提出的"以推动高质量发展为主题，以深化供给侧结构性改革为主线，以改革创新为根本动力"[10]的发展思路，将乡村文化建设融入建设社会主义文化强国的宏伟战略之中，推动乡村文化建设系统集成、制度协调、高质量发展。

参考文献

[1] 王智 . 关系思维与关系属性 [J]. 东岳论丛，2005（5）：153-157.

[2] 斯沃茨 . 文化与权力：布尔迪厄的社会学 [M]. 陶东风，译 . 上海：上海译文出版社，2006：72.

[3] 闫小斌，王海刚，范红，等.欠发达地区的乡村文化治理创新——安康市国家示范区创建中的探索[J].图书馆论坛，2021（4）：36-44.

[4] 闫毅，白少伦."遗留的历史"和"传承的历史"——从安康"新民歌剧"看传统文化创造性转化和创新性发展[J].图书馆论坛，2021（4）：45-52.

[5] 国务院办公厅印发关于支持戏曲传承发展若干政策的通知[EB/OL].[2020-09-22].http://www.gov.cn/zhengce/content/2015-07/17/content_10010.htm.

[6] 中共中央办公厅、国务院办公厅印发关于实施中华优秀传统文化传承发展工程的意见[EB/OL].[2020-10-02].https://www.gov.cn/zhengce/2017-01/25/content_5163472.htm.

[7] 中共中央宣传部、文化部、财政部印发关于戏曲进乡村的实施方案[EB/OL].[2020-10-10].https://www.mct.gov.cn/whzx/bnsj/ggwhs/201712/t20171204_829820.htm.

[8] 庞莉，陆路.新民风建设引领乡村文化创新发展——乡村文化建设的安康金寨实践[J].图书馆论坛，2021（4）：53-59.

[9] 习近平总书记在教育文化卫生体育领域专家代表座谈会上的讲话[EB/OL].[2020-10-22].https://tv.cctv.com/2020/09/23/VIDEHM5k0qoKcR2RtwqsqZLi200923.shtml.

[10] 中国共产党第十九届中央委员会第五次全体会议公报[EB/OL].[2020-11-02].http://js.people.com.cn/n2/2020/1030/c359574-34383195.html.

（原载于《图书馆论坛》2021年第4期）

新民风引领乡村公共文化治理能力现代化制度设计 [①]

冯永财（西安科技大学图书馆）

彭　逊（西安科技大学马克思主义学院）

郭利伟（西安科技大学图书馆）

党的十九大报告指出，我国社会主要矛盾已经转化为人民日益增长的美好生活需要和不平衡不充分的发展之间的矛盾，这就意味着人民在物质生活不断满足的情况下，对精神文化生活的需求也越来越高。中国自古以来就是一个农业大国，农民占据总人口的绝大多数，满足了农民的精神文化需求就意味着我国大部分人的精神文化需求得到了满足。而要满足农民的精神文化需求并提高农民的文化素养就必须加大乡村公共文化建设。

1　乡村公共文化发展中的问题

自改革开放以来，我国乡村公共文化建设取得了显著成绩，主要表现在：（1）政府不断加大对乡村公共文化的财政投入，使乡村公共文化的基础设施得以进一步完善，公共文化空间是乡村文化发展的载体，基础设施有了保障，乡村文化发展的第一步才会得到落实。（2）各种资源送下乡，图书、流动舞台剧、露天电影等多种形式的文化输入丰富了农民的日常生活，同时也提高了农民的文化素养。（3）建立了数字化的文化服务体系，实现了全国文化信息资源共享，农民可以足不出户及时准确地了解文化信息。

虽然近年来党和政府十分重视乡村公共文化的发展，颁布了一系列促进乡村公共文化发展的政策和措施，乡村公共文化建设取得了长足进步。但由于长期受城乡经济发展不均格局的影响，导致乡村公共文化在发展中遇到了诸多问题。陈波认为当前乡村公共文化建设面临的最突出问题是城市化、工业化进程中农村公共文化空间的普遍弱化，表现为农村

① 本文系陕西省社会科学基金项目"社会力量精准帮扶陕西农村信息贫困人口创新机制研究"（项目编号：2018P01）、陕西省教育厅人文社科专项"高校图书馆与城市社区图书馆的合作路径研究——以西安市为例"（项目编号：18JK0491）和安康市"创建国家公共文化服务体系示范区"（文公共发〔2017〕25号）制度设计研究阶段性研究成果。

文化建设主体的缺位、政府公共文化供给失衡及传统本土文化价值认同危机[1]；孟祥林在前者分析的基础上认为政府主导下的乡村公共文化建设存在供需不对称、重"植入"轻"培育"的问题，乡村文化的行政主体、责任主体、承接主体和参与主体缺位造成乡村文化出现内卷式困境[2]；任贵州借助互动仪式链理论指出乡村公共文化供给在文化符号嵌入、仪式活动配套、乡民主体参与、互动仪式实效方面存在旨向偏差，更注重乡民的主体角色与情感[3]；房亚明等认为现阶段乡村公共文化空间所承载的社会功能式微，公共文化空间的建设注重政治功能和经济功能，难以起到教化作用[4]；贺一松、王小雄等认为，在目前一些公共文化空间如村落祠堂的建设中存在低俗文化、封建文化隐患，在治理文化中还可能出现凭借人多势众、称王称霸的现象[5]。另外还有部分学者认为在乡村文化建设上人才资源紧缺，几乎没有精英愿意去乡村发展。学者们对乡村公共文化发展存在的问题持有不同观点，笔者在总结分析后，提出以下乡村文化发展中存在的问题。

1.1 政府公共文化供给侧与乡村需求侧脱节

近年来，随着政府对乡村公共文化建设的高度重视，农村文化阵地建设进展迅速，农家书屋、电子阅览室、体育休闲设备等公共文化设施给村民带来了极大便利。但制度与实践往往是相左的，政府积极打通公共文化服务的"最后一公里"，提供各种文化资源时并没有与村民的实际需求产生对接，复杂烦琐的文化内容和文化结构不能从根本上满足所有村民的需要[6]。政府仅仅把公共文化作为一种福利式的行政性建设，行政手段与速度的"高效率"与村民的"低回应"形成强烈反差[7]，因此，部分文化资源并没有得到充分利用。

政府在公共文化资源的供给上并没有做到心力、脚力、耳力、眼力的协同并进，往往"想不到、走不到、听不到、看不到"农民的真正需求。在国家实施的文化下乡项目中，最普遍的就是送书下乡，笔者于2019年8月对陕西省安康市乡村居民开展信息需求与满足度调查时发现，对于农家书屋或村镇图书馆的资源更新程度，52.15%的村民认为偶尔更新，37.63%的村民认为经常更新，10.22%的村民认为不更新。由此可见，政府在提供文化资源时，偏重数量而轻视质量。"单一化、标准化"的实施模式其实就是政府公共文化供给侧与乡村需求侧脱节的重要体现。

1.2 参与主体的空心化造成乡村文化建设缺乏文化内生动力

改革开放以来，在国家城镇化政策、户籍改革制度、农民家庭原因及乡村自然生态环境的变化下，在城市文明对乡村村民的吸引与乡村不合理的文化发展机制对村民"推动"的挤压下[8]，农民的思维方式和生活方式发生了改变，自身素质较高或者是为了生计不得不进城务工的农民远离故土去往城市打拼[9]。据国家统计局发布 2019 年中国经济数据显示，2019 年全国农民工总量达到了 29077 万，在经历了"不离土不离乡""离土不离乡""离土离乡"的变迁过程后，大量精英人才和青壮年的流失使"空心化""老龄化"成为乡村的代名词，农村村落走向颓废。由于人口流动带来了乡村空心化，从而衍生出乡村文化建设主体的空心化，参与主体的缺失，使乡村文化建设失去了内生能力和动力。

1.3　乡土文化的商业化运作带来文化认同危机

随着市场经济的渗透和城镇化的推进，不少农民都选择进城工作并在城里安家落户，农村人口的严重流失导致中国每年有 7000 多个自然村消失，村庄数量的减少一方面表现出我国在城镇化进程中取得了不错的成绩，另一方面又在不经意间提醒我们，各具特色的乡村文化正在慢慢趋同，最终走向终结。

在日渐成熟的商业化操作下，一些独具特色的乡村传统手工业无市无价，手艺人在面对生活的压力时，开始怀疑本土文化，不得不根据现代化和大众化口味将传统技艺改得面目全非，更甚者直接放弃继承。伴随着市场文化的流动，那些独具特色、蕴含丰富乡村气息的祠堂、寺庙、古院落等文化阵地正因商业化的开发模式失去自己原有的味道。现在的乡村几乎大同小异，没有本土色彩，更可怕的是，农民也渐渐认同了这种大众文化而抛弃了对乡土文化的继承。市场所到之处，各种文化之间的差异性迅速被同化，正如马克思在《共产党宣言》中所说："资产阶级在它已经取得了统治的地方，把一切封建的、宗法的和田园诗般的关系都破坏了。它无情地斩断了把人们束缚于天然尊长的形形色色的封建羁绊，它使人和人之间除了赤裸裸的利害关系，除了冷酷无情的'现金交易'，就再也没有任何别的联系了"。在目前数字经济时代，乡村文化不可避免地被裹挟到市场经济发展的潮流中，在大众化潮流下，农民对本身的乡土文化产生了怀疑，为了更好与现代市场对接，不得不对本土文化进行一系列调整。

2　新民风建设背景下的乡村文化自信培育

中国文化"多半从乡村而来，又为乡村而设"，乡村文化是中国文化的孕育母体，是中国人民的精神起点，更是乡村社会赖以存在和发展的精神动力与源泉，因此，乡村文化自信的培育不论对提振村民的精神士气还是对新民风建设都具有重要意义。然而，乡村文化自信的培育是一个繁杂而漫长的系统性过程，它是在尚未被彻底破坏的乡村文化基础上对现存乡土文化进行继承、发扬、创新、融合的培育过程[10]，要求满足农民的实际需求，符合新民风建设的时代发展规律，并植根于中国乡村这片广袤无垠的土地上。

2.1 贴近农民生活实际以满足文化自信的主体需要

乡村文化是在凝结着农民无数智慧与汗水的生活实践中孕育和发展的，同时也为农民提供了精神寄托和情感支撑，农民不仅是乡村文化产生与发展的主体，也是乡村文化影响和作用的客体。新民风建设背景下培育乡村文化自信，必须把农民的实际需求放在首位。

坚持乡村文化建设为了农民，把满足农民的实际精神需求作为工作的出发点和落脚点。农民不仅参与建设乡村文化，同时也受乡村文化的影响，在建设乡村文化的过程中，应充分听取农民的意见，关注农民的需求，将农民潜意识中的"隐形"转为"显性"，在农民真正从中获益后，会从心底产生"建设乡村文化为了我"的想法，从而增强他们对乡土文化的亲切感、归属感与认同感。

坚持乡村文化建设依靠农民，重视发挥农民在文化建设中的主观能动性，让农民成为文化建设的中坚力量。当农民在参与文化建设的过程中创造出成果，体会到了"建设乡村文化需要我"的真实情感后，对于乡村文化会更加珍惜和热爱。

坚持文化建设成果由农民共享，着力打造乡村文化阵地，开展丰富多彩的文化活动，当农民在日常沟通、知识汲取等方面获得满足后，会不断提升建设乡村文化的激情和动力。

2.2 加快农业现代化建设以夯实乡村文化自信的物质基础

经济基础决定上层建筑，加快农业现代化建设步伐，为乡村文化自信的培育提供坚实的物质基础。物质生活得到基本满足后，生活富裕的农民才会有更多的时间和精力追求更高的精神文化层面，以此不断推动文化建设，营造文化氛围，培育牢固持久的乡村文化自信。

以农业现代化转型为目标，依托农业供给侧结构性改革，大力推动农民增产增收、农业繁荣兴旺。在乡村"空心化"现象日益严重的情况下，增加农民在当地的收入，释放乡村社会独有的魅力和吸引力，一定程度上能化解农村"空心化"现象，唤醒农民的乡土情感，增强农民对家乡的依恋与认同，进而愿意留在这片土地上建设美好家园。

深入挖掘各地特色文化，利用乡村独有的文化资源推动乡村"文化＋旅游""文化＋产业"各种项目，实现乡村经济和社会效益增值。如成都三圣乡的"五朵金花"在文化旅游产业方面的做法值得借鉴，"五朵金花"是指位于三圣乡东郊的五个乡村旅游风景区，通过打造以"花香农居""幸福梅林""江家菜地""东篱菊园""荷塘月色"为主题的休闲乡村风光农业区，现已成为国内外炙手可热的休闲娱乐度假区和国家 5A 级风景旅游区，其成功之处就是按照每个乡村的不同产业基础和乡土文化打造出不同特色的休闲产业，将乡村旅游与各个村庄的特色文化与优势产业相结合，形成了蕴含独特历史文化风韵的旅游区，带动了当地经济的发展，自然吸引了农民留乡建设。在推动乡村建设文化特色产业时，要立足实际，面向社会，以拉动经济发展为主要目标，同时兼顾乡村文化的继承与扬弃，通过开展乡村文化特色旅游、传统手工艺创作、风情民俗演出等方式吸引投资，不断扩大乡村文化生活的场域，让农民在参与和建设乡村文化的过程中创造更多的经济价值，这样才会更有自信建设本土文化。

2.3　完善乡村教育以搭建文化自信的有效平台

教育具有传播、更新和创造文化的功能。作为乡村文化传播和交流的重要阵地，乡村教育理应发挥对乡村文化筛选、传播、创造等作用，特别是针对当前青少年对乡村文化的漠视、乡土情感淡薄，纷纷逃离乡村的情况下，乡村教育更应在培育乡村青少年文化自信的同时，唤醒其对乡村文化的亲切感与归属感。

将"学习是为了走出大山"的理念从乡村教育中剥离出去，避免乡村教育中过度注重城市文明而给学生带来只有待在城市才能更好地发展的印象，应培育学生正确的价值取向与乡土情怀。

赋予乡村教育本土化，将各地各具特色的乡土文化融入教材编写、课程设置、课堂建设中，激发乡村教育新的活力。同时，还可以举办学生走出校园、走进田野的系列课外活动，让学生领略乡村的美丽风光与乡村文化的独特魅力，拉近学生与乡村文化的距离，让青少年在实地接触乡村的生产生活中产生对乡村文化的热爱。

乡村教师是乡村文化传播的重要载体，要想受教育者认同乡村文化，教育者首先要做到以身作则。因此，对乡村教师进行引导教育，强化他们对乡村文化的认同感十分重要。

3　新民风建设背景下的乡村文化再生产秩序重构

农民的生产实践是乡村文化产生的源泉，乡村文化的再生产裹挟在村民日出而作、日落而息的循环往复的生产实践和日常生活中。不管是生产实践还是日常活动，都不曾抛弃那些老祖宗留下的东西，在这些东西中，最珍贵的就是传统文化。而文化的再生产，其实就是对传统文化大浪淘沙、推陈出新、去伪存真后铸就"传统"、走向现代的过程[11]。

3.1 继承优秀传统文化是乡村文化再生产秩序重构的基础力量

优秀传统文化是乡村文化的重要组成部分，继承优秀传统乡村文化是重构乡村文化再生产秩序的基础力量。

统一对传统文化的价值认知。在城镇化快速发展的过程中，尽管近年来传统文化受到社会各界的重视，但仍然存在被无视和轻看的情况，那些老祖宗留下来的东西，逐渐在消失，因此必须明确传统文化对于乡村发展、国家发展的重大意义，统一对传统文化的价值认知。

界定内容，厘清对象。中华优秀传统文化内容千姿百态、形式五花八门，涉及方面繁杂笼统，因此需要明确继承优秀传统文化的主要内容，让有关建设主体清楚地意识到应该继承和发扬的具体优秀文化内涵，进而提升文化的再生产能力。

明确方针，落实措施。乡村乡民的力量是强大的，需要有明确的方针政策引领其行动，乡村文化的再生产不是简单地复制粘贴，也不是草率地否定抛弃，需要提供正确的方针措施引领村民更好地创新与发展优秀传统文化，重构乡村文化的再生产力。

3.2 进行文化创新是乡村文化再生产秩序重构的重要力量

在继承乡村优秀传统文化的基础上，对其进行创新是重构乡村文化再生产的重要力量[12]。

唤醒乡村历史文化以发展特色文化产业。由于历史渊源、经济状况、文化背景等方面的不同，每个乡村都会形成颇具特色的历史文化，这些历史文化资源不仅是乡村文化的代表，更是每个乡村独特的资源优势，需要乡村充分挖掘具有代表性的优秀历史文化，努力打造文化活动品牌，形成我有你无、独一无二的特色文化产业。新民风建设背景下，"文化 + 旅游"项目进行得如火如荼，为了避免各个乡村之间旅游项目的雷同，根据所在乡村独有的历史文化积淀开展特色旅游项目至关重要。如坐落于世界最大皇家陵园唐昭陵和唐肃宗建陵石刻旁的陕西礼泉县袁家村就是一个很好的典型，村民利用丰富的历史文化资源开发了独具特色的民风、民俗体验一条街，向游客展示了关中农村自明清以来的变化，给当地带来了可观的经济收入，村民对文化再生产的热情也日益高涨。

从乡村村民的实际生活中寻找特色以进行文化活动创新。乡村文化活动不能脱离村民的实际生活，需聚焦乡村村民的实际需要，不断创新活动内容，争取在满足村民需求的基础上寻找特色。每个乡村村民的习惯、特点截然不同，产生的实际需求也就不同，乡村文化创新就要根据这些特点和需求，进行不同的文化教育活动。对于经济发展较好的乡村，开展一些体育节、文艺节等活动来丰富村民的日常生活；对于青壮年大量流失、经济不景气的乡村，大力开展有关回乡发展、政策支持等的主题教育。只有抓住村民的实际生活需要，才能在与他们息息相关的文化活动上进行创新，进而激发文化再生产活力。

4　新民风建设背景下乡村公共文化治理的制度设计

自从习近平总书记提出建设现代化的国家治理体系和治理能力后，我国掀起了关于文化治理体系和治理能力的建设热潮。在 2019 年 6 月 23 日中共中央办公厅、国务院办公厅印发的《关于加强和改进乡村治理的指导意见》中，强调要"坚持把治理体系和治理能力建设作为主攻方向"，而加强和改进乡村公共文化治理也是题中应有之义。在新民风建设背景下，完善乡村公共文化的治理体系和提高乡村公共文化的治理能力一样重要，必须同时并举。

4.1　完善乡村公共文化的治理体系

健全乡村公共文化的网络基础设施。数字化的信息共享平台是农民汲取知识的重要载体与桥梁，随着财政的投入和网络的普及，乡村的网络设施虽然有了一定发展，但效果还是差强人意，一直是我国乡村公共文化建设的短板。在新民风建设背景下，需要加快乡村公共文化的数字化服务体系建设，通过卫星、广播等传输渠道为乡村公众服务。另外，可以在村镇图书馆或农家书屋提供全国信息共享的数字化服务，缩短农民获取信息的时间。

优化乡村公共文化服务供给体系。如前文所述，乡村公共文化供给侧与需求侧脱节，在公共文化资源供给方面，政府缺乏必要的心力、脚力、耳力和眼力，"想不到、走不到、听不到、看不到"农村村民的真正需求。为了满足不同群体的多层次需求，需要以多种方式提供多样化的文化产品和服务，积极构建多元化的公共文化服务供给体系[13]，通过融合多元文化内容、创新服务方式来满足多元主体的需求，实现乡村公共文化服务供给体系的精准化与高效化，使乡村居民获得文化满足感和认同感。

统筹城乡公共文化的融合发展机制。乡村公共文化服务体系的发展，不能只靠乡村自身发展，还要依靠城市的力量，建立人才交流、技术指导、资金支持等各种互动机制[14]。在文化人才的培养上，城市需向农村提供学习和交流机会；在文化内容的创新上，城市和乡村要以对方为映射面取长补短；在文化阵地的建设上，城市应向农村提供技术和资金支持，另外，城市也可汲取农村的独有文化来发展特色项目。只有做到城乡文化资源互通，优势互补，才能不断促进城乡公共文化的融合发展，最终让乡村公共文化实现长足发展。

4.2　提高乡村公共文化的治理能力

推动乡村公共文化治理多元主体平等协作。完善的治理体系只是乡村文化发展的外生动力，乡村文化的繁荣发展不仅需要充沛的外生动力，强劲的内生动力也不可或缺，而内生动力包括了参与主体、承接主体和行政主体，参与主体主要指参与建设的村民，承接主体指乡村基层的管理干部，行政主体指负责对乡村进行文化建设的国家行政机构。在我国现行的"自上而下"的乡村文化治理体系中[15]，三种主体之间的阶级性显露无遗，因此，需要在党委政府、基层干部及乡村村民之间构建平等的合作关系，营造党委政府主导、基层干部负责、村民热情参与的良好氛围，互帮互助，互献良策，共同努力建设乡村公共文化。另外，在这种多元主体平等协作的环境下，也会吸引社会力量如企事业单位、文化自治组织、专家等共同参与到乡村公共文化的服务与建设中来。

改进乡村公共文化治理技术。治理技术是一个国家治理能力的重要体现，乡村文化治理的效果最终还是要通过治理技术体现出来。文化治理技术主要包括文化内容的产生与传播、文化组织的组建与扩大以及文化输出的方式与效果等，良好的文化治理技术有利于最大化满足村民的需求，提高政府在村民心中的公信力，因此改进乡村公共文化治理技术必须提上日程。在文化内容方面，根据乡村居民的实际需求及时进行供给和更新，借助数字化平台为村民提供丰富的文化资源[16]；提升文化组织孵化能力，加快构建多样化、高效率的乡村公共文化组织；优化文化输出方式，根据村民的文化差异、社会分工的不同进行梯级式文化传播，以村民更易于接受的方式进行文化灌输。另外，乡规民约也是文化治理技术的重要体现，通过对乡规民约"取其精华，去其糟粕"的扬弃方式，焕发乡规民约新的活力与生机。

提升乡村文化治理总能力。文化治理能力作为文化治理主体通过各种文化治理技术和机制将各种文化内容和政策，传播和作用于文化客体、并承接着文化主客体发展的文化力，是维持社会长久稳定发展的重要因素[17]。乡村文化治理能力现代化是文化治理体系建设的题中应有之义，良好的乡村文化治理能力能为乡村社会的发展提供浓厚的文化氛围，有利于乡村经济政治文化三位一体共同发展，最终促进乡村振兴战略目标的实现。文化治理能力的提升需要在文化引领力、文化认同力、文化共治力上下功夫，因此，要不断提高乡村文化的内生价值以提升文化引领力，不断满足村民的需求以提升文化认同力，不断提高乡村文化的包容性以提升文化共治力[18]。

5　结语

　　乡村公共文化建设是新民风建设的重要内容，然而在乡村社会发展过程中，公共文化建设是最容易被忽视的内容，从而导致了一系列问题的产生，当前，乡村公共文化式微已经成为乡村文化建设问题的重要外在表征和内在原因。通过乡村文化自信培育、乡村文化再生产秩序重构、公共文化治理制度设计，乡村公共文化发展式微的情况会在一定程度上得到解决。当然乡村公共文化式微危机的解决不能仅靠国家和乡村，还需要社会各界积极参与，凝聚全国上下、社会内外各种协同力量，使乡村文化发展迈向更高台阶，新民风建设才会卓有成效，乡村振兴的目标才能达成，进而促进国家的大发展、大繁荣。

参考文献

[1] 陈波.公共文化空间弱化：乡村文化振兴的"软肋"[J].人民论坛，2018（21）：125-127.

[2] 孟祥林.乡村公共文化内卷化困境与对策[J].西北农林科技大学学报（社会科学版），2019（5）：40-47.

[3] 任贵州.互动仪式链理论对乡村公共文化服务价值旨向的启示[J].宁夏社会科学，2019（6）：101-107.

[4] 房亚明，刘远晶.软治理：新时代乡村公共文化空间的拓展[J].长白学刊，2019（6）：138-145.

[5] 贺一松，王小雄，贺雨昕，等.乡村振兴视域下农村传统公共文化空间的复兴与重构——基于江西莲花县村落祠堂的调研[J].农林经济管理学报，2019（6）：822-828.

[6] 杨斌.农村现代公共文化服务体系建设：成就、问题与路径——基于西安市的调查[J].图书馆杂志，2019（11）：30-36，20.

[7] 萧子扬."优势治理"：制度优势何以服务我国乡村文化振兴[J].图书馆，2020（4）：1-7，28.

[8] 孙文学.留住乡愁：构建乡村图书馆保护与传承乡村文化遗产的有效机制[J].图书馆理论与实践，2019（4）：74-77.

[9] 马新妍.文化社会学视域下的乡村文化危机及其破解之道[J].理论导刊，2019（4）：67-73.

[10] 萧子扬，叶锦涛.公共图书馆参与乡村文化振兴：现实困境、内在契合和主要路径[J].图书馆，2020（2）：46-52.

[11] 高宏存，洪荣福.论乡村文化再生产的价值与路径[J].宁夏党校学报，2019（5）：12-19.

[12] 闫小斌，范红，闫毅.乡村文化再生产的秩序重构[J].图书馆论坛，2020（3）：8-14.

[13] 段小虎.回归乡村文化发展的历史逻辑：安康市乡村文化建设"三改革"制度设计概述[J].图书馆论坛，2020（3）：3-7，22.

[14] 吴理财，解胜利.文化治理视角下的乡村文化振兴：价值耦合与体系建构[J].华中农业大学学报（社会科学版），2019（1）：16-23，162-163.

[15] 汪圣，田秀娟.乡村文化振兴中的基层文化机构参与策略研究[J].图书馆，2019（12）：43-48.

[16] 王萍, 雷江霞. 传统村落文化数字化传播: 现状、问题与应对 [J]. 图书馆, 2019 (8): 7-12, 22.

[17] 段小虎, 闫小斌, 荆皓. 从 "农村文化建设" 到 "乡村文化振兴"——研究维度与思维模式的转变 [J]. 图书馆, 2018 (9): 1-4.

[18] 李晶. 乡村传统文化治理体系的现代性构建 [J]. 图书馆论坛, 2020 (3): 15-22.

（原载于《图书馆》2020 年第 8 期）

乡村文化再生产的秩序重构 [①]

闫小斌（陕西科技大学图书馆）
范 红（西安文理学院图书馆）
闫 毅（西安财经大学图书馆）

经典马克思主义理论从"生产"的一般规律出发，将社会生产分为物质生产与精神生产，并提出"社会再生产"理论 [1]。从整个人类社会的历史看，社会生产与再生产是反复交替、持续发展的过程，其中"精神产品"的生产与再生产就是文化的生产与再生产，文化的传承与变迁、传统文化的创造性转化与创新性发展在本质上也是文化的再生产过程。

社会秩序二元论认为，社会秩序要么是自然生成的，要么就是建构的，即"自组织性"与"他组织性"。文化"再生产"具有"自组织"生成与"他组织"建构的双重特性。前者主要表现为文化的传承、发展、创新乃至融合、消亡，在没有外部力量干预或影响的条件下，它往往会处于一种相对平衡的"自然"状态 [2]。正如法国社会学家布尔迪厄在其名著《文化再生产理论》中指出的那样，文化最根本的特点就是自我创造性，即文化具有自我超越、自我生产、自我更新的能力。文化的这种"自我生产、自我更新"的"自组织"特性，在自然、自在、自觉、世代传承的流变过程中，彰显了文化发展的内在动力机制，反映了文化"再生产"的自然生成性"秩序"。与此同时，文化"再生产"也是文化不断适应外部环境变化的过程，而当其难以顺应社会发展需求时，就会出现文化断代、衰败甚至消亡等危机。克服文化危机的重要手段之一就是借助"他组织"力量打破既有的封闭状态和短时平衡，使其获得与外部环境进行物质、能量和信息交换的能力并发展到更高层次的平衡状态 [2]。这既是一个主动变革的过程，更是实现文化再生产"秩序"重构的过程。

2017 年 1 月中共中央办公厅、国务院办公厅印发的《关于实施中华优秀传统文化传承发展工程的意见》（以下简称《意见》），不仅是对传统文化"再生产"危机的回应，也进一步明确了优秀传统文化在国家文化战略中的地位。如果用"乡村文化"来描述乡村社会

---

① 本文系安康市"创建国家公共文化服务体系示范区"（文公共发〔2017〕25号）制度设计课题研究和陕西图书馆学会项目"基层综合性文化服务中心的资源整合与运行机制"（项目编号：181018）阶段性研究成果。

的"精神产品",优秀传统文化必然是其内核与底色。推动传统文化创造性转化与创新性发展的国家行动,在本质上是对乡村文化"再生产"秩序的介入。现实表明,在社会大变革、文化大变迁的背景下,仅靠"自组织"力量已无法在城市化和现代化的双重"挤压"下实现乡村文化"再生产"的持续进程。以政府为主导的传承、保护、宣传以及融入国民教育等无疑是重要举措,当前正在推进的公共文化服务体系建设也是介入这一过程的重要力量。而在安康市国家公共文化服务体系示范区创建过程中提出的"三改革"制度设计,以及大力实施的新民风建设战略,则是重构乡村文化"再生产"秩序的独特实践。

1 传统乡村社会的文化再生产

乡村文化是以农民为主体,以乡村社会的知识结构、价值观念、乡风民俗、社会心理、行为方式等为主要内容,以农民的群众性文化娱乐活动为主要形式的文化类型[3]。乡村文化与城市文化、都市文化相对,来源于村民的生产生活实践,乡村文化的"再生产"裹挟在村民围绕土地日复一日的生产实践与充满"乡土"气息的生活中。费孝通对传统中国社会有一个基本概括:"乡土社会",即土地是生活的核心,世世代代在土地上繁衍生息,造就了一个"生于斯、死于斯"的社会,其常态是"终老是乡"[4]。梁漱溟也认为,传统中国是乡土社会,以农业为根基,以乡村为主体,发育成高度的乡村文明[5]。乡村文化就是在这种以农业为本,以土地为中心,自给自足的生产生活实践中建构起来的一整套凝聚社会大众共同意识的乡风民俗、意义系统与价值体系,"乡土性"体现了传统乡村文化的特质。

传统文化源于乡村文化"再生产"的历史积淀。所谓传统文化是"中国传统文化"的略称,是流传至今的中国文化,是反映中华民族特质和风貌的思想、观念以及精神产品的总和,代表着中华民族独特的精神标识,是所有中华文化的渊源。传统文化与现代文化相对,其本身源于乡村,是乡村居民在长期的传统农业生产及生活实践中形成的乡风民俗、创造的精神产品,是农耕文明的集中体现,是中华民族的根脉,是乡村文化的内核与底色。传承至今的优秀传统文化更是乡村文化在不断适应社会发展需求和外部环境变迁过程中不断"再生产"的结晶。"再生产"既是大浪淘沙、推陈出新、去伪存真的过程,更是铸就"传统"、形成"秩序"的过程。

传统乡村文化"再生产"具有鲜明的自组织特性。协同学创始人哈肯指出:"如果系统在获得空间的、时间的或功能的结构过程中,没有外界的特定干预,我们便说系统是自组织的。"[6] 从空间维度看,"乡村"起源于人类社会早期为了生存而自然形成的群居、部落形态,不仅涵盖了人类生产生活所依赖的全部自然要素,也包括打上人的"烙印"的其他实践活动。在这一独特的"空间"中，共同体成员在日复一日的生产生活实践中自发形成具有一定同质性的思维方式、行为准则、社会习俗、传统习惯、价值观念、族群意识、地域心态等[2]，在不知不觉的自然状态下完成了"自然空间"的"人化"[7]过程。从历史维度看，世代传承是乡村文化自古以来的优良传统，体现着乡村文化"再生产"的独特秩序，并通过集体记忆建构起超越时代的"历史感"，这种源于自然界四季轮回、万物生长、遗传变异等自然规律的民间智慧，造就了乡村文化"再生产"接续循环的独特历史进程。乡村文化是一种与自然为善的文明，天人合一、顺天应命即是乡土赠与乡民的一种心态[3]。这种"自然文明"发源于农业社会自给自足的自然经济，与农业生产遵循自然规律、靠"天"吃饭的生产模式密切相关，更是由人与自然和谐共生的自然生态观所决定，在世代传承的历史进程中实现的文化循环"再生产"。从功能维度看，乡村文化"再生产"也是形成所谓"传统""习俗""民风"的过程，进而演化为一种具有社会规制、人伦教化作用的内在社会机制，建构和强化着乡村社会"世代继替""礼俗秩序"等自然天成、稳定、封闭的社会秩序，奠定了中华文化五千年一脉相承、博大精深的根基。

2　社会变局中的乡村文化危机

导致乡村文化危机的原因很多，涉及政治、经济、文化、社会、生态等全要素，道德失范、价值扭曲、传统消失、传承中断、共同体意识缺失、生态破坏等都是文化危机的表现。如果仅从可感知、可洞察的宏观角度"抽取"当代乡村文化危机演化的内在逻辑，则可以表述为基于需求的社会发展变革、因社会变革导致乡村文化生态的变异、由文化生态变异带来乡村文化危机的过程。

首先是需求驱动下的社会变革。如果说需求是人的本性，促使工作、学习、思考、奋斗、创新等一系列个体行为的开展，那么需求也促进全社会进行生产、合作、变革、发展等一系列社会活动。中华人民共和国成立之初百废待兴，解决温饱问题不仅是个体本能的追求，也是国家迫在眉睫的职责所在；以城乡二元政策为基础确立的一系列捆绑着个人工作、生活、权利、利益、保障的制度体系加剧了城乡差异，固化了乡村在经济、文化、教育、社会保障等方面的整体劣势；加之城市工业化初期持续挤压和抽取乡村资源，聚集已久的改革力量首先在乡村爆发，家庭联产承包责任制的推行不仅极大地解放了农业生产力，也使村民有时间寻求土地之外的收益、农业之外的职业。改革开放、市场经济的全面推行以及以经济建设为中心的发展理念更使乡村乃至全社会几千年来形成的传统价值认知发生剧烈嬗变。工业生产全面超越农业生产，商品社会加速取代农业社会，市场经济替代计划经济，城市化浪潮淹没乡村……社会变革从未如此深刻，创造了一个"最好"的时代，也使乡村文化遭遇前所未有的"现代性"挑战。

其次是社会变革冲击下的乡村文化生态变异。文化生态是具有地域性差别的文化特征及文化模式，是由自然、经济、人口、文化、民族、社会制度等共同构成的彼此交互而又相互制约的动态系统[2]。乡村文化生态是孕育和"再生产"乡村文化所必需的所有要素的有机集合体。乡村文化生态的变异表现为原有乡村文化"生长、发育"环境要素的"突变"，从而导致乡村文化"再生产"难以正常进行，甚至出现"断裂"迹象。其一是生产模式改变。以土地为中心、以农业生产为主、靠天吃饭的生产模式发生彻底改变，乡村对自然、土地的依赖大幅降低。其二是乡村文化主体结构失衡。市场化、工业化带来城乡产出效益的悬殊，乡村出现苏联经济学家恰亚诺夫提出的"自我剥削"困境，打工成为年轻人追逐的诗和远方，乡村人口结构严重失衡，不仅造成文化活动参与主体大量流失，而且使乡村文化"再生产"后继乏人。其三是价值认同弱化。城市化、现代化浪潮摧毁了乡村原有的生活观念、生活方式，"传统"沦为落后的代名词，乡村生活里充斥着大量都市文化元素，特别是那些整日浸润于都市价值观下的新生代"村民"日益远离"乡村文化圈"，加剧了乡村原生态文化的"替代性"再生产，乡村几近成为丧失"自我"的"夹缝地带"：既非美好传统的诗意之土，也非现代文明的繁荣之地。

再次是文化生态变异带来乡村文化危机。乡村文化危机的直接表现在于乡风民俗恶化，低俗文化盛行，歪风邪气流行；乡村原有的诚实守信、奉先思孝、简朴节约、勤劳实干、和衷共济变得稀缺。乡村文化危机的深层表现在于主流话语以及价值标准中乡村文化的边缘化，优秀传统的失传，文化凝聚力的弱化，乡村文化自组织"再生产"机制的中断，乡村意义系统及价值体系的崩塌，等等。城市化、市场经济带来的功利主义、消费主义、享乐主义等挤占了乡村原有的传统文化价值空间，求富成为所有人压倒一切的生活目标，发展经济成为乡村生活中的强势话语，利益驱动几乎淹没一切传统乡村文化价值[8]，乡村文化被迫努力融入城市主导的经济发展中，接受与自己无关的发展逻辑和标准[9]。一边是村村通大路、家家有水电、户户连 Wi-Fi 的现代图景；一边是村庄空心、土地荒芜、袅袅炊烟不见、鸡鸣狗叫消失的凄凉景象。时空二维框架下"历史感"与"当地感"[9]的丧失引发乡村意义系统的坍塌与价值体系的崩溃。

3　乡村文化再生产的秩序重构

乡村文化"再生产"的流变过程表明，文化的自然传承是人类社会生生不息、世代繁衍并不断走向文明的客观规律。然而这种传承又并非一成不变、线性的"复制"与"传递"，特别是在社会剧烈变革的转型期，这种基于自然自觉的文化传承机制难免会出现"断裂"和"衰变"等异常性变迁。此时，就需要马克斯·韦伯所说的"垄断合法暴力"的国家主动干预，以便重塑文化"再生产"的"自然秩序"。乡村文化振兴就其本质而言就是要通过主动"干预"实现乡村文化更自觉、更有意识、更富活力的"再生产"，建构文化"再生产"的新秩序，使乡村文化更健康、可持续地发展。从当前来看，实施优秀传统文化传承发展工程和构建现代公共文化服务体系两大国家战略无疑是介入乡村文化"再生产"秩序、推动乡村文化"现代性"变革、实现乡村文化振兴的重要力量。

首先，优秀传统文化传承发展工程是重构乡村文化"再生产"秩序的直接力量。乡村是传统文化的发源地，优秀传统文化是乡村文化的重要组成部分，因此，以国家力量推动优秀传统文化传承发展就是直接发展乡村文化，重构乡村文化"再生产"的新秩序。2017年的《意见》是第一次以中央文件的形式专题阐述中华优秀传统文化传承发展工作，并以实施工程的方式推动其传承发展。该政策文件是国家意志的体现，表明政府以"他组织"力量介入传统文化自然变迁的主动性与自觉意识。其一是统一了对传统文化的价值认知。尽管近年来传统文化受到社会各界重视，但依然存在漠视甚至贬低传统文化的现象，《意见》明确了优秀传统文化对于国家发展、社会文明的意义，统一了对传统文化价值、地位的认识，为乡村文化"再生产"奠定了思想基础。其二是界定内容，厘清对象。中华优秀传统文化内容丰富、形式多样、涉及面广，容易出现众所周知而又人云亦云的情况，《意见》明确了优秀传统文化的主要内容，将其概括为"核心思想理念、中华传统美德、中华人文精神"三个方面，为乡村文化"再生产"指明了对象。其三是明确方针、落实措施。《意见》明确了"创造性转化、创新性发展"的"再生产"总方略，既不是简单的"复古"与"复制"，也不是草率的"否定"与"破除"，而是要保护好优秀传统文化的独特性，并通过创新推动其更好地融入现代社会。

其次，现代公共文化服务体系建设是重构乡村文化"再生产"秩序的重要力量。李国新在十二届全国人大常委会第二十一次专题讲座报告中深刻指出，将公共文化纳入基本公共服务，从理论上回答了公共文化服务实行普遍均等、惠及全民原则的必要性与合法性，回答了公共文化服务由政府主导、主要由公共财政支撑的合理性与合法性。在此之前，作为现代政府基本服务内容的公共文化服务曾长期缺位于广大乡村，而如今现代公共文化服务体系建设已成为深刻影响乡村生活、深度融入乡村文化变迁、重构乡村文化"再生产"秩序的重要力量。其一，公共文化服务深刻影响乡村文化供给。我国乡村文化供给大致经历3个阶段 [10]：从中华人民共和国成立初期基于集体分担的自力更生、自给自足，到改革开放初期供给内容单一、匮乏、体系化制度保障差，再到农业税取消后乡村公共文化服务制度外供给的终结，并初步建立起制度化、体系化的供给网络。政府主导下的公共文化服务彻底改变了乡村文化的供给秩序。其二，现代公共文化服务体系建设为乡村文化"再生产"提供了基础性条件。21世纪以来启动的现代公共文化服务体系建设，是涵盖组织网络、基础设施网络、资源保障网络、人才培养网络、数字化网络等的有机体系，有助于改善长期处于自组织"再生产"状态的乡村文化的基础性保障条件。其三，公共文化服务体系建设有助于激发乡村文化"再生产"的主动性与自觉性。在公共文化服务体系建设的带动下，乡村文化日益成为乡村振兴的基础性、保障性条件，特别是近年来乡村文化与乡村旅游结合带来显著的经济效益，凸显了乡村文化资源挖掘和资本化转化的内在价值与潜力，成为激发乡村、乡民参与文化"再生产"主动性与自觉性的现实动力。

最后，传统文化与公共文化融合发展是重构乡村文化"再生产"秩序的必然选择。当今时代，传统文化与公共文化交相辉映、共生繁荣是乡村文化发展的新常态，特别是在国家构建现代公共文化服务体系与推动中华优秀传统文化传承发展两大战略共同实施的背景下，推动传统文化与公共文化融合发展既是乡村文化振兴的必然选择，也为重构乡村文化"再生产"秩序提供新的动力。其一，从内在渊源看，优秀传统文化代表了乡村文化的深层精神标识与独特魅力，而现代公共文化代表了当代乡村的文明程度[10]，传统文化与公共文化已成为乡村文化的主要构成要素。其二，从制度与政策看，传统文化与公共文化的融合已具有合理合法的制度保障。《中华人民共和国公共文化服务保障法》第一条将"加强公共文化服务体系建设，传承中华优秀传统文化"作为制定本法律的目的之一，而《意见》则明确提出："充分发挥图书馆、文化馆、博物馆、群艺馆、美术馆等公共文化机构在传承发展中华优秀传统文化中的作用。"其三，从资源共享的角度看，形式多样的传统文化成为现代公共文化服务的重要资源，是传统文化"活在当下"[11]的现实选择。同时，现代公共文化为传统文化创造性转化和创新性发展的"再生产"过程提供了新理念、新方法、新机制。

4 乡村文化再生产秩序重构的独特实践

安康市北依秦岭，南靠巴山，汉水横贯东西，河谷盆地（安康盆地）居中；享有"中国十大宜居小城""国家森林城市""中国硒谷""陕西最美绿色园林城市"等美誉；是南水北调中线工程的核心水源区，承担着"一江清水供北京"的光荣使命和责任；安康也是汉水文化、巴蜀文化、荆楚文化、秦陇文化和中原文化的汇聚地，有汉调二黄、安康道情、紫阳民歌、弦子腔等极具地方特色的文化品种。但是，作为全国脱贫攻坚主战场的核心区，全市 9 县 1 区均属秦巴集中连片特困地区和革命老区，贫困人口数量位居陕西全省第一，贫困体量大、贫困程度深、脱贫难度大、返贫风险大[12]。经济发展水平与山区自然条件极大地限制了安康乡村文化资源的开发与传播。2017 年 12 月，安康市以西部地区第一名的成绩获批"创建国家公共文化服务体系示范区"资格。探索如何在一个深度贫困地区创建示范性国家公共文化服务体系，这既是一个现实挑战，也是一个值得深入研究的理论问题。

安康市创建国家公共文化服务体系示范区的难点在乡村，特色也在乡村。面对示范区创建、脱贫攻坚、乡村振兴等多重改革任务叠加的局面，文化既是突破口，也是内在契合点。在协同推动各项改革任务的过程中，安康市走出了一条独特的乡村文化"再生产"秩序重构之路。一是用"新民风"建设引领乡村文化"再生产"。安康市出台《关于大力推进新民风建设的实施意见》的总方案，以实施"新民风"建设为引领，统筹推动优秀传统文化传承、公共文化服务体系建设，在坚守优秀文化立场、传承优良民风基因、吸收文明成果、面向未来的基础上，将安康地区的优良民风概括为"诚、孝、俭、勤、和"，赋予其新的时代内涵。二是形成一批特色鲜明、操作性强、可复制的传统文化传承机制。当传统文化面临现代多元文化"解构"压力时，"新民风"建设巩固和坚守了乡村文化的根基，起到了重塑乡村文化"再生产"秩序的积极作用。比如，紫阳县推行"八种喜事集中新办简办仪式"，白河县建立了"道德评议奖补机制"，平利县制作了"新民风中国结标识牌"，汉阴县建立了"沈氏家训"的"五个一"宣传推广机制，宁陕县设立"新民风建设目标责任考核单项奖"，岚皋县制定了务实管用的"村规民约"。三是培育乡村文化"再生产"的"内生"动力机制。以构建乡村文化理事会为抓手，着力推动乡村文化建设观念改革、文化治理改革和文化供给改革"三改革"，重塑政府与村级自治组织、村民之间的社会关系[13]，理顺文化创造主体、文化消费主体和文化供给主体的关系，通过村民参与、民主决策常态化与制度化建设，使乡村文化"再生产"走出"内生性"机制弱化和"外生性"机制缺乏的双重困境。四是为传统文化与公共文化融合发展创造条件。在新民风建设"十个一"工程中，要求配套建好一个农家书屋、一个村广播室、一个村文化活动室、一个文化活动广场、一条乡风文明街、一个善行义举榜、一支乡贤文化骨干队伍、一个文化志愿组织、一个道德讲堂、一套乡规民约，将传统文化纳入公共文化体系建设，既丰富了公共文化服务的内容，也为传统文化的发展创造了空间。五是推动优秀传统文化的创造性转化和创新性发展。在传承优良传统基因，广泛吸收现代文明成果的基础上，对农耕时代就形成于乡村社会的淳朴民风、村规民约、家谱家训等传统文化进行提炼总结，并赋予新的时代内涵；以培育"文明乡风、良好家风、淳朴民风"为目标，以"道德评议、移风易俗、文化传播、文明创建、诚信建设、依法治理"六大活动为载体，以实施"思想引领、家风建设、移风易俗、文明创建、乡村善治"五大行动等为核心，重塑乡村"新民风"体系。六是推动乡村社会风气持续好转。乡风民风体现着乡村的基本文化生态，折射出乡村的精神风貌、价值标准、行为规范，影响到乡村文化"再生产"的基本秩序；在"诚、孝、俭、勤、和"新民风的带动下，乡村低俗风气盛行的趋势得到有效遏制，为新时代乡村文化"再生产"创造了健康环境。七是制定了系列配套政策措施，为持续推进以"新民风"为核心的文化"再生产"提供制度保障。

在公共文化服务体系示范区建设的带动下，安康市城乡经济、社会、文化事业取得显著成效，为深度贫困地区脱贫攻坚、发展文化事业积累了经验。安康市实践探索的成功得益于其突出的特点。其一，关键是抓住了新时代安康社会发展的融合点。新时代以来安康社会发展面临前所未有的机遇与挑战：国家公共文化服务体系示范区创建需要推进，传统文化资源有待挖掘，脱贫攻坚任务异常艰巨，振兴乡村迫在眉睫。面对机遇与挑战交织、责任与使命并存的时代背景，迫切需要找到统筹全局的融合点，以新民风建设为抓手的精神文化战略是最重要的融合点。其二，核心是将文化"软实力"转化为安康社会发展的"硬支撑"。如何在一个国家级集中连片贫困地区实现脱贫攻坚、国家公共文化服务体系示范区创建、优秀传统文化传承以及乡村全面振兴等改革发展目标，一场直击灵魂、涵养志气的精神文化"战"将不再是可有可无的"软实力"，而是托起全局工作的"硬支撑"。其三，根本是推动乡村文化"再生产"秩序重构。无论是"融合点"还是"硬支撑"，新民风建设引领并融合公共文化、传统文化的创新发展，改善的不只是乡村的陈规陋习、服务设施，还有深层次的价值观念、认知理性，进而改变不合时宜的乡村文化生态，重构乡村文化"再生产"秩序，为新时代乡村文化繁荣奠定基础，为乡村全面振兴提供内在动力。

5 结语

乡村文化之于当代中国，既非充满诗意的浪漫，也非可有可无的装点。从"观乎天文，以察时变，关乎人文，以化成天下"（《周易》）的古老智慧，到绵延五千年、传承万代的不朽东方文明；从文人墨客笔下的浪漫图景，到"生于斯，死于斯"的乡土之地；从农耕文明的辉煌到城市化、现代化的天翻地覆；从乡土中国之盛世太平到离土中国之社会变局[9]；乡村文化在岁月流变、社会变迁的裹挟中不断进行着"生产"与"再生产"的伟大实践。"礼失而求诸野"（班固《汉书·艺文志·诸子略序》），传统文化与乡村精神之间存在着隐秘而恒久的渊源关系[9]，对富强、民主、法治、公平的不懈追求昭示着当代乡村要持续推进现代化建设。人类社会已经走过了农耕文明、工业文明，正在阔步迈向数字文明、智能时代，一些古老的乡村文明可能挣扎于现代文明的夹缝中并随时面临被时代淘汰、被时光淹没的危机。文化发展的实践表明，乡村文化振兴是实现乡村振兴的重要基础，推动乡村文化振兴既要重视培养村民的文化自觉意识，保护乡村文化"自组织"发展生态，改善乡村文化"再生产"的自然秩序；也要适时、适度引入"他组织"力量，以应对文化自然变迁中的各种危机，重构乡村文化"再生产"的新秩序，以增强乡村文化的适应能力，实现可持续发展。无论是安康实践中的"三改革"，还是当下政府主导、社会力量参与的公共文化服务体系建设、优秀传统文化传承发展"两大工程"，都是推动乡村文化"再生产"秩序重构的机制与探索，有助于传统文化与现代公共文化的融合共生，促进乡村文化的大繁荣与大发展，为乡村振兴提供持续内在动力。

参考文献

[1] 马克思.资本论：第3卷[M].北京：人民出版社，2004：927.

[2] 边晓红，段小虎，王军，等."文化扶贫"与农村居民文化"自组织"能力建设[J].图书馆论坛，2016（2）：1-6.

[3] 赵旭东，孙笑非.中国乡村文化的再生产——基于一种文化转型观念的再思考[J].南京农业大学学报（社会科学版），2017（1）：119-127，148.

[4] 费孝通.乡土中国[M].南京：江苏文艺出版社，2007：3.

[5] 梁漱溟.乡村建设理论[M].上海：上海人民出版社，2006：578-580.

[6] 高春凤.自组织理论视角下的城市社区文化建设[J].经济研究导刊，2011（25）：173-175，184.

[7] 闫小斌.从空间中的生产到空间的生产——图书馆服务转型的新趋势[J].图书馆论坛，2015（5）：27-31，49.

[8] 李晓明.重塑乡村生活意义与乡土文化价值[J].长白学刊，2012（4）：140-143.

[9] 李佳.乡土社会变局与乡村文化再生产[J].中国农村观察，2012（4）：70-75.

[10] 闫小斌，段小虎，贾守军，等.超越结构性失衡：农村公共文化服务供给驱动与需求引导的结合[J].图书馆论坛，2018（6）：31-36.

[11] 田丽，闫小斌.乡愁记忆：韩城村史馆建设新模式与新思考[J].图书馆，2018（9）：18-22.

[12] 廖白平.深度贫困地区思想脱贫探析——以安康市深度贫困县区为例[EB/OL].（2018-07-08）[2019-08-13].http://fyzx.ankang.gov.cn/akfz/html/2018-7-8/7465.html.

[13] 段小虎.回归乡村文化发展的历史逻辑：安康市乡村文化建设"三改革"制度设计概述[J].图书馆论坛，2020（3）：3-7，22.

（原载于《图书馆论坛》2020年第3期）

欠发达地区的乡村文化治理创新

——安康市国家公共文化服务体系示范区创建中的探索 [①]

闫小斌（陕西科技大学图书馆）

王海刚（陕西科技大学图书馆）

范　红（西安文理学院图书馆）

陈碧红（宝鸡市图书馆）

党的十九届四中全会通过《中共中央关于坚持和完善中国特色社会主义制度、推进国家治理体系和治理能力现代化若干重大问题的决定》，为推进新时代中国特色社会主义制度建设指明了方向，也将治理问题推向理论前沿。2020 年 10 月 26 日，党的十九届五中全会首次明确了建成社会主义文化强国的时间表。在此背景下探讨乡村文化治理问题，具有重要的理论价值和现实意义。从已有研究来看，乡村文化治理涉及"主体性"和"对象性"两个视角，以"乡村文化"为治理对象，相关研究涉及的宏观性理论阐释[1-4]、对策性建议[5-8]和实践性路径[9-12]从不同角度体现了乡村文化治理的历史跨度及其在社会治理结构中的重要地位，但仍需提供一个整体性解决方案。

安康市地处秦巴山区腹地，面对"四区叠加"的独特市情、公共文化建设"五大结构性"矛盾[13]以及高质量发展新要求、乡村治理新使命、文化建设新任务、乡村振兴大格局，安康市跳出了从文化到文化、就文化建设文化[14]的狭隘视野，将"国家公共文化服务体系示范区创建"（以下简称"示范区创建"）视为增强区域发展软实力、激发追赶超越正能量、提升群众幸福感的重要机遇，充分聚焦乡村文化"三个建设"——乡村新民风建设、乡村文化服务能力建设、乡村文化治理体系和治理能力现代化建设。以段小虎为组长的制度设计课题组提出了以新民风建设为引领，以乡村文化"三改革""三培育""三结合"为核心，以公共文化服务"六新实践"为主要内容的乡村公共文化服务创新发展[13]制度设计框架，推动示范区创建取得了良好的成效，也为构建新时代乡村文化治理理论体系提供了

① 本文系陕西省社科基金项目"推进陕西基本公共文化服务均等化的治理研究"（项目编号：020N005）、安康市"创建国家公共文化服务体系示范区"（文公共发〔2017〕25 号）制度设计课题研究及陕西省图书馆学会重点课题"陕西农村地区'主题阅读'组织方法与模式研究"（项目编号：191011）研究成果。

思路，为探索欠发达地区乡村文化治理模式提供了经验借鉴。

1 新时代乡村文化治理基本理论

"治理"是在全球范围内广为流行的概念。全球治理委员会的界定具有权威性：从形式来看，它并非一套规则或一种活动，而是一个过程；从实现方式来看，它不以支配为基础，而是重视调和；从主体来看，它涉及公、私、非营利组织等多元化机构；从特点来看，它并不意味着一种正式制度，而是有赖于持续的相互作用[15]。20世纪后半期，联合国世界文化与发展委员会在 *Our Creative Diversity* 报告中，将"治理"概念引入文化领域。在应对全球化趋势下的复杂冲突、认同危机等新问题过程中，"文化治理"成为各国推动传统文化管理体制变革的新宠，用"合作"取代"管理"，有助于培育一种新型公民社会关系[16]。从"对象性"视角而言，乡村文化治理是对乡村文化生活或受文化制约的乡村社会秩序进行有效规范的过程，是一个涉及自然环境、社会制度、经济体制、人口结构、文化传统、生产生活方式等因素的系统性工程。晏阳初、梁漱溟都推崇社会教育在乡村建设、乡土重建中的重要作用，费孝通则主张通过经济建设达到重构乡土社会的目的[17]。

文化生态学理论与历史制度主义思想为乡村文化治理提供了理论借鉴。文化生态学理论认为，不同的文化在不同的环境中会经历不同的适应与发展过程，而在相似的环境下则有可能产生相似的发展模式[18]。显然，文化发展模式与其所处环境之间存在着极为密切的联系，奠定了乡村文化治理的基本遵循：一方面，要从乡村文化发展的独特自然、社会、人文环境出发，做出科学、有效的政策与制度安排，提升乡村文化治理的效度；另一方面，要以乡村文化生态的修复和改善为目标。唯有如此，治理乡村文化的举措才具有可持续性。总体而言，乡村文化治理并非只是文化领域、文化部门的"孤立"行为，而是事关公私部门、社会组织以及村民个人，涉及政治、经济、文化、社会、生态等领域，是与乡村振兴相协调的综合性、系统性工程；乡村文化治理以文化为中心，关乎文化发展也影响社会运行，是"工具性"与"对象性"的辩证统一；乡村文化治理既要尊重传统又要面向未来，同时必须遵循乡村文化发展的内在规律；乡村文化治理的根本目的在于实现乡村文化的可持续发展，更好地发挥乡村文化的功能，彰显乡村文化的价值，其中建设与发展乡村文化是推进乡村文化治理的"主线"。从历史制度主义的观点看，文化治理必须立足现有制度框架，选择与之相匹配的文化政策[19]。这就要求当代乡村文化治理的政策与制度设计既要秉承乡村社会制度的优良基因，又要符合当下国家治理乡村社会的新理念、新趋势。

乡村文化治理的现代性构建是解决乡村文化发展逻辑"断裂"以及由此引发的乡村社会治理新矛盾的重要突破口。进入中国特色社会主义新时代，我国社会的主要矛盾、经济社会发展方式以及乡村文化治理的社会基础、制度规范、价值观念等均发生了较大变化，传统的"伦理本位""礼治秩序""差序格局"已不再是当今乡村社会的基础性秩序。然而，发源于乡村的优秀传统文化凝聚着无数先人的集体智慧，是中华文化的根脉，所形成的治理机制几千年来一直是中国乡村社会有序统治的密码[20]，也是奠定乡村文化自觉和自信的基础，绝不能在现代化进程中随意割裂或任其衰落。与此同时，"现代化"作为当今世界不可逆转的发展潮流，已经建构起一个高度制度化和效率化的社会，完全回归"礼俗社会"传统或重返乡村文化治理的"自然、自治、自适"[21]状态也不是一个现实的选择。乡村文化治理的现代性构建，旨在通过治理要素、理念、机制、方式、手段等的改革创新，推动乡村"文化场域"、内生机制和价值体系重塑[21]，适应当代社会发展的新环境、新要求。

乡村文化治理体系和治理能力现代化是时代的要求。2019 年 6 月，中共中央办公厅、国务院办公厅印发《关于加强和改进乡村治理的指导意见》，对我国乡村治理体系和治理能力现代化的目标、机制、标准等提出明确要求。习近平总书记指出，一个国家选择什么样的治理体系，是由这个国家的历史传承、文化传统、经济社会发展水平决定的[22]。乡村文化治理体系和治理能力现代化必须遵循乡村文化传统和社会发展现实状况。乡村文化治理体系和治理能力现代化是乡村治理体系和治理能力现代化的重要组成部分，其核心是通过治理理念创新、结构改革、方式变革，构建起符合新时代乡村社会发展要求、更好满足乡村社会需求、有助于乡村和谐稳定的乡村文化治理新生态。

2 安康在乡村文化治理领域的创新探索

依托国家公共文化服务体系示范区制度设计的引领和创建工作的直接带动，安康在乡村文化治理领域开展了一系列富有成效的探索，形成了具有地域特色的乡村文化治理创新实践。

2.1 新民风建设重塑乡村文化价值共识

对于当代乡村文化治理而言，首先要解决的是文化的根脉问题、认同问题，只有让主体懂得该尊重什么、学习什么、传承什么，才能重塑他们的行为导向，文化共识是乡村文化治理的根基。目前乡村文化发展的社会基础、制度规范、价值取向在现代化进程中发生了重大改变，乡村文化"再生产"秩序受到不同程度的破坏[23]，并伴随着大量消极因素和不协调的问题：一方面，基层干部群众中存在不良人情风、盲目攀比风、低俗恶搞风、打牌赌博风等，严重影响了当地社会风气；另一方面，部分群众丧失自我斗志，出现"等靠要""争访闹"等怪象，制约了经济发展进程。尽管如此，也必须认识到，无论时代如何变迁，乡村文化的"基因"并没有因为新思想、坏风气的冲击而彻底泯灭，只是换了一种方式存在而已[24]，特别是那些优良的传统、高尚的精神追求。

求治之道，莫先于正风俗。为了旗帜鲜明地反对恶俗陋习、树立文明新风，2017 年 3月安康市出台《关于大力推进新民风建设的实施意见》，启动了以"诚、孝、俭、勤、和"为核心、以践行社会主义核心价值观为目标的新民风建设工程，计划用 3 年时间，以"道德评议、移风易俗、文化传播、文明创建、诚信建设、依法治理"六大活动为载体，推动乡村文化观念和社会风气重塑。新民风建设工程大大增强了村民的文化归属感、认同感和自豪感，其现实意义在于把个人团结到稳定的社会结构之中，从而使有秩序的社会生活成为可能[25]。为了充分发挥优秀传统文化凝聚人心、教化群众、淳化民风的积极作用，按照《关于实施中华优秀传统文化传承发展工程的意见》要求，安康市将优秀传统文化传承保护与经济社会发展相结合，对优秀传统文化采取"三步走"方案，即盘活存量、发展增量、彰显价值：第一步是采取村级申报和区县普查相结合的方式，摸清家底；第二步是按照"一事一议"方法制定保护与传承方案，符合条件的纳入"区县非遗保护名录"；第三步是通过创造性转化、创新性发展、文旅融合等灵活方式，挖掘传统文化的经济价值和社会价值。

通过实施"新民风建设"和"优秀传统文化复兴"两大工程，并与践行社会主义核心价值观相结合，发挥"传统"与"现代"两种规范力量，解决了乡村文化价值观念分裂、社会风气低俗、发展动力不足、群众文化生活单调等问题，凝聚起乡村文化共识、发挥价值引领作用。

2.2　文化理事会推动乡村文化治理结构改革

从宏观视角看，当代乡村文化治理的一个显著特征是嵌入性[1]，从中央到基层都有一个党组织引领先进文化的前进方向，以政府部门、公共文化机构及组织等为主导，形成了当代乡村文化治理基本体制。然而现实表明，这种体制容易造成文化创造主体、消费主体与服务主体、管理主体的"错位"，难以解决乡村基层的文化供给问题，也不利于乡村文化的可持续发展。

安康示范区创建制度设计课题组提出建立"乡村文化理事会"，推动乡村文化治理结构性改革的设想。具体做法是，以新民风建设中倡导的"一约四会"村级治理机制为基础，以新乡贤、文化能人、文艺骨干为主要成员，组建具有现代治理结构特性的"乡村文化理事会"。乡村文化理事会根据政府相关政策制定《章程》，统筹安排并整合村级各类文化资源，自主制定本村公共文化发展规划和文化活动年度计划，代表村民向上级文化主管部门或区县、乡镇公共文化服务机构提出需求、反馈意见。同时，通过事权下放、财权下移、事权与财权相匹配的方式，培育文化"自组织"能力，激活创新发展的内生动力。对于乡村文化理事会设立程序规范、管理制度完善、活动内容丰富的行政村，上级部门根据相关政策和规定给予奖补，资金由乡村文化理事会根据村民意愿和实际需要，自主组织活动或购买相关文化器材与服务，逐步扩大乡村文化理事会服务供给和经费支出的自主权。

乡村文化理事会使一度被严重忽视的乡村社会"自治"传统和被边缘化的"乡贤"群体重新回归文化治理领域，推动乡村文化由行政管理向民主治理转变，逐步实现乡村文化创造主体、消费主体和管理主体"三体合一"，激发了乡村文化发展活力，提高了乡村文化治理的效率和稳定性。

2.3　供给侧结构性改革化解乡村文化供需矛盾

从新公共管理理论来看，服务是政府治理的本质属性，治理的根本目的在于优化服务[26]。一方面，政府在实施乡村文化治理中，要重视文化服务的供给，化解乡村文化供需矛盾，推动供需体系有效对接；只有解决了百姓的文化需求问题，才能实现良好的治理。另一方面，乡村社会问题往往都有着复杂的文化根源，一些地区存在的不良风气、封建迷信乃至暴力犯罪等问题，与文化供给不足、供给结构不合理、供给品质不高有着紧密关联。安康通过乡村文化供给改革，用先进文化占领乡村文化阵地、引领乡村文化发展，从而实现良好治理。通过乡村文化治理提升文化服务水平，在乡村文化建设与服务中实现文化治理变革，达到目的与手段的辩证统一。

一是改革乡村文化供给结构，培育以乡村文化理事会为主体的基层供给体系。通过完善乡村文化理事会制度，强化其公共文化服务决策权、资源配置及经费支出自主权等，提升了文化供给效能。

二是增加供给总量、提高供给质量。扶持业余文化社团发展，组织开展艺术培训、全民阅读、群众文化艺术创作、文艺演出、科学普及、普法教育、非遗传承、优秀传统文化宣传推广等服务活动；聘请民间工艺传承人、退休教师、有专长的文化志愿者作为村级文化指导员，为村民提供文化娱乐、政策咨询、文化培训等服务。

三是加大对乡村文化服务的保障力度。确保各级政府专项文化事业经费用于文化领域，引导社会组织、企业单位参与乡村文化建设，市、县（区）文化馆及图书馆结合村（社区）服务点实际，有计划地开展业务培训、项目指导、送服务等。四是多元参与乡村文化供给新体制的共建。通过创新社会帮扶机制、组建乡村文化理事会、引入科技手段等，初步构建起以法制为基础，党建引领，政府支持保障，公共文化机构指导，乡村文化理事会为主体，社会机构帮扶，村民参与，科技支撑的多元化乡村文化供给新体制。

随着乡村公共文化服务制度体系和设施体系的不断完善，服务能力和服务效能的全面提升，乡村公共文化服务不断用先进文化引领乡村、哺育乡村、充实乡村、文明乡村。读书看报、听讲座、参加文化活动、观看演出、非遗技能学习等日渐成为乡村文化消费的新风尚。

2.4 "三结合"拓展乡村文化的社会治理功能

早在十月革命时期，列宁就指出，农村文化建设是农村政治、经济发展的前提与基础，必须以其为突破口促进苏俄农村的建设与发展[27]。以乡村文化建设为突破口，推动重点改革任务的落实落地，实现乡村全面发展，是作为欠发达地区的安康在示范区创建之初就谋划的战略构想。为此，制度设计课题组提出了乡村文化建设"三结合"的思路，拓展乡村文化的社会治理功能。

一是与经济发展相结合。在示范区创建的推动下，安康采取文化引领与产业带动"双轮驱动"，实施价值重构、项目培育、政策扶持、产业布局、文旅融合"五策并举"的战略，使文化"软实力"成为经济发展的"硬支撑"；通过文化服务优化发展环境，通过文化能人带动创业就业，通过文化创意推动产业升级，为地方经济发展注入新动能。

二是与新时代文明实践中心建设相结合。新时代文明实践中心建设是党中央为更好地统一思想、凝聚力量，推动基层思想政治工作和精神文明建设守正创新、全面加强而采取的一项战略举措。将乡村文化建设与新时代文明实践中心建设相结合，统筹政治目标、文化目标和乡村治理体系与治理能力现代化目标，实现资源共建共享。

三是与乡村学校教育相结合。实施"山区百校文化月"项目，开展美术、民间文学、音乐、书法、摄影、剪纸、舞蹈等的免费培训活动，使山区学校的孩子在享受艺术普及和审美教育的同时，激发内在潜质、点亮艺术之光；通过"关爱留守儿童"公益项目，将艺术培训、艺术创作、艺术欣赏送到山区留守儿童身边，用艺术的阳光温暖留守儿童的心灵、激发美丽的梦想；通过"安康·阅读起跑线"项目，实现西安"最美校园图书馆"结对帮扶山区中小学图书馆，提升了后者的阅读推广、数字化及信息化服务能力。

3 安康乡村文化治理成效

当前我国乡村文化治理的目标在于扭转乡村文化发展逻辑扭曲、内生动力不足、传统文化传承断裂、文化供给错位、乡风民俗恶化等态势，推动乡村文化繁荣发展，为实现乡村振兴奠定基础。作为融入示范区创建全局、欠发达地区创建示范区突破口而致力打造的核心亮点，安康乡村文化治理实践取得了显著成效。

3.1 乡村优良家风民风得到强化

在新民风建设工程的推动下，安康乡风民俗治理机制不断完善，道德评议活动实现常态化，乡村优良家风民风得以强化。

一是机制不断健全。作为破陋习、树新风、重抓手的"一约四会"机制不断完善，全市所有行政村遵循立足村情、群众认可、可行管用的原则，修订完善了村规民约，建立了红白理事会、村民议事会、道德评议会、禁毒禁赌会等基层自治组织。

二是道德评议常态化。全市1653个村（社区）均组建了"道德评议委员会"，重点针对改革发展中的"等靠要""争访闹"、婚丧嫁娶中的大大办、日常生活中的打牌赌博及封建迷信等不良风气开展定期评议。累计开展道德评议会4260场，树立正面典型6290例，帮教转化2528例，734户群众通过努力走上致富路，农村大摆酒席现象减少三分之二，乡村居民有了更多的时间和经济条件参加公共文化和体育健身活动，基层群众思想道德水平明显提高，涌现出全国文明单位18个、文明村镇13个，乡风文明建设效果明显。

三是家训文化进万家。全市推广了"汉阴沈氏""白河黄氏""岚皋杜氏"等12部家训家规，编印了《安康优秀传统家训注译》《安康最美家庭故事选编》，开展新民风和家训家规活动6000余场，以家风建设正德树人、淳化民风；全市共评选"最美家庭"8万余户，表彰"好婆婆""好媳妇""好妯娌"1万余名，上榜"中国好人"36人、"陕西好人"76人，荣获"全国道德模范"提名3人、"全国文明家庭"1个。2017年枞岭村被国务院授予"创建无邪教示范村"荣誉称号；2019年"陕西省家风教育示范基地"在沈氏家训展览馆挂牌成立，成为安康首个、陕西省第4个由省委文明办、省妇联命名的家风教育示范基地。

四是孝道文化渐浓。根据《老年人权益保障法》《新时代公民道德实施纲要》《公共文化服务保障法》等关于"弘扬中华民族敬老、养老美德""自觉传承中华孝道"的要求，县（区）38个农村特困人员供养机构、社区日间照料中心、农村互助幸福院开展了"艺养天年"老年人公共文化服务活动，通过送阅读上门、文艺展演进门、艺术欣赏、文艺联欢等方式，向老人们提供文化服务，满足老年人基本文化需求，促进了爱老、敬老的社会风气，弘扬了传统孝道精神。

3.2　优秀传统文化实现创造性转化创新性发展

（1）"戏曲之花"再现"雄风"。通过实施"汉剧振兴"七大工程，使汉调二黄这个曾经在金州大地兴盛数百年的"戏曲之花"历经多年沉寂之后，再次焕发勃勃生机。一是保护与传承效果显著。收集整理了 200 余本古典大戏剧目，编辑出版了 500 多万字的汉调二黄系列丛书，发展"二黄班社"近 50 个，安康剧院、汉调二黄文化园建成并投用。二是文化活动丰富多彩。每年元旦、春节举办汉调二黄迎春晚会，端午节期间举办"'我要上龙舟节'汉调二黄电视擂台赛"，举办"汉调二黄大舞台"展演活动等。三是人才培养体系基本建立。举办培训班 1000 余场，培训各类戏曲人员近 5 万人次；命名 47 位市级汉调二黄传承人，落实市级传承人每人每年 2000 元的传承经费，选派青年骨干学习深造，"汉调二黄进校园"示范学校发展到 102 所，联合高校开办的"汉调二黄艺术班"（童子班）已招录学员 65 人。四是精品剧目走向全国。安康汉调二黄研究院成功申报为"省级非物质文化遗产传承基地"，市政府每年预算安排 50 万元扶持大剧创作，恢复和编创大戏、折子戏几十部，并在北京、广东、上海、江苏、新疆、西藏等地巡演。其中，《大破天门阵》获"陕西省第六届艺术节"综合一等奖，《莲花碑》《五女拜寿》获"陕西省第七届艺术节"最高奖——优秀剧目奖，大型汉调二黄现代戏《风雨赵家楼》二次斩获陕西省艺术节"文华剧目奖"。

（2）"新民歌剧"焕发时代风采。起源于二十世纪六十年代的安康"新民歌剧"是在汲取紫阳民歌、汉调二黄和陕南民间舞蹈艺术基础上形成的新剧种。1959 年春，为迎接中华人民共和国成立十周年，紫阳县文化馆以黄群众为首的文艺工作者通过改编紫阳民间流传的《嫁嫂失妻》故事，创作了鞭挞旧社会"赌与毒"、赞扬新社会淳朴乡风和善良民风的作品《王二嫁嫂》，"新民歌剧"由此走向全国。然而，1980—2010 年间仅有两部新作品创作，民歌剧发展陷入低谷。从 2011 年开始，随着国家不断加大优秀传统文化保护与传承力度，以及现代公共文化服务体系建设的加快推进，特别是在示范区创建工作的推动下，安康"新民歌剧"重新迎来黄金发展期，先后有 10 余部紧扣时代主题的新作品问世，最新代表作《闹热村的热闹事》成为安康传统文化艺术振兴的优秀代表性成果。

3.3　乡村文化内生性发展动力得以激活

2019 年安康市印发了《关于开展乡村文化理事会和乡贤读书促进会试点工作的通知》（安公文创办发〔2019〕18 号），在 32 个行政村开展了"乡村文化理事会""乡贤读书促进会"试点建设，各行政村均通过民主协商制定了符合本村实际的《乡村文化理事会章程》。

汉阴县三元村在党支部带领下，通过走访群众、广征民意、问智于贤达，把"讲奉献、有威信、热情高"的"文化能人"和本村走出去的"成功人士"组织起来，将原来的"四会"重新整合到新成立的"乡村文化理事会"之中，增设老年文体协会、关爱妇女儿童协会、家训文化协会、书画协会、民间文艺协会等群众组织，每名文化理事会成员根据自身优势联系相关协会组织，各协会组织也有各自的负责人和基本成员。乡村文化理事会可以根据具体工作需要，采取宜分则分、宜统则统的人员调配机制，统筹使用本村文化资源，形成人尽其才、才尽其用的"内生性"发展格局。

在乡村文化理事会的推动下，三元村把文化阵地留给群众，把活动主导权交给百姓，通过自我组织、自我管理、自我服务、自我发展，较好地解决了公共文化服务上热下冷、上强下弱、上宽下窄和政府供给单一、同质化等问题，群众的主人翁意识、幸福感和获得感明显增强。过去，文化活动大多是"送"下来的，即使不合"胃口"，群众也只能被动接受；如今，按照《乡村文化理事会章程》的规定：除上级政府与文化主管部门划拨和奖补资金、村级公共文化建设经费、社会力量捐赠之外，三元村每年从集体经济收益中提取公益金，用于村文化建设。2019年，三元村筹集86万元支持文化建设，建成"村史馆"，并打造出"乡贤茶话会""孝老敬亲院坝会""农民趣味运动会"等村级文化服务品牌。在文化体育活动中，群众自发购买服装，举行盛大开幕式、入场式，参加翻轮胎、拔河、抢凳子、三人六足、投篮、跳绳等比赛项目。他们还自编自演小品、歌舞、啦啦操、情景剧等文艺节目，展现了新时代乡村居民的新形象。

2018年，石泉县政府出资400余万元创编了以鬼谷子文化、蚕桑文化、汉水文化为主要内容的《丝路之源·十美石泉》实景剧和《县令出巡》古装情景剧，100多名演员全部来自周边村或社区文艺社团。他们通过政府购买服务或公益性岗位的方式参与到演出中来，平日务农或忙家事，周末及节假日参加演出排练，既解决了民间文艺团队的生存与发展问题，也满足了基层群众自我展示、自我服务的需要。

3.4 文化经济价值充分彰显

"非遗"文化资源不仅是凝聚着集体智慧和群众创造力的精神"富矿"，也蕴含着巨大的经济价值，只要勇于创新、科学规划，完全可以成为致富发展的"硬支撑"。

一是形成"非遗项目＋精准帮扶"发展模式。依托"旬阳拐枣酒酿造技艺"成立的生态农业公司，辐射带动了全县21个镇305个行政村3万余户农户致富奔小康；依托"紫阳毛尖茶制作技艺"建设的3500多亩生态茶园，帮助1万多户家庭走上了富裕道路；依托

"王彪店黄酒酿造技艺"成立的酒业公司，为当地百姓提供 200 多个就业岗位，年人均收入 2 万多元。

二是利用"非遗"成功打造节日文化品牌和"非遗小镇"。安康的"龙舟节""硒博会""文化遗产日"等文化品牌和石泉县"中坝作坊小镇"、岚皋县"非遗文旅小镇"、镇坪县"腊味小镇"、汉滨区"火龙小镇"等，每年都会吸引大批游客，为当地带来可观的文化红利。石泉县"中坝作坊小镇"还通过集中 30 余项"非遗"项目，吸纳 41 个农户带资入股，每年户均分红 3000 多元；聘用 30 多位村民在作坊小镇务工，人均年收入 2 万多元，辐射带动周边 5 个村增收致富，"非遗项目 + 特色小镇"模式成为当地的经济增长点。

三是调动传承人和文化企业积极性。通过搭建学习平台、政策和资金支持等形式，调动"非遗"传承人和当地文化企业参与乡村振兴。在宁陕县政府支持下，"秦巴木根艺雕刻技艺"传承人陈盛宁成立"雕刻工艺坊"，吸纳当地村民共同致富。镇坪县文化企业陕西南山燕实业有限公司招聘 105 名当地劳动人口，将其培训为刺绣、竹编技艺工人，实现自强自立；还通过"互联网 + 特色家庭手工业"方式，组织具有布鞋制作技艺的农村妇女制作传统手工布鞋，利用京东等电商平台定制销售，带动当地经济发展。

4　总结与展望

安康示范区创建制度设计研究取得了丰硕成果，先后转化出台了五大类 15 项政策文件和制度，初步形成了新民风建设引领乡村公共文化服务创新发展的长效机制。一是出台了《安康市乡村公共文化供给侧结构性改革工作实施方案》（安文旅广发〔2020〕107 号）和《关于全面推行乡村文化理事会建设工作的通知》（安文旅广发〔2020〕126 号），在试点工作取得重大成效的基础上，继续深化供给侧结构性改革，在全市 11736 个行政村、社区全面推行乡村文化理事会建设；二是制定《关于进一步加强新民风建设引领乡村公共文化服务创新发展的实施意见》，全面采纳制度设计课题组提出的乡村文化建设与服务发展思路，并将"六新实践"提升为"八大工程"，对示范区验收后的重点任务、工作规划和保障措施做出制度安排。

理论研究与实践表明，当代乡村文化治理有以下基本认识：一是随着时代发展，乡村文化发展都会存在难以适应现代化进程的问题，乡村文化治理必须处理好"过去""现在"以及"未来"的有效衔接；二是乡村社会几乎所有问题都有其复杂的文化根源，乡村文化治理不仅要解决文化自身的发展问题，还要在提升村民精神风貌、参与乡村建设、推动乡村经济发展、完善乡村社会治理等方面发挥积极作用；三是乡村文化治理不仅要推进科学化的政策制度体系建设，更要在遵循文化发展内在规律与发展逻辑的基础上改善乡村文化生态。

推动乡村文化治理要重点解决基层组织性缺失与内生动力不足、行政主导下的文化供需错位及发展逻辑扭曲、社会参与程度较低等核心问题，安康的示范区创建实践正是在上述认识基础上的探索。从思想共识入手，以文化建设为主线，以重塑文化生态为依托，以结构性改革为抓手，以拓展功能为方向，以实现文化健康发展为目标，是安康实践的基本思路。从现实来看，治理结构改革是乡村文化治理体系和治理能力现代化的基本问题、核心问题，也是乡村治理体系和治理能力现代化的关键环节，将为推动基层民主管理、凝聚群众集体智慧和力量、构建"德治""法治""自治"三治融合的现代乡村社会治理体系提供动力机制。如果说安康实践在乡村文化治理方面有所突破的话，那么关键就是抓住了治理结构改革这个核心，即构建了以乡村文化理事会为主体的基层文化"自组织"体系，并结合当地独特的自然地理环境、社会文化传统以及示范区创建实际，融入文化服务观念变革，且与供给侧结构性改革同步推进。对于地处山区的安康来说，将文化"软实力"转化为经济社会发展的"硬支撑"正是其独特之处，不仅为欠发达地区公共文化服务体系建设做出了示范，也形成了独具特色的乡村文化治理模式。当然，也应该看到，在理论方面，体现"中国道路"、彰显"中国特色"的乡村文化治理创新理论体系探索还有待持续深化；在实践方面，面对数字化技术及产品日益盛行的趋势，推进乡村文化服务数字化、探索乡村文化数字治理也是未来需要深入研究的问题。

参考文献

[1] 刘彦武. 从嵌入到耦合：当代中国乡村文化治理嬗变研究 [J]. 中华文化论坛，2017（10）：5-13，190.

[2] 庄学村. 失衡与平衡：新型城镇化建设中乡村文化治理研究 [J]. 昆明理工大学学报（社会科学版），2020（3）：114-120.

[3] 刘潇，王虹. 基层政府视角下的乡村文化治理研究 [J]. 中共石家庄市委党校学报，2019（9）：37-40.

[4] 王彤晖. 当代乡村文化治理的问题及对策研究 [D]. 济南：山东师范大学，2018.

[5] 黄荆晶，邓淑红，郭萌. "一带一路"背景下西北地区乡村文化治理路径探析 [J]. 现代农业，2017（7）：93-95.

[6] 张海荣，张建梅. 向里用力：转型期乡村文化治理的根本途径 [J]. 中国特色社会主义研究，2020（2）：63-70.

[7] 朱菲菲，包先康. 乡村文化治理的主体缺失及其改进措施 [J]. 佳木斯大学社会科学学报，2016（6）：

　　　　53-57.

[8] 李玉曼 . 腾冲和顺乡村文化治理的现状与反思 [J]. 西南林业大学学报（社会科学），2019（6）：
　　　　80-84.

[9] 黄光灿，奚少敏 ."可持续型"治理路径下的乡村文化治理对策研究——以广东省惠州市 L 镇为例
　　　　[J]. 现代营销（经营版），2019（11）：36-37.

[10] 刘建 . 嵌入式治理：乡村文化治理的运作机制及实践困境——基于 Y 县"十星级文明户"的案例
　　　　分析 [J]. 中共宁波市委党校学报，2020（3）：87-96.

[11] 侯青青 . 探索乡村文化治理之路——基于山西省 L 村的个案研究 [J]. 经济研究导刊，2020（4）：
　　　　25-26.

[12] 司光冉 . 乡村文化治理的实践与反思——以惠州市妈庙村为例 [J]. 惠州学院学报，2020（2）：21-
　　　　25，73.

[13] 段小虎 . 回归乡村文化发展的历史逻辑：安康市乡村文化建设"三改革"制度设计概述 [J]. 图书
　　　　馆论坛，2020（3）：3-7，22.

[14] 王惠君，王全吉，张靖 . 贫困地区公共文化服务创新发展："安康样板"研究 [M]. 广州：广东人
　　　　民出版社，2020：1.

[15] 俞可平 . 治理与善治 [M]. 北京：社会科学文献出版社，2000：270-271.

[16] 郭灵凤 . 欧盟文化政策与文化治理 [J]. 欧洲研究，2007（2）：64-76，157.

[17] 徐艳芳，仇文静 . 我国乡村文化治理研究回顾与展望 [J]. 中国文化产业评论，2015（2）：127-
　　　　140.

[18] 席婷婷 . 文化生态学理论及其实证解读 [J]. 大连民族大学学报，2016（2）：107-110.

[19] 朱锦程 . 历史制度主义视角下的澳大利亚文化政策研究 [J]. 东南亚纵横，2010（7）：81-86.

[20] 于语和，雷园园 . 村民自治视域下的乡村德治论纲 [J]. 山东大学学报（哲学社会科学版），2020
　　　　（1）：134-142.

[21] 李晶 . 乡村传统文化治理体系的现代性构建 [J]. 图书馆论坛，2020（3）：15-22.

[22] 习近平 . 完善和发展中国特色社会主义制度推进国家治理体系和治理能力现代化 [EB/OL]. [2020-
　　　　07-14]. http://cpc.people.com.cn/n/2014/0218/c64094- 24387048.html.

[23] 闫小斌，范红，闫毅 . 乡村文化再生产的秩序重构 [J]. 图书馆论坛，2020（3）：8-14.

[24] 赵霞 . 乡村文化的秩序转型与价值重建 [D]. 石家庄：河北师范大学，2012.

[25] 赵旭东，孙笑非 . 中国乡村文化的再生产——基于一种文化转型观念的再思考 [J]. 南京农业大学
　　　　学报（社会科学版），2017（1）：119-127，148.

[26] 程毅 . 从单一垄断到多元互动：政府治理模式嬗变的多维视角 [J]. 浙江学刊，2009（3）：111-
　　　　113.

[27] 丁冬雨，孙迪亮 . 列宁的"文化下乡"思想初探 [J]. 吉林省教育学院学报，2019（1）：130-133.

（原载于《图书馆论坛》2021 年第 4 期）

新时代农村图书馆建设：从保障基本权利到创新发展 ①

闫小斌（陕西科技大学图书馆）

《中华人民共和国公共图书馆法》的颁布实施，彰显了公共图书馆事业在中国特色社会主义文化中的重要地位，标志着我国历经百余年的公共图书馆事业跨入新时代[1]，在"总则"第一条关于立法宗旨的表述中，该法明确了公共图书馆"保障公民基本文化权益，提高公民科学文化素质和社会文明程度，传承人类文明，坚定文化自信"的功能定位，彰显了公共图书馆的社会地位与价值，也反映了新时代社会发展对公共图书馆的期待[2]。作为公共图书馆重要组成部分的"农村图书馆"也面临新的机遇与挑战。

从我国的实践来看，自近代图书馆理念传入，特别是古越藏书楼开启具有"公共"性质的图书馆时代以来，有识之士就把注意力投向了广大农村。1903 年创办的常德图书馆和1928 年在云南省腾冲县建立的和顺图书馆标志着图书馆由县城向镇、村基层的延伸[3]。然而新中国成立初期形成的城乡"二元体制"及改革开放后实行的"财政分级包干"制度等造成"农村图书馆"总体发展的滞后，"农村图书馆"曾长时间脱离公共图书馆话语体系与服务体系。进入新时代以来，我国社会主要矛盾的变化对各项事业都提出了高质量发展的要求，"农村图书馆"建设也必将迎来新的发展阶段。当前"农村图书馆"在建设理念、服务内容等方面还停留于传统思维，与公共图书馆发展新理念、新潮流、新趋势以及我国农村社会发展的新环境、新需求无法适应。以新理念引领建设、用新思路推动转型、以更大的决心建设"农村图书馆"并实现其跨越式发展、创新发展，既是时代的要求，也是图书馆在农村社会"立稳脚跟"[4]，走向未来的根本所在。

1 话语指向：理解农村图书馆

福柯将"话语"定义为隶属于同一的形成系统的陈述整体，每一种"话语"构成相对

---

① 本文系陕西省图书馆学会项目"基层综合性文化服务中心的资源整合与运行机制"（项目编号：181018）和安康市"创建国家公共文化服务体系示范区"（文公共发〔2017〕25 号）制度设计课题研究阶段性成果之一。

独立的"单位",具有特定的实践功能 [5]。根据话语分析理论,特定话语体系对于建构有关该事物的特定意义和社会实践具有重要作用。显然"农村图书馆"之表述突出了地域性范畴,就是设置于农村地区、面向农村居民服务的图书馆;一般而言,县级图书馆与(乡)镇图书室、(乡)镇综合文化站图书室、村(社区)图书室、村(社区)综合文化服务中心图书室、农家书屋都纳入"农村图书馆"的范畴,但事实上它们可能指向不同的设施与功能:前者可能是一个专业人员齐备、空间宽敞、藏书丰富、设备先进、服务多样的专业文化机构,但所处位置与服务对象可能与前述之"农村图书馆"不符;而后者则可能只是一个拥有狭小空间、一些旧书、几张桌子、几把椅子、无人值守的图书之"屋"或"室",却是真正建在农村、面向农村居民的"图书馆"。话语性差异反映了"现实",也扭曲了"图书馆"的"意义":同样是图书馆,却有着不同的样态与功能;承担相同的使命,却拥有不同的资源与配置。

话语指向的差异性反映了特定时期我国"农村图书馆"建设的无奈。一方面,在建设初期,图书馆因其所秉承的免费、开放、共享的理念,而被誉为"民主文化的武器库"[6],保障公民基本信息权利的制度 [7],地区信息中心、寻求知识的重要渠道、促使人们寻找和平和精神幸福的基本资源 [8] 等,以及在提高公民文化素质、保存人类知识、传播人类文明等方面所发挥的作用,为政府及社会力量支持农村图书馆事业的发展提供了有说服力的价值预期。另一方面,由于我国农村地域广阔、人口分散、经济基础薄弱,加之体制阻隔,"农村图书馆"曾长期处于无资金、不发展的状态 [9],历史欠账大,即便经过多年建设,全国还存在大约 329 个(达标 2522)县级图书馆达不到等级标准 [10],更不用说那些真正处于农村的"图书馆",数量更多,条件更差。通过差异性话语表达,将"图书馆"表述为"图书室""书屋"等,契合了低水平建构其社会功能及意义的现实与无奈。

赋予"农村图书馆"当代公共图书馆意义是新时代的要求。尽管那些真正位于农村的"图书馆"总是以不同的"话语"出现,但这无法掩盖他们就是农村"公共图书馆"的现实。问题在于赋予"农村图书馆"什么样的"意义",不仅决定了它与现代公共图书馆之间的语义关系,还决定该如何为其配置资源、设计服务、评估绩效 [11],最终影响我们塑造它的"模样"。从渊源来看,被称为"图书馆"的机构,主要在于其承担的社会分工职能,而非取决于其大小、资源,更不在于它是在繁华都市,还是在偏远农村。无论是县级图书馆,还是(乡)镇图书室、农家书屋,他们既是我国"农村图书馆"设施体系的主体,也是普通大众心目中的"图书馆",在本质上应属于"公共图书馆",不该脱离公共图书馆所承载的"意义",要具备现代公共图书馆的功能与配置,承担当代公共图书馆的使命与责任,适应世界公共图书馆的变革与发展。

2　保障基本权利：农村图书馆建设的百年梦想

我国农村图书馆建设的普及是在结束两千多年的封建帝制后才有可能出现的事。在一个世纪的沧桑巨变中，从个人开办到政府主导、从分散服务到体系化服务、从简陋的设施到智能化设施、从纸本资源到多载体资源、从零散布局到网络化覆盖、从服务于少数人的设施到保障公民基本文化权利的机构，农村图书馆经历曲折的变迁，形成了几个发展阶段。

第一阶段是清末至民国初期。这一时期是民主共和思想广泛传播的年代，同时身处半殖民地半封建社会，救亡图存是主旋律，战争与革命是时代主题，政权更迭频繁，各种社会思潮融合冲突，社会运动和文化运动不断。在此背景下，一些开明的爱国人士首开农村图书馆建设之先河，"中国乡村文化界堪称第一"[12]的和顺图书馆、"第一个正规的乡村图书馆"大公图书馆、"最早的乡镇图书馆"松口图书馆等都是在这一时期由进步人士创办。此外附设于乡村教育实验的图书馆大量存在，如晏阳初发起的河北定县乡村教育实验，梁漱溟领导的邹平县乡村教育实验，无锡民众教育实验等都附设有图书馆，地方政府出于统治需要以及对民教机构的干预也开始了直接建立图书馆的行为[13]。这一时期的农村图书馆主要有以下几个特点：其一是开面向普通大众服务之先河；其二是主要由一些开明的爱国人士、实业家、教育家等个人发起建设并管理；其三是在社会动荡不安的情况下实现了近代以来我国农村图书馆从小到大、从简单孤立到复杂联系的发展；其四是主要功能为社会教育，以实现救国救民之理想；其五是相关法规、政策的出台孕育了农村图书馆的政府"建制"身份；其六是依托教育体系初步形成了农村图书馆的体系化"雏形"。总体而言，农村图书馆的建设还处于私人创办为主，秉持教育民众的思想，数量有限。

第二阶段是抗战时期。在整个抗日战争和内战中，之前建立的农村图书馆遭遇破坏、掠夺、接管、停办、迁移等悲惨命运，总体发展呈现萎缩、停滞的状态，但是在抗战大后方特别是陕甘宁边区根据地，农村图书馆依然顽强存在并发挥了战时的特殊作用。边区根据地要求"县、区、乡、村都要有图书馆或红角的设立"，许多图书馆被迫迁到根据地农村后重建，也有农民集资建立的图书馆，不仅开展图书借阅、代购、读报等活动，同时还发挥了新闻播报、抗战动员、鼓舞士气、政策宣传、教育大众等特殊功能。由于战争破坏严重，加之政局动荡、经济落后，直到新中国成立前夕，多数图书馆也没有恢复到战前水平[14]。这一时期农村图书馆建设的主要特点包括：其一是围绕抗战需求的办馆方向；其二是战争期间坚持开馆，发挥了支援抗战的特殊作用；其三是坚持与教育机构合作办馆；其四是积累了在贫困农村开办图书馆的经验；其五是陕甘宁边区米脂县姜新庄村的"农民图书馆"开创了农民自办图书馆的先河；其六是农民自发形成的读报活动在边区农村地区广泛开展。总体而言，农村图书馆建设遭受严重破坏，处于恢复重建和艰难维持的状况。

第三阶段是计划经济时期。从新中国成立至改革开放前，我国实行计划经济体制。新中国成立初期百废待兴，在党和政府的号召下，当家作主后的广大农民文化学习热情空前高涨，1951 年文化部推出农村图书馆网络建设计划，1956 年党中央印发《全国农业发展纲要》提出在全国农村普及包括图书室在内的文化网络，有条件的村、镇开始设立图书室，送书下乡运动以及各行各业支援农业的大氛围，特别是图书出版部门对工厂、矿山、农村等的协助，促进了农村图书馆事业的恢复与发展[3]。期间发生的"大跃进"使图书馆职能被扭曲，农村图书馆的建设走向落寞[15]，三年困难时期以及"文化大革命"对全国图书馆事业造成严重破坏[16]。此后在"先工后农、先城后乡"的国家工业化导向下，形成了对我国社会发展影响深远的"二元体制"[17]，农村图书馆建设缓慢，农村公共文化服务长期处于低水平保障。

第四阶段是改革转型时期。改革开放使我国各项事业进入快速发展阶段，以经济建设为中心的发展方略以及家庭联产承包责任制，较快地解决了农村的吃饭问题，改变了物资极度匮乏的境况，但也在事实上消解了农村原有的集体经济基础。市场经济体制的推行强化了经济发展优先于文化建设的价值导向，即便"六五"规划提出"县县有图书馆的目标"，但在分税制改革下形成的"一级政府负责一级图书馆"的机制，在事实上使农村基层图书馆建设丧失了有效的政府保障。从九十年代开始国家实施了"万村书库"建设工程、文化科技卫生"三下乡"等文化惠民活动，总体而言农村公共文化服务供给呈现责任主体不明、城乡失衡加剧的趋势[18]。

第五阶段是市场经济完善时期。2006 年开始，我国全面取消农业税，《中共中央关于构建社会主义和谐社会若干重大问题的决定》首次提出建立覆盖城乡的公共文化服务体系，在全国范围内开展了以"农家书屋""乡镇（街道）综合文化站""文化信息共享工程基层服务点"为代表的基层文化设施建设[19]。2013 年首次由政府主管部门牵头制定的《全国公共图书馆事业发展"十二五"规划》提出实现"县县有图书馆"，且 60% 的县级图书馆达到三级馆以上标准，在全国乡镇和街道文化站、村及社区文化室设立图书室或图书馆服务网点，形成国家、省、市、县（区）、乡镇（街道）、村（社区）六级公共图书馆设施网络。2016 年文化部等多部委印发《关于推进县级文化馆图书馆总分馆制建设的指导意见》，提出以县域总分馆体系建设为架构的农村图书馆建设总方案。2017 年《中华人民共和国公共图书馆法》的出台，实现了图书馆事业发展的百年夙愿。这一阶段是农村图书馆建设发展最快的时期，从法规和设施建设两方面为保障农村居民基本文化权利奠定了基础。

3　新形势与新要求：农村图书馆建设面临的机遇与挑战

进入新时代以来，我国农村社会面临新的发展环境。社会主要矛盾发生变化，国家实施乡村振兴战略，传统文化受到重视，脱贫攻坚持续发力，文旅融合影响深远，图书馆作为农村社会少数体系化设置的公共文化机构，既迎来重大机遇，也面临艰巨挑战。

其一是价值重塑。《中华人民共和国公共图书馆法》的颁布实施彰显了公共图书馆事业在中国特色社会主义文化中的重要地位[20]，是从法制角度对公共图书馆这一社会制度的确认[2]，更是对公共图书馆之于社会发展的价值认可。然而，对农村图书馆的价值认知与社会认同的"背离"却是不争的事实，曾经县级图书馆服务的"消沉"，镇、村级"图书馆"建设"铺与补"的交替[21]以及"整批建设高潮—迅速消亡—再次整批建设—再次迅速消亡"[22]的坎坷发展过程，折射出的不仅是客观存在的经费保障问题、可持续发展困境，同时也体现了价值认知与社会认同层面的"危机"。当前镇、村级"图书馆"还面临"沦为"文化机构内设部门的境况，如何突出"重围"、融入新机制、体现新价值是"农村图书馆"必须应对的新挑战。农村图书馆需要以社会职能升级、专业能力提升、服务品牌打造为核心的价值重塑"运动"，凝聚起全社会参与、支持其发展的共识。

其二是社会需求的深刻变化。中国特色社会主义进入新时代，我国社会的主要矛盾已经转化为人民日益增长的美好生活需要和不平衡不充分的发展之间的矛盾。随着我国城镇化进程的加快，农村人口"空心化"程度加剧[23]，但伴随经济的发展，农村人口也明显呈现从高生育率的数量偏好向高人力资本投资的质量偏好[24]转型趋势，农村青壮年涌向城市，追求的不仅是基于生存的"打工"机会，更向往城市高品质的公共服务、多元化的文化享受。农村图书馆特别是中西部以及贫困地区镇、村级"图书馆"的"低水平"建设与服务，无法适应网络化、现代化、城市化浪潮深刻重塑下的农村社会。

其三是乡村振兴战略。乡村振兴战略是指导当前和今后农村各项事业发展的总纲领。《中共中央、国务院关于实施乡村振兴战略的意见》明确提出"产业兴旺、生态宜居、乡风文明、治理有效、生活富裕"的总要求。显然乡村振兴既为农村图书馆的建设带来新的机遇，也对农村图书馆的服务提出新的要求：一方面，乡村振兴文化先行，文化振兴是乡村振兴的应有之意；镇、村级"图书馆"作为基本公共文化服务设施，要在乡村振兴战略的支撑下实现自身的跨越式发展，成长为真正"意义"上的"图书馆"。另一方面，图书馆作为农村地区少有的、体系化程度较高、覆盖范围较广的知识、信息、文化传播机构，理应在乡村振兴的历史进程中发挥作用，彰显自身价值。

其四是乡村文化危机。改革开放以来，我国农村社会发生深刻变化，以自给自足为特点的自然经济日渐退出主导地位，以土地为中心的农村生产、生活方式发生巨大改变，农村大量青壮年离土离乡，基于"乡土性"而带来的"当地感"和"历史感"的丧失导致乡村意义的解体[25]。农村面临传统式微、现代性转换与建构不足的转型危机，乡村文化呈现文化抽离中的安全危机、文化断裂中的信任危机、文化隔阂中的认同危机、文化阻断中的表达危机[26]等多重危机表现形式，农村社会风气出现恶化，不良风气抬头，严重影响着农村的文化自信、文化传承与文化再生产。在此背景下，加强乡村文化治理刻不容缓，农村图书馆作为我国农村重要的现代文化机构理应有所作为。

4　创新发展：适应新时代与完成新使命

党的十九大报告提出我国经济由高速增长阶段转向高质量发展阶段。高质量发展不仅是指导经济领域发展适应新常态、新时代的新理念，也为公共文化领域的发展指明了方向，农村图书馆建设应该从增量型发展向重视质的提升逐步转变。农村图书馆建设的高质量发展就是体现当代图书馆新理念的发展，是符合均等化、标准化要求的发展，是能够更好适应农村社会发展、满足农村居民美好生活需要的发展。尽管我国农村图书馆建设还面临诸多困难，发展环境差异巨大，发展水平很不平衡，但这并不影响它们在各自的基础和条件下做出提高质量的努力。面对新形势、新环境、新要求，推动农村图书馆建设从"有没有"向"好不好"创新发展，是适应新时代、完成新使命的必然选择。

其一是以新理念引领农村图书馆建设。图书馆是生长着的有机体，正是在与社会同步变革、与时俱进的过程中实现着新生与再生。当今世界，一个由图书馆协同主导的知识传播、信息互联、开放学习的时代已经到来[27]。图书馆的馆舍建设正在朝着时尚化、人本化、个性化、创意化、体验化、多样化、智能化、环保、绿色的方向发展，健康信息服务、就业信息服务、创新培育服务、数据管理与分析服务、知识组织、文化素养教育等成为图书馆服务的新潮流。作为农村图书馆的中坚力量，县级图书馆建设要逐步体现这些新理念，特别是在服务方面，要通过人才建设超越传统阅读、借还服务，逐步提供空间服务、体验式服务、创意性服务、个性化服务、乡土知识服务以及信息咨询、智库服务等。有条件的（乡）镇、（社区）村级"图书馆"要在实现基本服务常态化、规范化的基础上，逐步优化空间，体现地方特色，力争成长为保护传统和传播新知识的文化空间。

其二是加快推进以总分馆制为基础的服务体系创新建设。推动落实"县域总分馆制"建设已成为新时代提升农村图书馆整体服务水平的基础性与关键性工程。总分馆制是国际通行的图书馆管理与服务组织体系，有助于提高图书馆服务效能和服务质量。实践表明在我国现行"科层制"体制下，（乡）镇、村（社区）级政府基本无力承担建设"图书馆"的责任，现有的（乡）镇、（社区）村"图书馆"也无法独立提供高质量的文化服务。要重点围绕资金、人员、体制等制约"总分馆"建设与运行的核心要素改革创新，真正赋予"总馆"资源整合与调配权力，通过灵活搭建总分馆平台，建构适宜运行模式，建立行业指导帮扶机制，统筹利用好免费开放资金等现有资源，调动其他社会力量参与，发挥好共享合作机制，尽快使这一文化改革任务普遍性落地生根，产生示范引领和聚集效应，带动农村图书馆服务水平整体提升。

其三是因地制宜推进镇村级"图书馆"提档升级。（乡）镇、（社区）村"图书馆"是真正位于农村基层、面向农村居民的"主阵地"，符合图书馆服务便利化的要求，是实现基本公共文化服务均等化的难点和关键，也是差异性最大的"图书馆"。总体而言，这些"图书馆"在服务"硬实力"和"软实力"建设方面相对滞后，要基于区域性、地域性差异适时启动升级改造工程。特别加大对中西部及贫困地区已建成基层图书馆设施的改造力度，在"硬实力"方面，重点是空间环境提升、网络数字化建设以及资源建设；在"软实力"方面，重点是服务能力建设和人员培训。要努力将这些"图书馆"建成农村集教育培训中心、知识与信息传播中心、文化展示与传承中心于一体的农村现代公共空间，成为农村居民的精神家园。

其四是推动农村图书馆建设融合发展。《联合国 2030 年发展议程》将图书馆列为消除贫困、促进农业可持续发展、提高教育质量以及保障国民健康的重要合作伙伴，突显了当代图书馆与其他组织、领域、行业建立伙伴关系，实现融合发展的新愿景。当前我国社会发展处于大变革的新时代，无论是农村社会还是公共文化领域都面临错综复杂的改革发展环境，农村图书馆只有融入改革大潮，找准定位、抢抓机遇、灵活变革、融合发展才能实现创新发展、跨越式发展。无论是县级图书馆还是镇、村级"图书馆"要主动与其他组织建立合作关系促进自身发展，包括与旅游部门合作推动文旅融合，与卫生部门合作推动健康信息服务，与文化馆、博物馆、文化组织合作推动"大文化"服务，与学校合作促进素养教育和阅读推广，与农技部门合作开展教育培训，与社区合作促进文化保护与传承，与其他类型图书馆合作促进资源共享等。要主动与数字技术、移动互联网、社交媒体、3D 打印、人工智能等新技术融合实现创新发展。镇、村级"图书馆"还要主动融入基层综合性文化服务中心建设、新时代文明实践中心建设等国家战略，以实现自身跨越式发展。

其五是强化以提升社会价值为目标的文化治理功能建设。图书馆的社会价值是其存在的根本所在，推动农村图书馆创新发展的原动力是基于其功能拓展的社会价值提升。强化农村图书馆的文化治理功能是提升其社会价值的重要突破口。文化的价值属性决定了我国农村公共文化服务体系建设不仅要满足农村居民的文化需求，保障其基本文化权利，同时要实现对农村居民的意识形态教育和价值引导，发挥文化治理功能。作为农村基本公共文化服务体系的骨干力量，图书馆可以通过示范性文化表征系统对社会公众的意识形态价值产生潜移默化的影响，实现社会心理与社会行为的优化[28]。以农村图书馆为代表的现代性公共空间的设计和建设可以作为以"空间"方式介入社会问题、伦理问题的一种积极途径[29]，担当起保护传统、重构乡村伦理、引领乡风建设、支撑乡村文化治理、培育乡村"文明生长点"[30]的重任，从而为实现创新发展、可持续发展奠定价值基础。

5　结语

曾经在动荡不安的时期承担起教化民众的重任，在战火纷飞的岁月坚守阅读的阵地，在物资匮乏的年代提供精神食粮。在不同的阶段，农村图书馆都以独特的姿态坚守，担负了无愧于社会的历史使命。权利是法律赋予公民实现自身权益的力量，《中华人民共和国公共文化服务保障法》与《中华人民共和国公共图书馆法》的出台赋予所有公民保障基本文化权利的力量，农村图书馆设施的全覆盖是保障农村居民基本文化权利的基础。尽管保基本、促公平依然是农村图书馆建设面临的首要任务，但饱受诟病的低水平建设不可能适应新时代我国社会高质量发展特别是城乡融合发展、乡村振兴战略、传统文化传承、乡村文化治理等深层次的改革发展要求，推动农村图书馆创新发展是适应新时代、满足高质量发展要求的必然趋势。《联合国教科文组织公共图书馆宣言（1994）》指出，公共图书馆是人们寻求知识的重要渠道，为个人和社会群体进行终身教育、自主决策和文化发展提供了基本条件。赫尔辛基市长扬·瓦帕沃里说："图书馆服务是对人的投资，促进市民发展进步，就是在为即将到来的未来做好准备。"[31]相对于城市较发达、可选择的资源而言，农村文化设施、文化服务的稀缺性使得农村图书馆建设成为更紧迫的任务、更需要的投资。当前图书馆是我国农村基层体系化程度最高、覆盖面最广的文化、信息、知识服务机构，最有可能成为乡村文明的传播者、乡村灵魂的守护者。农村图书馆建设的创新发展、高质量发展，需要以一种服务于地区文化生态改善提升的大格局制度设计思想[30]持续推进。

参考文献

[1] 李国新.《中华人民共和国公共图书馆法》的历史贡献[J]. 中国图书馆学报，2017（6）：4-15.

[2] 申晓娟，李丹.《中华人民共和国公共图书馆法》立法侧记：上[J].图书馆建设，2018（1）：7-18，29.

[3] 徐苇，盛芳芳.农村图书馆：中国图书馆事业发展中难解的一个结[J].图书馆论坛，2004（5）：23-26，32.

[4] 于良芝，陆秀萍，刘亚.公共图书馆总分馆建设的法律保障：法定建设主体及相关问题[J].图书情报工作，2008（7）：6-11，31.

[5] 黄兴涛."话语"分析与中国近代思想文化史研究[J].历史研究，2007（2）：149-163，192.

[6] 曹海霞.美国公共图书馆发展的社会历史条件探析（1850—1900）——解读《民主文化的武器（Arsenals of A Democratic Culture）》[J].图书馆杂志，2012（6）：14-19.

[7] 范并思.公共图书馆精神的时代辩护[J].中国图书馆学报，2004（2）：7-13.

[8] 联合国教科文组织公共图书馆宣言1994[EB/OL].（1994-10-29）[2019-07-16]. https://baike.baidu.com/item/ 联合国教科文组织公共图书馆宣言1994/6460328?fr=aladdin.

[9] 魏建琳.刍议农村图书馆建设之"不发展"命题[J].图书馆杂志，2011（12）：12-16，20.

[10] 文化和旅游部关于公布第六次全国县级以上公共图书馆评估定级上等级图书馆名单的通知（文旅公共发〔2018〕49号）[EB/OL].[2019-07-25]. http://www.gov.cn/xinwen/2018-08/28/content_5317052.htm.

[11] 于良芝，李亚设，权昕.我国乡镇图书馆建设中的话语与话语性实践——基于政策文本和建设案例的分析[J].中国图书馆学报，2016（4）：4-19.

[12] 谭天.阅读百年村庄，和顺[J].旅游，2005（5）：90-93.

[13] 张峰.民国时期的乡村图书馆[D].长春：东北师范大学，2009.

[14] 赖伯年.陕甘宁边区的图书馆事业[M].西安：西安出版社，1998：32-35.

[15] 余明霞.我国"大跃进"时期农村图书馆建设特点解读[J].图书馆建设，2015（8）：90-94.

[16] 张新兴."文化大革命"时期的图书馆事业：回顾与思考[J].山东图书馆学刊，2014（3）：40-46.

[17] 闫小斌，段小虎，贾守军，等.超越结构性失衡：农村公共文化服务供给驱动与需求引导的结合[J].图书馆论坛，2018（6）：31-36.

[18] 段小虎，谭发祥，赵正良，等.西部贫困县图书馆"跨越式"发展的财政保障研究[J].图书馆论坛，2016（1）：1-9，41.

[19] 程亚男，许晓霞，徐欣禄，等."十一五"时期公共图书馆服务发展回顾[J].中国图书馆学报，2011（4）：70-86.

[20] 李国新.新时代公共图书馆事业发展的新航标[J].图书馆杂志，2017（11）：4-5.

[21] 王宗义."公共图书馆精神"的科学解读[J].中国图书馆学报，2004（5）：29-32.

[22] 黄体杨.农村图书馆的内源发展思考[J].图书馆杂志，2012（6）：41-47.

[23] 郑殿元，文琦，王银，等.农村人口空心化驱动机制研究[J].生态经济，2019（1）：90-96.

[24] 高小明，郭剑雄.农村人口转型对二元经济结构收敛的影响——基于引入劳动力供给数量与质量因素的二元经济收敛模型的分析[J].商业研究，2019（6）：129-138.

[25] 闫惠惠，郝书翠.背离与共建：现代性视阈下乡村文化的危机与重建[J].湖北大学学报（哲学社会科学版），2016（1）：152-158.

[26] 马新妍.文化社会学视域下的乡村文化危机及其破解之道[J].理论导刊，2019（4）：67-73.

[27] 苏文成，卢章平.从第82届国际图联大会看世界图书馆的发展趋势[J].大学图书馆学报，2017（2）：5-13.

[28] 张收棉 . 论公共图书馆的文化治理功能 [J]. 图书馆杂志，2017（6）：9-13.

[29] 闫小斌 . 农村图书馆建设：公共空间与社会伦理的双重建构 [J]. 图书馆论坛，2017（11）：84-91.

[30] 段小虎 . 西部基层图书馆建设研究之二：人口结构与文化（信息）需求 [J]. 图书馆论坛，2015（8）：77-83.

[31] 颂歌中央图书馆在赫尔辛基开幕 [EB/OL].[2019-07-13]. https://news.cision.com/global/helsinki-marketing/r/.

（原载于《图书馆建设》2020 年第 3 期）

乡贤回归：传统之根与现代之源的互嵌与共融 ①

刘亚玲（西北政法大学马克思主义学院）

纪砚耘（西北政法大学图书馆）

当前我国社会主要矛盾是人民日益增长的美好生活需要和不平衡不充分的发展之间的矛盾。从这个意义讲，乡村公共文化治理就要回应民众生活关切，均衡公共文化资源配置，使不同地区的不同群体都能公平地享受普惠的公共资源，这就需要一个弹性的、开放性的制度设计空间，既要尊重国家顶层设计上的统一战略规划，又要尊重不同地区特殊的地理环境、经济发展水平、人口结构、文化生态、传统习俗等因素，因地制宜，创新思路，灵活施策。随着公共文化服务基础设施建设、网络体系建设、财政保障建设等硬件建设的基本完成，公共文化服务尤其是西部欠发达地区乡村公共文化服务"最后一公里"困境凸显[1]，成为学界聚焦的重点视域。就目前的研究成果看，集中在宏观领域的理论分析和单向度的实践经验总结，而以欠发达地区问题为导向的内在机制创新和微观领域理论建构不足。陕西安康曾经是一个全域贫困地区，在脱贫攻坚的关键时期，通过公共文化服务供给侧结构性改革，推动信息减贫、文化减贫，改造贫困文化，不仅助安康全域脱贫，而且取得西部欠发达地区创建国家公共文化服务体系示范区阶段性胜利。本文以"政—村"双向分析框架，总结安康公共文化服务体系供给侧结论逻辑和实践成效，以期为欠发达地区乡村公共文化治理提供理论借鉴和实践样本。

按照学界主流观点，打通乡村公共文化服务"最后一公里"一般有两条路径：一是按照总分馆制构建县域—乡域—村（社）域三级网络服务体系，将资源输送到乡村；二是以项目制方式通过政府购买或流动服务方式，将资源输送到乡村[2]。这两种路径对交通便捷、地方财政充裕的城市或发达地区有显著的成效，但西部贫困山区难以实现。比如，安康地处秦巴山集中连片贫困地区，一区九县地方财政自足率仅 10% 左右，1528 个行政村分散在交通不便的 2 万多平方公里的山区，乡村公共文化服务供给不仅面临可用财力不足，以及

---

① 本文系陕西省社会科学基金项目"陕西乡村公共文化治理创新机制和实践路径研究"（项目编号：2020N002）和安康市"创建国家公共文化服务体系示范区"（文公共发〔2017〕25 号）制度设计课题阶段性研究成果。

基础设施、人才队伍建设和服务供给缺口较大等普遍性矛盾，还要面临地理环境复杂、供给成本高、优秀传统文化挖掘不足等结构性矛盾。行政主导下的公共文化服务体系建设还存在供需不对称、重"输送"轻"培育"、重"建设"轻"管理"，以及责任主体、组织主体、参与主体缺失等内卷化现象[3]。如何破解欠发达地区特殊地域环境下乡村公共文化体系建设内卷化逻辑，激活乡村文化建设的自组织力量，将有限的文化惠农资金转化为乡村文化有效治理能力，成为安康乡村公共文化服务"最后一公里"供给侧结构性改革创新的关键。

有效治理是乡村振兴战略的重要方针，尤其是在精准扶贫与乡村振兴的衔接和过渡时期更要强调治理的有效性。鉴于此，安康创建国家公共文化服务示范区制度设计课题组在大量调研的基础上，因地制宜，借鉴传统社会的民间治理智慧，形成以"乡村文化理事会"为文明生长点，以"乡贤嵌入、权力下沉、流程再造"为逻辑进路的制度设计思路，针对行政主导下安康公共文化服务成本过高、行政力量不足、基层组织主体缺失、权力"悬浮"、供需不对称等现象进行治理，并通过村域试点、以点带面的方式推动有条件的地区实施改革创新方案，卓有成效。

1 乡贤嵌入：乡村公共文化治理主体关系的重塑

制约乡村文化有效治理的重要因素是乡村自治力量不足，村级两委日益行政化，文化建设主体缺失。乡贤嵌入，就是通过两委 + 乡贤治理模式，发挥乡贤在村民和两委之间的桥梁纽带和辅助补充作用，重塑乡村文化治理的主体关系。乡贤一词起源于东汉，一般指因品德、才学而为乡里人的推崇的社会贤达。在传统社会，作为基层社会管理的基石，乡贤具有举足轻重的社会地位，因此古有"皇权不下县"说法[4]。1949 年以来，随着宗法社会解体，乡贤一词被赋予新的时代内涵。《〈中华人民共和国国民经济和社会发展第十三个五年规划纲要〉解释材料》指出："乡贤文化是中华传统文化在乡村的一种表现形式，具有见贤思齐、崇德向善、诚信友善等特点。借助传统的'乡贤文化'形式，赋予新的时代内涵，以乡情为纽带，以优秀基层干部、道德模范、身边好人的嘉言懿行为示范引领，推进新乡贤文化建设，有利于延续农耕文明、培育新型农民、涵育文明乡风、促进共同富裕，也有利于中华传统文化创造性转化、创新性发展。"[5]

乡贤嵌入就是吸纳乡贤，在乡村文化治理中引入新变量，以组织化运作形式，以少数带动多数、精英带动草根的方式，激活乡村文化的内生主体力量，实现多元主体在乡村场域的互嵌与整合。实践逻辑是以行政村为单位，由村两委牵头，吸纳有担当、热心公共文化的爱心人士、反哺家乡的退休干部、大学生、杰出青年、道德模范、返乡青壮年等共同组成村级乡村文化理事会。活动原则是结合村庄实际，依法科学制定理事会章程，明确职能职责、权利义务、经费保障、活动开展等。优势在于把传统文化乡贤治理机制，通过现代性转化和创新性发展，以人际嵌入、机制嵌入和文化嵌入 3 个维度引入乡村公共文化建设主体培育机制，实现以村治村、以民治民。

所谓人际嵌入，就是基于乡村文化理事会成员大多来自本村庄内部，与村民有着密切的联系，熟悉村庄内部文化生态环境，更容易获得村民信任，有利于动员和培育村庄内生性资源，有效协调政府供给和村民需求的平衡与互动。机制嵌入，就是指乡贤与村两委班子成员的关联与互嵌。乡村文化理事会由村两委牵头，一方面更容易获得地方政府支持，整合乡村公共文化服务外部资源的投入与利用；另一方面更容易在村庄内部形成上下一盘棋，实现乡村公共文化建设的优化和可持续性发展。文化嵌入，其中的乡贤不仅是指村庄的文化能人、道德模范、返乡优秀青年和退休教师、干部、反哺大学生，更是指对乡村有着浓厚的文化情感和价值认同的人。他们不仅与乡村有着千丝万缕的联系，而且对乡村文化建设有着深沉的使命意识和责任担当意识，在乡村文化建设中更具有感染力和行动力。

乡贤治理作为古代治国理政的智慧呈现，在具体实践过程中面临着与现代社会的互动与融合。因此，在充分发挥乡贤示范引领作用的同时，应处理好新乡贤与古乡贤、文德乡贤与官富乡贤、在场乡贤与不在场乡贤、体制内乡贤与体制外乡贤、乡贤扶持和乡贤培育之间的关系，充分发挥他们在乡村文化治理中的不同作用和价值，优势互补，形成合力。

2 权力下沉：乡村公共文化治理权力关系的重塑

乡村文化治理陷入内卷化逻辑的一个重要原因是基层两委治权弱化，力不从心。长期以来，乡村公共文化建设资金大部分来自上级政府部门，政府直接控制资金的使用和项目的实施。尤其是中西部欠发达地区，村庄几乎没有集体经济收入，资金来源主要依赖政府投入，在政府主导的项目制方式下，村两委被定义为服从、配合的角色，缺乏自主支配能力。村财决定村务，村务决定村治。当政府直接包揽与控制所有资金来源和项目实施时，乡村公共文化服务就沦为村民可参与或不可参与的国家事务，农民积极性和主动性不够，出现"国家动而村民不动"现象[6]。

党的十九届四中全会提出构建基层社会治理新格局。权力下沉就是在此思想指导下，通过吸纳乡贤参与，并在强化监督的基础上对其有效赋权，从而使政府—村庄—乡贤在"权力—资源"的互构中重塑乡村文化治理新格局。鉴于此，安康乡村文化理事会供给制改革试点实行"三权下沉"方案。一是乡村公共文化服务事权下移。试点前安康乡村公共文化服务主要依靠政府，村级两委仅仅作为配合者和协调者。试点后由乡村文化理事会按照相关审批程序，根据村民实际文化需求和少数服从多数的意愿，自主购买文化服务、产品，组织文化惠民活动。二是财权下移。试点前安康大部分县（市、区）文化部门统筹中央补助地方农村文化建设专项资金，然后以政府购买方式送文化下乡，村民真实的文化需求和意愿不能很好地表达。此外，没有统筹的农村地区，农民去组织化问题突出，分散的小农户和村委会关系疏离，既无法对接国家文化资源，又无法有组织地表达文化需求，乡村公共文化服务专项资金有名无实，群众文化生活单一[7]。试点后，这部分专项资金非统筹部分根据村级申报、乡镇初审、县级审核拨付的程序，直接下移到行政村，由乡村文化理事会自主安排开展群众性文化、体育、休闲活动。此外，安康市还出台奖励办法，对成效显著的试点行政村予以奖励，进一步扩大文化理事会的自主权。三是治权下移。近年乡村公共文化服务要遵循地域特点已成为普遍共识。尤其在地理环境复杂、可用财力不足，基础设施建设、人才队伍建设和服务供给缺口较大的秦巴山区，既要尊重"山不同脉、水不同源"的自然现实，也要尊重各地"语不同音、俗不同形"的人文现实，政府自上而下的治理很难奏效。乡贤生于本土，长于本土，对地域性乡土文化有着天然的亲近和历史记忆。地域性记忆是激发乡土认同感的关键[8]。以新乡贤为主体的文化理事会开展活动更容易贴近老百姓生活，激发他们的乡土情感和集体认同感。比如，安康汉阴县三元村成立乡村文化理事会后，从集体经济收入中拿出 86 万元支持文化建设，打造出"乡贤茶话会""孝老敬亲院坝会""农民趣味运动会"等村级文化服务品牌；枞岭村将新民风建设和乡村文化理事会建设相结合，投入 60 万元建成陕西省首个家训文化村史馆，通过强化家风家训教育，解决了以往村班子没有威信、群众没有凝聚力、社会治理矛盾突出等问题；紫云南郡社区通过文化理事会组织文化活动，实现了易地搬迁贫困群众的文化融合，提升了搬迁贫困群众的幸福感、获得感。

3 流程再造：乡村公共文化治理供需关系的重塑

供需不对称一直是困扰欠发达地区乡村公共文化服务体系建设的难点问题，也是制约乡村有效治理，推动公共文化服务供给侧结构性改革的主要因素。"流程再造"概念滥觞于二十世纪九十年代企业管理领域，是指以顾客为导向，重新建构企业业务流程，提高企业的市场竞争力的管理理念。后被引入公共管理领域，指以公民需求为导向，通过重组政府治权结构，优化政府服务能力，使政府供给与公民需求相统一的过程[9]。安康乡村文理事会供给侧结构性改革创新试点的一个重要理念，就是通过两个层面的流程再造，一方面解决政府供给"一刀切"问题，另一方面解决村民在村庄公共文化服务建设中"失语"问题。

首先，村民需求表达的流程再造。试点前课题组在安康调研中发现大部分村民对自己的文化需求不知道能否表达、向谁表达、如何表达，被动接受政府统一的文化下乡活动。试点后，以乡贤为核心的乡村文化理事会除了完成上级规定动作外，代表民意挖掘地方文化特色，自主开展群众喜闻乐见的文娱活动，让人民群众在满足文化需求的同时学会自我管理、自我教育和自我提升。

其次，乡村基层制度体系的流程再造。乡村公共文化服务"最后一公里"是政府供给与村民需求在乡村场域不断调适，和谐统一的过程。这就需要健全的制度保障机制，推进二者良性发展。安康乡村文化理事会供给侧结构性改革试点，通过微观领域的 3 个制度保障，规范主体责任、重点任务和工作流程。一是通过创章建制，明晰多元主体权责关系。在安康试点工作文件中明确规定乡村文化理事会是行政村党组织领导下的农村文化自治组织，各级文化行政部门依法承担主导责任，各级实体文化机构承担业务指导责任，村级两委承担具体实施责任，各责任单位协同配合、各司其职，形成合力，以解决乡村公共文化服务盲区问题，把乡村公共文化"最后一公里"变为"最前一公里"。二是建立考核激励机制。在试点工作文件中明确要求文化理事会工作重点是"组建一支文化社团、开展一项非遗传承、开展一项特色文化活动"，对完成较好的行政村，县（市、区）文化主管部门根据《中央补助地方农村文化建设专项资金管理暂行办法》《安康市政府购买公共文化服务实施方案》《安康市文化工作表彰奖励办法》给予额外奖补。三是制定工作例会制度。明确要求乡村文化理事会要定期召开理事大会，落实年度工作任务，定期召开理事碰头会，梳理工作难点，总结工作亮点，及时形成实践经验，面向全市推广。

4 道器合一：乡村公共文化治理价值观念的重塑

乡风文明是乡村振兴和永续发展的基础。在传统社会，农民被牢牢捆在土地上，并在长期的生产生活实践基础上形成了相对稳定的生态、生产、生活和精神秩序以及约定成俗的风俗习惯、人际交往方式等非制度性自觉秩序。这些外显的秩序内隐着传统社会崇尚自然和谐、天人合一、顺天应时、勤劳质朴、乐天知命、亲亲仁爱的价值观体系。这些保守性、内敛性、封闭性的价值观生于乡土、长于乡土，与传统社会自给自足的自然经济以及赖以生成的特定乡域内乡民的生产生活习惯有着高度的契合性，规约着民众行为，维护乡村稳定。但是，随着传统社会的终结，乡村文化赖以存在的社会基础以及价值形态衍化逻辑发生了结构性改变，传统意义上"耕读传家""孝悌为本""崇尚道德""克勤克俭"价值观念逐渐消解，信仰追求异化，价值式微。尤其是改革开放后，伴随着市场经济高歌猛进，以资本逻辑为核心的功利文化、以物化逻辑为核心的世俗文化、以快感逻辑为核心的娱乐文化、以消费逻辑为核心的奢靡文化等更容易让乡民接受，低俗文化大行其道，赌博成风、婚丧嫁娶相互攀比，乡民精神空虚。一些地方地下邪教组织应时而生，甚至威胁到社会稳定和文化安全。因此，如何重建乡村社会公共秩序，重塑乡村公共精神生活成为乡村公共文化服务的时代课题。2018 年中央 1 号文件指出要以社会主义核心价值观为引领，强化农民的社会责任意识、规则意识、集体意识、主人翁意识。文化的核心是价值，公共文化服务是建构公共性的过程，是将国家主流价值符号输入乡村的重要载体[10]。社会主义核心价值观既是对古代优秀传统价值观念的继承，又是对当代价值观念的凝练。课题组在安康调研时发现，安康有很好的传统文化基础，尤其是近年安康政府倡导的"诚、孝、俭、勤、和"为主要内容的新民风建设逐渐深入人心。课题组借鉴古代核心价值观与百姓人伦日用融合互动的经验，以乡村文化理事会为抓手，一方面进一步推动安康新民风建设"一约四会"①制度的成熟与完善，让中华优秀传统美德进一步落地生根，融入百姓衣食住行；另一方面通过乡村公共文化服务体系把社会主义核心价值观"融于教、涵于制、载于文、化于境、行于众"，使社会主义核心价值观不仅成为百姓耳熟能详的价值观念，更成为百姓自觉遵守的生活习惯、行为方式和公序良俗[11]。

5　经验与反思

自安康开展乡村文化理事会村域试点以来，由点到面，在全市 32 个基础条件较好的行政村（社区）推广的基础上，已经在全市 1883 个村（社区）全面推行乡村文化理事会和乡贤读书促进会建设，成效显著。

第一，催生了乡村民间文化自组织团体的活跃，培育了一大批乡村自组织力量。有的试点村在文化理事会的基础上下设道德评议协会、老年文体协会、关爱妇女儿童协会、红白喜事协会、禁毒协会、家训文化协会、书画协会、民间文艺协会等。有的组建了具有地方特色的民间文艺团队，如唢呐队、广场舞队、腰鼓队、太极拳队、舞龙队、彩龙船队。这些协会、团体来自于"民"，服务于"民"，挖掘地方特色民俗文化，利用传统节日，根

---

① 一约指村规民约、居民公约；四会指红白理事会、道德评议会、村民议事会、禁毒禁赌会。

据村民需求组织民俗文化活动，不仅满足了村民多元化的文化需求，激发了村民的参与热情，而且在市、区（县）文化部门指导下，提升了民俗文化的规范性、专业性，为乡村文化的内生性发展聚集、挖掘和培育了大量人才。

第二，提升了村庄文化自治能力，加强了政府、文化机构、村民之间的互动与协作，拓展了文化供给的形式与内容，促进了乡村优秀传统文化的挖掘与传承。有的试点村与县文化馆、图书馆、镇综合文化服务中心合作，开展效能化公共文化服务，如举办"文化助力脱贫"文艺展演，为留守儿童开办"四点半课堂"，为村民开展春节义写春联活动。有的与农业服务中心、扶贫办、村两委等部门协作，参与村域治理，如在村委会建立"百姓大舞台"，建立群众点题会议制度，专门解决邻里纠纷、门前三包等急难问题。有的因地制宜，挖掘和整理了反映村庄农耕文化下社会发展变迁的历史文化资料，如老物件、老技艺、老照片，筹建村史馆，留住乡愁，为安康农耕文明时期乡村历史变迁留下了宝贵资料。有的在乡村作坊开展传统手工技艺传承、展示和体验活动，在节假日开展非遗项目传承展演活动，并形成常态化模式。

第三，进一步推进了安康新民风建设，促进中华民族优秀传统价值观念和社会主义核心价值观在乡村场域的深耕与厚植，推动了乡村公序良俗的形成。乡村文化理事会作为乡村文化建设的生力军，通过开展丰富多彩的文化教育、宣传、道德评选等活动，推动乡村新民风建设。有的试点村举办棋牌比赛、读书会、"诚、孝、俭、勤、和"新民风暨"家规家训"进万家活动、乡风文明座谈会、"好婆婆""好母亲""好媳妇""最美家庭"评选活动。有的成立诗社，举办诗歌朗诵比赛、村级春节联欢晚会，优化村民闲暇生活结构，提升村民精神文明素质。有的利用"文化旅游驿站""家风家训馆""社区博物馆"等乡村公共文化空间以及图书借阅、培训交流、绘制宣传墙、设计宣传橱窗、摆放宣传展板等方式，把社会主义核心价值观嵌入农村文化场域，成为普通老百姓耳熟能详的价值理念和行为规范。这些活动、措施和方法寓教于乐，让村民满足精神文化需求的同时，潜移默化中灵魂受到洗礼，人心向善，民风敦化。

反思安康公共文化服务"最后一公里"供给侧结构性改革取得成效的关键在于通过乡贤参与还政于民，激活贫困地区公共文化发展的内生力量。同时，要可持续发展，还需要做好以下几点：

一是构建动态的乡贤信息资源库。乡贤作为乡村特殊群体，兼具乡土性与现代性双重属性，其影响力来自民间的感染力。因此，首先要建立标准化、科学化的乡贤筛选体系，区分真乡贤与假乡贤，乡贤与乡村精英、乡村能人之间的区别与联系。新乡贤作为具有较高威望、有公益心的社会贤达必然是乡村精英，但乡村精英未必是新乡贤。其次要在吸纳今乡贤的同时，挖掘古乡贤，培育新乡贤，做好乡村的接续传承工作。

二是加强乡贤的组织化、规范化监督管理体系建设。乡贤文化理事会作为地方性、民间性社会组织，其性质界定还较为模糊，资金管理、民主协商制度、监督体系尚需要进一步完善。

三是观念性障碍亟待突破。乡贤作为乡村文化建设的推动者和引领者，在政府与村民之间架起一座互动的桥梁，必然存在着与现有基层组织和村民的适应与接纳过程。从目前情况来看，一些地方政府、基层"两委"和村民对乡贤治理还存在观望、不信任甚至排斥等情绪，需要观念上的破题和政策上的引导支持。

6 结语

农村农业农民问题是国计民生的根本性问题。自党的十九大提出乡村振兴战略以来，"三农"问题就成为重中之重。十九届五中全会指出，要继续深化农村改革，实现巩固拓展脱贫攻坚成果同乡村振兴有效衔接。由于中国问题不是什么旁的问题，就是文化失调[12]，因此脱贫攻坚的关键在于稳定脱贫不返贫，而脱贫不返贫的关键在于阻断贫困地区文化的代际传递[13]。于是，文化建设是新农村建设的战略任务[14]。当前处于实现第一个百年奋斗目标和开启第二个百年高质量发展的历史交会期，总结"十三五"时期贫困地区公共文化建设改革创新实践经验，一方面为乡村振兴背景下阻断贫困地区文化代际传承，巩固拓展脱贫攻坚成果提供探索，另一方面也有利于"十四五"时期乡村公共文化服务的创新发展。

参考文献

[1] 郭志奔. 乡村文化振兴的实践逻辑与治理反思——基于江西省 S 市六镇十村的调查 [J]. 党政干部学刊，2019（8）：23-29.

[2] 戴衍. 现代公共文化服务体系 200 问 [M]. 南京：南京师范大学出版社，2015：26-28.

[3] 段小虎. 回归乡村文化发展的历史逻辑：安康市乡村文化建设"三改革"制度设计概述 [J]. 图书馆论坛，2020（3）：3-7，22.

[4] 夏红莉. "新乡贤"与健全自治、法治、德治相结合的乡村治理体系 [J]. 湖南省社会主义学院学报，2018（3）：64-67.

[5] 培育新乡贤文化契合习近平治国理政新思想 [EB/OL].（2018-01-05）[2020-05-21]. http://www.ccln.gov.cn/xxzgyc/232855.shtml.

[6] 杨军. 新乡贤在培育社会主义核心价值观中载体作用探究 [J]. 文化学刊，2015（3）：139-144.

[7] 桂华. 村级"财权"与农村公共治理——基于广东清远市农村"资金整合"试点的考察 [J]. 求索，

2018（4）：45-52.

[8] 季中扬，胡燕．当代乡村建设中乡贤文化自觉与践行路径 [J].江苏社会科学，2016（2）：171-176.

[9] 张新文，戴芬园．权力下沉、流程再造与农村公共服务网格化供给——基于浙东"全科网格"的个案考察 [J].浙江社会科学，2018（8）：65-74，157.

[10] 刘亚玲．场域嵌入：乡村传统文化发展的认识论和方法论研究 [J].图书馆，2018（9）：5-9.

[11] 肖群忠，杨建强．"礼"之古蕴与核心价值观的当代构建 [J].当代中国价值观研究，2016（4）：68-74.

[12] 李小云．脱贫摘帽重在不返贫 [N].人民日报，2018-08-26（5）.

[13] 梁漱溟．乡村建设理论 [M].上海：上海人民出版社，2011：23.

[14] 贺雪峰．为什么要强调新农村文化建设 [N].解放日报，2007-11-22（7）.

（原载于《图书馆论坛》2021 年第 3 期）

"遗留的历史"和"传承的历史"

——从安康"新民歌剧"看传统文化创造性转化和创新性发展 [①]

闫　毅（西安财经大学图书馆）

白少伦（华中科技大学新闻与信息传播学院）

在参与安康市"创建国家公共文化服务体系示范区"（以下简称"示范区"）制度设计课题研究过程中，笔者随课题组成员一起多次深入安康区县、乡镇和村社，围绕公共文化服务体系建设、传统文化保护传承和基层群众文化生活等开展实地调研。其间，在市、县文化和旅游部门的协助下，笔者通过深度访谈方式采访了当地有影响力的民歌歌手、剧本编剧和非遗传承人，观看了由民歌歌手和群众文艺社团表演的紫阳民歌、旬阳民歌、平利弦子腔、汉调二黄、小场子戏等，利用网络观赏了安康"新民歌剧"代表性作品，并通过文献调研了解安康地域传统文化和"新民歌剧"发展演变历程。研究表明：安康是一个多元文化汇集交融之地，传统表演艺术有着深厚的群众基础。近几年，在地方政府和文化旅游主管部门的大力支持下，传统表演艺术已经深度融入安康示范区创建和现代公共文化服务体系建设之中，成为弘扬优秀传统文化、丰富乡村文化服务供给、开展乡村社会教育、凝聚脱贫攻坚精神动力的积极力量。其中，安康"新民歌剧"从"遗留"到"传承"的艺术创新实践，不仅为研究戏剧艺术与经济社会、文化政策、社会教育和民众文化生活之间的关系提供了鲜活案例，而且也为国家提出的"推动优秀传统文化创造性转化和创新性发展"提供了"安康样板"。其直接意义是，为西部刚刚完成脱贫攻坚任务的广大农村地区如何做好优秀传统文化与现代公共文化融合发展、如何用优秀传统文化丰富现代公共文化服务供给提供有益启示。

---

①　本文系陕西省社科基金项目"推进陕西基本公共文化服务均等化的治理研究"（项目编号：2020N005）和安康市"创建国家公共文化服务体系示范区"（文公共发〔2017〕25号）制度设计课题研究成果。

1 安康"新民歌剧"的发展和创新转化历程

汉语各大方言区都有自己的地方戏曲文化，如吴方言有越剧、沪剧、锡剧，四川话有川剧，陕西话有秦腔，山西话有晋剧，河南话有豫剧等，地处汉江上游的安康也有以汉剧、民歌剧为标志的地方戏曲。"地方戏"作为传统文化的表现形式，凝结着地方独特的民风习俗和文化传统，从而成为当地群众喜闻乐见的表演形式。从1959年到2020年，安康"新民歌剧"经历了4个发展阶段，其跌宕起伏的发展历程，多维度地折射出国家文化政策变迁、经济社会转型发展以及现代化进程中群众文化需求的变化。

第一阶段：1959—1965年。当时我国正处于全面建设社会主义时期，为满足人民群众日益增长的文化需求，激发群众参与社会主义建设的热情，国家提出了旨在推动戏曲繁荣发展的"百花齐放，推陈出新"方针。安康第一部"新民歌剧"正是在这一背景下产生的。

中国戏曲源远流长、资源丰富、流派众多。因此，在1950年文化部召开的全国戏曲工作会议上，就发生了京剧和地方戏哪个为主的争论。1951年4月3日，中国戏曲研究院在北京成立，毛泽东主席亲笔题词："百花齐放，推陈出新"，为新中国文化艺术发展指明了方向。同年5月5日，中央人民政府政务院在《关于戏曲改革工作的指示》中指出："中国戏曲种类极为丰富，应普遍地加以采用、改造与发展，鼓励各种戏曲形式的自由竞赛，促成戏曲艺术的'百花齐放'"[1]。毛泽东主席的题词和政务院的指示，极大地激发了全国文艺工作者的创作热情，增强了人们对戏曲改革的信心。1956年，浙江昆剧团推出了经过整理改编的传统剧《十五贯》，以其高度的思想性和艺术性轰动全国，被周恩来总理称誉为艺术百花园中的兰花，《人民日报》发表了题为"一出戏救活一个剧种"[2]的社论。受此鼓舞，各地纷纷成立剧团并开展创作，评剧《刘巧儿》、越剧《梁山伯与祝英台》、沪剧《罗汉钱》、吕剧《李二嫂改嫁》、豫剧《朝阳沟》、花鼓戏《三里湾》等一批深受广大人民群众喜爱的戏曲精品脱颖而出。安康市紫阳县文化馆创编于1959年的《嫁嫂》也是这一时期优秀地方戏曲作品之一。

1959年春，为迎接新中国成立十周年，由紫阳县汉剧团团长陈定余主持，紫阳县文化馆黄群众执笔，通过改编紫阳民间流传的《嫁嫂失妻》故事，创作了鞭挞旧社会"赌与毒"、弘扬传统善良美德的作品《嫁嫂》。由于该剧以紫阳民歌为声腔基础发展而成，故当时定名为"紫阳民歌剧"。《嫁嫂》上演后深受当地群众喜爱，紫阳民谣有"听说演《嫁嫂》，放下碗就跑"一说，由此也带动了"新民歌剧"第一个创作高潮。到1964年，先后有《绿海红心》、《芭蕉夜雨》(1959)、《春到茶山》、《木匠迎亲》、《红松林》(1962)、《茶山姑娘》、《革命梆声》（1964）等多部"新民歌剧"问世。

第二阶段：1966—1976年。"文革"期间，文化界受到了很大影响，"百花齐放"变成了几个"革命样板戏"一枝独秀，"八亿人民八台戏"成为文艺领域，特别是戏剧艺术的真实写照[3]。"文革"后期，安康一些文艺工作者重拾"新民歌剧"创作，《猪场风波》、《盘河激战》、《刘英子》、《红松岭》、《两块六》、《红选票》、《父子争上三线》、《好班长》、《春风杨柳》、《军民一家》、《迎亲人》、《找老魏》（1970—1975）、《桂花树下》、《柳庄儿歌》、《捉猪》（1976）等均是这个时期创编的作品。然而，这些作品受"文艺为政治服务"的影响较多，内容以说教为主，艺术性、娱乐性不强，因此尽管作品数量较多，但流传下来的很少。

第三阶段：1977—2004年。近30年间，只创作《牧羊恋歌》、《茶山新歌》（1979）、《三请吹鼓手》（1984）和《异地乡音》（2000）4部作品。这个创作低谷的出现有复杂的社会因素。

1978年改革开放后，在文化领域，国家出台了一系列文化建设举措，但依然有几个重要因素制约文化事业发展。一是"文革"时期大量文化基础设施被毁坏或挪作他用，多数剧团和群众性文艺团队被撤销或解散，短时间内难以迅速恢复；二是随着改革开放的深入，在社会思潮的影响下文化冲突加剧，传统文化发展的社会基础、体制环境和价值取向发生了重大变化，发展逻辑出现了明显"断裂"；三是随着地方艺术院团转制或市场化改革的推进，艺术创作和演出人才大量流失，文化艺术产品供给下降、需求萎缩。尽管这一时期传统文化的"衰落"及其发展"困境"可以解释为多元文化条件下公众审美趣味的变化，但"新民歌剧"的再次崛起表明，传统文化依然有着强大的生命力和深厚的群众基础。在这种情况下，国家文化政策对传统文化发展走向起到了决定性作用。

第四阶段：2004年至今。这一期间先后有《茶山情》《冤家路宽》《中秋月难圆》《闹热村的热闹事》等10余部艺术性较强、紧扣时代主题的作品问世，反映出在经过近30年沉寂之后，"新民歌剧"在国家"文化强国"战略、保护传承优秀传统文化和构建现代公共文化服务体系等政策方针的支持下迎来了新的创作高潮。

首先，国家为保护和发展优秀传统文化提供了制度性保障。继2005年国务院办公厅印发《关于加强我国非物质文化遗产保护工作的意见》之后，2011年《中华人民共和国非物质文化遗产保护法》颁布，包括传统戏剧、传统音乐、传统舞蹈、传统曲艺等在内的优秀传统文化被纳入法律保护范畴。2017年中共中央办公厅、国务院办公厅印发的《关于实施中华优秀传统文化传承发展工程的意见》，分析了经济社会变革、对外开放形势、互联网技术、新媒体发展以及思想文化领域的复杂事态之后，特别强调"三个迫切"：迫切需要深化对中华优秀传统文化重要性的认识；迫切需要深入挖掘中华优秀传统文化价值内涵；迫切需要加强政策支持。由此，提出坚持创造性转化和创新性发展，不忘本来、吸收外来、面向未来，实施戏曲振兴工程，不断增强中华优秀传统文化的生命力和影响力，创造中华文化新辉煌[4]。可见这一时期国家已将中华优秀传统文化传承发展看作传承中华文脉、增强民族文化自信的重要内容，将着力构建中华优秀传统文化传承发展体系视为维护国家文化安全、增强国家文化"软实力"的重要举措。

其次，传统文化资源成为现代公共文化服务供给的重要内容。随着人民群众物质生活水平的提高，文化需求也呈现出多元化、高品质发展趋势。利用传统文化资源和推动优秀传统文化创造性转化和创新性发展，成为构建现代公共文化服务体系、丰富现代公共文化服务供给的重要举措。特别是对以农耕文化为基调的乡村社会而言，将社会主义先进文化价值引领和优秀传统文化价值规范相结合，实现优秀传统文化和现代公共文化融合发展，对于巩固乡村社会文化根基、丰富乡村文化服务与产品供给、重塑乡村社会文化秩序具有重要意义。

最后，地方政府的支持培育是推动地方戏曲创作繁荣的重要条件。2018年安康市文化和旅游广电局（以下简称"安康市文旅局"）下发《关于认真落实年度全市文艺创作重点任务的通知》，提出"倾力打造重点大剧，创作出一批彰显主旋律、突出现实题材的优秀文艺作品"。2019年安康市文旅局召开"全市文艺创作工作推进会"，举行原创文艺作品大赛颁奖仪式，开展文艺创作专题培训，从激励精品创作和培育创作能力两个维度，推动文艺创作发展。2020年，安康市宣传、文化和财政部门联合印发《安康市文艺创作重点项目扶持办法》[5]，财政每年列支50万元专项资金，重点奖励和扶持体现汉水文化、反映重大事件和安康人文景观、新农村建设等主题的文艺精品，为"新民歌剧"的再次繁荣起到积极推动作用。

2017年文化部发布全国地方戏曲剧种普查成果，安康"新民歌剧"成为全国348个地方戏曲剧种之一。2014年《茶山情》获陕西省第七届艺术节表演奖、编剧奖，2019年新创作的民歌剧《闹热村的热闹事》入选国家艺术基金扶持项目，一批"新民歌剧"经典作品成为地方旅游接待剧目。

2 安康"新民歌剧"的艺术渊源与艺术特点

安康位于陕西东南部，北依秦岭、南靠巴山、汉水横贯东西，具有风气兼南北、语言杂秦楚等多元性文化特点。从艺术渊源看，"新民歌剧"主要汲取了紫阳民歌、汉调二黄的唱腔、配曲并借鉴了歌剧的艺术形式。

紫阳民歌和汉调二黄都是第一批国家级非物质文化遗产。紫阳民歌是汉水上游、秦巴山中古老的民间歌种，有劳动号子、山歌、小调、社火歌曲、风俗歌曲等门类，旋律朴实细腻、节奏鲜明悠扬，被称为"陕南民歌中最富有代表性的曲种"。据史料记载，《诗经》中的"周南""召南"等25首歌谣就曾流传于汉水流域，而紫阳民歌中常用的比、兴手法和浓厚的古风色彩，明显受到《诗经》的影响，甚至有学者认为《诗经》中的某些歌谣"可视为紫阳民歌的最早代表"[6]。2003年和2019年，文化和旅游部（原文化部）两次授予安康市紫阳县"中国民歌艺术之乡"称号。汉调二黄是汉水中上游流域最大的地方剧种，曾流布于陕西南部、四川东北部和湖北西北部，有国粹京剧声腔之源、戏曲"活化石"之称。安康派汉调二黄于清乾隆年间由西安班社传入，于道光至光绪年间迅速发展，至民国时期班社多达十余个，有大批经典剧目和众多名角，社会影响十分广泛。1956年，安康市成立了汉调二黄剧团，为称谓方便，简称汉剧，民间俗称"二黄戏""土二黄""山二黄""陕二黄""汉二黄"等[7]。

紫阳民歌和汉调二黄都是多元文化相互交融的产物。明、清时期随着大批移民从湘、皖、赣、豫、闽、粤等地迁入安康，"紫阳民歌"在音乐风格上形成了"南曲北调"的艺术特质。汉调二黄传入安康之后，在受到汉水流域山歌、民歌、小调和本地方言影响的同时，也吸收了昆曲、吹腔、高拨子等曲调，形成独立的声腔剧种。"新民歌剧"创编时采用紫阳民歌的曲调和汉调二黄的表演程式，从而也成就了自己的艺术特点。

一是立足传统艺术，以"原型心理"满足观众审美需求。"原型"是瑞士著名心理学家卡尔·荣格提出的一个概念，荣格认为文学艺术的本质就在于表现源自民族记忆和原始经验的集体潜意识，即"一种原型的力量，无论是采取直接体验的形式还是通过叙述语言表达出来，之所以能刺激我们，是因为它发出了比我们自己的声音强烈得多的声音……可以使人心醉神迷，为之倾倒。"[8]"新民歌剧"在音乐上选择活在每一个紫阳人灵魂之中的经典民歌，在唱腔设计上借鉴了川剧高腔及道情戏的"喊黄"，以山歌、号子曲调作后台伴唱，保持了"民歌剧"浓郁的地域文化色彩和强烈的艺术辨识度。

二是强烈的喜剧效果，极富生活情趣的地方语言。与西方戏剧重视悲剧效果不同，"新民歌剧"继承了中国戏曲艺术诙谐幽默、寓教于乐的优良传统，注重通过喜剧性情节设计和营造良好的喜剧效果，唤起观众潜意识中的历史积淀和原始经验，从而产生"一种深刻的情绪反应"[9]。而原汁原味的方言运用和根据人物性格设置的人物语言和唱词，使故事细节和剧情模式充满了浓郁的生活气息，与当地百姓审美经验和欣赏模式高度契合。

三是重视人伦道德劝谕和情感关照。情歌是紫阳民歌中的精华，分为结情歌、劝情歌、怨情歌等，而安康独有的哭嫁歌、孝歌、祭歌至今依然保留"劝善""劝孝"的主题，有些劝孝、教孝的内容甚至直接用了《诗经·蓼莪》的原文。"新民歌剧"将传承与创新、审美与教化相结合，在广泛借鉴古今中外艺术手法（如用西方乐器中的大提琴、小提琴弥补二胡、秦胡、三弦等民间乐器音域不足）的同时，大量采用情歌、孝歌中的"劝"与"情"，在"寓教于乐"和"润物无声"中弘扬优秀传统价值观念，起到了"劝使为善，诚使勿恶"[10]的教化作用。

3 戏剧的社会教育功能与安康"新民歌剧"的时代使命

中国戏剧历来重视"礼义廉耻孝悌忠信"的道德劝谕，民间有"不看高台戏，不知礼仪"的说法。清初的杰出剧作家和戏剧理论家李渔，更是将戏剧精辟地概况为"药人寿世之方，救苦弭灾之具"[10]。

清末国衰民敝，迫切需要社会变革。维新派、革命派和其他有识之士，将戏剧看作与宣讲、报纸、图书馆同等重要的教育手段，提出"利用戏剧开启民智、普及教育、输入文明、提振国民精神"的理论主张[11]，整个社会形成"开民智莫善于演戏"[12]的价值共识。1904—1905年，陈独秀分别发表白话版和文言版两篇文章——《论戏曲》，认为小说和报纸对于"认不得字的人"是"得不著益处"的[13]，而戏曲"虽聋得见，虽盲可闻，诚改良社会之不二法门也"[14]。1915年，北洋政府教育部成立通俗教育研究会，下设戏曲股。戏曲股基于社会改良的立场，推出并实施"改良戏剧议案"和"戏剧奖励章程"[15]，在搜集脚本、演出调查、颁布不良剧目禁令、编写新戏和奖励新戏演出等方面做出了许多有益探索，对民国时期戏剧改良工作产生了重要影响。

抗战爆发后，国家面临生死存亡的考验，强化对民众的社会教育也催生了抗战戏剧的发展。现代戏剧理论家和教育家熊佛西撰文指出："戏剧在中国一向是一种消遣品……这种观点并不是说是错误，但已完全过时，戏剧的内容无所不有，因而肩负一种时代使命"[16]。在抗日革命根据地，中国共产党有组织地开展了戏剧振兴与改造工作，戏剧工作者在旧剧目、旧形式的改造利用，整理改编传统戏，创作历史剧、现代剧等方面进行了全面探索。1942年，在毛泽东著名的《在延安文艺座谈会上的讲话》精神指导下，中央文委提出了"戏曲要为战争、生产和教育服务"的要求。文艺活动家、中国现代戏剧三大奠基人之一的田汉更是提出"建剧一如建军""用戏剧来争取中华民族在对日抗战中的胜利"[17]的主张。为顺应抗战宣传和民众教育的需要，延安和陕甘宁边区不仅创作并演出了新编历史剧《逼上梁山》《三打祝家庄》和秧歌剧《夫妻识字》《兄妹开荒》等作品，还将传统戏曲与话剧、西洋歌剧结合，创作出富有民族特色的新歌剧《白毛女》，使戏剧成为振作民族精神、鼓舞抗战斗志的有力武器。

中华人民共和国成立后，党和国家依然十分重视戏剧的社会教育功能和时代使命。安康"新民歌剧"代表作品——《嫁嫂》《闹热村的热闹事》和《村官巧断家务事》就继承了戏剧满足民众娱乐、重视底层教化和承担时代使命的优良传统。

《嫁嫂》共分为八场。梁氏丈夫在外做生意，为人善良的她在家艰难度日，但仍然用勤劳持家节省下的食物和衣物救济贫民大柱和婆家弟弟王二。王二和弟媳刁氏一个嗜赌，一个嗜毒，属于典型的浪子败家。为了摆脱生活困境，他们不顾亲情和恩情，企图联合外人卖掉嫂嫂梁氏以谋取不义之财。他们对梁氏谎称大哥已死，并想借机灌醉梁氏，却被梁氏识破骗局灌醉了刁氏，刁氏被当作梁氏卖掉后，王二收到了一堆假钱，落了个人财两空……该剧体现了"于嬉笑诙谐之处，使忠孝节义之心，得此愈显"，对观众起到了"劝使为善，诫使为恶"的教化作用[10]。

《闹热村的热闹事》是 2018 年新创编的民歌剧，故事取材于真实人物的事迹，讲述了安康紫阳县双安镇闹热村一个农民企业家回乡带领村民脱贫致富的感人故事。携子回乡寻根探亲的黄康龙面对家乡山水，情不自禁地唱起了紫阳人家喻户晓的民歌——《郎在对门唱山歌》，但回应他的只有乡村的寂静。原来，村里的年轻人正准备告别父母妻儿外出打工。回村以后，黄康龙以国家乡村振兴为由，苦劝种茶能手和山歌大王张三娃留在家乡种茶致富，但张三娃"你为啥不回村种茶"的质问，深深刺痛了黄康龙。经过激烈的思想斗争，黄康龙接受了父亲建议，决心带领乡亲们一起致富、回报乡恩。他们满心期待地举办了闹热村创业大会，然而响应者寥寥。无意间，黄康龙从痴呆的李老爷子一句看似无意的"唱山歌"中找到了灵感，决定拿出 10 万奖金举办山歌大赛，希望通过山歌唤醒大家的乡村记忆和故乡情怀。山歌大赛吸引了众多打工者回乡参加，但获奖者必须回乡创业的规定却受到了张三娃等打工者的坚决抵制。在双方僵持不下之时，李老爷子一曲"送郎曲"，引起留守父母们的共鸣，他们悲切地齐声合唱，这情真意切的乡情、乡愁、乡音、乡韵感动了张三娃等打工者，他们下定了回乡创业的决心……该剧精准地把握住脱贫攻坚和乡村振兴的时代脉搏，通过故事情节和人物塑造，起到了鼓舞群众、教育群众和凝聚脱贫攻坚精神动力的积极作用。

《村官巧断家务事》讲述了司法局驻村干部积极培养调解委员会主任"宝娃"的故事。村民艾宝三被推荐为村民调解委员会主任，他通过普法宣传和群众道德评议，巧妙地化解了本村两名留守妇女因两牛相斗引起的矛盾纠纷，成功解决了儿子儿媳相互推诿、不赡养老人的问题。该剧以安康新民风建设和乡村社会治理创新为背景，以基层人民调解员为故事原型，着重突出了当前农村社会普遍存在的留守妇女、留守老人的生活和赡养问题，用群众喜闻乐见的形式，给观众上了一堂生动活泼的普法教育课。

安康"新民歌剧"中的优秀作品都有很强的现实色彩，不仅传承了中国戏剧艺术在移风易俗、启迪民智等方面的教化作用，而且自觉地承担起讴歌伟大新时代、弘扬传统正能量、展现社会新风貌的时代使命，其扎根传统、贴近群众、紧跟时代发展等特点，成为推动优秀传统文化创造性转化和创新性发展的经典案例，也为优秀传统文化与现代公共文化的融合发展提供了有益借鉴。

4 推动戏曲艺术深度融入现代公共文化服务体系的基本思路

传统表演艺术是优秀传统文化的重要组成部分，具有社会性、底层性、地域性、娱乐性、教化性、通俗性等特征。20 世纪以后，随着西方思想、科技、文化，特别是欧洲音乐文化的传入，中国传统表演艺术在音乐理论、创作观念、思维方式、表演形式、表演制度等方面均不同程度地受到西方学术话语的影响，加上"文革"和市场经济的冲击，中国传统表演艺术，特别是戏曲艺术逐渐丧失了以往在基层文化体系中的主导地位。如何将戏曲艺术深度融入现代公共文化服务体系构建之中，用优秀传统文化丰富现代公共文化服务供给，成为当前农村文化建设的重要课题。为此，本研究提出以下几点基本思路。

首先，明确戏曲艺术的"文化担当"。世界上很多国家都非常重视本土传统表演艺术的传承发展和多元化社会治理功能。20 世纪初为解决工业化和城市化带来的物质主义、贫困、两极分化等复杂的社会问题，美国发起了一场旨在改善贫民区和农村人口文化生活状况的社区改良运动，即"通过艺术的方式、利用文化的力量，解决社区内部的社会问题"[18]；Williams 的一项调研显示，90% 的受访者认为参与社区艺术项目强化了自己的社区身份，86% 的受访者认为社区艺术活动减少了人与人之间的隔阂[19]；井上果子（Kako Inoue）对高千穗十八山地区传统神乐舞蹈的研究表明，以喜闻乐见的形式传承乡村文化习俗、习惯和方言，可以起到很好的乡村治理效果[20]；加拿大中小学校还将戏剧、舞蹈、音乐和视觉艺术设定为必修课程，规定戏剧课程由专业教师执教，学生必须修满指定学分方可毕业[21]。

2015 年，国务院办公厅印发《关于支持戏曲传承发展的若干政策》，提出振兴戏曲艺术[22]。同年，戏剧教育正式纳入中小学美育课程教学体系。2017 年，中宣部、文化部、财政部联合印发《关于戏曲进乡村的实施方案》，提出"把戏曲进乡村纳入公共文化服务体系建设……通过戏曲进乡村，增加农村公共文化服务总量，解决农民看戏难的问题"[23]。但在公共文化服务领域，戏剧以及其他传统表演艺术的积极作用还没有得到充分重视，通过政府购买支持的"戏曲进乡村"也存在数量不足、品质不高、规范化不够等现实问题，需要重新认识优秀传统文化在现代公共文化体系建设中的时代价值、重新认识传统文化与现代公共文化融合发展的现实意义，充分展现戏剧艺术的"文化担当"。

其次，强化戏曲艺术的"教育职能"。文化生命具有自我超越、自我生产和自我创造的动态特性。虽然在异己的力量碰撞中，文化有过支离破碎，但从未断裂，因为文化的内核在社会发展中沉淀出独特的风格，浸润于村民日常[24]。作为千百年以来深受农村群众喜爱的主流艺术形式，戏剧以其"虽聋得见，虽盲可闻"的娱乐功能和"不落下一个人"的教育职能，彰显出独特的社会价值。特别是在当前农村社会留守老人多、文盲或半文盲多、文化服务产品供给不足的情况下，更需要深入挖掘戏剧在"加强农村思想道德建设""传承发展农村优秀传统文化""加强农村公共文化建设""开展移风易俗"[25]和满足人民群众精神文化需求等方面的综合潜能，向农村地区推出更多"内容是时代所需要的、形式是群众所喜爱的"戏剧精品，更好地发挥戏剧感染人、鼓舞人、教育人的作用。作者在安康乡村调研中也深切感受到，尽管图书、报纸、广播、电影、电视和数字文化产品可以通过完善体制、调整结构、提升品质等方式培育消费需求，但群众对传统表演艺术特别是高品质戏剧作品的现实需求更加强烈，在需求难以得到满足的情况下，农村群众会采取自己集资的方式请剧团下乡演出，而每逢村里有红白喜事，看戏就是一件大事，与某些受到冷落的公共文化服务项目形成鲜明对比。

最后，完善戏曲进乡村的制度设计。当前，我国正向第二个百年奋斗目标进发，将开启全面建设社会主义现代化国家新征程、系统推进社会主义文化强国建设。因此，在不断加强书报、广播、电影、电视、数字读物等现代公共文化服务产品供给的同时，也需要积极推动有着悠久历史积淀、浓郁乡土气息、醇厚艺术内涵的地方戏剧艺术的繁荣与发展，进一步完善戏曲进乡村的制度设计，创新政府购买服务方式，加强对戏曲新产品创作、戏曲人才培养的支持力度，加大农村高品质戏曲产品供给，发挥戏曲艺术在推动优秀传统文化传承发展、构建现代公共文化服务体系、实施乡村振兴战略等方面的积极作用，"促进满足人民文化需求和增强人民精神力量相统一"[26]。

参考文献

[1] 政务院关于戏曲改革工作的指示 [EB/OL]. [2020-05-20]. https://baike.baidu.com/item/ 政务院关于戏曲改革工作的指示 /14434893?fr=aladdin.

[2] 张晓爱 . 红旗飘飘：中国共产党历史上的今天 [M]. 南京：江苏文艺出版社，2001.

[3] 彭泽明 . 中国文化馆（站）发展之路 [M]. 重庆：重庆出版社，2012：40.

[4] 关于实施中华优秀传统文化传承发展工程的意见 [EB/OL]. [2020-05-20]. http:/www.gov.cn/
zhengce/2017-01/25/content_5163472.htm.

[5]《安康市文艺创作重点项目扶持办法》出台 [EB/OL].[2019-06-25]. https://www.sohu.com/
a/387739296_120210086.

[6] 杨海军 . 紫阳民歌的基本特征及保护与传承 [J]. 西安音乐学院学报，2010（2）：66-69.

[7] 王惠君，王全吉，张靖 . 贫困地区公共文化服务创新发展："安康样板"研究 [M]. 广州：广东人民
出版社，2020：260.

[8] 张丹 . 论荣格原型批评理论 [J]. 今日科苑，2011（12）：157.

[9] 荣格，等 . 人及其表象 [M]. 张月，译 . 北京：中国国际广播出版社，1989：93.

[10] 李渔 . 李渔全集：第一卷 [M]. 杭州：浙江古籍出版社，1998：5.

[11] 徐大军 . 清末十年戏剧言论的社会教育立场 [J]. 美育学刊，2012（5）：41-46.

[12] 张蔚臣 . 开民智莫善于演戏说 [N]. 大公报，1906-11-05（2）.

[13] 陈独秀 . 陈独秀著作选：第一卷 [M]. 上海：上海人民出版社，1993：89.

[14] 徐中玉 . 中国近代文学大系：1840—1919：第一集　第二卷：文学理论集 2[M]. 上海：上海书店，
1995.

[15] 傅谨 . 民初戏剧改良与通俗教育研究会 [J]. 文艺研究，2019（11）：102-112.

[16] 熊佛西 . 为什么戏剧场为农村教育文化的中心 [J]. 教育学报，1937（2）：29.

[17] 田汉 . 抗敌演剧队的组成及其工作（一）[J]. 戏剧春秋，1942（2）：1.

[18] HUSOCK H. Bringing back the settlement house[J].Public Interest，1992（109）：52-72.

[19] WILLIAMS D. How the arts measure up：Australian research into social impact[M]. Stroud：Comedia，
1997.

[20] INOUE K. A New form of rural culture successors of the traditional culture of mountainous area：A
case study on ritual Kaguradancing traditions of the Takachi hogo-Shiibayama area[J]. 農村計画学会誌：
Journal of Rural Planning Association，2017，36（Special Issue）：375-382.

[21] 谢鹏鹏 . 加拿大安大略省戏剧教育的启示 [J]. 教育观察，2020（3）：92-94.

[22] 国务院办公厅印发关于支持戏曲传承发展若干政策的通知 [EB/OL]. [2020-09-22]. http://www.gov.
cn/zhengce/content/2015-07/17/content_10010.htm.

[23] 关于印发《关于戏曲进乡村的实施方案》的通知 [EB/OL]. [2020-10-10]. https://www. sohu. com/
a/143541059_514422.

[24] BOURDIEU P. The field of cultural production，or：The economic world reversed[J]. Poetics，1983，
12（4）：311-356.

[25] 中共中央　国务院关于实施乡村振兴战略的意见 [EB/OL]. [2020-01-25]. http://www.xinhuanet.
com/politics/2018-02/04/c_1122366449.htm.

[26] 中国共产党第十九届中央委员会第五次全体会议公告 [EB/OL]. [2020-11-02]. http://js.people.
cn/n2/2020/1030/c359574-34383195.html.

（原载于《图书馆论坛》2021 年第 4 期）

乡村传统文化治理体系的现代性构建 ^①

李　晶（西安文理学院经济管理学院）

一般认为"现代性"是指启蒙运动以来"新的"世界体系生成的时代，本质上表现为在现代化进程中传统因素的逐渐淡化和非传统因素的不断积累，以及由此引发的社会文化系统大变革。乡村传统文化治理体系曾经在传承与发展乡村文化，维护乡村社会秩序、伦理道德方面发挥积极作用。随着经济全球化、文化多元化、信息网络化、人口城镇化为基本内容的现代化进程的推进，乡村社会的组织体系、人口结构、经济结构、文化生活方式和道德观念发生了深刻变化，传统文化治理体系几近瓦解，现代文化治理体系又尚未建立，乡村文化建设也无奈地成为现代公共文化服务体系建设的"最后一公里"，被置于"体系"末端、"任务"末端、"时间"末端。本研究结合"安康新民风建设引领乡村公共文化服务创新发展"制度设计与实践，从乡村文化场域重构、"内生性"重构和价值体系重构等维度探讨乡村传统文化治理体系的现代性构建问题；从现代乡村文化场域构建、乡村文化"内生性重构"和乡村文化价值体系重塑3个维度探讨乡村传统文化治理体系的现代性构建问题，认为要在充分尊重乡村文化底色和"自然""自治""自适"传统的基础上，融入面向未来、持续发展的时代意识，推动乡村文化治理体系和治理能力现代化。

1　乡村传统文化治理体系的现代危机

一般认为，现代意义上的文化治理主要是指"多元主体以合作共治的方式治理文化，并利用文化的功能来达成政治、社会和经济等多重治理目标的过程"[1]。但是，在封建农业社会，囿于国家直接治理成本过高，统治者通常采取"皇权不下县，县下惟宗族，宗族皆自治，自治靠伦理，伦理造乡绅"[2]的治理策略。在广袤的乡村，不设政治统治机构，而是依靠宗族、乡绅、乡贤和儒家淳朴善良的义利观、御欲尚俭的节约观、天人合一的生态

---
①　本文系陕西省哲学社会科学基金项目"脱贫攻坚大局下陕西贫困地区公共文化供给侧结构性改革研究"（项目编号：2017N001）和安康市"创建国家公共文化服务体系示范区"（文公共发〔2017〕25号）制度设计课题研究阶段性研究成果。

和谐观、重视家庭的伦理慈孝观、归属国家的政治天下观等道德规范，共同维护乡村社会治理秩序。这种借由文化权力形成的自觉治理方式，几千年来一直是中国乡村社会有序统治的密码。

作为"自觉治理方式"的核心，乡村传统文化治理体系具有"自然""自治""自适"3个基本特征，乡村传统文化治理体系的现代危机实质上就是以农耕文明为基础，并通过自然选择建立起来的"自治"与"自适"出现了难以为继现象。

"自然"就是自然演化，是与人的理性构建相对应的一个概念，在此特指乡村传统文化治理体系的形成与发展，是一个没有人为理性规划的自然选择过程。例如，秦腔发轫于周秦，成长于汉唐，兴起于宋元，成熟于明清，繁盛于民国[3]，就是一个没有人为理性规划的自然演化过程。但随着社会转型发展和文化交流活跃，由现代性重新规划的高效社会组织制度、新的法规体系、世俗化的价值观念和审美认知方式[4]开始由城市向农村延伸，乡村传统文化治理体系封闭而缓慢的自然演化过程逐渐被理性规划所取代。

当然，人的理性规划与自然演化之间并非必然对立。以陕西华阴老腔为例，华阴老腔是华阴县泉店村张家户族的家族戏，具有剧史的本源性、传承上的封闭性、剧种上的独存性。在现代制度体系推动下，华阴老腔进入国家非物质文化遗产名录，登上国家大剧院和春晚舞台，多次参加海内外大型文艺活动。但出于对谋生手段的保护，华阴老腔有严格的传承规则，除非至亲，一般人不准入班。这个案例并不能反映出当前乡村传统文化的基本现状，但说明现代制度安排也可以与传统的自然演化"和平共处"，为本文相关理论构建提供了案例支持。

乡村传统文化治理体系的"自治"，是指乡村共同体成员依靠自身的协调与合作，实现文化生产与消费的自我组织和自我管理，也可以称为乡村文化"自组织"。相对于"他组织"而言，传统乡村文化"自组织"是依赖血缘、地缘关系和"前喻文化"①权威体系建立起来的文化共同体，乡村传统精英阶层是维系乡村社会和文化秩序的主导性力量，呈现出"单中心"治理格局。然而到了工业社会和信息时代，随着政府、社会、市场多元共治格局的形成，"并喻文化""后喻文化"对"前喻文化"权威地位的颠覆，乡村政治精英、经济精英阶层的崛起，以往由乡村文化精英主导的文化治理话语权发生结构性变化，乡村文化

---

① 前喻文化：美国人类学家玛格丽特·米德从历史角度将人类代际之间的文化传承划分为"前喻文化""并喻文化""后喻文化"3种基本形态。前喻文化主要是指在农业文明时代，文化和知识经验是由长辈向晚辈一代一代传授下去的，如此"既延续了生命也维系了文化"；在并喻文化时代，学习发生在同辈人之间，知识以平面方式扩散；后喻文化是指晚辈向长辈传授知识经验，长辈反过来向晚辈学习的文化。详见：玛格丽特·米德. 文化与承诺：一项有关代沟问题的研究[M]. 石家庄：河北人民出版社，1987：28-98.

“自组织”在错综复杂的矛盾交织和话语权力的博弈中丧失了存在的客观条件和社会资本，与“自治”同生共存的“自适”也不可避免地受到价值选择和多元文化的挑战。

“自适”是指组织成员就地取材或利用现有资源，通过乡村文化精英主导下的自给自足方式，维持组织内部文化产品供需平衡，具有鲜明的地域性、稳定性和传承性特征，对异质文化会保持一定的警惕。随着传统乡村文化与现代城市文化、外来文化、流行文化冲突的加剧，前喻文化逐渐丧失以往的权威地位，以“平等交流”“文化反哺”为基本特征的“并喻文化”“后喻文化”[5]地位上升，导致乡村人口文化需求、价值观念和闲暇结构分化。传统乡村文化供需关系无论是在地理空间、时间维度，还是在社会转型、技术发展面前都变得难以“自适”，由此衍生出供需错配或供给不能适应需求变化等新的矛盾。

乡村传统文化治理体系以及传统文化的现代危机，本质上表现为在现代化进程中传统因素的逐渐淡化和非传统因素的不断积累所引发的社会文化系统性变迁，特别是当乡村传统文化治理体系中的“自然”“自治”“自适”特征被逐渐消解时，乡村文化治理体系就必须有新的重构。

2　乡村传统文化治理体系现代性构建的理论视角

面对乡村传统文化治理体系以及传统文化的现代危机，学术界从不同视角分析原因，提出应对危机的理论观点和对策建议。

高静等认为，改革开放40年来，国家制度安排使得乡村地理样貌、经济行为、社会结构和文化空间发生巨大变化，相应地，乡村文化经历了衰落、变异到自觉的时空变迁[6]，主张从制度变迁入手，重构乡村文化再生长空间，提升社会治理效应。沈妉认为，在异质性的多元文化冲击下，许多乡村优秀传统文化被“碎片化瓦解”，“低俗文化在乡村的肆意泛滥，冲击着乡村的文化根基……利益标准取代了传统的价值评价标准，功利心态在乡村社会非理性膨胀，传统的诚实守信、以和为贵、俭朴谦良等道德观开始失落”[7]，要强化先进文化引领、引导乡村文化良性发展。韩鹏云等认为，当下的乡村文化治理，“行政主导”治理模式的程式化、项目化、任务化突出，导致文化活动载体与价值意义断裂，使自身陷入功利性、封闭性和技术性治理之中[8]，提出构建“协同治理”模式，使乡村文化走出困境。陈波认为，乡村文化的衰落、凋零与长期的城乡二元经济结构和户籍隔离的社会鸿沟有密切关系，城市化发展不断从农村抽取各种优质资源，“乡政村治”下的摊派、集资、收费等进一步加深城乡二元结构，农村文化呈现“空心化”“格式化”特征[9]，要重建农村公共文化空间，激发农村内生文化力量，克服传统文化管理和供给模式弊端。陈楚洁等认为，压力型体制下的乡村文化治理未能有效调动农村文化传播代理人（村干部）的主动性，也忽视了农民的参与，难以在村庄内部有效构建公共文化行动的基础[10]，农村文化建设应以农民的参与和认同为路径，通过"传播自觉"促进乡村文化治理。

上述研究表明，学术界对乡村文化处境的基本判断是"衰落""式微""断裂""困境"，导致这种现象的主要原因有制度安排、文化冲突、市场经济、治理结构、价值选择等，反映出在经济社会转型发展和现代化进程中，乡村传统文化和治理体系受到了很大损害，面临巨大的解构压力，严重威胁到乡村传统文化的生存空间和乡村社会的稳定性。亨廷顿在《文明的冲突与世界秩序的重建》中把应对现代性与传统割裂不力的国家称为"无所适从的国家"[11]。那么，现代性与乡村传统文化之间究竟应该建立何种关系？现代性构建是否能够提供一个看待乡村文化治理体系历史与现实的新视角？

第一，西方学术话语中的"现代性"通常是指启蒙时代以来的"新"世界体系生成的时代，也是在同中世纪全面决裂中呈现出自身意义。然而，现代性是一个复杂的历史化过程：一是现代性推进了民族国家的历史实践，形成了民族国家的政治观念与法的观念，建立了高效率的社会组织机制，创建了一整套以自由、民主、平等、政治为核心的价值理念；二是现代性并不等同于完美性，哈贝马斯将现代性理解为"一个方案、一项未竟的事业""具有进步和贡献与压迫和破坏的双重性"[12]，在重塑社会利益关系中也会滋生动荡、产生新的社会矛盾；三是中国有特殊的历史文化，中国的现代化进程以及乡村传统文化治理体系现代性构建必然有独特的道路，不能将西方话语中的现代性作为乡村传统文化治理体系现代性构建的唯一准则。

第二，现代性作为一种持续进步的、合目的性的、不可逆转发展的时间观念，"体现了未来已经开始的信念"。无论传统如何辉煌、乡村传统文化治理体系如何"自然""自治""自适"，当社会条件已经发生根本性变化时，向前看是乡村文化发展的唯一选择，特别是我国以"五大振兴"为核心内容的乡村振兴战略，就是致力于在现代化进程中探索出一条乡村全面发展的中国道路，也为推动乡村传统文化治理体系现代性构建提供了良好的机遇。

第三，现代性是对人类社会发展历史特定阶段的一个概括，有连续中的断裂，也有断裂中的连续。具体到乡村传统文化治理体系，同样表现为断裂与连续的辩证统一，断裂是在时间意义、社会形态、制度和技术层面的断裂，而连续是在空间、人种、语言和历史文化方面的连续。特别是乡村优秀传统文化作为中华优秀传统文化的重要组成部分，是国家宝贵的文化遗产、民族文化自信的基石、持续发展的精神动力，关系到民族生存与文脉的延续，即使在现代化进程中也不能随意割裂传统或任其衰落。

　　总体而言，乡村文化建设，特别是乡村传统文化治理体系已经进入到必须面向未来、面向现代性的重构阶段，如何在现代化进程中更好地保护优秀传统文化、传承乡村传统文化治理体系中的优秀文化基因，需要在前人研究的基础上有新的理论构建。本研究结合"安康新民风建设引领乡村公共文化服务创新发展"制度设计与实践，提出从乡村文化场域重构、内生性重构和价值体系重构等3条路径，推动乡村传统文化治理体系的现代性构建，化解现代化进程中乡村文化建设的结构性矛盾。

3　乡村传统文化治理体系现代性构建的路径选择

　　乡村传统文化治理体系现代性构建的核心要义，就是在现代化进程中处理好传统与现代、继承与发展、乡村文化与异质文化之间的关系，重塑乡村文化空间秩序、治理结构、制度体系和价值观念，包括：构建具有"自适性"的乡村公共文化场域，提高供给体系对需求体系的适用性；在现代化进程中培育乡村文化内生性动力，增强乡村文化应对社会变革的能力；重构乡村文化价值体系，凝聚乡村文化发展的精神共识。

3.1　构建乡村"自适性"公共文化场域

　　场域（field）由皮埃尔·布尔迪厄提出，认为"场域是诸种客观力量被调整定型的一个体系，是某种被赋予了特定引力的关系构型，也是一个冲突和竞争的空间"[13]。按照其内涵，现代乡村公共文化场域就是由特定地理文化空间、血缘或地缘关系连接形成的利益共同体、文化供需关系共同构成的具有一定结构的整体。就理论模型而言，现代乡村"自适性"公共文化场域与乡村传统文化治理体系中的"自适"有着本质区别。

　　第一，乡村传统文化治理体系中的"自适"是封闭的地理空间内部的"自适"，由于供给和需求都相对有限，因而比较容易达至平衡。现代乡村"自适性"公共文化场域是一个"动态的开放系统"，伴随着本土文化与多元异质文化的冲突与融合，供给与需求的矛盾也处于不断变化之中。

　　第二，乡村传统文化治理体系中的"自适性"是"单中心"的"自适"，乡村文化精英以绝对权威决定着利益共同体内部的文化选择。现代乡村"自适性"公共文化场域是"多中心"条件的"自适"，要求政府、社会、市场相互协调，乡村政治精英、经济精英、文化精英相互配合。

　　第三，乡村传统文化治理体系中的"自适性"是以"自组织""自然演化"为基础的"自适"，组织结构简单，变化缓慢。现代乡村"自适性"公共文化场域是在"他组织"强力介入和现代化进程中"构建性"制度安排中形成的"自适"，要求在科学的顶层设计框架下，构建一个能够有效协调各方利益并能快速应对社会发展变化的制度体系。

当前乡村文化建设与现代化进程之间最尖锐的矛盾之一，就是用城市现代公共文化建设的理念、方法去建设和管理以农耕文明为基础发展起来的乡村传统文化。这种"以城统乡"、用工具理性取代价值理性的方式，形成了城市与乡村、现代文化与传统文化之间的等级观念。正如布尔迪厄的观点，场域"作为一个动态的开放系统，占据一定的位置意味着掌握相应的资源"[14]。只有首先确立乡村文化空间的相对独立地位，才能保障乡村传统文化相对独立性，保障乡村居民作为文化消费主体、创造主体，对乡村文化资源的支配权，为乡村文化"内生性重构"奠定基础。

3.2 推动乡村文化"内生性重构"

乡村文化"内生性重构"是以文化主体自身成长愿望为基础、以文化要素更新或重组为手段、以推动文化发展为目标的行为或行为方式，通常表现为特定主体在特定地理文化空间中以自身力量推动文化传承与创新过程[15]。推动乡村文化"内生性重构"，就是针对乡村文化空间功能弱化、乡村文化再生产能力衰落、乡村居民话语权丧失等现实，通过乡村文化治理结构和供给结构改革等举措，恢复乡村文化自我发展的内在动力。

首先是乡村文化治理结构改革。当前乡村文化建设有几个突出的结构性矛盾：一是过度依赖"送文化"，忽视内生孕育创造的本土文化，打击了乡村居民参与文化创造、文化活动的积极性，而且高度同质化的文化输送也遮蔽了不同地区乡村居民的个性化需求，造成需求与供给的错配。二是当前乡村文化资源处于少、散、低状态。少是经费少、活动少、有积极性的人少；散是服务资源比较分散、话语权分散，缺乏能代表村民提出需求反馈意见的代言人（或组织），一些文化骨干自发开展的文化活动得不到集体的支持，也难以纳入服务统筹之中；低是供给数量、质量低，资源利用效率低，资源闲置和浪费情况严重。解决这些矛盾的基本思路，就是在坚持政府主导、社会协同原则的基础上，通过建立乡村文化理事会的方式，让乡村文化回归其发展的历史逻辑，恢复其创新与发展的内在动力，实现文化创造与文化消费、文化发展的有机统一。

其次是乡村文化供给结构改革。当前乡村文化建设存在过多的"行政化"倾向，地方政府和文化主管部门将有限的建设资金全部统揽起来，通过统一配置或政府购买方式，将服务与产品输送到乡村。对乡村文化基础设施建设以及补短板、调结构、促公平，统筹安排体现出明显的制度优势。但对具体文化活动，如送戏下乡、电影下乡、一般文化活动、图书配置等，如果政府仍然"横向到底、纵向到边"地统揽一切，不仅会加大政府负担、导致供需错配，也违背了"乡村文化发展的历史逻辑"[16]，阻碍了乡村文化"再生产"过程[17]，无法满足文化消费主体、创造主体"真正在场的欲望"。

因此，制度安排要最大限度地满足农村居民的文化需求，"就必须确保能在瞬息万变时空境况下进行即时、即地灵敏的调适"。安康的具体做法是利用新民风建设中的"一约四会"治理体系建立乡村文化理事会，将村民参与、民主决策制度化，随后将国家乡村文化建设专项经费划拨给乡村文化理事会，扩大其经费支出和文化活动自主权，重塑上级政府与村级组织、村民之间的社会关系，使乡村文化建设可以按照自身发展逻辑融入到现代化进程之中。

3.3　重构乡村文化价值体系

费孝通认为中国的传统文化就是从土地里生长出来的文化[18]。作为中国传统文化生长发育的根基，乡村文化以久远的历史积淀，形成独特的价值体系，发挥着维护乡村基本秩序和道德规范的作用。随着现代化的推进、社会思潮的影响和文化冲突的加剧，传统乡村文化价值体系进入到一个动荡、裂变和衰落时期。从近代的新文化运动、"五四运动"将西方"民主""科学"和马克思主义引入中国，形成了思想解放的时代潮流，到中华人民共和国成立后的农村社会主义改造，遏制和清除了乡村存在的"政权、族权、神权、夫权"等思想[19]。乡村文化价值体系经历了较为彻底的重塑。然而到了改革开放时期，"利益驱动成为乡村社会的最主要行为方式，几乎颠覆了传统的文化价值"[20]。传统乡村文化价值体系中的"慈孝观""义利观""天下观""知行观"以及对家庭、对国家的归属感等规范力量严重弱化，封建迷信思想在一些地区死灰复燃，安土重迁的价值理念发生动摇，在追求物质利益最大化的过程中，恪守秩序的集体认同和传统的乡村道德被边缘化……也正是在这种背景下，安康实施的新民风建设，对乡村文化价值体系重构和乡村文化治理体系现代化建设起到了方向性、统领性和基础性作用。

第一，新民风建设将社会主义核心价值体系与乡村优秀传统文化相融合，塑造出符合时代发展、体现时代精神的新型乡村文化价值，在乡村治理、脱贫攻坚、扶贫扶志中发挥了重要作用，形成了以"四个一"为代表的安康经验：一是解决了一个难题，就是一些贫困群众"习惯穷"、少数非贫群众"争当穷"、广大乡亲"无奈穷"的难题；二是走出了一条新路，就是在法律手段用不上、行政手段难奏效、说服教育不管用之间，走出了一条直击灵魂深处、涵养脱贫志气的新路；三是闯出了一个品牌，就是具有陕西特色、有效破解"不怕穷"的扶志脱贫工作品牌；四是证明了一个道理，就是只有旗帜鲜明地破旧立新、淳化民风，才能把志气高、精神强变为靠勤劳、早致富。

第二，新民风倡导的"诚、孝、俭、勤、和"也是乡村文化治理秩序的一次重构。为了引导群众关注家庭教育、培育良好家风，安康挖掘整理了"岚皋杜氏家规""汉阴沈氏家训""白河黄氏家规"等12家优秀家规家训，编印《安康优秀传统家训注译》《安康最美家庭故事选编》等，重塑了传统乡土社会的道德秩序和伦理精神。为了引导群众树立以勤劳致富为荣、以见利忘义为耻的价值观，许多乡村设置"村史廊""民风廊""孝悌榜""贡献榜"等，展现乡村共同的历史记忆和优良民风，凝聚村落共同体的情感归属和崇德向善的价值认同，形成"讲诚信、守规矩、勤致富"的淳朴乡风。为了起到以文化人、夯实乡村文化基础，安康示范区创建工作还着力强化新民风建设对乡村文化治理的引领作用：倡导农家书屋服务不造假、不虚报为"诚"，关爱老人、开展"艺养天年"①服务为"孝"，提高文化设施利用效率、避免铺张浪费为"俭"，多创新、多为村民提供文化活动为"勤"，倡导乡村文化建设中的协商民主，组建乡村文化理事会，整合乡村文化资源为"和"。

第三，新民风建设调动了乡村社会包括乡贤在内的各种积极力量，特别是依靠新民风建立起来的"一约四会"乡贤治理体系，安康在1区9县32个行政村开展"乡村文化理事会""乡贤读书促进会"示范试点工作，大力培育村民参与文化和协商民主的意识，强化乡村文化自治基础。从旬阳县金寨镇寨河社区试点效果看，明显起到了解放和发展农村文化生产力、推动乡村文化繁荣振兴的积极作用[21]，践行了党的十九大提出的乡村社会"自治、法治、德治""三治融合"的治理构想。

4 结语

在中国经济社会转型发展的重要时期，乡村传统文化治理体系现代性构建也处在文化场域的转折与变迁之中，仿佛处于无法与过去和未来做历史衔接的"现在"。

一是简单地用现代公共文化建设的理念、方法或行政、技术手段，推动深耕于时间和空间的乡村传统文化治理体系和治理能力现代化，也产生了新的矛盾。中国乡村传统文化是一个自我循环而又相对封闭的系统，有内在的传承与发展机制，也造就了乡村传统文化的独立性和独特性。如果说乡村传统文化治理体系"自然""自治""自适"特征的消解，是文化发展机制的消解，那么独立性和独特性的消失，就是文化本身的消失。另外，现代

---

① "艺养天年"是安康市针对"创建国家公共文化服务体系示范区"开展的关于保障老年人基本文化权益和满足老年人基本文化需求的方案，围绕老年人老有所乐、老有所学、老有所为，提升老年人公共文化服务。详见：安康市文化和旅游广电局关于印发《安康市"艺养天年"老年人公共文化服务创新实践试点工作方案》的通知。

公共文化服务体系建设是一个自上而下的过程，体现的是国家战略安排，有些地方政府在执行过程中只考虑向上负责，作为文化消费主体、创造主体的乡村居民却处于"失语""失联"状态。内蒙古农牧区的"文化大院"就是一个例子：当政府设立的乡村文化站室门庭冷落、形同虚设之际，农民自办的"文化大院"却悄然走红[22]。

二是中国乡村文化发展的历史表明，乡村社会组织化程度与乡村社会秩序稳定、乡村社会文化创造力和文化供需的"自适性"有高度关联。组织化程度较低时，乡村居民的文化维系力、自我保障服务能力都会下降，社会秩序也相对混乱；组织化程度较高时，乡村居民对集体事物的关注度和参与度也会上升。这种现象表明，乡村传统文化治理体系和治理能力现代化已经成为乡村文化振兴的基础性问题，通过支持、培育具有乡村文化自治组织性质的乡贤理（参）事会、乡村文化理事会、乡贤读书促进会等，也成为一些地方开展基层治理模式创新、破解乡村文化治理难题的思路和抓手。在这个方面，尽管广东云浮、浙江德清、陕西铜川（王益）、安康等地在自然环境、经济条件、地方财政、人口结构、文化传统有很大差别，其制度设计、治理单元、资金安排方面也各有特色，但是，从三地实践探索的绩效来看，乡贤理（参）事会在构建乡村治理的内生性秩序、提升乡村公共物品的供给能力、缓解基层社会治理过程中诱发性矛盾等层面都发挥了积极作用，较好地实现了行政主导的外在压力、乡村文化的内生动力、自组织的文化活力"三统一、三协调"。

三是从传统"人治"到现代"法治"，从"政府统揽"到"政府主导、社会力量参与"，从乡村传统文化治理体系的"自然演化"到乡村文化振兴的"战略性安排"，乡村传统文化治理体系现代性构建之路必然面临各种挑战、冲突和机遇。在尊重乡村文化底色和"自然""自治""自适"传统的基础上，结合"安康新民风建设引领乡村公共文化服务创新发展"制度设计与实践，从现代乡村文化场域构建、乡村文化"内生性重构"和乡村文化价值体系重塑3个维度化解、调和现代性构建与乡村传统文化发展逻辑之间的冲突，初步构建了一个面向未来、持续发展的时代意识。十九大提出的乡村社会"自治、法治、德治""三治融合"的理论框架，为乡村传统文化治理体系的现代性构建提供了一个联系历史与现实的新视角。

参考文献

[1] 吴理财，解胜利.文化治理视角下的乡村文化振兴：价值耦合与体系建构[J].华中农业大学学报（社会科学版），2019（1）：16-23.
[2] 秦晖.传统十论：本土社会的制度、文化及其变革[M].上海：复旦大学出版社，2003：3.

[3] 段小虎，谭佳峰，李宪霞. 需要的社会体系、历史序列与空间特征：公共文化服务供给改革再认识[J]. 图书馆论坛，2018（6）：11-15.
[4] 李自雄. 论当代中国文艺理论发展的现代性路向[J]. 沈阳工程学院学报（社会科学版），2009（3）：294-297.
[5] 段小虎，闫小斌，荆皓. 从“农村文化建设”到“乡村文化振兴”——研究维度与思维模式的转变[J]. 图书馆，2018（9）：1-4.
[6] 高静，王志章. 改革开放 40 年：中国乡村文化的变迁逻辑、振兴路径与制度构建[J]. 农业经济问题，2019（3）：49-60.
[7] 沈妉. 城乡一体化进程中乡村文化的困境与重构[J]. 理论与改革，2013（4）：156-159.
[8] 韩鹏云，张钟杰. 乡村文化发展的治理困局及破解之道[J]. 长白学刊，2017（4）：142-150.
[9] 陈波. 公共文化空间弱化：乡村文化振兴的“软肋”[J]. 人民论坛，2018（21）：125-127.
[10] 陈楚洁，袁梦倩. 文化传播与农村文化治理：问题与路径——基于江苏 J 市农村文化建设的实证分析[J]. 中国农村观察，2011（4）：87-96.
[11] 梁茜. 社会主义核心价值体系引导下的乡村文化价值重建[J]. 武汉理工大学学报（社会科学），2014（3）：489-492.
[12] 吴苑华. 哈贝马斯论现代性[J]. 新疆大学学报（哲学社会科学版），2004（1）：27-33.
[13] 葛敏. 基于布尔迪厄场域理论视角的家庭教育场域研究[J]. 南京师大学报（社会科学版），2018（2）：89-96.
[14] 陶水平. 文学艺术场域学术话语的自主、开放、表征与竞争——布尔迪厄的文化场和艺术再生产理论探微[J]. 中国文学研究，2017（2）：5-14.
[15] 李晶. 贫困地区文化“内生性重构”研究[J]. 图书馆论坛，2016（6）：27-33.
[16] 段小虎. 回归乡村文化发展的历史逻辑：安康市乡村文化建设“三改革”制度设计概述[J]. 图书馆论坛，2020（3）：3-7，22.
[17] 闫小斌，范红，闫毅. 乡村文化再生产的秩序重构[J]. 图书馆论坛，2020（3）：8-14.
[18] 费孝通. 土地里长出来的文化[C]// 费孝通. 费孝通全集：第四卷. 呼和浩特：内蒙古人民出版社，2009.
[19] 梁茜. 社会主义核心价值体系引导下的乡村文化价值重建[J]. 武汉理工大学学报（社会科学版），2014（3）：489-492.
[20] 骆郁廷. 精神动力论[M]. 武汉：武汉大学出版社，2003.
[21] 陕西安康：乡村文化理事会让软文化实现硬支撑[EB /OL]. [2019-11-26]. http://www. wenlvsn. com/article. asp?class1=6&id=2069.
[22] 贾立君，任会斌. 乡村“文化大院”的困惑[J]. 瞭望新闻周刊，2006（18）：58-59.

（原载于《图书馆论坛》2020 年第 3 期）

新民风建设引领乡村文化创新发展
——乡村文化建设的安康金寨实践 [①]

庞　莉（陕西师范大学校史馆）

陆　路（陕西省图书馆）

金寨镇隶属于陕西省安康市旬阳县。旬阳，春秋时为楚地，战国时期楚置郇阳邑，楚怀王十七年（公元前 312 年）归秦，置旬阳县。旬阳人口源流复杂。商周居民主要是庸人和麇人，秦至南北朝时期土著居民与中原华夏民族、南方巴族等少数民族逐渐融合。明清南方和中原人口向秦巴山区迁徙，许多移民进入旬阳开荒。根据对旬阳 46 个姓氏、72 个宗族、3200 余户所作的氏族抽样调查，发现现有居民中有 65.3% 为明清外省移民后裔，26.4% 是本省外县移民后裔，只有 8.3% 的祖籍在旬阳。

金寨镇地处旬阳县南端，历代移民迁入后首先是划地建寨，目前还保留有 9 个具有防"战乱""贼乱"功能的村寨，加上境内有许多溶洞，故有"九寨十八洞"之称。由于金寨镇地处大金河与小金河交汇处、呈"Y"字形的小金河对面有个石家古寨，故这段河流也被称为"寨河"。1950 年旬阳县政府在此设乡，取"金河"的"金"字与石家寨的"寨"字，合称为金寨。金寨镇面积 133.86 平方千米，有 10 个行政村和社区、68 个村民小组，2018 年末户籍人口 15098 人。

改革开放后，金寨村民经济收入以外出打工为主，贫困发生率较高。随着经济社会发展，金寨村民的经济收入和生活水平有了一定提高，但以地缘纽带连接起来的乡村社会关系缺乏互信基础，文化价值观念分裂、个体意识增强、传统规范力量弱化、社会治理矛盾突出等新老问题，并没有随着经济发展和村民收入增加得以化解，致使金寨在脱贫攻坚中很难形成有效合力。

"治天下，以正风俗得贤才为本。" [1] 为强化优秀传统文化的道德约束力量和社会主义核心价值观的规范引导作用，2015 年金寨实施以倡导"诚、孝、俭、勤、和"为主要内容

① 本文系安康市"创建国家公共文化服务体系示范区"（文公共发〔2017〕25 号）制度设计课题和陕西省社科基金项目"推进陕西基本公共文化服务均等化的治理研究"（项目编号：2020N005）研究成果。

的新民风建设，在重塑乡村社会治理秩序方面取得积极成效。2018 年安康开始创建"国家公共文化服务体系示范区"，金寨按照市县部署，开展乡村文化理事会试点建设，启动乡村文化治理结构、供给侧结构性改革，走出了一条新民风建设价值引领、乡村文化体制机制改革驱动、物质文明与精神文明协调发展的乡村振兴之路，为破解贫困地区乡村公共文化服务"末端难题"提供了经验借鉴。

1 金寨乡村文化发展变迁与改革创新

1.1 新民风建设前乡村文化发展困局

（1）乡村治理缺乏抓手。开展新民风建设前，金寨经济发展和文化建设落后，加上以地缘为纽带连接起来的乡村社会关系缺乏共同的价值观念，导致基层班子没有威信，群众没有凝聚力，社会治理矛盾突出。诸如老人赡养、子女教育、邻里纠纷等小问题处于法律手段用不上、行政措施难奏效的尴尬局面。基层党员和群众中不良人情风、盲目攀比风、低俗恶搞风、酗酒赌博风盛行，甚至出现封建迷信和违法乱纪等问题。部分群众丧失了与贫困抗争的斗志、"信访不信法"，习惯了"等靠要""争访闹""靠着墙根晒太阳，等着别人送小康"。以自我监督和自我管理为主要特征的"乡政村治"面临着"以何而治"的困惑。

（2）文化建设缺乏动力。"风俗弊坏，由于无教。"[2] 如何"教"，金寨一直没有正确的认知。《关于加快构建现代公共文化服务体系的意见》指出，构建现代公共文化服务体系，是保障和改善民生的重要举措，要"以人民为中心，以社会主义核心价值观为引领，发展先进文化，创新传统文化，扶持通俗文化，引导流行文化，改造落后文化，抵制有害文化，巩固基层文化阵地，促进在全社会形成积极向上的精神追求和健康文明的生活方式。"[3] 开展新民风建设前，金寨社会矛盾尖锐复杂，各方错误地将乡村文化建设与发展经济、脱贫攻坚相对立，没有认识到文化建设在服务脱贫攻坚、构建社会主义和谐社会中的重要作用。

（3）文化服务缺乏活力。金寨地处秦巴贫困山区腹地，经济结构单一，村民大部分经济收入以外出打工为主，加上公共文化基础设施建设落后，镇级文化站和村级综合性文化服务中心基本上长期处于资源短缺、无人管理状态，村级群众性文化组织数量少、规模小，群众对文化建设和文化活动的热情普遍不高，而劳动力素质较高的青壮年不断流失，也严重制约了乡村文化建设能力和群众文化消费能力。

1.2 新民风建设对乡村文化再生产的秩序重塑

"一个负责地方秩序的父母官，维持礼治秩序的理想手段是教化。"[4] 从 2015 年开始，金寨将"先正风俗"视为解决各种矛盾的求治之道，决心下大力气遏制恶俗陋习、倡导"诚、孝、俭、勤、和"的新民风，建立新的村规，规范村民日常生活的言行习惯，"倒垃圾，不随意。砖瓦柴，摆整齐……"诸如此类的规定开始出现在各村村委会的墙上。正如金寨镇党委书记所说："这些规定是由村民通过民主商讨决定的，规矩是村民自己定下的，执行起来就少了很多借口。"

制定了规矩，还要有确保规矩落实落地的好方法、好机制。为此，金寨在村规民约基础上，由群众推选老党员、老干部、道德模范、人大代表、政协委员等"新乡贤"，建立"一约四会"（村规民约、红白理事会、村民议事会、道德评议会、禁毒禁赌会）等群众自治组织，即将政府主导与群众路线相结合、自上而下与自下而上相结合，通过大力培育乡村文化自组织能力、乡村文化内生性发展动力和乡村文明生长点，不断丰富乡村文化服务供给；并以此为重塑乡村社会秩序的抓手，按照立足村情、群众认可、可行管用的原则，探索出一条以"群众说、乡贤论、榜上亮"的道德评议之法，产生了积极的治理成效，为金寨镇文化建设，特别是乡村文化再生产秩序重塑奠定了重要基础。

2015—2018 年，金寨升级改造农家书屋 10 个，维修升级各村组广播站，新建镇综合文化服务中心，配套建设群众文化活动广场 11 个共 8000 余平方米。村民自发组建 10 多个村级文化班社，诗歌朗诵、迎新春文艺晚会、元宵灯展和舞龙、烧狮子、划彩船等节日民俗、文化娱乐活动已经成为金寨镇逢年过节时的新风景。

1.3 金寨乡村文化体制改革与服务创新

2018 年安康市"创建国家公共文化服务体系示范区"，金寨积极参与乡村文化理事会试点建设和乡村文化治理结构、供给侧结构性改革。寨河社区、权口村采取群众推荐和个人自荐、集体讨论的办法，吸收村干部、退休教师、非遗传承人和文艺骨干等成立了乡村文化理事会和乡贤读书促进会，并按照安康市旬阳县统一要求制定了乡村文化理事会、乡贤读书促进会的章程和相关制度。

寨河社区的乡村文化理事会理事长由社区党支部书记兼任，副理事长由社区党支部副书记、社区副主任、少儿艺术组负责人、锣鼓队负责人担任，秘书长由社区后备干部——乡贤读书促进会负责人担任，下设锣鼓队、舞蹈队、少儿艺术组和自乐班等 4 个村级文化组织。

权口村的乡村文化理事会理事长由村党支部书记兼任，副理事长由村妇联主席、少儿艺术组负责人、锣鼓队负责人、社区监委会主任担任，秘书长为乡贤读书促进会负责人，下设健身舞蹈小组、社火小组、曲艺小组。

寨河社区、权口村乡村文化理事会章程和相关配套制度规定：乡村文化理事会是村级公共文化服务议事与决策的自治组织，其基本职能是围绕"诚、孝、俭、勤、和"新民风建设，统筹村级公共文化服务资源配置，策划和组织实施公共文化服务项目，组织开展全民阅读、艺术培训、文艺创作、文艺演出、科学普及、普法教育、非遗传承和地方优秀传统文化宣传推广等。具体事权责任包括负责村（社区）综合文化服务中心的管理运行和设施设备维护；落实村（社区）综合文化服务中心的服务标准；承担"红白理事会""道德评议会"中与文化教育相关的工作；培育和引导乡村群众参与文化生活、传播文化、创造文化；推动乡风文明建设和乡村治理能力现代化；推动乡村文化与学校、企业和其他社会组织的交流合作；代表村民向上级机关或公共文化机构提出服务需求。

通过乡村文化体制机制改革，金寨镇实现了"一约四会"乡贤治理体系与乡村文化理事会的无缝衔接，解决了以往政府单一主体统揽乡村文化建设存在的事权与财权责任不清、供给与需求对接不畅、需求反馈机制不畅等体制弊端，培育了乡村文化自组织能力和内生性发展动力，构建了以德治为基础、法治为保障、自治为目标的"三治融合"乡村文化治理新秩序，有效推动乡村文化服务创新与发展。

2 金寨新民风引领公共文化服务创新成效

安康市"创建国家公共文化服务体系示范区"制度设计课题组在文献研究、政策分析和实地调研的基础上，结合新时代国家发展新战略、乡村社会新问题、文化建设新任务和安康新民风建设、脱贫攻坚实践，确定了新民风建设引领乡村公共文化服务创新发展这一制度设计课题，提出了以新民风建设为引领，以乡村文化"三改革""三培育""三结合"为核心，以乡村文化治理体系和治理能力现代化为目标，推进乡村公共文化服务创新发展的体系建设。为了解金寨镇新民风建设和乡村文化体制机制改革成效，2020 年 7 月课题组采取网络问卷、实地调研和案例分析等方法，对金寨镇开展综合评估。其中，共收回问卷440 份，有效问卷 422 份，有效率 95.90%；实地调研了 10 个村社，查看当地公共文化基础设施和乡村文化理事会建设情况；案例分析重点考察金寨镇乡村文化建设实践成果。

2.1　新民风建设和乡村文化服务成效评价较高

本次收回的 422 份有效问卷中，男性占 44.31%、女性占 55.69%。调研内容主要包括 6 个方面：（1）对"新民风建设"的了解。完全了解的占 22.36%，基本了解的占 49.5%，了解一些的占 25.36%，不了解的占 2.61%。（2）参加新民风建设和乡村文化活动的情况。参加人数占 72.09%，没有参加过的人数占 27.91%。（3）对"新民风建设"是否促进本村文化服务的评价。认为文化服务越来越好的占 82.7%，认为有积极变化的占 14.22%，没有感觉到变化的占 3.08%。（4）对本村公共文化服务的满意度。非常满意和满意的占 89.81%，基本满意的占 9%，不满意或没有关注的占 1.19%。（5）对乡村文化理事会的评价情况。认为乡村文化理事会有很大作用的占 46.68%，认为有一定作用的占 42.18%，认为作用不明显的占 10.19%，没关注的占 0.95%。（6）对于乡村文化建设与新民风建设关系的评价。认为乡村文化建设对新民风建设产生了积极作用的占 68.29%，认为有一定作用的占 19.86%，认为无法判断的占 11.85%。

从网络问卷调研结果可见，绝大多数受访者对新民风建设宣传成效、新民风建设与乡村文化建设相互推动作用以及乡村文化理事会的作用持积极与肯定的态度，参加新民风建设和乡村文化活动比例较高，对公共文化服务满意度也达到 98.81%（含基本满意）。少数受访村民不了解或评价偏负面消极，说明金寨镇新民风建设和乡村文化体制机制改革还有一定的提升空间，当然也与部分受访者为学生、高龄人口和外出打工者有关，表明绝大多数受访者在乡村文化价值观念上基本实现了统一。

2.2　乡村文化治理能力明显提升

通过对金寨镇 10 个村社的实地走访，以及对基层文化工作者、乡村文化理事会成员、村文艺组织骨干和部分村民随机访谈，表明在新民风建设和公共文化示范区创建过程中，金寨以村规民约规范人，以道德评议引导人，以移风易俗改造人，以文化活动发展人，社风民情有了根本转变，乡村文化治理能力明显提升，成了远近闻名的文明之镇、礼仪之乡。

截至 2019 年末，金寨共推选出"新乡贤"220 人，成立了 12 个道德评议委员会，开展道德评议 130 余场，评出凡人善举和"草根英雄"270 人次，评出反面典型人物（事）65 人（件），帮教转化 51 人次，有 76 人次成为自强自立、勤劳脱贫典型，遏制了脱贫攻坚中的"等靠要""缠访闹"等现象，遏制了不赡养老人、封建迷信、赌博等恶习，遏制了红白喜事大操大办、份子钱相互攀比的歪风邪气，形成遵纪守法、诚信知理、勤劳节俭、互助友善、崇德孝仁的良好社会风气。"过去办场酒席 10 万块都打不住，份子钱给得不少人过年都往外乡躲，现在一切都变了。"金寨镇寨河社区村民李伟说。

2015—2019 年，金寨全镇共有 1425 户 4484 人脱贫，贫困发生率由 30% 降低到 1.38%，村民人均纯收入由 7900 元增至 15029 元，人均"份子钱"由 500 元降至 200 元。金寨荣获全省农村移风易俗工作先进镇、全国"六好"县镇工会、第五届"全国文明村镇"等荣誉称号。

2.3 乡村公共文化服务创新发展成效显著

在乡村公共文化建设与服务领域，安康创建国家公共文化服务体系示范区开始后，金寨镇围绕社区综合性文化服务中心管理和公共文化服务效能提升这项核心工作，依靠乡村文化理事会科学统筹社区公共文化服务资源配置，开展以"成立一支文化社团、开展一项非遗传承、开展一项特色文化活动、配备一套应急广播系统、组建一支文化人才队伍"为内容的"五个一"公共文化服务。

2020 年 9 月，金寨镇按照安康市文化和旅游广电局《关于全面推行乡村文化理事会建设的通知》，在原寨河社区、权口村乡村文化理事会试点建设基础上，对 10 个村社全面推广乡村文化理事会建设，建立完善了包括决策、管理、服务标准、工作职责和绩效考评在内的制度体系。每个乡村文化理事会根据各村社实际情况并结合本村群众文化需求，分别组建了 5—8 个群众文艺社团组织，将 2015—2018 年村民自发成立的群众文艺社团，经过提升改造纳入乡村文化理事会的统筹管理之中，将以往随机性的封闭式群众自娱活动改造成为有组织、有计划的开放式群众文化活动。乡村文化理事会根据活动需要协调相关场地、设施设备、器材、人员等，并给予经费保障、宣传推广等方面的支持。

2019 年，金寨镇共开展各类文化活动 20 余场次、培训 6 场次、展览 4 场次，其中"文明闹元宵"、第七届农民艺术节、第九届校园文化艺术节、"脱贫攻坚，文化同行"书画作品展、镇村文艺人才培训、"全民阅读，书香金寨"等活动都是由乡村文化理事会统筹组织实施，部分广场舞、鼓乐演奏、非遗展示、读书演讲等则主要由村级文艺社团主办，形成了内容、形式和层次丰富的群众文化活动格局，活动的频次、品质、效能、覆盖面和影响力较建立乡村文化理事会之前均有大幅提升，群众参与文化建设和文化活动的积极性得到充分调动。2020 年 1 月安康市图书馆在金寨镇举行"读国学经典，树文明新风"诵读活动，金寨镇 6 个阅读团队和村干部带头参与，进一步增强了基层阅读文化氛围、推动了乡风文明建设。

3　金寨乡村公共文化服务创新发展启示

习近平总书记指出："要治理好今天的中国，需要对我国历史和传统文化有深入了解，也需要对我国古代治国理政的探索和智慧进行积极总结。"[5]当前我国乡村文化治理面临的基本矛盾是以传统文化为核心，以自然演化、自我治理和自我适应为基本特征的乡村传统文化治理体系逐步瓦解，但与乡村振兴相适应的现代文化治理体系尚未成熟[6]。金寨新民风建设将群众易懂、易学、易用、易传且具有传统文化根基的"诚、孝、俭、勤、和"5字规范与乡村文化治理结构改革相结合，在继承乡村文化优秀治理传统和治理经验的同时，推动了乡村文化治理体系和治理能力现代化，为"破解贫困山区文化建设之困"[7]提供了借鉴。

3.1　综合利用传统与现代两种规范力量，重塑乡村社会治理秩序

"夯实国内文化建设根基，一个很重要的工作就是从思想道德抓起，从社会风气抓起，从每一个人抓起。"[8]面对现代化进程中乡村传统规范约束力量弱化以及"法律手段用不上、行政措施难奏效"的治理窘境，金寨镇新民风建设将加强优秀传统文化的规范力量和弘扬社会主义核心价值观的教育作用相结合，综合利用传统与现代两种规范力量，重塑乡村社会治理秩序。例如，新民风建设中的"诚"字，按照《康熙字典》的解释是"可信、无伪、真实"，唐代名相魏徵也将"诚"看作"立身之本，处世之道"，有"德礼诚信，国之大纲"[9]的名言。在社会主义核心价值观中，"诚信"也被列为规范公民个人行为的4个准则之一，反映出"诚"或"诚信"始终是华夏民族最崇尚的品质。金寨镇新民风建设将强化诚实、诚信教育置于"诚、孝、俭、勤、和"的首位，通过"新乡贤"主导的道德评议活动，将"诚"转化为具体的行为标准，起到了教化群众、淳化民风的积极作用，同时也有效遏制了部分基层文化服务，特别是部分"农家书屋"弄虚作假、欺上瞒下、应付差事等"失诚"问题。

3.2　挖掘中华优秀传统文化价值，推动传统文化与现代公共文化融合发展

《关于实施中华优秀传统文化传承发展工程的意见》指出："迫切需要深化对中华优秀传统文化重要性的认识，进一步增强文化自觉和文化自信；迫切需要深入挖掘中华优秀传统文化价值内涵，进一步激发中华优秀传统文化的生机与活力；迫切需要加强政策支持，着力构建中华优秀传统文化传承发展体系。"[10]金寨镇新民风建设通过大力弘扬乡村优秀

传统文化，有效丰富和充实了现代公共文化服务内容。例如，"孝"原来的含义是"善事父母"，其后内涵不断得到丰富。如《孝经·开宗明义章》曰："夫孝，始于事亲，中于事君，终于立身"；《孟子·梁惠王上》中称："老吾老以及人之老，幼吾幼以及人之幼"等，使"孝"超越了家庭伦理范围，成为社会道德规范。《老年人权益保障法》提出"弘扬中华民族敬老、养老的美德"[11]；《新时代公民道德建设实施纲要》提出"自觉传承中华孝道"[12]；《公共文化服务保障法》强调"建立形式多样、内容丰富的老年人服务项目"[13]，将中国传统"孝"文化中的优秀元素提升为锻造合格公民的重要渠道。金寨镇开展的"艺养天年"老年人公共文化服务项目，通过"汉调二黄"、旬阳民歌、道情皮影、旬阳花鼓、传统刺绣等老年人熟知和喜爱的文艺形式，丰富了现代公共文化服务供给，践行了中华孝道的时代精神，起到了"上所施，下所效"的积极效果。

3.3 走好新时代文化建设群众路线，重塑乡村文化再生产新秩序

《乡村振兴战略规划（2018—2022年）》指出，"按照有标准、有网络、有内容、有人才的要求，健全乡村公共文化服务体系"[14]。金寨镇一方面积极配合旬阳县推动县域文化馆、图书馆总分馆建设，按照"有阵地、有制度、有活动、有人员、有保障"的"五有"标准，解决基层文化阵地"专干不专"和效能低下等突出问题，将公共图书馆自动化管理系统覆盖到镇村、学校，缓解了数字贫困；另一方面，坚持走好新时代文化建设群众路线，通过"一约四会"机制和乡村文化理事会试点建设、乡村文化供给侧结构性改革以及有计划的基层文艺骨干培训、基层群众文艺社团培育等，调动了新乡贤群体、乡村社会组织、农村群众参与文化建设的积极性，形成自上而下与自下而上相结合、政府主导与民间力量积极参与的乡村文化再生产新秩序。

4 结语

金寨镇地处秦巴山区特困地区，除了自然、社会、人口和地方财政等因素影响之外，历史上多次大规模移民及其多元文化冲突，也使金寨镇乡村文化建设带有更为复杂的特殊矛盾。金寨镇在安康新民风建设和示范区创建的推动下，依靠"准确识变、科学应变、主动求变"的改革创新精神，充分发挥道德规范力、文化引领力、改革推动力，形成了以新民风建设为引领，以乡村文化体制机制改革为抓手，以乡村文化自组织能力提升为核心，以乡村文化治理体系和治理能力现代化为目标的乡村文化创新发展实践路径。社会文明程度、群众思想道德素质、精神文化生活质量得到明显提高。

　　以新民风建设为引领，就是将传承中华优秀传统文化和弘扬社会主义核心价值观、发展社会主义先进文化相结合，通过"一约四会"乡村治理体系和"道德评议、移风易俗、文化传播、文明创建、诚信建设、依法治理"6大活动载体，解决金寨镇乡村社会存在的道德约束弱化、价值观念分裂、治理矛盾突出等问题，推动基层思想政治工作和精神文明建设守正创新。

　　以乡村文化体制机制改革为抓手，是坚持把夯实基层基础作为固本之策，通过乡村文化建设观念变革、治理结构和供给侧结构性改革等举措，不断健全乡村文化理事会运行机制、明确职能定位、强化事权与财权责任，使一度被严重忽视的乡村社会自治传统和被边缘化的乡贤群体重新回归乡村文化治理领域，为乡村文化创新发展注入新活力。

　　以乡村文化自组织能力提升为核心，是将政府主导与群众路线相结合、自上而下与自下而上相结合，通过大力培育乡村文化自组织能力、乡村文化内生性发展动力和乡村文明生长点，不断丰富乡村文化服务供给，满足乡村群众"真正在场的欲望"，激发乡村文化发展新动能。

　　以乡村文化治理体系和治理能力现代化为目标，是按照中共中央、国务院关于"加快推进乡村治理体系和治理能力现代化"的要求，通过乡村文化理事会制度，传承乡村文化优良的自治传统；通过民主议事制度，优化乡村文化德治方法；通过规范性制度供给，强化乡村文化法治基础，推动乡村文化建设走出一条体现国家文化发展战略、顺应乡村文化发展规律、符合农村群众现实文化需求的新时代乡村文化治理道路。

参考文献

[1] 钱锺书.管锥篇·毛诗正义导读[M].武汉：湖北人民出版社，2014：56.

[2] 康有为.康有为全集·第二集[M].姜义华，张荣华编校.北京：中国人民大学出版社，2007：43.

[3] 关于加快构建现代公共文化服务体系的意见[EB/OL].[2020-04-01]. http://www.gov.cn/xinwen/2015-01/14/content_2804250.htm.

[4] 费孝通.费孝通文集（第二卷）[M].北京：群言出版社，1999：146.

[5] 习近平主持中央政治局第十八次集体学习并讲话[EB/OL].[2020-10-11]. http://www.gov.cn/xinwen/2019-10/25/content_5444957.htm.

[6] 李晶.乡村传统文化治理体系的现代性构建[J].图书馆论坛，2020（3）：26-31.

[7] 王慧君，王全吉，张靖.贫困地区公共文化服务创新发展："安康样板"研究[M].广州：广东人民出版社，2020：30.

[8] 习近平主持中共中央政治局第十二次集体学习并发表重要讲话[EB/OL].[2020-01-12]. http://www.gov.cn/xinwen/2019-01/25/content_5361197.htm.

[9] 饶宗颐 . 中信国学大典·贞观政要 [M]. 北京：中信出版社，2016：89.

[10] 中共中央办公厅 国务院办公厅印发《关于实施中华优秀传统文化传承发展工程的意见》[EB/OL]. [2017-01-25]. https://www.gov.cn/zhengce/2017-01/25/content_5163472.htm.

[11] 中华人民共和国老年人权益保障法 [EB/OL]. [2020-06-19]. https://www.npc.gov.cn/wxzl/gongbao/1996-08/29content_1479994.htm.

[12] 新时代公民道德建设实施纲要 [EB/OL]. [2020-01-10]. http://www.xinhuanet.com/politics/2019-10/27/c_1125158665.htm.

[13] 中华人民共和国公共文化服务保障法 [EB/OL]. [2020-06-22]. http://www.gov.cn/xinwen/2016-12/26/content_5152772.htm.

[14] 中共中央 国务院印发《乡村振兴战略规划（2018—2022 年）》[EB/OL]. [2020-06-12]. http://www.gov.cn/xinwen/2018-09/26/content_5325534.htm.

（原载于《图书馆论坛》2021 年第 4 期）

后　记

　　乡村是中华文化生长发育的根脉所在，也是当前我国公共文化服务体系建设最薄弱、最艰难的地区。2018年，当地处秦巴山集中连片特困地区的安康市，申报第四批国家公共文化服务体系建设示范区创建资格时，政府可支配财力、文化基础设施条件、文化服务能力和效率等，在西部都处于相对落后状态。但安康凭借一股"闯"的精神、"创"的劲头、"干"的作风，按照国家"坚持把夯实基层基础作为固本之策"的政策要求，将乡村文化建设作为示范区创建主战场，提出以新民风建设为引领，以乡村文化"三改革""三培育""三结合"为核心，以乡村文化治理现代化为目标的制度设计框架，"创造出经济欠发达地区公共文化服务体系建设跨越式发展的'安康样板'"。

　　进入到示范区创新发展阶段，安康按照建设中华民族现代文明的新要求、公共文化服务高质量发展新目标和乡村振兴战略，通过巩固以"新民风建设"为引领的乡村文化"价值链"、激活以"乡村文化理事会"为基础的乡村文化"动力链"、培养以"基层首创"为核心的乡村文化"创新链"、强化以"培基固本"为目标的乡村文化"服务链"，实现了安康示范区从创建到创新发展制度设计的再升级，续写出乡村现代文明建设"春天的故事"，大量经验做法被新华网、中央电视台、《人民日报》、《中国文化报》、《文旅中国》、《陕西日报》等媒体报道。

　　司马迁曾说："移风易俗、民以殷富、国以富强"。从"县政绅治"到"政社合一""乡政村治"，从"礼俗社会"到"法理社会"，从农耕文明到现代工业文明，从"先城后乡"到"城乡统筹"，乡村民风始终是中国农村社会的基础性问题。安康将新民风建设与示范区建设相结合，积极探索中国式现代化进程中乡村现代文明建设和乡村文化治理现代化的路径与方法，不断完善文化基础设施、奖励服务创新项目、扶持文艺精品创作、开展"乡村文化理事会"和"乡村文化供给改革"试点，使优良民风成为优化农村文化生态环境的"加速器"、推动农村文化创新发展的"催化剂"、促进农村社会和谐的"黏合剂"。

　　为了充分发挥国家公共文化服务体系示范区探索创新经验、示范引领主阵地的作用，打造具有陕西特色的创新发展经验，陕西省文化和旅游厅、财政厅一方面在政策指导、财政倾斜保障、强化督导检查等方面给予示范区建设重点支持；另一方面，组织陕西省公共文化服务体系建设专家委员会成员，全面介入安康示范区理论研究、制度设计和实践创新，探索出具有陕西特色的"政学研用"相结合的工作机制。专家团队根据省文化和旅游厅、财政厅的统筹安排，围绕省内各批次国家公共文化服务体系示范区创新发展、陕西省公共文化服务高质量发展示范县（区）建设和中国民间文化艺术之乡建设，提供政策解读、专题培训、制度设计、建设规划和全流程的实践指导，不仅产生了一批实践成果，而且也产生了一批"将论文写在大地上"的学术成果，形成了陕西"文旅强省"建设中的独特探索。

安康示范区从创建到创新发展，得到许多专家学者的关心、支持和帮助。国家公共文化服务体系建设专家委员会首席专家、北京大学教授李国新，华东师范大学教授金武钢等，从制度设计到理论创新给予了精心指导。广东省立中山图书馆馆长王惠君、浙江省文化馆首席专家、研究馆员王全吉和中山大学教授张婧，在2020年1月到5月新冠疫情最严重期间，编撰完成了《贫困地区公共文化服务创新发展——"安康样本"研究》；广东人民出版社，不仅在最短的时间、以最好的质量完成了专著出版发行，而且还主动减免了部分出版经费。《图书馆论坛》编辑部同仁，对制度设计课题组理论研究成果，从栏目设计、内容修订到编辑审校，付出了辛勤劳动……这些工作为安康经验走向全国、发挥示范引领作用起到了积极的推动作用。本次李国新教授、王惠君馆长和王全吉研究馆员，受邀为《乡村公共文化服务高质量发展新实践——安康市国家公共文化服务体系示范区创新发展成果》一书作序，国家图书馆出版社为该书提供高水平专业支持，是对安康示范区创新发展成果的再次肯定与鼓励。

《乡村公共文化服务高质量发展新实践——安康市国家公共文化服务体系示范区创新发展成果》一书分为7编，收录93篇文章，其中征集基层创新案例83篇，转载课题组成员在核心期刊上发表的理论研究成果10篇。书稿形成经过初审、复审和终审三个环节。

参与初审的指导专家主要有：西安石油大学图书馆研究馆员李清，西北政法大学马列主义学院教授刘亚玲，西安科技大学图书馆馆长冯永财，西安财经大学图书馆副馆长井水和主任闫毅，陕西理工大学人文学院副教授李静，西藏民族大学图书馆副研究馆员冯云，陕西省图书馆副研究馆员霍晓焰。

参与复审的指导专家主要有：西安文理学院图书馆研究馆员段小虎，陕西省文化馆副研究馆员白拴锁，西北大学公共管理学院教授杨九龙，陕西科技大学图书馆研究馆员闫小斌，长安大学图书馆研究馆员尹莉，宝鸡市图书馆副馆长陈碧红，陕西省旅游局、陕西旅游发展委员会《陕西旅游》杂志原主编吴娟等。安康市文化和旅游局原科长陈启安、安康市群众艺术馆副馆长陈俊波也全程参与了专著编撰工作。

终审环节由段小虎、陈启安、白拴锁、陈俊波负责完成。李清负责统稿和编务工作。

为高质量完成专著编撰工作，安康市文化和旅游局专门下发《关于征集公共文化服务创新发展典型案例的通知》，成立了以市、县文旅局主管领导和市级文化机构负责人组成的工作专班，邀请段小虎、杨九龙、尹莉和国家图书馆出版社编审邓咏秋，就创新案例编写的内容结构、写作技巧和工作规范，开展专题培训。各级各类公共文化服务机构、基层文化工作者，以高度使命感、责任感和执着的探索精神、强烈的创新意识，按计划完成征稿撰写工作，将群众智慧的涓涓细流汇聚成乡村文化创新发展的强大势能。

党的二十大提出"推进文化自信自强，铸就社会主义文化新辉煌"战略目标。相信《乡村公共文化服务高质量发展新实践——安康市国家公共文化服务体系示范区创新发展成果》一书的出版，将为我国欠发达地区探索乡村公共文化服务高质量发展提供借鉴，为全国各地交流乡村文化创新发展经验做法和深化乡村文化治理研究产生积极推动作用。

由于本次案例征集主要面向基层，范围广、时间紧，加上受到篇幅的限制，相信仍有不少优秀案例没有被挖掘展现，已经入选的案例也会存在各种不足，敬请广大读者批评指正。

段小虎*
2023 年 5 月于西安

---

* 西安文理学院图书馆研究馆员、陕西省公共文化建设专家委员会副主任、安康市创建国家公共文化服务体系示范区制度设计专家组组长。